Springer-Lehrbuch

Stefan Greiner

Schuldrecht Besonderer Teil

Vertragliche Schuldverhältnisse

 Springer

Prof. Dr. Stefan Greiner
Ruhr-Universität Bochum
Juristische Fakultät
Lehrstuhl für Bürgerliches Recht,
Arbeitsrecht und Sozialrecht
Universitätsstr. 150
44801 Bochum
stefan.greiner@rub.de

ISSN 0937-7433
ISBN 978-3-642-17378-3   e-ISBN 978-3-642-17379-0
DOI 10.1007/978-3-642-17379-0
Springer Heidelberg Dordrecht London New York

Die Deutsche Nationalbibliothek verzeichnet diese Publikation in der Deutschen Nationalbibliografie;
detaillierte bibliografische Daten sind im Internet über http://dnb.d-nb.de abrufbar.

Einbandentwurf: WMXDesign GmbH, Heidelberg

Gedruckt auf säurefreiem Papier

Springer ist Teil der Fachverlagsgruppe Springer Science+Business Media (www.springer.com)

Vorwort

Das vorliegende Buch will Kompetenzen zur eigenständigen Falllösung vermitteln, indem es die Strukturen des besonderen Schuldrechts transparent werden lässt. Die Leserin bzw. der Leser soll nicht nur lernen, dass eine Frage in bestimmter Weise geregelt ist, sondern begreifen, *warum* ein Rechtsproblem in bestimmter Weise zu lösen ist. Gerade diese Strukturkompetenz ermöglicht es, Klausuren und Prüfungen erfolgreich zu bestehen. Ganz bewusst wird im Rahmen dieses Buches nicht jedes Detail dargestellt; dieses Unterfangen wäre angesichts der Stofffülle ohnehin zum Scheitern verurteilt und stünde dem Zweck eines Lehrbuchs eher im Wege. Sind jedoch die Strukturen und Wertungen verstanden, wird es gelingen, auch unbekannte Probleme zu erkennen und eigenständig mit überzeugender Argumentation zu lösen. Diese Rückführung des Lernstoffs auf Strukturen und Wertungen ist ein wesentliches Erfolgsrezept für Studium und Examen; das vorliegende Buch will dabei helfen.

Inhaltlich setzt das Werk – entsprechend der Studienrelevanz – einen Schwerpunkt im Kaufrecht; daneben wurde besonderes Augenmerk dem Mietrecht sowie dem häufig vernachlässigten, aber höchst interessanten und wichtigen Werkvertragsrecht geschenkt. Großer Wert wurde auf die Verknüpfungen zum allgemeinen Schuldrecht gelegt, die nicht nur für das Kaufrecht von zentraler Bedeutung sind. Bewusst ausgespart wurde die Bürgschaft (§§ 765 ff. BGB). Dieses Kreditsicherungsmittel kann sinnvoll nur im Kontext der anderen Personal- und Realsicherheiten dargestellt werden. Ebenso wie diese Materien einer eigenständigen Vorlesung zum Kreditsicherungsrecht anvertraut werden sollten, sei auch hier auf Lehrbücher des Kreditsicherungsrechts verwiesen. Ähnliches gilt für das Wertpapierrecht, das gleichfalls ausgeklammert bleibt.

Gesetzgebung, Rechtsprechung und Literatur konnten bis Dezember 2010 berücksichtigt werden. Insbesondere wurde das mit Wirkung zum 11.6.2010 in Kraft getretene Gesetz zur Umsetzung der Verbraucherkreditrichtlinie, des zivilrechtlichen Teils der Zahlungsdiensterichtlinie sowie zur Neuordnung der Vorschriften über das Widerrufs- und Rückgaberecht vom 29.7.2009 (BGBl. I S. 2355) eingearbeitet.

Dank gilt meinen Mitarbeiterinnen und Mitarbeitern in Bochum, Jena und Hagen, die mir bei der Erstellung des Manuskripts tatkräftig zur Seite gestanden haben.

Köln   Stefan Greiner
Januar 2011

Inhalt

Kapitel 1: Einführung.. 1

Kapitel 2: Rechtsgeschäfte zur dauernden Überlassung........................... 5
  I. Kaufvertrag, §§ 433 ff. BGB 5
    1. Einleitung 5
    2. Normstruktur 7
    3. Gegenstände des Kaufs 7
    4. Europarechtlicher Hintergrund 9
    5. Verkäuferpflichten im Detail 10
      a) Hauptpflichten des Verkäufers beim Sachkauf 10
        aa) Übergabe 10
        bb) Übereignung 11
        cc) Sach- und rechtsmängelfreie Leistung 12
      b) Hauptpflichten des Verkäufers beim Rechtskauf 12
      c) Nebenpflichten 13
    6. Käuferpflichten im Detail 14
    7. Verbindung der beiderseitigen Pflichten: Leistungs- und Preisgefahr 15
      a) Grundsatz: § 326 I 1 BGB bei zufälligem Untergang 15
      b) 1. Ausnahme: § 446 S. 1 BGB 15
      c) 2. Ausnahme: § 447 BGB 16
    8. Gewährleistung wegen Sach- und Rechtsmängeln 18
      a) Begriff des Sachmangels 18
        aa) Dreifacher Ansatz des § 434 I BGB 18
        bb) Beurteilungszeitpunkt: Gefahrübergang 22
        cc) Sonderfälle, § 434 II, III BGB 23
          (1) Fehlerhafte Montageleistungen 23
          (2) Fehlerhafte Montageanleitung 23
          (3) Falschlieferung und Zuweniglieferung 24
      b) Begriff des Rechtsmangels 26
        aa) Einführung 26
        bb) Beurteilungszeitpunkt: Eigentumsübergang 27
        cc) Fallgruppen 28

dd) Abgrenzung von abstrakt-generellen
Eigentumsbeschränkungen 29
ee) Abgrenzung zum Sachmangel 30
c) Ausschluss der Mängelrechte 30
aa) Kenntnis, grob fahrlässige Unkenntnis, § 442 BGB 30
bb) Abbedingung, § 444 BGB 31
cc) Öffentliche Versteigerung, § 445 BGB 32
d) Mängelrechte des Käufers – Überblick 32
e) Nacherfüllungsanspruch 33
aa) Einführung 33
bb) Wahlrecht des Käufers 34
cc) Umfang der Nacherfüllung 38
(1) Maßstab: ursprüngliches Pflichtenprogramm,
Erfüllungsinteresse 38
(2) Ausnahme: Ortsveränderung, Nacherfüllungsort 40
(3) Grenzfall: Einbau der erworbenen mangelhaften Sache 41
(4) Rückgabepflicht des Käufers und
Rücknahmepflicht des Verkäufers 42
(5) Grenzfall: weiterfressende Mängel 44
dd) Fehlschlagen und Mangelhaftigkeit der Nacherfüllung 45
ee) Vertiefungsproblem 1: § 439 II BGB als Anspruchsgrundlage? ... 45
ff) Vertiefungsproblem 2: Nutzungsersatz bei Ersatzlieferung? 46
f) Rücktritt und Minderung 48
aa) Rücktritt 48
(1) Fälligkeit der Leistung 49
(2) Fristsetzung 49
(3) Ausschluss des Rücktrittsrechts 55
(4) Rechtsfolgen des Rücktritts 58
bb) Minderung 59
(1) Einführung 59
(2) Rechtsfolgen 60
(3) Höhe der Minderung 60
(4) Vertiefungsproblem: Minderung trotz Nacherfüllung? 62
g) Schadens- und Aufwendungsersatz 63
aa) Einleitung 63
(1) Schadensersatz statt der Leistung als sekundäres
Mängelrecht 63
(2) Schadensersatz neben der Leistung als primäres
Mangelfolgerecht 64
(3) Keine europarechtliche Vorprägung 66
bb) Systematik des § 437 Nr. 3 BGB 66
cc) Konkurrierende allgemeine Schadensersatzansprüche 67
dd) Schadensersatz statt der Leistung im Detail 69
(1) Großer und kleiner Schadensersatz statt der Leistung 69
(2) Art der geschuldeten Leistung 69

(3) Umfang des Schadensersatzes statt der Leistung 70
(4) Vertiefungsproblem: Einordnung von Schäden, die bei
     ordnungsgemäßer Nacherfüllung nicht eingetreten wären 71
(5) Anspruchsgrundlagen des Schadensersatzes statt
     der Leistung 71
(6) Einzelne Tatbestandsvoraussetzungen des
     Schadensersatzes statt der Leistung 73
ee) Schadensersatz neben der Leistung, § 437 Nr. 3, 280 I BGB 76
(1) Ersatzfähige Schadenspositionen 76
(2) Voraussetzungen 77
ff) Schadensersatz wegen Verzögerung der Leistung? 77
(1) Ersatzfähige Schadenspositionen 77
(2) Voraussetzungen 78
(3) Abgrenzung zum einfachen Schadensersatz neben
     der Leistung 78
gg) Aufwendungsersatz 81
h) Vertiefungsproblem: Selbstvornahmerecht des Käufers
   als weiteres Mängelrecht? 83
i) Verhältnis des Gewährleistungsrechts zum Primäranspruch
   und zum allgemeinen Leistungsstörungsrecht 85
j) Verjährung der Mängelansprüche 86
9. Sonderformen des Kaufvertrags 87
a) Verbrauchsgüterkauf 88
aa) Begriff und Anwendungsbereich, § 474 I BGB 88
bb) Besonderer Verbraucherschutz, §§ 474 II, 475-477 BGB 88
(1) Kein Nutzungsersatz bei Ersatzlieferung, § 474 II BGB 89
(2) Keine Anwendung von §§ 447, 445 BGB 89
(3) Beschränkung der Vertragsdispositivität 89
(4) Beweislastumkehr, § 476 BGB 90
(5) Formale Vorgaben bei selbständigen
     Garantievereinbarungen, § 477 BGB 91
cc) Rückgriff des Unternehmers, §§ 478, 479 BGB 91
(1) Allgemeines 91
(2) Abweichungen vom allgemeinen Kaufrecht im Einzelnen ... 92
b) Unternehmenskauf 92
c) Vorbehaltskauf, § 449 BGB 94
aa) Sinn und Zweck 94
bb) Rechtliche Ausgestaltung 94
cc) Erweiterungen des Eigentumsvorbehalts 97
(1) Weitergeleiteter Eigentumsvorbehalt 97
(2) Verlängerter Eigentumsvorbehalt 97
(3) Erweiterter Eigentumsvorbehalt 98
d) Vorkauf, §§ 463 ff. BGB 98
aa) Bedeutung, Einordnung und Abgrenzung 98
bb) Rechtsnatur und Gegenstand 99

cc) Unterrichtungspflicht und Ausübungsfrist, § 469 BGB 99
dd) Rechtsfolgen 100
ee) Schutz des Vorkaufsrechts 101
ff) Grenzen des Vorkaufsrechts 101
gg) Zustandekommen eines Vorkaufsrechts 102
e) Wiederkauf, § 456 BGB 103
f) Kauf auf Probe, Kauf zur Probe, § 454 BGB 104
II. Tauschvertrag, § 480 BGB 105
III. Schenkungsvertrag, §§ 516 ff. BGB 106
1. Vertragstypisches Pflichtenprogramm 106
2. Schutz des Schenkers 107
3. Haftung des Schenkers 110
a) Arglisthaftung für Rechts- und Sachmängel, §§ 523 f. BGB 110
b) Haftungsmilderung bei Integritätsverletzungen 111
c) Keine Verzugszinsen, § 522 BGB 112

Kapitel 3: Rechtsgeschäfte zur zeitweiligen Überlassung 113
I. Mietvertrag, §§ 535 ff. BGB 113
1. Einleitung 113
2. Allgemeine Bestimmungen 113
a) Pflichten des Vermieters 113
b) Pflichten des Mieters 114
c) Mängelrechte 117
aa) Mangelbegriff 118
bb) Mietminderung, § 536 BGB 118
cc) Schadens- und Aufwendungsersatzanspruch des Mieters
wegen eines Mangels, § 536a BGB 120
(1) Schadensersatzanspruch, § 536a I BGB 120
(2) Aufwendungsersatzanspruch, § 536a II BGB 121
dd) Ausschluss der Mängelrechte 122
(1) Kenntnis oder grob fahrlässige Unkenntnis bei
Vertragsschluss und Übergabe, § 536b BGB 122
(2) Nichtanzeige von Mängeln, § 536c BGB 123
(3) Vertragsdisponibilität 124
d) Vertiefungsproblem: Vertragliche Überwälzung von
Schönheitsreparaturen 125
e) Ende des Mietverhältnisses und Kündigung 126
aa) Befristung und ordentliche Kündigung 126
bb) Außerordentliche fristlose Kündigung, § 543 BGB 127
f) Verjährungsfragen 130
3. Mietverhältnisse über Wohnraum 131
a) Allgemeines 131
b) Vertragsschluss 132
c) Modifikation der beiderseitigen Rechte und Pflichten 132
aa) Höhe und Modalitäten der Mietzahlung 132

bb) Mieterhöhungen 133
cc) Betriebskostenabrechnung 134
dd) Erweiterte Gebrauchsüberlassung an Dritte, § 553 I BGB 135
ee) Duldung von Erhaltungs- und Modernisierungsmaßnahmen 136
ff) Modifikationen beim Wegnahmerecht des Mieters 137
d) Vermieterpfandrecht 137
e) Eintrittsrecht bei Tod des Mieters 139
f) „Kauf bricht nicht Miete", § 566 BGB 141
g) Vertragsbeendigung 143
aa) Kündigung 143
(1) Schriftform und Unterrichtungsobliegenheit 143
(2) Kündigungsfristen 143
(3) Kündigungsgrund bei ordentlicher Vermieterkündigung 144
(4) Modifikationen bei der außerordentlichen Kündigung 145
(5) Widerspruchsrecht des Mieters, § 574 BGB 145
bb) Befristung 146
cc) Partieller Ausschluss von Rücktrittsvorbehalt
und auflösender Bedingung 147
dd) Sonstige Modifikationen der Beendigungsregeln 147
4. Mietverhältnisse über andere Sachen, §§ 578–580a BGB 147
II. Pachtvertrag, §§ 581 ff. BGB 148
1. Einführung und Abgrenzung 148
2. Allgemeines Pachtrecht 149
a) Vertragsschluss und Pflichtenprogramm 150
b) Haftung 150
c) Vertragsbeendigung 152
3. Landpachtrecht 153
III. Leihvertrag, §§ 598 ff. BGB 154
1. Pflichtenprogramm 154
2. Haftungsfragen 154
a) Haftung des Verleihers 154
b) Haftung des Entleihers 155
3. Verwendungsersatz, Wegnahmerecht 156
4. Vertragsbeendigung 156
5. Verjährung 157
IV. Darlehensvertrag und entgeltliche Finanzierungshilfen,
§§ 488 ff., 607 ff. BGB 157
1. Sachdarlehen 158
2. Gelddarlehen 159
a) Vertragsschluss und Hauptpflichten 159
b) Beendigung des Darlehens 160
aa) Ausschluss der ordentlichen Kündigung bei
Befristungsabrede und Ausnahmen gemäß § 489 BGB 160
bb) Ordentliches Kündigungsrecht gemäß § 488 III BGB 161
cc) Außerordentliches Kündigungsrecht gemäß § 490 BGB 161

c) Insbesondere: Verbraucherdarlehen, §§ 491 ff. BGB 162
   aa) Begriff und Anwendungsbereich 163
   bb) Vorvertragliche Pflichten, Vertragsschluss und -inhalt 164
   cc) Vertragsinhalt und Pflichten 165
   dd) Widerrufsrecht, § 495 BGB 166
   ee) Vertragsbeendigung 166
      (1) Kündigung durch den Darlehensgeber 167
      (2) Kündigung und vorzeitige Rückzahlung durch
         den Darlehensnehmer 167
   ff) Sonderregelung für Immobiliendarlehen 168
   gg) Sonderregelung für Überziehungskredite und
      geduldete Überziehungen 168
d) Finanzierungshilfen zwischen einem Unternehmer und
   einem Verbraucher, §§ 506 ff. BGB 168
   aa) Einführung 168
   bb) Begriff der Finanzierungshilfe, Anwendungsbereich 169
   cc) Rechtsfolgen 170
   dd) Sonderregelung für Teilzahlungsgeschäfte 172
e) Ratenlieferungsverträge, § 510 BGB 173

Kapitel 4: Rechtsgeschäfte über das Tätigwerden für einen anderen 175
I. Dienstvertrag, §§ 611 ff. BGB 175
  1. Wechselseitige Pflichten 175
    a) Dienstleistungspflicht 175
      aa) Allgemeines, Abgrenzung zum Werkvertrag 175
      bb) Im Zweifel höchstpersönliche Leistungspflicht 177
    b) Vergütungspflicht des Dienstberechtigten 178
    c) Sonstige Pflichten des Dienstberechtigten 179
  2. Leistungsstörungen 179
    a) Modifikationen beim Gegenleistungsrisiko 179
    b) Keine Regelungen zur Gewährleistung 181
    c) Kündigung des Dienstverhältnisses 182
II. Werkvertrag, §§ 631 ff. BGB 184
  1. Vertragliche Pflichten von Werkunternehmer und Besteller 185
    a) Leistungsgegenstand, das „Werk" 185
    b) Hauptpflicht des Werkunternehmers: (erfolgsbezogene)
      Herstellung des Werks 187
    c) Hauptpflicht des Bestellers: Vergütung 190
    d) Verknüpfung der synallagmatischen
      Hauptleistungspflichten; Leistungs- und Gegenleistungsrisiko 192
    e) Hauptpflicht des Bestellers: Abnahme, § 640 BGB 194
      aa) Bedeutung und Rechtsfolgen der Abnahme 194
      bb) Tatbestand der Abnahme 197
      cc) Insbesondere: Auswirkungen auf die Gewährleistungsrechte 198
  2. Mängelhaftung des Werkunternehmers 200

a) Überblick 200

b) Nacherfüllung 201

c) Selbstvornahme 202

d) Rücktritt, Minderung, Schadens- und Aufwendungsersatz 203

e) Verjährung der Mängelrechte 204

3. Kündigung des Werkvertrags 205

a) Jederzeitige Kündigung durch den Besteller, § 649 BGB 205

b) Kündigung durch den Besteller bei Überschreitung eines
Kostenanschlags, § 650 BGB 206

c) Kündigung durch den Besteller aus wichtigem Grund,
§ 314 BGB 206

d) Kündigung durch den Werkunternehmer 207

III. Reisevertrag als besonderer Werkvertrag, §§ 651a ff. BGB 207

1. Vertragstypische Pflichten 207

2. Rücktritts- und Eintrittsrecht 210

3. Mängelrechte des Reisenden 210

a) Abhilfe und Minderung 211

b) Kündigung und Schadensersatz 211

aa) Kündigung 211

bb) Schadensersatz 212

c) Ausschlussfrist und Verjährung 213

IV. Auftrag, §§ 662 ff. BGB 214

1. Vertragsschluss und Pflichtenprogramm 214

a) Hauptpflichten 214

b) Nebenpflichten 216

aa) Nebenpflichten des Beauftragten 216

bb) Nebenpflichten des Auftraggebers 217

2. Haftungsfragen 218

3. Beendigung des Auftrags 219

V. Entgeltliche Geschäftsbesorgung, § 675 BGB 221

VI. Maklervertrag, §§ 652 ff. BGB 222

1. Überblick 222

2. Rechtsnatur und Pflichtenstruktur 224

3. Insbesondere: Voraussetzungen des Vergütungsanspruchs 225

VII. Verwahrungsvertrag, §§ 688 ff. BGB 227

1. Definition und Abgrenzungsprobleme 227

2. Pflichten des Verwahrers 228

3. Pflichten des Hinterlegers 228

4. Sonderformen der Verwahrung 229

**Kapitel 5: Rechtsgeschäfte zur Behebung einer rechtlichen
Unsicherheit** 231

I. Schuldversprechen und Schuldanerkenntnis, §§ 780, 781 BGB 231

1. Begriffe und Hintergründe 231

2. Voraussetzungen 233

a) Vertrag und „Abstraktionswille" 233
b) Schriftform 233
3. Weitere Rechtsfolgen und Probleme 234
a) Schicksal der Schuld aus dem Kausalverhältnis 234
b) Mängel des Grundgeschäfts, Kondiktion der Verpflichtung 234
II. Vergleich, § 779 BGB 235
1. Inhalt 235
2. Abschluss 236
3. Verhältnis zum ursprünglichen, umstrittenen Rechtsverhältnis 236

Kapitel 6: Rechtsgeschäfte über ein Risiko 239
I. Auslobung, §§ 657 ff. BGB 239
II. Spiel, Wette, § 762 f. BGB 240

Kapitel 7: Rechtsgeschäfte ohne gesetzliche Ausgestaltung 243
I. Gemischte Verträge 243
1. Einführung 243
2. Typenkombinationsverträge 243
a) Begriff 243
b) Anwendbares Recht 244
3. Typenverschmelzungsverträge 244
a) Begriff 244
b) Anwendbares Recht 245
4. Verträge mit atypischer Gegenleistung 245
a) Begriff 245
b) Anwendbares Recht 245
II. Garantievertrag 246
III. Leasingvertrag 246
1. Arten des Leasings 247
a) Operatingleasing 247
b) Finanzierungsleasing 248
aa) Rechtliche Struktur 248
bb) Rechtsnatur 250
cc) Typische Pflichtenstruktur 251
dd) Leistungsstörungen und Mängel 252
(1) Mietrechtlicher Gewährleistungsausschluss
und Abtretung der Käuferrechte 253
(2) Situation bei Nacherfüllung 253
(3) Situation bei Rücktritt 253
(4) Situation bei Minderung 255
ee) Vertragsbeendigung 256
IV. Factoring 256
1. Begriff 256
2. Rechtliche Umsetzung 258
3. Stellung des Schuldners der Forderung (sog. Debitor) 260

      4. Kollision mit anderen Sicherungsmitteln 260
          a) Aufeinandertreffen von echtem Factoring
             und verlängertem Eigentumsvorbehalt 262
          b) Aufeinandertreffen von unechtem Factoring
             und verlängertem Eigentumsvorbehalt 263
          c) Zusammentreffen von Factoring und Sicherungsglobalzession 264
   V. Franchising 265
      1. Rechtsnatur des Franchisevertrags 265
      2. Einzelne Rechtsfragen 266
          a) Vertragsanbahnung und -abschluss 266
          b) Pflichtenprogramm 266
          c) Haftung gegenüber Dritten 267

Sachverzeichnis 269

Abkürzungsverzeichnis

a. A.	anderer Ansicht
a. a. O.	am angegebenen Ort
a. E.	am Ende
ABl.	Amtsblatt
Abs.	Absatz
AcP	Archiv für die civilistische Praxis (Zeitschrift)
AEUV	Vertrag über die Arbeitsweise der Europäischen Union
AGB	Allgemeine Geschäftsbedingungen
AktG	Aktiengesetz
Alt.	Alternative
AnwKommBGB	Anwaltkommentar BGB, hrsg. von Barbara Dauner-Lieb, Thomas Heidel, Gerhard Ring, 2. Aufl. 2007 (zit. AnwKommBGB/*Bearbeiter*)
ApoG	Gesetz über das Apothekenwesen (Apothekengesetz)
ArbNErfG	Gesetz über Arbeitnehmererfindungen (Arbeitnehmererfindungsgesetz)
Art.	Artikel
AÜG	Gesetz zur Regelung der gewerbsmäßigen Arbeitnehmerüberlassung (Arbeitnehmerüberlassungsgesetz)
ausf.	ausführlich
Bamberger/Roth	BGB, Beck'scher Online-Kommentar, hrsg. von Heinz Georg Bamberger, Herbert Roth, 18. Edition, Stand: 1.8.2010 (zit. Bamberger/Roth/*Bearbeiter*)
BauGB	Baugesetzbuch
BB	Betriebs-Berater (Zeitschrift)
BGB	Bürgerliches Gesetzbuch
BGB-InfoV	Verordnung über Informations- und Nachweispflichten nach bürgerlichem Recht
BGBl.	Bundesgesetzblatt
BGH	Bundesgerichtshof
BGHReport	BGH-Report (Zeitschrift)
BGHZ	Entscheidungen des Bundesgerichtshofs in Zivilsachen (Entscheidungssammlung)

BJagdG   Bundesjagdgesetz
BKleingG   Bundeskleingartengesetz
BKR   Zeitschrift für Bank und Kapitalmarktrecht
BRAO   Bundesrechtsanwaltsordnung
Brox/Walker AT   Brox, Hans/Walker, Wolf-Dietrich, Allgemeines Schuldrecht,
                    34. Aufl., München 2010
Brox/Walker BT   Brox, Hans/Walker, Wolf-Dietrich, Besonderes Schuldrecht,
                    34. Aufl., München 2010
BT-Drucks.   Bundestags-Drucksache
CDU   Christlich Demokratische Union Deutschlands
CSU   Christlich-Soziale Union in Bayern
DepotG   Gesetz über die Verwahrung und Anschaffung von Wertpapieren
                    (Depotgesetz)
DRiZ   Deutsche Richterzeitung
EFZG   Gesetz über die Zahlung des Arbeitsentgelts an Feiertagen und
                    im Krankheitsfall (Entgeltfortzahlungsgesetz)
EG   Europäische Gemeinschaften
Einf.   Einführung
Einls.   Einleitungssatz
ErbbG   Gesetz über das Erbbaurecht (Erbbaurechtsgesetz)
Erman   Bürgerliches Gesetzbuch, Handkommentar, hrsg. von Harm
                    Peter Westermann u. a., 12. Aufl. 2008 (zit. Erman/*Bearbeiter*)
EuGH   Europäischer Gerichtshof
EZB   Europäische Zentralbank
f.   folgende/r
FDP   Freie Demokratische Partei
ff.   fortfolgende
FoSiG   Gesetz zur Sicherung von Werkunternehmeransprüchen und
                    zur verbesserten Durchsetzung von Forderungen (Forderungs-
                    sicherungsgesetz)
GG   Grundgesetz für die Bundesrepublik Deutschland
ggf.   gegebenenfalls
GmbHG   Gesetz betreffend die Gesellschaften mit beschränkter Haftung
                    (GmbH-Gesetz)
GOÄ   Gebührenordnung für Ärzte
GOZ   Gebührenordnung für Zahnärzte
GPR   Zeitschrift für Gemeinschaftsprivatrecht
GWB   Gesetz gegen Wettbewerbsbeschränkungen
h. M.   herrschende Meinung
Halbs.   Halbsatz
HGB   Handelsgesetzbuch
Hk-BGB   Handkommentar Bürgerliches Gesetzbuch, hrsg. von Reiner
                    Schulze, Heinrich Dörner, Ina Ebert, 5. Aufl., München 2007
                    (zit. Hk-BGB/*Bearbeiter*)
HOAI   Honorarordnung für Architekten und Ingenieure

i. d. R.	in der Regel
i. H. v.	in Höhe von
i. S. d.	im Sinne des/der
i. S. v.	im Sinne von
insbes.	insbesondere
InsO	Insolvenzordnung
JA	Juristische Arbeitsblätter (Zeitschrift)
Jauernig	BGB, Bürgerliches Gesetzbuch, Kommentar, hrsg. von Othmar Jauernig, 13. Aufl. 2009 (zit. Jauernig/*Bearbeiter*)
Jura	Juristische Ausbildung (Zeitschrift)
JuS	Juristische Schulung (Zeitschrift)
JZ	Juristenzeitung
KSchG	Kündigungsschutzgesetz
KWG	Gesetz über das Kreditwesen
LG	Landgericht
m. w. N.	mit weiteren Nachweisen
MDR	Monatsschrift für Deutsches Recht (Zeitschrift)
Medicus/Lorenz BT	Medicus, Dieter/Lorenz, Stephan, Schuldrecht II Besonderer Teil, 15. Aufl., München 2010
MünchKommBGB	Münchener Kommentar zum Bürgerlichen Gesetzbuch, hrsg. von Kurt Rebmann, Franz Jürgen Säcker, Roland Rixecker, 5. Aufl., München 2006–2009 (zit. MünchKommBGB/*Bearbeiter*)
NachbG NRW	Nachbarrechtsgesetz Nordrhein-Westfalen
NJW	Neue Juristische Wochenschrift (Zeitschrift)
NJW-RR	NJW Rechtsprechungs-Report (Zeitschrift)
Nr.	Nummer
NZBau	Neue Zeitschrift für Baurecht und Vergaberecht
NZM	Neue Zeitschrift für Miet- und Wohnungsrecht
NZV	Neue Zeitschrift für Verkehrsrecht
OLG	Oberlandesgericht
Palandt	Bürgerliches Gesetzbuch mit Nebengesetzen, Kommentar, hrsg. von Peter Bassenge et al., 69. Aufl. 2010 (zit. Palandt/*Bearbeiter*)
ProdHaftG	Gesetz über die Haftung für fehlerhafte Produkte (Produkthaftungsgesetz)
RE	Regierungsentwurf
RGRK	Das Bürgerliche Gesetzbuch mit besonderer Berücksichtigung der Rechtsprechung des Reichsgerichts und des Bundesgerichtshofs, Kommentar, 12. Aufl., 1975–1999 (zit. RGRK/*Bearbeiter*)
RGZ	Entscheidungen des Reichsgerichts in Zivilsachen (Entscheidungssammlung)
RL	Richtlinie
Rn.	Randnummer

RRa	Reiserecht aktuell (Zeitschrift)
Rs.	Rechtssache
RVG	Gesetz über die Vergütung der Rechtsanwältinnen und Rechtsanwälte (Rechtsanwaltsvergütungsgesetz)
S., s.	Seite, siehe, Satz (in Gesetzeszitaten)
Slg.	Sammlung der Rechtsprechung des EuGH
s. o.	siehe oben
s. u.	siehe unten
SAE	Sammlung arbeitsrechtlicher Entscheidungen
sog.	so genannte(-r, -s)
Staudinger	Staudinger, Julius von (Begr.), Kommentar zum Bürgerlichen Gesetzbuch mit Einführungsgesetz und Nebengesetzen, Neubearbeitung, Berlin 2002–2009 (zit. Staudinger/*Bearbeiter*)
StGB	Strafgesetzbuch
StPO	Strafprozessordnung
str.	streitig
u. U.	unter Umständen
Unterabs.	Unterabsatz
UWG	Gesetz gegen den unlauteren Wettbewerb
v.	von, vom, vor
VersR	Versicherungsrecht (Zeitschrift)
VGKRL	Richtlinie 1999/44/EG des Europäischen Parlaments und des Rates vom 25.5.1999 zu bestimmten Aspekten des Verbrauchsgüterkaufs und der Garantien für Verbrauchsgüter (Verbrauchsgüterkauf-Richtlinie)
vgl.	vergleiche
VOB	Vergabe- und Vertragsordnung für Bauleistungen
VuR	Verbraucher und Recht (Zeitschrift)
wg.	wegen
WiStG	Wirtschaftsstrafgesetz
WuM	Wohnungswirtschaft und Mietrecht (Zeitschrift)
z. B.	zum Beispiel
ZEuP	Zeitschrift für Europäisches Privatrecht
ZGR	Zeitschrift für Unternehmens- und Gesellschaftsrecht
ZGS	Zeitschrift für das gesamte Schuldrecht
ZIP	Zeitschrift für Wirtschaftsrecht und Insolvenzpraxis
ZMR	Zeitschrift für Miet- und Raumrecht
ZPO	Zivilprozessordnung

Kapitel 1: Einführung

Das im zweiten Buch des BGB geregelte Recht der Schuldverhältnisse (§§ 241–853 BGB) lässt sich entsprechend dem „Ausklammerungsprinzip" in einen vor die Klammer gezogenen **Allgemeinen Teil** und einen **Besonderen Teil** gliedern. Die Abschn. 1 bis 7 des zweiten Buchs bilden den Allgemeinen Teil, der sich mit Grundfragen des Inhalts von Schuldverhältnissen, der Gestaltung rechtsgeschäftlicher Schuldverhältnisse durch Allgemeine Geschäftsbedingungen, Begründung, Inhalt und Beendigung der Schuldverhältnisse sowie insbesondere dem allgemeinen Leistungsstörungsrecht auseinandersetzt. Der **achte Abschnitt** des zweiten Buchs wendet sich in den **§§ 433–853 BGB** dann speziellen Fragen einzelner Schuldverhältnissen zu. Zunächst finden sich Detailregelungen zu zahlreichen **vertraglichen Schuldverhältnissen**: Kauf, Miete, Werkvertrag, Leihe, Pacht oder Schenkung – um nur einige markante Beispiele zu nennen. **Abzugrenzen** sind einige, gleichfalls im achten Abschnitt geregelte Schuldverhältnisse, denen gerade **keine rechtsgeschäftliche Willensübereinkunft** zugrunde liegt: das Recht der Geschäftsführung ohne Auftrag (§§ 677 ff. BGB), das Recht der ungerechtfertigten Bereicherung (§§ 812–822 BGB) sowie das Deliktsrecht (§§ 823–853 BGB). Es handelt sich um so genannte **gesetzliche Schuldverhältnisse**.

Gegenstand des vorliegenden Buches sind die rechtsgeschäftlich begründeten vertraglichen Schuldverhältnisse. Die gesetzlichen Schuldverhältnisse bleiben ausgespart; hierzu existieren gesonderte Lehrwerke.

Die hier behandelten Schuldverhältnisse mit rechtsgeschäftlicher Grundlage kann man auf unterschiedliche Weise einteilen: Man kann sie nach der Art der Gegenleistung in **entgeltliche und unentgeltliche Verträge** untergliedern: Häufig sind rechtsgeschäftliche Schuldverhältnisse dadurch geprägt, dass die eine Vertragspartei eine Leistung – Übergabe und Übereignung der Kaufsache, Dienste, Werkleistungen, Überlassung einer Mietsache – für eine **in Geld bemessene Gegenleistung** erbringt. Andere Vertragstypen zeichnen sich gerade durch ihre **Unentgeltlichkeit** aus: Ohne weiteres auf der Hand liegt dies für die **Schenkung**. Gleiches zu beobachten ist etwa bei **Leihe** oder **Auftrag**. Die unentgeltlichen Schuldverträge haben charakteristische Gemeinsamkeiten in der rechtlichen Ausgestaltung: Regelmäßig ist derjenige, der im Interesse des Vertragspartners eine unentgeltliche Leistung er-

S. Greiner, *Schuldrecht Besonderer Teil*, Springer-Lehrbuch,
DOI 10.1007/978-3-642-17379-0_1, © Springer-Verlag Berlin Heidelberg 2011

bringt, **haftungsprivilegiert.** Wer für seine Leistung keine Gegenleistung erhält, soll regelmäßig nicht schon für jegliche Fahrlässigkeit haftbar sein.

Das vorliegende Buch folgt – wie die meisten anderen Lehrwerke – einer anderen Einteilung, nämlich einer **Aufteilung nach der Art des auf „Leistungsseite"** **Geschuldeten**: Auf diese Weise werden die Schuldverhältnisse unterteilt in **Verträge zur dauernden Überlassung** (Kaufvertrag, §§ 433 ff. BGB, Tauschvertrag, § 480 BGB, Schenkungsvertrag, §§ 516 ff. BGB), **Verträge zur zeitweiligen Überlassung** (Mietvertrag, §§ 535 ff. BGB, Pachtvertrag, §§ 581 ff. BGB, Leihvertrag, §§ 598 ff. BGB) sowie **Darlehensvertrag und entgeltliche Finanzierungshilfen** (§§ 488 ff., 607 ff. BGB). Im Folgenden betrachtet wird die große und vielgestaltige Gruppe der **Verträge über das Tätigwerden für einen anderen**: Dienstvertrag (§§ 611 ff. BGB), Werkvertrag (§§ 631 ff. BGB), Reisevertrag (§§ 651a ff. BGB), Auftrag (§§ 662 ff. BGB) und entgeltliche Geschäftsbesorgung (§ 675 BGB) sowie Maklervertrag (§§ 652 ff. BGB) und Verwahrungsvertrag (§§ 688 ff. BGB). Es folgt eine knappe Darstellung der **Verträge zur Behebung einer rechtlichen Unsicherheit** (Schuldversprechen, Schuldanerkenntnis und Vergleich) sowie der **Rechtsgeschäfte über ein Risiko**: Auslobung, Spiel und Wette. Abschließend gilt das Augenmerk **gesetzlich nicht geregelten**, aber teilweise höchst praxis- und klausurrelevanten Vertragstypen: Nach allgemeinen Ausführungen zur rechtlichen Behandlung typengemischter Verträgen finden Sie eine ausführliche Darstellung von Leasing und Factoring sowie bewusst knapp gehaltene Ausführungen zu Garantieverträgen, und Franchising.

Mit Letzterem ist die Darstellung bei einer ganz wesentlichen Erkenntnis angelangt: Das Bürgerliche Recht wird durchgängig vom verfassungsrechtlich fundierten **Grundsatz der Privatautonomie** (Art. 2 I, 12 I GG) geprägt. Die Vertragsparteien sind insbesondere auch in der **Ausgestaltung ihrer Rechte und Pflichten im Vertragsverhältnis** frei, sofern keine zwingende gesetzliche Regelung entgegensteht und die Vertragsgestaltung ggf. der Vertragsinhaltskontrolle (§§ 305 ff. BGB) standhält. In diesem Sinne sind die Vertragsparteien frei, **neue Vertragstypen zu kreieren**, autonom neue Arten vertraglicher Schuldverhältnisse in die Welt zu setzen und dadurch auf **geänderte wirtschaftliche Bedürfnisse und Rahmenbedingungen** zu reagieren. Der Gesetzgeber hindert sie daran nicht. Zu diesem Zweck können die Vertragsparteien insbesondere an die im BGB beispielhaft geregelten Vertragstypen anknüpfen; sie können diese durch Vertragsgestaltung modifizieren, andere Rechtsfolgen vereinbaren oder die gesetzlichen Rechtsfolgen eines Vertragstyps teilweise in den Kontext eines anderen Vertragstyps übertragen. Insofern stellen die Vertragstypen des besonderen Schuldrechts, bildlich gesprochen, lediglich „Schablonen" dar, welche die Vertragsparteien zur Gestaltung ihrer Rechtsbeziehung als Vorbilder verwenden können. Gang und gäbe sind heutzutage zahlreiche Mischformen. Ein prominentes Beispiel ist der **Leasingvertrag** (s. u. Kap. 7 III).

Mit anderen Worten: Die Ausgestaltung der im BGB geregelten Vertragstypen wird in starkem Maße **von der Vertragsgestaltungspraxis überlagert**. Die vertraglichen Schuldverhältnisse sind die Domäne der sog. **Kautelarjurisprudenz.** Dies macht die Auseinandersetzung mit diesem Rechtsgebiet besonders komplex. Der Blick ins **Gesetz** gibt **häufig keine abschließende Antwort** auf die sich stellenden Rechtsfragen. Vielfach weichen die Rechtsfolgen einer Vertragsbeziehung in zulässiger Weise von der gesetzlichen Regelung ab und bestimmen sich nach dem vertraglich Vereinbarten: Erforderlich ist neben dem „Blick ins Gesetz" stets und vorrangig ein „Blick in den Vertrag". Voraussetzung ist freilich, dass es an einer **zwingenden gesetzlichen Ausgestaltung fehlt** und eine vorhandene gesetzliche Ausgestaltung der vertraglich abweichend geregelten Frage somit **vertragsdispositiv** ist.

Methodik: Die Vertragsdispositivität ist der Regelfall. Soll eine Rechtsnorm zwingende Wirkung entfalten, wird dies im Gesetzestext durch Formulierungen wie *„Eine abweichende Vereinbarung ist unwirksam"* kenntlich gemacht (vgl. z. B. § 574a III BGB).

In Klausuren werden Sie nicht selten einzelne Vertragsklauseln abgedruckt finden, denen dann regelmäßig erhebliche Relevanz für die Falllösung zukommt. Handelt es sich um eine Frage, für die eine gesetzliche Regelung existiert, müssen Sie zunächst prüfen, ob die Klausel eine zulässige Abweichung vom Gesetzesrecht beinhaltet; andernfalls – z. B. bei Verstößen gegen zwingendes Recht – ist sie unwirksam. Prüfungsmaßstab für Abweichungen vom dispositiven Gesetzesrecht ist insbesondere die AGB-Kontrolle (§§ 305 ff. BGB; dazu *Brox/Walker* AT, § 4 Rn. 28 ff.), allerdings nur, wenn es sich bei der Klausel um eine allgemeine Geschäftsbedingung handelt (vgl. § 305 I BGB). Bejahen Sie die Wirksamkeit, verdrängen die vertraglich geregelten insoweit die gesetzlich normierten Rechtsfolgen.

Im Rahmen der vorliegenden Darstellung wird auf Aspekte der Vertragsgestaltung nur exemplarisch eingegangen, etwa mit Blick auf **Schönheitsreparaturklauseln** in Mietverträgen sowie den **Leasingvertrag**, der ein stark von autonomer Vertragsgestaltung geprägter Vertragstyp ist.

Angesichts des privatautonomen Fundaments handelt es sich um ein extrem **dynamisches und entwicklungsoffenes Rechtsgebiet**. Diese Dynamik wird in jüngerer Zeit aus anderer Richtung verstärkt: Es sind zunehmende **europarechtliche Einflüsse** feststellbar. Viele rechtliche Veränderungen sind auf die Rechtsetzungstätigkeit der Europäischen Union zurückzuführen. Besonders einschneidende Änderungen hat die **Richtlinie zum Verbrauchsgüterkauf 1999/44/EG** mit sich gebracht. Die Umsetzung dieser Richtlinie in nationales Recht war Anlass für eine umwälzende Neugestaltung des Rechts der Schuldverhältnisse zum 1.1.2002 (sog. **Schuldrechtsreform**). Bei offenen und umstrittenen Fragen zum „neuen" Schuldrecht ist angesichts seiner europarechtlichen Hintergründe stets ein Blick auf die zugrunde liegenden europäischen Richtlinien zu werfen. Lässt eine Norm mehrere Auslegungen zu, ist der „**richtlinienkonformen Auslegung**" der Vorrang zu geben.

Hinter dem Recht der Schuldverhältnisse liegt somit eine **Phase spektakulärer Veränderungen** und Unsicherheiten bei Auslegung und Anwendung des „neuen" Rechts. Mittlerweile sind zahlreiche umstrittene Rechtsfragen durch höchstrichterliche Rechtsprechung, insbesondere auch des **Europäischen Gerichtshofs**, geklärt. Hier und da harren Rechtsfragen allerdings weiterhin der höchstrichterlichen Klärung. Insoweit sei dem Studierenden nahe gelegt, insbesondere im Vorfeld von Examensprüfungen die Tages- und juristische Fachpresse aufmerksam auf aktuelle Entwicklungen zu verfolgen.

Kapitel 2: Rechtsgeschäfte zur dauernden Überlassung

I. Kaufvertrag, §§ 433 ff. BGB

1. Einleitung

Der Kaufvertrag ist der prominenteste der auf die dauerhafte Übertragung von Eigentum und Besitz einer Sache gerichteten Vertragstypen. Wirtschaftliche Zielsetzung des Kaufvertrags ist die **Veräußerung einer Ware** gegen **Zahlung eines Geldbetrags**. Hierzu schließen die Vertragsparteien den Kaufvertrag als gegenseitigen Vertrag i. S. d. §§ 320 ff. BGB mit den charakteristischen Rechten und Pflichten aus § 433 BGB ab.

§ 433 BGB definiert die **vertragstypischen Pflichten** von Verkäufer und Käufer: Durch den Kaufvertrag wird der Verkäufer einer Sache verpflichtet, dem Käufer die Sache zu übergeben (Einräumung des Besitzes) und das Eigentum an der Sache zu verschaffen. Der Verkäufer hat dem Käufer die Sache frei von Sach- und Rechtsmängeln zu verschaffen. Im Gegenzug ist der Käufer verpflichtet, dem Verkäufer den vereinbarten Kaufpreis zu zahlen und die gekaufte Sache abzunehmen.

> **Methodik:** Zu beachten ist das Zusammenspiel mit Normen des allgemeinen Schuldrechts: Selbstverständlich findet das allgemeine Leistungsstörungsrecht (§§ 275 ff. BGB) grundsätzlich Anwendung. Ferner finden die §§ 312, 312a BGB Anwendung, wenn ein Kaufvertrag als Haustürgeschäft abgeschlossen wird, die §§ 312b bis 312d BGB beim Vertragsschluss „unter ausschließlicher Verwendung von Fernkommunikationsmitteln" sowie die §§ 506 bis 509 BGB wenn der Kaufvertrag zwischen Verbraucher und Unternehmer in Verbindung mit einer entgeltlichen Finanzierungshilfe abgeschlossen wird.

Die Hauptpflichten grenzen den Kaufvertrag deutlich von anderen Verträgen ab. So ist der **Mietvertrag** zwar ebenso auf die Einräumung des Besitzes, nicht aber

S. Greiner, *Schuldrecht Besonderer Teil,* Springer-Lehrbuch,
DOI 10.1007/978-3-642-17379-0_2, © Springer-Verlag Berlin Heidelberg 2011

auf die Übertragung des Eigentums gerichtet. Die **Schenkung** ist ebenfalls auf die Einräumung von Besitz und Eigentum gerichtet, erfolgt aber unentgeltlich. Der **Tauschvertrag** ist gleichfalls auf die Übertragung von Eigentum und Besitz gerichtet; die Gegenleistung besteht freilich nicht in Geld, sondern in Verschaffung von Eigentum und Besitz an einer anderen Sache. Der **Werkvertrag** schließlich hat die Herstellung und „Verschaffung" eines Werks zum Gegenstand und kann damit die Übertragung von Eigentum und Besitz an der hergestellten Sache umfassen. Freilich liegt der Schwerpunkt insofern auf dem Herstellungsprozess durch den Werkunternehmer, während der Kaufvertrag schlicht die punktuelle Übereignung und Übergabe des Kaufgegenstandes in den Blick nimmt.

Hintergrund: Die Regelung in § 433 I BGB ist Konsequenz des Trennungsprinzips: Anders als in den meisten anderen Rechtsordnungen wird in Deutschland zwischen Verpflichtungs- und Verfügungsgeschäft strikt unterschieden. Mit dem Abschluss des Kaufvertrags verpflichtet sich der Verkäufer lediglich dazu, das Eigentum zu übertragen. Der Akt der Eigentumsübertragung selbst bedarf hingegen eines weiteren Vertragsschlusses (dingliche Einigung i. S. v. § 929 S. 1 BGB) sowie grundsätzlich der Übergabe der Kaufsache (vgl. §§ 929 ff. BGB). Dabei handelt es sich um das sog. Verfügungsgeschäft. Durch dieses werden die im Verpflichtungsgeschäft eingegangenen vertraglichen Verpflichtungen erfüllt (§ 362 BGB). Nicht der Abschluss eines Kaufvertrags, sondern erst seine Erfüllung verändert somit die dingliche, sachenrechtliche Rechtslage. Zugleich ist das Verpflichtungsgeschäft der Grund (causa) für die dingliche Rechtsänderung durch das Verfügungsgeschäft und wird daher auch als Kausalgeschäft bezeichnet.

Beim Kauf einer Tageszeitung im Kiosk werden folglich insgesamt drei Verträge abgeschlossen: Erstens der Kaufvertrag (§ 433 BGB), durch den sich einerseits der Eigentümer des Kiosks dazu verpflichtet, dem Käufer Eigentum und Besitz an der Zeitung zu verschaffen und andererseits der Käufer sich dazu verpflichtet, den Kaufpreis zu entrichten. Zweitens die dingliche Einigung (§ 929 S. 1 BGB), dass das Eigentum an der Zeitung auf den Käufer übergehen soll. Diese führt zusammen mit dem Realakt der Übergabe (Verschaffung des Besitzes, § 854 BGB) zur Erfüllung (§ 362 BGB) der Verkäuferpflichten aus dem Kaufvertrag. Der dritte Vertrag liegt in der dinglichen Einigung (§ 929 S. 1 BGB), dass das Eigentum an dem Eurostück, mit dem der Käufer die Zeitung bezahlt, auf den Verkäufer übergehen soll. Damit sowie mit der Übergabe des Eurostücks an den Verkäufer und der Entgegennahme der Zeitung erfüllt der Käufer seine Pflichten aus dem Kaufvertrag (§ 433 II BGB).

In einer Klausur müssen Sie strikt zwischen Verpflichtungs- und Verfügungsgeschäft trennen. Es wäre ein massiver Fehler, den Eigentumsübergang damit zu begründen, dass Käufer und Verkäufer einen Kaufvertrag abgeschlossen haben.

Aus dem **Trennungsprinzip** folgt zugleich, dass der Käufer unproblematisch auch einen Kaufvertrag über Sachen abschließen kann, die ihm **nicht gehören** (oder noch gar **nicht existieren**). Unproblematisch kann der Verkäufer infolge des Trennungsprinzips ein und dieselbe Sache **mehrfach verkaufen**, macht sich aber gegenüber denjenigen Käufern, deren vertragliche Erfüllungsansprüche er nicht erfüllen kann, nach allgemeinem Leistungsstörungsrecht (§§ 280 ff., 323 ff. BGB) wegen Nichterfüllung schadensersatzpflichtig, daneben auch u. U. nach Deliktsrecht (§ 826 BGB) und Wettbewerbsrecht (§ 1 UWG). Eine Regel, welchen Kaufvertrag er vorrangig erfüllen muss, gibt es hingegen nicht; der Verkäufer kann frei wählen. Um die Unsicherheit für den Käufer in der Zeit zwischen Kaufvertragsschluss und Erfüllung zu reduzieren, sieht das Sachenrecht beim wirtschaftlich besonders bedeutsamen (und in der Abwicklung besonders aufwändigen) Grundstückskaufvertrag die Möglichkeit vor, eine **Vormerkung** in das Grundbuch eintragen zu lassen (§§ 883 ff. BGB), die bereits den kaufvertraglichen Anspruch des Käufers wirksam gegen Zwischenverfügungen absichert.

2. Normstruktur

Die allgemeinen, für alle Kaufverträge geltenden Regelungen finden sich in §§ 433–453 BGB. §§ 474–479 BGB enthalten ergänzende Sondervorschriften für Kaufverträge über bewegliche Sachen zwischen Verbraucher (§ 13 BGB) und Unternehmer (§ 14 I BGB) (sog. Verbrauchsgüterkauf, s. u. Kap. 2 I 9 a) bzw. solche Kaufverträge in der Lieferkette, die einem Verbrauchsgüterkauf vorausgehen (§§ 478–479d BGB). In §§ 454–473 BGB sind besondere Arten des Kaufs–Kauf auf Probe (§§ 454–455 BGB), Wiederkauf (§§ 456–462 BGB) und Vorkauf (§§ 463–473 BGB) – geregelt. Sondervorschriften für den Grundstückskauf finden sich in §§ 435 I 2, 436, 438 I Nr. 1b, 442 II, 448 II BGB; § 452 BGB erklärt diese Regelungen beim Kauf eingetragener Schiffe und Schiffsbauwerke für entsprechend anwendbar.

> **Methodik:** Von hoher Bedeutung ist das Zusammenspiel mit Vorschriften des allgemeinen Schuldrechts. Beachten Sie insbesondere die Formvorschriften und Nichtigkeitsnormen des § 311b BGB, die vor allem bei Kaufverträgen relevant werden. Insbesondere ein Grundstückskaufvertrag bedarf gemäß § 311b I BGB der notariellen Beurkundung. Wichtig ist auch § 311c BGB, wonach sich ein Kaufvertrag im Zweifel auch auf das Zubehör der Sache (§ 97 BGB) erstreckt.

3. Gegenstände des Kaufs

Die denkbaren Gegenstände eines Kaufvertrags sind **vielfältig**: Verkauft werden können insbesondere bewegliche Sachen, unbewegliche Sachen (Grundstücke),

Tiere, Rechte, Forderungen und Sachgesamtheiten wie Unternehmen (s. u. Kap. 2 I 9 b).

Ausgangspunkt der gesetzlichen Regelung in §§ 433–452 BGB ist der **Sachkauf**, also der Kauf körperlicher Gegenstände (§ 90 BGB) einschließlich der Grundstücke. Da Vertragsgegenstand beim Sachkauf lediglich die Verpflichtung zu Eigentums- und Besitzverschaffung ist, können Kaufverträge auch über Sachen abgeschlossen werden, die noch nicht existieren, sondern **erst noch herzustellen** sind; dann stellt sich die Frage nach der Rechtslage, wenn die Sache nicht entsteht. In diesem Fall hängt es von der Vertragsgestaltung ab, welche Rechtsfolgen eintreten. Ist dem Verkäufer die Erfüllung dann unmöglich, haftet er dem Käufer u. U. wegen Nichterfüllung auf Schadensersatz (vgl. näher Bamberger/Roth/*Faust* § 433 Rn. 27).

Beim Sachkauf kann die Kaufsache konkret bestimmt sein oder auch nur ihrer Gattung nach anhand abstrakter Eigenschaften. Insofern unterscheidet man zwischen **Stück- und Gattungskauf**. Gegenstand des Kaufvertrags ist beim Stückkauf nur die konkret bezeichnete Sache, auf die sich die Einigung der Vertragspartner bezieht. Nur mit dieser kann der Verkäufer erfüllen (anders hinsichtlich der Nacherfüllung, s. u. Kap. 2 I 8 e bb). Beim Gattungskauf hingegen kann der Verkäufer mit jeder mangelfreien Sache erfüllen, die die vereinbarten Gattungsmerkmale aufweist und somit der Gattung zugerechnet werden kann.

> **Beispiel:** Beim **Gebrauchtwagenkauf** handelt es sich typischerweise um einen Stückkauf; der Vertrag bezieht sich ausschließlich auf das einzelne Fahrzeug, das der Käufer beim Händler in Augenschein genommen hat. Beim **Neuwagenkauf** wird der Kaufgegenstand hingegen regelmäßig nur nach Gattungsmerkmalen (Marke, Typ, Farbe, Ausstattungsmerkmale) festgelegt, so dass es sich um einen Gattungskauf handelt.

Die früher für das Gewährleistungsrecht sehr bedeutsame Unterscheidung hat durch die Neufassung des Kaufrechts **an Bedeutung verloren**. Heute differenziert das Gewährleistungsrecht nicht mehr zwischen beiden Formen. Freilich ist die Frage, ob ein Stück- oder Gattungskauf vorliegt, für die bereits dargestellte vorrangige Frage relevant, ob erfüllt wurde. Ferner kommt ihr auch für einzelne Fragen im Gewährleistungsrecht weiterhin Bedeutung zu (s. u. Kap. 2 I 8 e bb).

Da § 90a BGB die Vorschriften über Sachen auch bei **Tieren** für entsprechend anwendbar erklärt, finden §§ 433–452 BGB auch auf den Tierkauf Anwendung.

Die Abgrenzung, ob es sich bei einem Kaufgegenstand um eine Sache oder etwas anderes handelt, kann in **Grenzfällen** Schwierigkeiten bereiten. So z. B. bei **Daten** oder **Tonträgern**. Ist in diesem Fall der Daten- oder Tonträger als solcher Kaufgegenstand oder die in ihm verkörperte künstlerische oder geistige Leistung? Da, abgesehen von Rohstoffen, praktisch jeder Sache eine gewisse geistige oder handwerkliche (Verarbeitungs-)Leistung innewohnt und eine Grenzziehung schwer fiele, werden regelmäßig auch solche Produkte dem Sachkauf zuzuordnen sein.

Für den Kauf von **Rechten** und anderen Gegenständen erklärt § 453 BGB die Regelungen zum **Sachkauf** für **entsprechend anwendbar**. Auch die Abgrenzung von Sach- und Rechtskauf hat daher erheblich an praktischer Bedeutung verloren. Gegenstand eines Rechtskaufs können etwa Forderungen, beschränkt dingliche Rechte an Grundstücken (insbes. Hypotheken und Grundschulden) oder beweglichen Sachen (z. B. Pfandrechte) sowie Gesellschaftsanteile sein (vgl. § 15 IV GmbHG). Das volle dingliche Recht an einer Sache (Eigentum) ist dagegen charakteristischer Gegenstand des Sach-, nicht des Rechtskaufs.

Ein Abgrenzungsproblem zwischen Sach- und Rechtskauf stellt sich beim Kauf von **Banknoten**: Inländische Banknoten verkörpern lediglich ein Recht und scheiden als Gegenstand eines Sachkaufs damit aus. Beim Kauf ausländischer Banknoten soll es sich dagegen nicht um einen Forderungs-, sondern einen Sachkauf handeln; deshalb ist es als Sachmangel (§ 434 BGB) zu beurteilen, wenn ausländisches Falschgeld verkauft wird.

4. Europarechtlicher Hintergrund

Für das Verständnis des Kaufrechts und eine Vielzahl der darzustellenden Rechtsprobleme ist von Bedeutung, dass das Kaufrecht teilweise einen europarechtlichen Hintergrund hat. Die **Verbrauchsgüterkauf-Richtlinie** (VGKRL, RL 1999/44/EG, ABl. EG Nr. L 171 v. 7.7.1999, S. 12) enthält zahlreiche Vorgaben hinsichtlich der Ausgestaltung des Verbrauchsgüterkaufs, also des Kaufs einer beweglichen Sache durch einen Verbraucher von einem Unternehmer (vgl. Art. 1 VGKRL, § 474 I 1 BGB). Der europäische Gesetzgeber wollte mit der VGKRL dem Anliegen eines unionsweit einheitlichen Mindestmaßes an Verbraucherschutz Rechnung tragen.

Hintergrund: Wesen einer europäischen Richtlinie ist, dass diese – anders als die Verordnung – nicht unmittelbar gilt, sondern der Umsetzung in mitgliedstaatliches, nationales Recht bedarf. Eine RL enthält im Ansatz keine Rechtssätze mit unmittelbarer Wirkung für Private, sondern lediglich Handlungsanweisungen an die Mitgliedstaaten, wie diese ihre Rechtsordnung auszugestalten haben. Sie ist hinsichtlich des zu erreichenden Ziels verbindlich, überlässt jedoch den innerstaatlichen Stellen die Wahl der Form und der Mittel (Art. 288 III 1 AEUV).

Mit einer grundlegenden Neufassung der §§ 433 ff. BGB im Zuge der Schuldrechtsreform vom 1.1.2002 wollte der deutsche Gesetzgeber unter anderem auch den Vorgaben der VGKRL gerecht werden. Die §§ 433 ff. BGB in ihrer heutigen Fassung sind damit, soweit sie sich auf den Verbrauchsgüterkauf beziehen, gesetzliche Regelungen, die der **Umsetzung europäischen Rechts** dienen.

Wegen der fehlenden unmittelbaren Anwendung von Richtlinienvorgaben sind für die Rechtsbeziehung zwischen Käufer und Verkäufer zunächst allein die Regeln der nationalen Rechtsordnung (§§ 433 ff. BGB) maßgeblich. Soweit diese aber der Umsetzung der VGKRL dienen – also hinsichtlich des Verbrauchsgüterkaufs – ist bei der Anwendung und Auslegung der §§ 433 ff. BGB ein Blick auf die VGKRL geboten. Dies ergibt sich daraus, dass mitgliedstaatliche Regelungen, die der Umsetzung von Europarecht dienen, im Zweifel **richtlinienkonform ausgelegt** werden müssen (std. Rspr., grundlegend EuGH 13.11.1990 Rs. C-106/89 [Marleasing] Slg. 1990, I-4135). Sind also mehrere Auslegungsvarianten möglich, ist im Zweifel diejenige zu wählen, die den europäischen Vorgaben der VGKRL entspricht.

Ist eine solche europarechtskonforme Auslegung nicht möglich und steht eine Regelung nicht im Einklang mit dem europäischen Recht, muss sie von den mitgliedstaatlichen Gerichten weiterhin angewandt werden, sofern nicht zugleich das primäre Unionsrecht verletzt wird; letzteres ist bei Verstößen gegen die VGKRL nicht ersichtlich. Allerdings macht sich der Mitgliedstaat einer **Vertragsverletzung** schuldig, solange die richtlinienwidrige Regelung besteht. Diese kann in einem Vertragsverletzungsverfahren (Art. 263 II AEUV) geahndet werden.

Diese europarechtliche Dimension führt zu problematischen Konsequenzen, die mit der Struktur des deutschen Kaufrechts zusammenhängen. Der deutsche Gesetzgeber hat nämlich für den europarechtlich geprägten Bereich des Verbrauchsgüterkaufs **kein Sonderrecht kreiert**, sondern vielmehr das Kaufrecht insgesamt an den Richtlinienvorgaben ausgerichtet. Besondere Regelungen für den Verbrauchsgüterkauf finden sich nur in §§ 474–479 BGB, die nur ergänzend neben die allgemeinen, für alle Kaufverträge geltenden Vorschriften der §§ 433 ff. BGB treten. Diese einheitliche Lösung hat zur Konsequenz, dass einzelne Bestimmungen der §§ 433 ff. BGB unter Umständen **„gespalten" ausgelegt** werden müssen, so dass dieselbe Vorschrift u. U. bei Verbrauchsgüterkäufen einen anderen – richtlinienkonform ausgelegten – Regelungsgehalt aufweist als bei sonstigen, nicht europarechtlich beeinflussten Kaufverträgen.

5. Verkäuferpflichten im Detail

a) Hauptpflichten des Verkäufers beim Sachkauf

aa) Übergabe

Gemäß § 433 I 1 BGB muss der Verkäufer dem Käufer die Kaufsache **übergeben**, also unmittelbaren Besitz i. S. v. § 854 BGB verschaffen. Im Verhältnis zur ebenfalls geschuldeten Eigentumsübertragung ist die Übergabe ein **selbständiges Element**. Zwar setzt auch der Grundfall der Eigentumsübertragung, § 929 S. 1 BGB, die Übergabe voraus. Aber auch soweit sie zur Übertragung des Eigentums nicht erforderlich ist (gemäß §§ 930, 931 BGB, sog. Übergabesurrogate), sieht § 433 I BGB die Einräumung des unmittelbaren Besitzes als zusätzliche Verkäuferpflicht vor. Ist ein Dritter im Besitz der Sache, muss der Verkäufer also zur Erfüllung seiner kaufvertraglichen Pflichten sicherstellen, dass dieser die Sache an den Käufer herausgibt.

Die Übergabe muss nicht unbedingt an den Käufer persönlich, sondern kann auch an dessen **Besitzdiener** (§ 855 BGB) erfolgen. Auch in diesem Fall erlangt der Käufer, vermittelt durch das soziale Abhängigkeitsverhältnis des Besitzdieners, unmittelbaren Besitz. Der Verkäufer kann sich **Dritter** als Erfüllungsgehilfen (§ 278 BGB) bedienen. Vertraglich kann die Pflicht zur Verschaffung unmittelbaren Besitzes abbedungen und modifiziert werden, z. B. beim sog. Anweisungsfall oder „Streckengeschäft".

> **Fallbeispiel 2.1:** A (Händler) kauft bei B (Großhändler) eine Ware und vereinbart mit diesem, dass die Lieferung direkt an den C (Verbraucher) erfolgen soll, der seinerseits mit A einen Kaufvertrag über die Ware abgeschlossen hat. Hier soll nach der vertraglichen Vereinbarung A nie Besitz an der Ware erhalten; dennoch erfüllt B mit der Lieferung an C seine kaufvertraglichen Pflichten gegenüber A. Ferner erfüllt B zugleich als Erfüllungsgehilfe (§ 278 BGB) des A dessen kaufvertragliche Übergabepflicht gegenüber C.

Wo die Übergabe nach der vertraglichen Vereinbarung stattzufinden hat, also der **Erfüllungsort** (§ 269 BGB) liegt, richtet sich danach, ob eine **Holschuld**, eine **Bringschuld** oder eine **Schickschuld** vereinbart wurde. Dies ist im Zweifel durch Auslegung des Kaufvertrags zu ermitteln. Im Fall einer Holschuld hat die Übergabe beim Verkäufer stattzufinden, im Fall einer Bringschuld dagegen beim Käufer. Bei einer Schickschuld genügt für die Erfüllung der Übergabepflicht bereits, dass der Verkäufer die Sache auf den Weg zum Käufer gebracht, sie also z. B. an ein Versandunternehmen übergeben hat.

§ 448 I BGB regelt, dass – mangels einer anderen Vereinbarung – der Verkäufer die **Kosten der Übergabe** zu tragen hat.

bb) Übereignung

Neben dem Besitz muss der Verkäufer dem Käufer gemäß § 433 I 1 BGB auch das Eigentum an der Kaufsache übertragen. Die **Eigentumsübertragung** vollzieht sich bei beweglichen Sachen nach §§ 929–931 BGB (dingliche Einigung und Übergabe bzw. Übergabesurrogat), bei Grundstücken nach §§ 873, 925 BGB (Auflassung und Eintragung ins Grundbuch). Wenn der Verkäufer nicht Eigentümer ist und auch nicht durch den Eigentümer zur Verfügung ermächtigt wurde, kann der Käufer das Eigentum im Wege **gutgläubigen Erwerbs** erlangen (§§ 932 ff. bzw. 892 BGB). Darin liegt eine vollwertige Erfüllung der kaufvertraglichen Übereignungspflicht; der Käufer kann insofern keine Rechte wegen Nichterfüllung geltend machen.

> Der Eigentumserwerb vollzieht sich in Anweisungsfällen bzw. „Streckengeschäften" – wie vorstehendem **Fallbeispiel 2.1** – regelmäßig **entsprechend**

den jeweiligen Kausalverhältnissen: Obwohl die Kaufsache also direkt von B an C übergeben wird, erwirbt A im Zeitpunkt der Übergabe das Eigentum von B und verliert es sogleich wieder an C. Dieser „Durchgangserwerb" des A kann insbesondere praktische Auswirkungen für die Pfändung im Zwangsvollstreckungsverfahren haben.

cc) Sach- und rechtsmängelfreie Leistung

Nach § 433 I 2 BGB ist der Verkäufer zur **sach- und rechtsmangelfreien Leistung** verpflichtet. Mit einer mangelhaften Sache kann der Verkäufer damit nicht erfüllen. Der frühere Streit, ob auch mit einer mangelhaften Sache erfüllt werden kann (Nichterfüllungstheorie versus Gewährleistungstheorie) ist damit durch den Gesetzgeber der Schuldrechtsreform 2002 im Sinne der **Nichterfüllungstheorie** entschieden worden.

In der Lieferung einer mangelhaften Sache liegt daher zugleich eine **Pflichtverletzung** im Sinne des allgemeinen Leistungsstörungsrechts (vgl. § 280 I BGB).

Daraus, dass die Mangelfreiheit zur Leistungspflicht des Verkäufers gehört, folgt denknotwendig, dass der Käufer eine **mangelhafte Sache zurückweisen** kann und sie nicht als Erfüllung annehmen muss. Solange der Verkäufer nicht mangelfrei liefert, kann der Käufer dann die **Kaufpreiszahlung zurückhalten** (§ 320 BGB) und die Rechtsbehelfe des allgemeinen Leistungsstörungsrechts geltend machen. Insbesondere kann er also nach Fristsetzung **wegen Nichtleistung zurücktreten** (§ 323 BGB) oder bei Vertretenmüssen des Verkäufers **Schadensersatz statt der Leistung** (§§ 280 I, III, 281–283 BGB) verlangen; er kann auch beides kombinieren (§ 325 BGB). Ist die mangelfreie Erfüllung unmöglich (§ 275 BGB), kommen die allgemeinen Rechtsfolgen bei Unmöglichkeit zum Zuge.

Da mit der Lieferung einer mangelhaften Sache keine Erfüllung eintritt, stehen dieselben allgemeinen Rechtsbehelfe dem Käufer eigentlich auch **nach einer Annahme** der mangelhaften Sache zu. Insofern modifizieren die **§§ 437 ff. BGB** aber die Mängelrechte ab dem Zeitpunkt, in dem der Käufer die mangelhafte Sache als Erfüllung angenommen hat (§ 363 BGB), obwohl diese eigentlich nicht erfüllungstauglich ist. Die **Sonderregelung des Gewährleistungsrechts** in §§ 437 ff. BGB ist dann **abschließend** und sperrt den Rückgriff auf das allgemeine Leistungsstörungsrecht. Mit Annahme der mangelhaften Sache als Erfüllung (§ 363 BGB) **erlischt** zugleich der ursprüngliche **Erfüllungsanspruch** aus § 433 I BGB; der Käufer hat nur noch einen **Nacherfüllungsanspruch** gemäß §§ 439, 437 Nr. 1 BGB (s. u. Kap. 2 I 8 e aa).

b) Hauptpflichten des Verkäufers beim Rechtskauf

Beim Rechtskauf stellen sich die Hauptpflichten des Verkäufers naturgemäß anders dar: Gemäß § 453 BGB i. V. m. § 433 I 1 BGB muss er dem Käufer das **verkaufte**

Recht übertragen, z. B. beim Forderungskauf durch Abtretung (§ 398 BGB). Zu den Hauptpflichten kann gemäß § 453 III BGB beim Rechtskauf auch zählen, dem Käufer eine Sache zu übergeben, wenn das verkaufte Recht zum Besitz einer Sache berechtigt.

Der Käufer hat auch hier einen Primäranspruch auf **mangelfreie Leistung**. Unterliegt das Recht einem Rechtsmangel – da Kaufgegenstand ein Recht ist, kommen Sachmängel nicht in Betracht – greifen nach Übertragung auf den Käufer die Gewährleistungsregeln der §§ 437 ff. BGB.

Existiert das verkaufte Recht nicht oder ist es nicht übertragbar, gelten die Vorschriften des **allgemeinen Leistungsstörungsrechts** (§§ 311a II, 320 ff. BGB bei anfänglicher, §§ 280 ff., 320 ff. BGB bei nachträglicher Unmöglichkeit).

c) Nebenpflichten

Nebenpflichten des Verkäufers werden in § 433 BGB **nicht explizit genannt**. Es kommt eine Fülle an Nebenpflichten in Betracht, die abhängig von der Art des Kaufgegenstandes und Kaufvertrags variieren.

> **Beispiele:** Pflichten zur Verpackung, Versendung oder Versicherung der Ware, Pflichten zur Aufklärung, Beratung, Warnung und Bedienungsanleitung, Mitwirkungspflichten, Pflichten zum Bereithalten von Ersatzteilen und zur Vorlage richtiger Bilanzen beim Unternehmenskauf.

Ob und inwieweit derartige Pflichten bestehen, ist durch Auslegung des jeweiligen Vertrags nach Treu und Glauben und der Verkehrssitte (§§ 133, 157 BGB) zu ermitteln.

Eine Pflicht zum Hinweis auf vom Verkäufer erkannte Mängel ist nicht als selbständige Nebenpflicht anzuerkennen (a. A. Bamberger/Roth/*Faust* § 433 Rn. 51). Vielmehr betrifft die Mangelhaftigkeit bereits, wie ausgeführt, die Hauptleistungspflicht zur rechts- und sachmangelfreien Lieferung. Lässt man für ein Vertretenmüssen des Verkäufers insoweit bereits Kennen und Kennenmüssen des Verkäufers genügen (s. u. Kap. 2 I g dd (6) (b)), ist die Konstruktion einer darauf bezogenen Hinweispflicht unnötig: Die **mangelhafte Lieferung** ist in jedem Fall **Hauptpflichtverletzung** und nicht unter Umständen auch noch Nebenpflichtverletzung. Alles andere führt zu schwierigen Konkurrenzfragen und würde z. B. eine kaum begründbare Erstreckung der modifizierten Verjährung (§ 438 BGB) auf diese „Nebenpflichtverletzung" erforderlich machen.

Der Käufer kann u. U. auch einen **Primäranspruch auf Erfüllung einer Nebenpflicht** geltend machen (vgl. MünchKommBGB/*Kramer* § 241 Rn. 17 mit anschaulichem Beispiel). Rechtsfolge einer Nebenpflichtverletzung ist im Übrigen ein Schadensersatzanspruch des Käufers gemäß § 280 I BGB wegen Verletzung einer Pflicht i. S. v. § 241 II BGB.

6. Käuferpflichten im Detail

Gemäß § 433 II ist der Käufer verpflichtet, den **Kaufpreis** – grundsätzlich bar – **zu zahlen** und die **Kaufsache abzunehmen**. Die Pflicht zur Kaufpreiszahlung steht mit den Hauptpflichten des Verkäufers im Gegenseitigkeitsverhältnis. Der Kaufpreis kann im Einzelfall auch der Bestimmung durch einen Dritten oder den Verkäufer überlassen werden (§§ 317, 316 BGB).

Mit **Abnahme** ist die **reale Entgegennahme** der Kaufsache durch den Käufer gemeint. Die Abnahme erfolgt also mit demselben tatsächlichen Vorgang wie die Übergabe. Indem der Verkäufer seine Pflicht zur Übergabe erfüllt, erfüllt der Käufer zugleich spiegelbildlich seine Abnahmepflicht. Dementsprechend hängt die konkrete Ausgestaltung der Abnahmepflicht erneut davon ab, ob eine Hol-, Bring- oder Schickschuld vereinbart wurde. Im Fall des Grundstückskaufs beinhaltet die Pflicht zur Abnahme zugleich die **Abgabe der Willenserklärung** des Käufers, die zur dinglichen Einigung i. S. d. §§ 873 I, 925 BGB (**Auflassung**) erforderlich ist (BGHZ 58, 246, 247 ff.; BGH NJW-RR 1989, 650 f.). Der Abnahmebegriff unterscheidet sich deutlich von demjenigen des **Werkvertragsrechts** (vgl. § 640, s. u. Kap. 4 II 1 e): Er beinhaltet, anders als dort, *nicht* die Billigung des entgegengenommenen Gegenstandes als im Wesentlichen vertragsgemäß. Andererseits wird die Abnahme auch im Kaufrecht erst dann fällig, wenn die Leistung des Verkäufers vertragsgemäß ist, insbesondere keine Mängel aufweist.

Bei der Pflicht zur Abnahme handelt es sich um eine vollwertige Vertragspflicht, auf deren Erfüllung der Verkäufer einen Anspruch hat, den er notfalls mit Mitteln des Zwangsvollstreckungsrechts durchsetzen kann (§§ 887 ff. ZPO). Der vertragswidrig nicht abnehmende Käufer kommt sowohl in **Schuldnerverzug** (§ 286 BGB) als auch in **Annahmeverzug** (§§ 293 ff. BGB). Jedoch ist die Abnahmepflicht – anders als die Kaufpreiszahlungspflicht – grundsätzlich **keine gegenseitige, synallagmatische Pflicht**, so dass dem Verkäufer nicht die Rechtsbehelfe der §§ 320–322 BGB zustehen, wenn der Käufer seiner Pflicht nicht nachkommt. Anderes gilt nur, wenn der Kaufvertrag erkennen lässt, dass den Parteien die Abnahme der Ware so wichtig war, dass sie im Gegenseitigkeitsverhältnis stehen muss. Dies kann insbesondere bei einem „**Räumungsverkauf**" der Fall sein.

Neben diesen Hauptpflichten können auch den Käufer, abhängig vom Kaufgegenstand und der vertraglichen Vereinbarung, zahlreiche **Nebenpflichten** treffen. Bei einem Kauf unter **Eigentumsvorbehalt** ist der Käufer vor dem Eintritt der Bedingung der vollen Kaufpreiszahlung (s. u. Kap. 2 I 9 c bb) dazu verpflichtet, mit der Kaufsache besonders sorgfältig umzugehen und diese vor Verlust, Untergang oder Verschlechterung zu bewahren. Im Fall des Kaufs auf Abruf muss der Käufer innerhalb der vereinbarten Frist die Kaufsache abrufen. Im Sonderfall eines handelsrechtlichen Bestimmungskaufs (§ 375 HGB) ist der Käufer verpflichtet, die Bestimmung zu treffen (zu den Rechtsfolgen bei Unterbleiben s. § 375 II HGB).

7. Verbindung der beiderseitigen Pflichten: Leistungs- und Preisgefahr

a) Grundsatz: § 326 I 1 BGB bei zufälligem Untergang

Die Pflichten von Verkäufer und Käufer stehen nicht unverbunden nebeneinander. Die charakteristischen Leistungspflichten – Pflicht zur Verschaffung von Besitz und Eigentum einerseits, Kaufpreiszahlung andererseits – stehen im **Gegenseitigkeitsverhältnis** (sog. Synallagma). Dementsprechend finden auf diese Pflichten die §§ 320 ff. BGB Anwendung. Nach der **Grundregel des § 326 I 1 BGB** würde demnach der Verkäufer, wenn er wegen zufälligen Untergangs oder zufälliger Verschlechterung der Kaufsache von seiner Leistungspflicht gemäß § 275 BGB frei würde, zugleich den Anspruch auf die Zahlung des Kaufpreises verlieren.

> **Beispiel:** Um zufälligen Untergang handelt es sich etwa, wenn die Kaufsache, deren Lieferung als Stückschuld geschuldet ist, nach Kaufvertragsschluss, aber vor Erfüllung der Verkäuferpflichten (Übergabe und Übereignung), durch einen Blitzschlag – ohne Verschulden des Verkäufers – zerstört wird. Nach § 275 I BGB wird der Verkäufer von seiner Leistungspflicht befreit; gemäß § 326 I 1 BGB muss der Käufer den Kaufpreis nicht zahlen.

Indem der Verkäufer von seiner Leistungspflicht frei würde und – mangels Vertretenmüssens (§ 280 I 2 BGB) – auch keinen Schadensersatz leisten müsste, träfe den Käufer zwar das Risiko, die vertraglich zugesagte Leistung nicht zu erhalten (Leistungsgefahr). Den Verkäufer träfe aber das **Risiko, den Kaufpreis nicht zu erhalten (Preisgefahr)**.

b) 1. Ausnahme: § 446 S. 1 BGB

Das wäre insbesondere in jenen Fällen **unangemessen**, in denen der Käufer bereits im **Besitz der Kaufsache** ist, weil sich die Sache dann ja bereits in seiner „Sphäre" befindet, er sie nutzt und somit auch Einfluss auf die Gefahren hat, denen die Sache ausgesetzt wird. § 446 S. 1 BGB trägt dem Rechnung, indem die **Preisgefahr** – als Ausnahmevorschrift zu § 326 I BGB – **auf den Käufer verlagert** wird: *„Mit der Übergabe der verkauften Sache geht die Gefahr des zufälligen Untergangs und der zufälligen Verschlechterung auf den Käufer über".* Als Spiegelbild dieser Gefahrtragung bestimmt § 446 S. 2 BGB, dass dem Käufer im Verhältnis zum Verkäufer von diesem Zeitpunkt an die **Nutzungen der Kaufsache gebühren** (vgl. § 100 BGB) und er die Lasten (beispielsweise Steuern) zu tragen hat, auch wenn er noch nicht Eigentümer der Sache geworden ist.

Methodik: § 446 S. 1 BGB hat also nur dann Bedeutung, wenn der Verkäufer die Sache **nicht zugleich mit der Übergabe an den Käufer übereignet**. Hat der Verkäufer bereits übereignet, so hat er seine Verpflichtungen aus dem Kaufvertrag bereits vollständig erfüllt, so dass es zur Unmöglichkeit der vertraglich geschuldeten Eigentumsübertragung nicht mehr kommen kann.

§ 446 S. 1 BGB ist (ebenso wie § 326 II BGB) eine **Ausnahmevorschrift zu § 326 I BGB**. Sie prüfen in der Klausur also zunächst die Voraussetzungen von § 326 I 1 BGB, um anschließend, wenn Sie diese bejaht haben, zu thematisieren, ob der Gegenleistungsanspruch des Käufers nicht doch gemäß § 446 S. 1 BGB aufrechterhalten wurde.

§ 446 S. 3 BGB verlegt den Zeitpunkt für den Übergang der Preisgefahr noch weiter vor, wenn sich der Käufer im **Annahmeverzug** befindet. Die Preisgefahr geht also auch dann schon auf den Käufer über, wenn ihm die Übertragung des Besitzes zwar durch den Verkäufer angeboten wurde, er sie aber nicht angenommen hat. Auch dann wäre es unbillig, wenn den Verkäufer weiterhin die Preisgefahr bei zufälligem Untergang treffen würde.

Querverweis: Wie noch zu zeigen sein wird (s. u. Kap. 2 I 8 a bb) hat § 446 BGB auch erhebliche Bedeutung für das **Mängelgewährleistungsrecht**, da Beurteilungszeitpunkt für das Vorliegen von Sachmängeln der Zeitpunkt ist, in dem die Preisgefahr auf den Käufer übergegangen ist.

c) 2. Ausnahme: § 447 BGB

Ebenfalls abweichend von § 326 I 1 BGB wird die Preisgefahr durch § 447 BGB für Fälle des **Versendungskaufs** vorverlagert. In diesen Konstellationen wird *im Interesse des Käufers* vereinbart, dass der Verkäufer dem Käufer die Ware zusendet. Geht die Sache auf dem Versandweg unter oder wird sie verschlechtert, wäre es daher unbillig, den Verkäufer die Preisgefahr tragen zu lassen.

Folgerichtig legt § 447 BGB fest, dass die Gefahr schon dann auf den Käufer übergeht, wenn der Verkäufer sie *„dem Spediteur, dem Frachtführer oder der sonst zur Ausführung der Versendung bestimmten Person oder Anstalt ausgeliefert hat"*. Dies gilt nach h. M. unabhängig davon, ob die Versendung an einen entfernteren Ort erfolgt oder die Sache innerhalb derselben Gemeinde verbleibt (sog. Platzgeschäft); für eine differenzierte Betrachtung beider Fälle bietet das Gesetz auch keinen Anhalt.

Methodik: Wichtig ist, dass § 447 BGB nicht eingreift, wenn es sich um eine Bringschuld handelt: Dann liegt der Erfüllungsort ja beim Käufer; dementsprechend wird die Sache also nicht zu *„einem anderen Ort als dem Erfül-*

lungsort" versandt. § 447 BGB greift also nur dann ein, wenn es sich um eine Schickschuld handelt und die Versendung **auf Verlangen des Käufers** geschieht. Wird ihm vom Verkäufer einseitig vorgegeben, dass einzig ein Versand in Betracht kommt, ist § 447 BGB damit nicht einschlägig. Insbesondere im reinen Versandhandel scheidet ein Übergang der Preisgefahr nach § 447 BGB somit aus. Weiterhin erheblich eingeschränkt wird der Anwendungsbereich der Vorschrift dadurch, dass sie gemäß § 474 II BGB **beim Verbrauchsgüterkauf keine Anwendung** findet.

Im Übrigen soll nach überwiegender Meinung § 447 I BGB aber auch dann analog anwendbar sein, wenn der Verkäufer die Sache nicht durch einen Dritten transportieren lässt, sondern diese Aufgabe auf Verlangen des Käufers **durch eigene Leute** erfüllen lässt (oder die Sache sogar selbst transportiert). Komme es dann zum zufälligen Untergang oder zur zufälligen Verschlechterung, greife § 447 BGB ein. Weil § 447 BGB ebenfalls eine Sondervorschrift zu § 326 I 1 BGB ist, verbleibt die Preisgefahr hingegen selbstverständlich beim Verkäufer, wenn dieser (oder ein Erfüllungsgehilfe, § 278 BGB; dazu BGH NJW 1968, 1929) das Untergehen oder die Verschlechterung zu vertreten hat.

Fallbeispiel 2.2: K hat im Ladengeschäft des V eine neue Waschmaschine bestellt (Gattungsschuld). Im Regelfall holen die Kunden die bei V erworbenen Geräte bei diesem ab; K bittet aber darum, die Maschine an ihn zu versenden. Nachdem der Hersteller die Maschine geliefert hat, will V diese selbst mit seinem Kleintransporter an K ausliefern. Dabei wird er ohne eigenes Verschulden in einen Verkehrsunfall verwickelt, bei dem das Gerät zerstört wird. Da V mit Bereitstellung zum Transport alles zur Erfüllung der vereinbarten Schickschuld Erforderliche getan hat, ist Konkretisierung der Gattungsschuld eingetreten (§ 243 II BGB; vgl. *Brox/Walker* AT § 8 Rn. 6). V wird mit der Zerstörung der Maschine gemäß § 275 I BGB von seiner Leistungspflicht frei. Grundsätzlich würde er gemäß § 326 I 1 BGB im Gegenzug den Kaufpreisanspruch verlieren. Wendet man § 447 BGB analog an, behält V dennoch seinen Anspruch. Für die Analogie spricht, dass der Verkäufer bei Vereinbarung einer Schickschuld den Transport als solchen nicht schuldet; er hat vielmehr mit Bereitstellung zum Transport die geschuldeten Leistungshandlungen bereits vorgenommen.

Querverweis: Eine weitere wichtige Ausnahme zu § 326 I BGB stellt § 326 II BGB dar, wonach im Falle eines Kaufvertrags der Kaufpreisanspruch aufrecht erhalten bleibt, wenn der Käufer für den Eintritt der Unmöglichkeit (§ 275 I–III BGB) allein oder weit überwiegend verantwortlich ist oder die

Unmöglichkeit während des Annahmeverzugs des Käufers eingetreten ist. Zu dieser Regelung des allgemeinen Leistungsstörungsrechts vgl. *Brox/Walker* AT § 22 Rn. 37 ff. Zu weiteren Sonderregelungen im Dienstvertragsrecht (§§ 615, 616 BGB) s. u. Kap. 4 I 2 a.

8. Gewährleistung wegen Sach- und Rechtsmängeln

Das Gesetz differenziert zwischen Sach- und Rechtsmängeln (§§ 434, 435 BGB). Da beide Formen des Mangels dieselben Rechtsfolgen nach sich ziehen, hat die Abgrenzung an praktischer Bedeutung eingebüßt.

Methodik: Gleichwohl sollten Sie zwischen beiden Formen klar unterscheiden, da hinsichtlich der Mangelfreiheit nach wie vor ein **unterschiedlicher Beurteilungszeitpunkt** gilt (s. u. Kap. 2 I 8 a bb); ferner gilt die **Beweislastumkehr** beim Verbrauchsgüterkauf (§ 476 BGB) nur für Sachmängel.

a) Begriff des Sachmangels

aa) Dreifacher Ansatz des § 434 I BGB

Nach § 434 I BGB ist die Kaufsache frei von Sachmängeln, wenn sie **bei Gefahrübergang** (vgl. § 446 BGB, s. o. Kap. 2 I 7 b) die **vereinbarte Beschaffenheit** hat. Soweit eine Beschaffenheitsvereinbarung fehlt, aber nach dem Vertrag eine Verwendung vorausgesetzt ist, ist sie frei von Sachmängeln, wenn sie sich für die **im Vertrag vorausgesetzte Verwendung** eignet. Fehlt es auch an einer vertraglich vorausgesetzten Verwendung, ist sie frei von Sachmängeln, wenn sie sich für die **gewöhnliche Verwendung** eignet und eine Beschaffenheit aufweist, die bei Sachen der gleichen Art üblich ist und die der Käufer nach der Art der Sache erwarten kann.

Im Umkehrschluss lässt sich daraus der Mangelbegriff ableiten. § 434 I BGB gibt eine **klar dreistufige Prüfungssystematik** vor:

- In erster Linie ist auf eine vertragliche Beschaffenheitsvereinbarung abzustellen,
- nachrangig auf die vertraglich vorausgesetzte Verwendung,
- und erneut nachrangig auf die Eignung für die gewöhnliche Verwendung sowie die übliche aus Perspektive des Käufers zu erwartende Beschaffenheit.

Mit diesem Vorrang-Nachrang-Schema wird der sog. **subjektiv-objektive Fehlerbegriff** kodifiziert: Maßgeblich ist zunächst die privatautonome vertragliche Abrede, nur subsidiär, wenn eine vertragliche Einigung fehlt, kommen objektive Kriterien zum Zuge.

Beschaffenheitsvereinbarung i. S. v. § 434 I 1 BGB ist eine (zumindest konkludente) vertragliche Abrede, dass die Kaufsache eine bestimmte Eigenschaft aufweisen soll. Angaben des Verkäufers im Vorfeld des Vertragsschlusses, etwa in Werbung oder Katalogen, fließen vielfach in die rechtsgeschäftliche Willensbildung des Käufers ein und können so den Status (konkludenter) Beschaffenheitsvereinbarungen erlangen. Frei von Sachmängeln ist die Kaufsache dann nur, wenn sie die vereinbarte Beschaffenheit aufweist. Mangelhaft ist sie, wenn ihr die Beschaffenheit fehlt; die Intensität der Abweichung ist ohne Bedeutung.

Der **Begriff der Beschaffenheit** ist nicht gesetzlich definiert; Beschaffenheiten sind in jedem Fall alle Eigenschaften, die der Kaufsache **physisch anhaften** (Zustand, Material, Qualität, Leistung u. ä.; vgl. Jauernig/*Berger* § 434 Rn. 6). Darüber hinaus kommen nach dem vorherrschenden weiten Beschaffenheitsbegriff auch die tatsächlichen und rechtlichen Beziehungen zur Umgebung, zur Umwelt, als Beschaffenheiten in Betracht.

Querverweis: Eng verwandt ist der Begriff der Beschaffenheit mit dem der „Eigenschaft" (§ 119 II BGB). Auch der Begriff der verkehrswesentlichen Eigenschaft ist primär durch Auslegung der Parteivereinbarung zu ermitteln (vgl. BGHZ 88, 246). Angesichts der **Kongruenz von Beschaffenheit und Eigenschaft** käme an sich bei Mängeln stets eine Anfechtung wegen Eigenschaftsirrtums in Betracht; dies würde dem Käufer die sofortige Lösung vom Kaufvertrag ermöglichen. Das Gewährleistungsrecht würde faktisch bedeutungslos. Daher ist von zentraler Bedeutung, dass die Anfechtung wegen Eigenschaftsirrtums (§ 119 II BGB) – anders als etwaige Anfechtungsrechte aus §§ 119 I, 120, 123 BGB – durch die spezielle, abschließende Regelung der §§ 434 ff. BGB verdrängt wird. Eine Anfechtung des Kaufvertrags wegen eines „Eigenschaftsirrtums" über das Vorliegen von Sach- oder Rechtsmängeln kommt daher generell nicht in Betracht, und zwar auch nicht vor Gefahrübergang (vgl. nur BGH NJW-RR 2008, 222; Palandt/*Ellenberger* § 119 Rn. 28 m. w. N.). Auch der Verkäufer kann deswegen nicht anfechten – andernfalls könnte er sich den Mängelrechten des Käufers durch Anfechtung entziehen (zutr. BGH NJW 1988, 2597).

Beispiele:

(1) Beim Stückkauf ist die **Lieferung einer anderen Sache** als der vereinbarten stets ein Sachmangel i. S. v. § 434 I 1 BGB, vgl. auch § 434 III Alt. 1 BGB.

(2) Wird ein Fahrzeug als „**Neuwagen**" verkauft, liegt darin eine Beschaffenheitsvereinbarung i. S. v. § 434 I 1 BGB. Ist das Fahrzeug nicht fabrikneu, liegt ein Sachmangel vor (obwohl es sich zur vertraglich vorausgesetzten Verwendung – Fahren – ohne weiteres eignet).

Die Auslegung einer Beschaffenheitsvereinbarung kann in **Grenzfällen** erhebliche Probleme bereiten. Gerade das Beispiel des Neuwagens ist ein klausurrelevantes Problem, das Sie kennen sollten. Ist der Verkauf eines „Neuwagens" vereinbart, deutet der BGH dies als Beschaffenheitsvereinbarung, dass das Fahrzeug „fabrikneu" ist. Dies ist nur dann der Fall, wenn das Fahrzeug (kumulativ)

- im Zeitpunkt des Gefahrübergangs noch unverändert weitergebaut wird,
- es keine durch eine längere Standzeit verursachten Mängel aufweist und
- zwischen Herstellung und Abschluss des Kaufvertrags nicht mehr als zwölf Monate liegen (BGH NJW 2004, 160; vgl. auch *Roth* NJW 2004, 330 ff.; BGH NJW 2005, 1422).

Fehlt es an einer Einigung hinsichtlich bestimmter Sacheigenschaften, können die Parteien beim Vertragsschluss dennoch eine **bestimmte Verwendung** (auch stillschweigend) **vorausgesetzt** haben (§ 434 I 2 Nr. 1 BGB). Auch hier ist eine Übereinkunft der Parteien (oder zumindest ein Einverständnis i. S. d. „Geschäftsgrundlage") erforderlich, die jedoch nicht auf einzelne Sachmerkmale, sondern **allgemein auf den Verwendungszweck** der Kaufsache bezogen ist. Ein Sachmangel liegt demnach vor, wenn die Sache sich zu der vorausgesetzten Verwendung nicht eignet.

Beispiel: Schließen die Parteien einen Kaufvertrag über ein Grundstück, wobei beide davon ausgehen, dass der Käufer es mit einem Einfamilienhaus bebauen will, dann handelt es sich um einen Sachmangel, wenn das Grundstück tatsächlich infolge der Bodenbeschaffenheit oder auch infolge öffentlich-rechtlicher Beschränkungen nicht bebaubar ist. Dies gilt auch dann, wenn das Grundstück nicht ausdrücklich als „Bauland" verkauft wurde. Starkes Indiz für eine übereinstimmend vorausgesetzte Verwendung könnte in diesem Fall z. B. ein entsprechend hoher Kaufpreis sein.

Dritter Ansatzpunkt (§ 434 I 2 Nr. 2 BGB) für einen Sachmangel ist schließlich die Eignung zur **gewöhnlichen Verwendung** sowie die bei Sachen der gleichen Art übliche und vom Käufer objektiv zu erwartende Beschaffenheit. Hier finden sich beide Anknüpfungspunkte – konkrete Beschaffenheit und abstrakte Sachverwendung – gleichrangig nebeneinander wieder. Maßstab ist nun aber nicht die subjektive Parteivereinbarung, sondern die **objektive Verkehrsanschauung**, der Erwartungshorizont eines vernünftigen, durchschnittlichen Käufers (vgl. RGZ 70, 82, 85 f.).

Die Verkehrsanschauung wird vor allem geprägt durch die bei **anderen Stücken der gleichen Gattung** – also desselben Herstellers und desselben Typs – anzutreffenden Eigenschaften; insoweit geht es um die Identifizierung von **Fabrikationsfehlern** („Ausreißern"). Eine Rolle spielen darüber hinaus auch Eigenschaften, die **Konkurrenzprodukte** anderer Hersteller aufweisen; auch diese beeinflussen die

Verkehrsanschauung. Insoweit ist aber nur ein **großzügiger Prüfungsmaßstab** anzulegen: Lässt das Produkt eine Eigenschaft vermissen, die bei Konkurrenzprodukten vollkommen selbstverständlich ist, wird man einen Sachmangel oft bejahen können (vgl. OLG Stuttgart NJW-RR 2006, 1720, 1722). Andererseits darf natürlich nicht das beste Produkt auf dem Markt als bindender Maßstab herangezogen werden: Auch qualitativ schlechtere oder in ihren Funktionen eingeschränkte Produkte weisen nicht allein wegen ihrer Abweichung vom Optimum zwangsläufig einen Sachmangel auf.

Beispiele:

(1) Zur gewöhnlichen Verwendung und üblichen Beschaffenheit eines fünf Jahre alten VW Golf gehört es, dass auch eine längere Fahrtstrecke damit zurückgelegt werden kann. Streikt der Motor jeweils nach zweistündiger Betriebsdauer, so dass eine Weiterfahrt nicht mehr möglich ist, handelt es sich grundsätzlich um einen Sachmangel i. S. v. § 434 I 2 Nr. 2 BGB, auch wenn beim Vertragsschluss von einer Absicht des Käufers, längere Fahrten zu unternehmen, nicht die Rede war. Bei gebrauchten Sachen stellt allerdings nur ein **altersuntypisch hoher Verschleiß** eine Abweichung von der objektiv zu erwartenden Beschaffenheit dar, nicht schon der normale, objektiv zu erwartende Verschleiß (BGH NJW 2006, 434 Rn. 19).

(2) An der Eignung zur gewöhnlichen Verwendung kann es bei einem komplexeren technischen Produkt auch fehlen, wenn, anders als bei vergleichbaren Produkten, eine **Bedienungsanleitung nicht vorhanden** oder unverständlich ist (OLG München MDR 2006, 1338, 1339).

Dabei ist zu beachten, dass **beide anderen Anknüpfungspunkte vorrangig** sind, insbesondere hat auch § 434 I 2 Nr. 1 BGB absoluten Vorrang vor § 434 I 2 Nr. 2 BGB (Gesetzeswortlaut: „sonst"). Dies wird relevant, wenn die Parteien sich auf eine andere als die gewöhnliche Verwendung verständigt haben. Dann ist die Sache mangelfrei, wenn sie zur vorausgesetzten Verwendung geeignet ist, mag sie zur gewöhnlichen Verwendung auch ungeeignet sein und nicht die übliche Beschaffenheit aufweisen.

Haben sich in obigem **Beispiel (1)** Käufer und Verkäufer darauf verständigt, dass der Käufer den VW Golf erwirbt, um ihn stillzulegen und im Rahmen eines Kunstprojekts zu einer Skulptur umzugestalten, dann kommt es auf die Eignung zur gewöhnlichen Verwendung (fahren) und auf die übliche Beschaffenheit eines fünf Jahre alten Gebrauchtwagens nicht an.

Gemäß § 434 I 3 BGB kann die vom Käufer objektiv zu erwartende Beschaffenheit durch **öffentliche Äußerungen des Verkäufers oder des Herstellers** beeinflusst werden, insbesondere durch Werbeaussagen oder eine Kennzeichnung der Sache (dann dürfte sie allerdings meist in die rechtsgeschäftliche Willensbildung beim Kaufvertrag einfließen, so dass bereits der vorrangige § 434 I 1 BGB zum Zuge käme); § 434 I 3 Halbs. 2 BGB enthält insoweit Ausschlusstatbestände.

bb) Beurteilungszeitpunkt: Gefahrübergang

Für die Beurteilung, ob ein Sachmangel vorliegt oder nicht, kommt es nach § 434 I 1 BGB auf den **Zeitpunkt des Gefahrübergangs** an; das gilt für alle drei genannten Ansätze. Verschlechterungen der Kaufsache zwischen Vertragsschluss und Gefahrübergang fallen also in die Risikosphäre des Verkäufers und begründen u. U. einen Sachmangel. Umgekehrt hat der Verkäufer Gelegenheit, Mängel, die im Zeitpunkt des Vertragsschlusses vorhanden sind, noch bis zum Gefahrübergang zu beheben. Entsteht ein Mangel erst nach dem Gefahrübergang, fällt dies grundsätzlich in die Risikosphäre des Käufers; das Gewährleistungsrecht bleibt insoweit unanwendbar. Maßgeblich ist die Frage, ob ein Mangel bei Gefahrübergang **objektiv vorlag bzw. angelegt war**; ob er bereits **erkennbar** war, ist irrelevant.

> **Beispiel:** Leidet der Motor des gekauften Neuwagens unter einem Konstruktionsfehler, handelt es sich um einen bei Gefahrübergang vorliegenden Sachmangel, auch wenn das Fahrzeug zunächst problemlos fährt und erst nach einem Jahr Probleme auftreten.

Mit Gefahrübergang ist der **Übergang der Preisgefahr** gemeint (s. o. Kap. 2 I 7), grundsätzlich also die Übergabe der Kaufsache (§ 446 S. 1 BGB), im Falle des Versendungskaufs (§ 447 BGB) bereits der Zeitpunkt, in dem der Verkäufer die Sache dem Spediteur, dem Frachtführer oder der sonst zur Durchführung des Transports bestimmten Person oder Anstalt übergibt. Da § 447 BGB in Fällen des Verbrauchsgüterkaufs gemäß § 474 II BGB keine Anwendung findet, kommt es insoweit grundsätzlich auf die **Erlangung der tatsächlichen Sachherrschaft** durch den Käufer an. Der Übergabe der Kaufsache ist es gemäß § 446 I 3 BGB gleichgestellt, dass der Käufer hinsichtlich der angebotenen Übergabe der Kaufsache in **Annahmeverzug** gerät.

Die Tatsache, dass der Käufer im Fall eines Sachmangels Gewährleistungsrechte geltend machen kann, ändert an dieser Vorverlagerung des Gefahrübergang nichts, auch wenn er im Fall der Nacherfüllung durch Ersatzlieferung (§§ 437 Nr. 1, 439 IV, 346 III 1 Nr. 3 BGB), im Falle des Rücktritts (§§ 437 Nr. 2, 323, 326 V, 346 III 1 Nr. 3 BGB) und des Schadensersatz statt der Leistung (§§ 437 Nr. 3, 280 I, III, 281 V, 346 III 1 Nr. 3 BGB) von dem Risiko zwischenzeitlicher zufälliger Verschlechterungen wieder entlastet wird. Diese Rechtsfolge der Geltendmachung einzelner Gewährleistungsrechte ändert nichts daran, dass zunächst die Preisgefahr auf den Käufer übergegangen ist (a. A. Bamberger/Roth/*Faust* § 434 Rn. 35). Das zeigt sich plastisch auch daran, dass im Fall der Nacherfüllung durch Nachbesserung und der Minderung das Risiko von zufälligen Verschlechterungen nach Übergabe eindeutig beim Käufer verbleibt. Im Falle einer Gattungsschuld ist die Frage der Konkretisierung, § 243 II BGB, die bei einem Sachmangel ja nicht eintritt (vgl. MünchKommBGB/*Westermann* § 434 Rn. 44), eine Frage der Leistungsgefahr, nicht der Preisgefahr: Letztere geht unabhängig vom Vorliegen eines Sachmangels nach § 446 BGB und ggf. § 447 BGB auf den Käufer über (Hk-BGB/*Schulze* § 243 Rn. 8). Des **Konstrukts eines „fiktiven Gefahrübergangs"** (*Fahl* DRiZ 2004, 58; *Westermann* a. a. O.; *Faust* a. a. O.) bedarf es daher unter diesen beiden Gesichtspunkten nicht, wohl aber in Konstellationen des § 446 I 3 BGB, denn streng genommen kann der Verkäufer den Käufer mit einer sachmangelhaften und damit erfüllungsuntauglichen Sache nicht in Annahmeverzug versetzen.

cc) Sonderfälle, § 434 II, III BGB

§ 434 II, III BGB **erweitern** den **Sachmangelbegriff** auf praxisrelevante Konstellationen, die (teilweise) von § 434 I BGB sonst nicht erfasst würden: fehlerhafte Montage, fehlerhafte Montageanleitungen (sog. „Ikea-Klausel"), Falschlieferung und Zuweniglieferung.

(1) Fehlerhafte Montageleistungen

Gemäß § 434 II 1 BGB ist ein Sachmangel zunächst auch dann zu bejahen, wenn eine **Montageleistung** vertraglich (oft, aber nicht notwendig gegen weitere Vergütung) vereinbart wurde und der Verkäufer oder ein Erfüllungsgehilfe (§ 278 BGB) die Montage **unsachgemäß** durchführen. Unter „Montage" sind dabei – in einer weiten Begriffsverwendung – alle Leistungen zu verstehen, die dem Käufer den Gebrauch der Kaufsache ermöglichen sollen, neben dem Zusammenbau der Kaufsache als solcher also auch z. B. die Verbindung mit anderen Sachen. Die **Abgrenzung zum Werkvertrag** (s. u. Kap. 4 II 1 a) kann schwierig sein, wird aber dadurch deutlich relativiert, dass gemäß § 651 BGB für den **Werklieferungsvertrag** – einen Vertrag, der die Lieferung herzustellender oder zu erzeugender beweglicher Sachen zum Gegenstand hat – grundsätzlich Kaufrecht, nicht Werkvertragsrecht, Anwendung findet.

Beispiel: Auch die Installation von gekaufter Software auf einem Computer des Käufers ist „Montage".

(2) Fehlerhafte Montageanleitung

§ 434 II 2 BGB stellt klar, dass auch eine fehlerhafte Montageanleitung einen Sachmangel darstellt, wenn die Sache zur Montage bestimmt ist, es sei denn, die Sache wurde fehlerfrei montiert. Die eigentliche Bedeutung der Norm liegt nicht in dieser Klarstellung, denn eigentlich unterfällt die fehlerhafte Montageanleitung unproblematisch bereits dem Sachmangelbegriff des § 434 I BGB: Auch die Anleitung ist Gegenstand des Kaufvertrags, und ihre Fehlerhaftigkeit ist damit ein Sachmangel i. S. v. § 434 I BGB. Indem § 434 II 2 Halbs. 2 BGB das Gewährleistungsrecht ausschließt, wenn trotz der fehlerhaften Anleitung die Sache fehlerfrei montiert wurde, beinhaltet die Regelung eine **Einschränkung der Gewährleistungsrechte** des Käufers. Was sich auf den ersten Blick also als Erweiterung der Käuferrechte darstellt, entpuppt sich auf den zweiten Blick als deren Begrenzung (so Staudinger/ *Matusche-Beckmann* § 434 Rn. 99; *Haedicke* ZGS 2006, 55, 56).

(3) Falschlieferung und Zuweniglieferung

Gemäß § 434 III Alt. 1 BGB ist die **Falschlieferung**, die Lieferung eines sog. aliud, dem Sachmangel gleichgestellt. Unterschieden werden muss die Situation bei einem Stückkauf und diejenige bei einem Gattungskauf.

Da im Falle eines **Stückkaufs** der Kaufgegenstand konkret bestimmt ist, ist eine Falschlieferung immer anzunehmen, wenn eine andere als die vertraglich exakt festgelegte Sache geliefert wird. Im Falle eines **Gattungskaufs** ist der Kaufgegenstand dagegen lediglich nach seiner Zugehörigkeit zu einer Gattung festgelegt. In diesem Fall ist eine Falschlieferung und damit infolge der Gleichstellung in § 434 III Alt. 1 BGB ein Sachmangel zu bejahen, wenn die gelieferte Sache nicht zu der Gattung gehört, aus der die Leistung geschuldet wird, also nicht die Eigenschaften besitzt, die über die Zugehörigkeit zur geschuldeten Gattung entscheiden.

Beispiel:

(1) Geht K in den Laden des Gebrauchtwagenhändlers V und schließt mit diesem einen Kaufvertrag über den dort befindlichen Pkw VW Golf, Fahrgestell-Nr. 123456789, handelt es sich um einen Stückkauf. Ein Sachmangel liegt gemäß § 434 III Alt. 1 bereits dann vor, wenn V später einen anderen VW Golf liefert, auch wenn dieser – abgesehen von der Sachidentität – exakt dieselben Eigenschaften aufweist wie der gekaufte.

(2) Bestellt K hingegen einen Neuwagen, ist dieser in aller Regel nur gattungsmäßig durch Typenbezeichnung, Ausstattungsmerkmale etc. bestimmt. Insofern läge eine aliud-Lieferung i. S. v. § 434 III Alt. 1 BGB nur vor, wenn der gelieferte Pkw nicht die vereinbarten, gattungsspezifischen Eigenschaften aufwiese.

Das Beispiel (2) zeigt, dass die **Abgrenzung von sachmangelhafter Leistung und aliud-Lieferung beim Gattungskauf unmöglich** ist. Denn wenn die Gattungszugehörigkeit durch bestimmte abstrakt festgelegte Sacheigenschaften bestimmt wird, dann ist ein echter Unterschied zwischen dem Fehlen vertragsgemäßer Eigenschaf-

ten (Sachmangel i. S. v. § 434 I BGB) und der Nichtzugehörigkeit zur geschuldeten Gattung (aliud-Lieferung) nicht feststellbar. Infolge der abstrakten Festlegung
des Kaufgegenstands anhand vertraglich fixierter Gattungseigenschaften ist beides
deckungsgleich. Die in § 434 III Alt. 1 BGB vorgesehene Gleichstellung, mit der
die nicht vollziehbare Abgrenzung entbehrlich werden soll, ist somit für Fälle des
Gattungskaufs äußerst sinnvoll (anders beim Stückkauf, vgl. *Canaris* Karlsruher
Forum 2002, S. 68 ff.; *Thier* AcP 203, 399, 403 ff.).

Methodik: In einer Klausur sollten Sie im Falle eines Gattungskaufs unter
dem Prüfungspunkt „Sachmangel" darstellen, dass aus den genannten Gründen aliud-Lieferung und Schlechtleistung deckungsgleich sind und dann
darauf verweisen, dass gemäß § 434 III Alt. 1 BGB in dieser Konstellation
ausschließlich Gewährleistungsrecht Anwendung findet. Beim Stückkauf
sollten Sie dagegen klar abgrenzen, ob es sich um eine aliud-Lieferung oder
einen Sachmangel der geschuldeten Sache handelt. In letzterem Fall prüfen
Sie dann die gewährleistungsrechtlichen Rechtsbehelfe, ohne dass Sie § 434
III Alt. 1 BGB benötigen; es handelt sich ja bereits gemäß § 434 I BGB um
einen Sachmangel. Nur im Fall einer aliud-Lieferung verweisen Sie auf die in
§ 434 III Alt. 1 BGB vorgesehene Gleichstellung und bringen auf diesem Weg
gleichfalls das Gewährleistungsrecht zur Anwendung.

Daran anknüpfend wird teilweise eine **teleologische Reduktion des § 434 III Alt. 1
BGB** beim Stückkauf erwogen: Die Gleichstellung der aliud-Lieferung mit einem
Sachmangel und die daraus folgende Eröffnung des Gewährleistungsrechts passe
vor allem nicht in Fällen, in denen die Abweichung der geleisteten von der geschuldeten Sache offensichtlich sei. Hier bestünde kein Anlass zur Gleichstellung, da
die Abweichung des gelieferten aliuds von der geschuldeten Kaufsache zweifels-
frei feststellbar sei (insbes. *Lettl* JuS 2002, 866, 871). Dann sei es angemessener,
dem Käufer weiterhin den unmodifizierten Erfüllungsanspruch mit längerer Verjährungsfrist zu gewähren.

Beispiel: Der Kaufvertrag wurde über einen Opel Corsa geschlossen;
stattdessen liefert der Verkäufer irrtümlich einen Ferrari Testarossa (oder
umgekehrt).

Teilweise wird auch mit Blick auf die Interessen des Verkäufers vermittelnd vorgeschlagen, § 434 III Alt. 1 BGB nur zur Anwendung zu bringen, wenn eine ausdrückliche oder konkludente **Tilgungsbestimmung** des Verkäufers vorliege, mit
der übergebenen Sache seine Verpflichtung aus dem Kaufvertrag erfüllen zu wollen (MünchKommBGB/*Westermann* § 434 Rn. 39; Bamberger/Roth/*Faust* § 434
Rn. 108). Daran fehle es bei Extremabweichungen wie in oben genanntem Beispiel.

Nach zutreffender überwiegender Meinung (Erman/*Grunewald* § 434 Rn. 61 m. w. N.) **bedarf es dieser teleologischen Reduktion nicht**: Der Käufer hat die Möglichkeit, die Falschlieferung gar nicht erst anzunehmen und damit seinen ursprünglichen Erfüllungsanspruch aufrecht zu erhalten (s. o. Kap. 2 I 5 a cc). Nimmt er die Sache an, liegt es im Interesse der Klarheit des Rechtsverkehrs, ab diesem Zeitpunkt das Gewährleistungsrecht mit seinen verkürzten Verjährungsfristen anzuwenden. Das Schutzbedürfnis des Verkäufers erfordert ebenfalls keine teleologische Reduktion: In Fällen wie dem obigen Beispiel wird er regelmäßig seine auf die irrtümliche Übereignung des Ferrari gerichtete Willenserklärung anfechten können (§ 119 II BGB), wenn er z. B. bei der Übereignung den Käufer des Opels mit dem Käufer des Ferraris verwechselt hat. Er kann dann den irrtümlich übereigneten Gegenstand nach § 985 BGB herausverlangen.

Gemäß § 434 III Alt. 2 BGB wird auch die **Lieferung einer zu geringen Menge** als Sachmangel behandelt (von geschuldeten 100 Fliesen eines bestimmten Typs werden nur 90 geliefert). Anwendbar ist die Regelung nur auf die **Teillieferung von mehreren gleichartigen Sachen**, nicht hingegen von verschiedenartigen Sachen, die in einem einheitlichen Kaufvertrag veräußert wurden. Dafür spricht, dass der Käufer ein Interesse daran haben kann, alle gleichartigen Sachen aus einer Produktionscharge zu erhalten – im Fliesenbeispiel etwa, um Farbabweichungen zu vermeiden (vgl. BT-Drucks. 14/6040, S. 216).

b) Begriff des Rechtsmangels

aa) Einführung

Gemäß § 433 I 1 BGB muss der Verkäufer dem Käufer das Eigentum an der Kaufsache verschaffen. Da die Eigentümerstellung rechtlich beeinträchtigt ist, wenn Dritte Rechte an der Sache geltend machen können, bestimmt § 433 I 2 BGB, dass die Sache auch frei von Rechtsmängeln sein muss. **Sach- und Rechtsmangel** sind somit rechtlich **weitgehend gleichgestellt** (zu Unterschieden s. u. Kap. 2 I 8 b ee).

§ 435 S. 1 BGB definiert, dass die Sache frei von Rechtsmängeln ist, wenn **Dritte** in Bezug auf die Sache **keine oder nur die im Kaufvertrag übernommenen Rechte gegen den Käufer geltend machen können**. Als Rechtsmängel kommen damit privatrechtliche Rechte Dritter an der Kaufsache sowie öffentlich-rechtliche Belastungen in Betracht; auch die öffentliche Hand ist somit „Dritter" i. S. v. § 435 S. 1 BGB. „Dritter" kann **auch der Verkäufer selbst** sein, wenn dieser Rechte an der Kaufsache behält.

Obwohl es insoweit an einem „echten", realen Drittrecht fehlt, werden Rechte, die zu Unrecht ins Grundbuch eingetragen sind, durch § 435 S. 2 BGB einem existierenden Drittrecht gleichgestellt, da bereits die **zu Unrecht eingetragene Buchposition** den Käufer rechtlich (insbesondere durch die Möglichkeit eines gutgläubigen Erwerbs, § 892 BGB) und faktisch belastet. Abgesehen von diesem Ausnahmefall können aber **nur tatsächlich bestehende Rechte**, nicht hingegen nur behauptete Rechte, einen Rechtsmangel darstellen. Das Vorliegen eines Rechtsmangels wird – anders als beim Sachmangel (s. o. Kap. 2 I 8 a aa) – objektiv ermittelt; ob der Mangel der vom Käufer beabsichtigten Verwendung der Sache entgegensteht oder der Dritte das ihm zustehende Recht vielleicht gar nicht geltend macht, ist daher ohne Belang (vgl. BT-Drucks 14/6040 S. 218).

Gemäß § 435 S. 1 Halbs. 2 BGB ist die Sache trotz bestehender Drittrechte rechtsmängelfrei, wenn der Käufer die jeweiligen Rechte Dritter **im Kaufvertrag übernommen** hat, bzw. – klarer formuliert – sich bereit erklärt hat, in die aus diesen Rechten resultierende Pflichtenstellung einzutreten. Das kann auch konkludent erfolgen. Die Rechtsmängelhaftung ist damit letztlich **vertragsdispositiv**, und insoweit handelt es sich auch beim Begriff des Rechtsmangels um einen **subjektiven**, durch den Vertragsinhalt formbaren **Mangelbegriff**.

bb) Beurteilungszeitpunkt: Eigentumsübergang

Ein wesentlicher Unterschied zum Sachmangel ist der **Beurteilungszeitpunkt**: Der Zeitpunkt, zu dem die Sache frei von Rechtsmängeln sein muss, wird in § 435 BGB – anders als hinsichtlich des Sachmangels in § 434 BGB (s. o. Kap. 2 I 8 a bb) – nicht genannt. Nach ganz herrschender Ansicht (BGHZ 113, 106, 113; Münch-KommBGB/*Westermann* § 435 Rn. 6; Staudinger/*Matusche-Beckmann* § 435 Rn. 5) kommt es insoweit **nicht auf den Zeitpunkt des Gefahrübergangs**, sondern auf den **Zeitpunkt des Eigentumswechsels** an, denn erst zu diesem Zeitpunkt ist der Käufer als neuer Eigentümer der Sache mit Drittrechten belastet. Gefahrübergang und Eigentumswechsel können auseinander fallen.

> **Beispiel:** Beim Kauf unter **Eigentumsvorbehalt** findet der Gefahrübergang gemäß § 446 I BGB bereits bei der Verschaffung des Besitzes, also der Übergabe der Kaufsache, statt. Der Eigentumsübergang ist hingegen erst bei Eintritt der aufschiebenden Bedingung zu bejahen; erst dann muss die Sache frei von nicht vertraglich vorgesehenen Rechten Dritter sein.

Ein Rechtsmangel liegt vor, wenn das Rechtsverhältnis, aus dem der Dritte sein Recht an der Kaufsache ableitet, zum Zeitpunkt des Eigentumswechsels **existiert**. **Irrelevant** ist hingegen, ob er das Recht auch zu diesem Zeitpunkt schon **geltend machen** könnte.

> **Beispiel:** Es handelt sich um einen Rechtsmangel, wenn die erforderliche Einfuhrgenehmigung zwar beim Eigentumsübergang vorlag, sie später aber wegen Rechtswidrigkeit wirksam widerrufen wird und die Kaufsache deshalb beschlagnahmt wird (RGZ 111, 86, 89).

cc) Fallgruppen

Nach zutreffender h. M. stellt das **Scheitern der Eigentumsübertragung** als solches keinen Rechtsmangel dar.

> **Beispiel:** Die Kaufsache wurde einem Dritten gestohlen und kann daher gemäß § 935 I BGB nicht einmal bei Gutgläubigkeit des Käufers von diesem erworben werden.

Die Eigentumsübertragung wird bereits als vertragstypische Hauptpflicht durch § 433 I 1 BGB erfasst. Ihr Scheitern kann daher nicht zugleich vom Begriff des Rechtsmangels in § 433 I 2 BGB erfasst sein. Den Anspruch auf Eigentumsübertragung muss der Käufer als Primäranspruch und mit den Behelfen des allgemeinen Leistungsstörungsrechts verfolgen. Der **Anwendungsbereich** des Rechtsmängelgewährleistungsrechts ist insoweit **nicht eröffnet.** Allerdings wird die **dreißigjährige Verjährungsfrist** nach § 438 Nr. 1 BGB **analog** angewandt: Solange der Käufer dem Herausgabeanspruch des Dritten (Eigentümers) aus § 985 BGB ausgesetzt ist (dieser verjährt erst nach dreißig Jahren, vgl. § 197 I Nr. 1 BGB), solange soll er auch den Verkäufer wegen des vertragswidrig nicht verschafften Eigentums in Anspruch nehmen können.

In erster Linie kommen als Rechtsmängel **beschränkt-dingliche Rechte** an der Sache in Betracht (Pfandrechte, Reallasten, Dienstbarkeiten, Anwartschaftsrechte). Grundlage können Rechtsgeschäft, Hoheitsakt (z. B. Pfändungspfandrecht) oder Gesetz (Vermieterpfandrecht, § 562 BGB, s. u. Kap. 3 I 3 d) sein. Entscheidend ist, dass diese trotz des Eigentumswechsels auf den Käufer **fortbestehen** und nicht etwa durch gutgläubigen Erwerb erloschen sind (vgl. § 936 BGB): ohne fortbestehendes Drittrecht kein Rechtsmangel.

> **Methodik:** Sie müssen also ggf. im Rahmen einer Inzidenterprüfung – sachenrechtlich – erörtern, ob das möglicherweise einen Rechtsmangel begründende Recht des Dritten trotz des Eigentumserwerbs durch K fortbesteht.

Ebenso kommt der **berechtigte Besitz** eines Dritten (vgl. § 986 BGB) oder ein **Zurückbehaltungsrecht** des nicht berechtigten Besitzers (z. B. nach § 1000 BGB) als Rechtsmangel in Betracht (MünchKommBGB/*Westermann* § 435 Rn. 7 m. w. N.). Nur in Sonderkonstellationen können auch **schuldrechtliche Ansprüche** Dritter einen Rechtsmangel begründen. Dazu müssen sie gegenüber dem Käufer wirken; im Regelfall steht dem die Relativität der Schuldverhältnisse entgegen. Es bedarf also einer gesetzlichen Regelung, die den schuldrechtlichen Anspruch des Dritten auf den Käufer erstreckt, damit dieser einen Rechtsmangel darstellen kann.

Beispiel: Relevant wird das z. B., wenn der Käufer eine Mietwohnung erwirbt und damit gemäß § 566 I BGB („Kauf bricht nicht Miete", s. u. Kap. 3 I 3 f.) gesetzlich in den Mietvertrag mit dem Mieter eintritt. Darin kann, wenn die Übernahme des Mietverhältnisses nicht gemäß § 435 S. 1 Halbs. 2 BGB im Kaufvertrag berücksichtigt wurde, ein Rechtsmangel liegen.

Als **öffentlich-rechtliche Drittrechte** kommen z. B. Beschlagnahme (§ 94 StPO), Enteignung oder Einziehung der Kaufsache aufgrund öffentlichen Rechts oder Strafrechts in Betracht, daneben auch die Belastung mit öffentlich-rechtlichen Abgaben. Eine abweichende Regelung findet sich insoweit in § 436 II BGB für Grundstücke: Demnach haftet im Sonderfall des Grundstückskaufs der Verkäufer grundsätzlich nicht für die Freiheit des Grundstücks von öffentlichen Abgaben und öffentlichen Lasten.

Auch bei **öffentlich-rechtlichen Benutzungsbeschränkungen**, z. B. der Sozialbindung von Wohnraum, wonach die verkaufte Wohnung nur an Mieter mit Wohnberechtigungsschein vermietbar ist, kann es sich um Rechtsmängel handeln (BGH NJW 2000, 1256). Etwas anderes gilt freilich, wenn die Beschränkung eine ganz allgemeine, **abstrakt-generelle Eigentumsbeschränkung** ist oder aber die Beschränkung an eine **Sachbeschaffenheit der Kaufsache** anknüpft. Im ersten Fall handelt es sich um gar keinen Mangel, im zweiten Fall dagegen um einen Sach-, keinen Rechtsmangel. Beide Aspekte sollen im Folgenden näher beleuchtet werden.

dd) Abgrenzung von abstrakt-generellen Eigentumsbeschränkungen

Um einen Rechtsmangel kann es sich nur dann handeln, wenn die Kaufsache konkret-individuell **über dasjenige Maß hinaus mit fremden Rechten belastet ist, das die Eigentümerstellung allgemein beschränkt.**

Beispiel: So ist das Eigentum an einem Grundstück stets (und selbstverständlich) durch die **privaten Rechte von Nachbarn** beschränkt (z. B. nach §§ 906 ff. BGB, NachbG NRW). Dies muss jedem Grundstückskäufer bewusst sein, so dass diese Begrenzung der Eigentümerbefugnisse keinen Rechtsmangel darstellt. Wer (wissentlich) ein Baudenkmal erwirbt, muss dementsprechend das Denkmalschutzrecht beachten; auch dabei handelt es sich um eine allgemeine abstrakt-generelle (gesetzliche) Beschränkung der Eigentümerbefugnisse, die keinen Rechtsmangel begründet (Staudinger/ *Matusche-Beckmann* § 435 Rn. 23). Anders verhält es sich hingegen mit der Frage, ob das gekaufte Haus Denkmalschutz genießt; der **Denkmalschutzstatus** als solcher kann einen **Sachmangel** begründen (*Matusche-Beckmann* a. a. O., Rn. 6; insoweit zur Abgrenzung vom Rechtsmangel sogleich unter e).

ee) Abgrenzung zum Sachmangel

Die Abgrenzung von Sach- und Rechtsmangel ist nur selten von praktischer Bedeutung, da die **Rechtsfolgen weitgehend angeglichen** sind. Ein relevanter Unterschied auf Tatbestandsseite ist der **unterschiedliche zeitliche Anknüpfungspunkt**: Gefahrübergang versus Eigentumsübergang (s. o. Kap. 2 I 8 a bb). Beim Verbrauchsgüterkauf ist zudem die **Beweislastumkehr** (§ 476 BGB) nur bei Sachmängeln anwendbar. Da das Sachmangelgewährleistungsrecht somit graduell käufergünstiger ist, wird regelmäßig von einem **Vorrang des Sachmangels** auszugehen sein.

Konstellationen wie die Belastung eines Gebäudes mit Denkmalschutz oder die fehlende Baugenehmigungsfähigkeit eines Bauvorhabens auf einem gekauften Baugrundstück könnten im Ausgangspunkt **sowohl als Sach- als auch als Rechtsmangel** eingeordnet werden: Sie knüpfen einerseits an die Sachbeschaffenheit (Denkmalwürdigkeit des Gebäudes, Lage des Grundstücks) an, sind andererseits aber stark rechtlich geprägt. Alle Mängel mit einer solchen Doppelnatur werden entsprechend dem skizzierten Grundsatz **ausschließlich als Sachmangel behandelt**. Und zwar auch dann, wenn Dritte (z. B. Denkmal- oder Baubehörde) insoweit Rechte geltend machen können (Staudinger/*Matusche-Beckmann* § 435 Rn. 6). Das Fehlen der baurechtlichen Bebaubarkeit ist damit Sachmangel (BGH NJW-RR 1993, 396).

Hingegen wird die **besondere Sozialbindung** einer Wohnung als Rechtsmangel eingeordnet, wenn im Kaufvertrag das Fehlen einer solchen Bindung vereinbart oder vorausgesetzt wurde. Diese hängt ja nicht mit einer Sachbeschaffenheit zusammen, sondern allein mit der **rechtlichen Widmung**. Und ebenso wird eine **öffentlich-rechtliche Baulast**, z. B. die Auflage, Stellplätze in bestimmter Anzahl zu schaffen, als Rechts-, nicht als Sachmangel einzuordnen sein, denn auch diese knüpft an rein rechtliche Vorgaben an, nicht an eine besondere Beschaffenheit des Grundstücks.

Insoweit wird mitunter ein Unterschied zwischen öffentlich-rechtlichen und privatrechtlichen Belastungen gemacht. Unterlassungsansprüche Dritter aufgrund von **gewerblichen Schutzrechten** (z. B. Urheberrechte) oder **Persönlichkeitsrechten** sollen demnach Sach-, nicht hingegen Rechtsmängel darstellen (Bamberger/Roth/ *Faust* § 435 Rn. 11). Das überzeugt nicht, denn auch derartige Rechtspositionen erfüllen zweifellos die gesetzliche Definition des Rechtsmangels in § 435 BGB, indem Dritte in Bezug auf die Sache Rechte gegen den Käufer geltend machen können. Dass die Drittrechte mittelbar auf einer bestimmten Beschaffenheit der Sache beruhen, ist irrelevant (zutr. MünchKommBGB/*Westermann* § 435 Rn. 4).

c) Ausschluss der Mängelrechte

aa) Kenntnis, grob fahrlässige Unkenntnis, § 442 BGB

Es wurde schon gezeigt, dass bereits tatbestandlich das Vorliegen eines Sach- oder Rechtsmangels durch Parteivereinbarung ausgeschlossen werden kann, indem der **Zustand der Kaufsache als vertragsgemäß definiert** und das Vorliegen eines Fehlers damit ausgeschlossen wird (subjektiver Fehlerbegriff, s. o. Kap. 2 I 8 a

aa, Kap. 2 I 8 b aa). Auch unterhalb dieser Schwelle einer vertraglichen Übereinkunft schließt § 442 BGB die Mängelrechte (nicht aber konkurrierende deliktische
Ansprüche) aus, wenn der Käufer den Mangel **im Zeitpunkt des Vertragsschlusses kannte** oder ihn **infolge grober Fahrlässigkeit nicht kannte**. Im Falle grober
Fahrlässigkeit des Käufers entlastet § 442 BGB den Verkäufer allerdings **nicht**,
wenn dieser den Mangel **arglistig verschwiegen** oder eine **Garantie** für die Beschaffenheit der Sache übernommen hat.

> **Definition:** Grob fahrlässig handelt der Käufer, wenn er die im Rechtsver-
> kehr übliche Sorgfalt in ungewöhnlich hohem Maß verletzt und dasjenige
> außer Acht lässt, was im gegebenen Fall jedem verständigen Käufer hätte
> einleuchten müssen.

Der Vorwurf **grober Fahrlässigkeit** ist dem Käufer nicht schon deswegen zu machen, weil er die Kaufsache **nicht untersucht** hat. Eine Obliegenheit zur Untersu-
chung der Kaufsache trifft ihn grundsätzlich nicht. Allerdings werden von diesem
Grundsatz **zahlreiche Ausnahmen** gemacht, insbesondere wenn nur der Käufer,
nicht aber der Verkäufer, angesichts eines komplexen Kaufgegenstandes über die
zur Beurteilung der Mangelfreiheit erforderlichen Kenntnisse verfügt. Selbst bei
einem Handelskauf statuiert § 377 HGB eine Untersuchungspflicht erst nach erfolgter Ablieferung, nicht aber vor Vertragsschluss – und allein auf diesen Zeitpunkt
kommt es für § 442 BGB ja an.

Letztlich beruht die Regelung des § 442 BGB auf dem Gedanken des **venire
contra factum proprium** bzw. der Verwirkung: Wer als Käufer in Kenntnis oder
grob fahrlässiger Unkenntnis eines Mangels die Sache gleichwohl kauft, der soll
hinterher aus der Mangelhaftigkeit keine Rechte ableiten können. Nicht erfasst
sind demzufolge Fälle, in denen der Verkäufer erst nach Vertragsschluss von der
Mangelhaftigkeit erfährt. Die Kenntnis bezieht sich beim **Sachmangel** auf das tatsächliche Vorliegen der Mängeleigenschaften; beim **Rechtsmangel** müssen dem
Käufer nicht nur die dem fremden Recht zugrunde liegenden Tatsachen bekannt
sein, sondern er muss darüber hinaus erkennen bzw. grob fahrlässig verkennen,
dass der Dritte demnach Rechte gegen ihn geltend machen kann. Dabei muss er die
Rechtslage nicht im Detail richtig bewerten, wohl aber den Kern der rechtlichen
Bewertung richtig erfassen (näher BGHZ 13, 341, 345).

Für die **Wissenszurechnung bei Vertretung** des Käufers gilt die allgemeine Regel des § 166 I BGB, wonach es grundsätzlich auf das Wissen des Vertreters, nicht
des Vertretenen ankommt (beachten Sie aber auch die Ausnahme in § 166 II BGB
für weisungsgebundene Vertreter).

bb) Abbedingung, § 444 BGB

Schließlich kann unabhängig von einer Kenntnis des Käufers die Gewährleistung
vertraglich abbedungen werden. § 444 BGB zieht der Vereinbarungsfreiheit nur

insofern eine Grenze, als sich der Verkäufer auf einen Ausschluss oder eine Einschränkung der Mängelrechte **nicht berufen** kann, wenn er den Mangel **arglistig verschwiegen** oder eine **Garantie** (s. o. Kap. 2 I 8 c aa) für die Beschaffenheit der Sache übernommen hat. Engere Grenzen gelten beim Verbrauchsgüterkauf (s. u. Kap. 2 I 9 a bb); hier wird das Gewährleistungsrecht in Teilen zwingend ausgestaltet.

cc) Öffentliche Versteigerung, § 445 BGB

§ 445 BGB sieht schließlich eine deutliche Beschränkung der Mängelrechte vor, wenn eine Sache als Pfand im Wege einer **öffentlichen Versteigerung** veräußert wird. In diesem Fall stehen dem Käufer Rechte wegen eines Mangels nur zu, wenn der Verkäufer den Mangel arglistig verschwiegen oder eine Garantie für die Beschaffenheit der Sache übernommen hat. Bei einem **Verbrauchsgüterkauf** ist die Vorschrift gemäß § 474 II BGB **nicht anwendbar**.

d) Mängelrechte des Käufers – Überblick

Welche Rechte stehen einem Käufer nun zu, wenn ein Mangel i. S. d. §§ 434, 435 BGB vorliegt und die Gewährleistung auch nicht ausgeschlossen ist? **§ 437 BGB** gibt als **zentrale Verweisungsnorm** einen Überblick über die Rechte des Käufers bei Mängeln der Kaufsache. Es handelt sich um eine **Rechtsgrundverweisung**. Ist die Sache mangelhaft, kann der Käufer demnach

* nach § 439 BGB **Nacherfüllung** verlangen,
* nach den §§ 440, 323 und 326 V BGB von dem Vertrag **zurücktreten** oder nach § 441 BGB den Kaufpreis **mindern** und
* nach den §§ 440, 280, 281, 283 und 311a BGB **Schadensersatz** oder nach § 284 BGB **Ersatz vergeblicher Aufwendungen** verlangen.

Die Norm verknüpft als **Rechtsgrundverweisung** (Bamberger/Roth/*Faust* § 437 Rn. 1) das Gewährleistungsrecht mit dem allgemeinen Leistungsstörungsrecht und verdeutlicht, dass nach der Gesetzessystematik die mangelhafte Erfüllung ein **Unterfall der Pflichtverletzung** i. S. v. § 280 BGB bzw. der „nicht wie geschuldet" erbrachten oder „nicht vertragsgemäßen" Leistung i. S. d. §§ 281 I 1, 3, 323 I BGB ist. Freilich sind dabei **Modifikationen** durch die speziellen Vorschriften des Gewährleistungsrechts, insbesondere zur Frage der Verjährung (§ 438 BGB) zu beachten („soweit nicht ein anderes bestimmt ist", § 437 Einls. BGB). Anwendbar ist § 437 BGB sowohl auf Sach- als auch auf Rechtsmängel; unmittelbar bezieht sich die Regelung dabei allein auf den Sachkauf, infolge der umfassenden Gleichstellung in § 453 I BGB sind aber auch alle anderen Kaufgegenstände erfasst.

Methodik: § 437 BGB ist selbst keine Anspruchsgrundlage, sondern fasst die Käuferrechte nur im Überblick zusammen. In der Fallbearbeitung dient § 437 BGB für Sie als Ausgangspunkt bei der Suche nach der einschlägigen Paragraphenkette, die sich an der vom Käufer gewünschten Rechtsfolge (Nacherfüllung, Rücktritt, Minderung oder Schadens- bzw. Aufwendungsersatz) ausrichten muss. Die sich daraus ergebende Paragraphenkette stellt dann die maßgebliche Anspruchsgrundlage dar. Z. B. für die Kaufpreisrückzahlung nach Rücktritt: § 346 I BGB i. V. m. §§ 437 Nr. 2 Alt. 1, 323 I, II, (ggf. 440) BGB.

e) Nacherfüllungsanspruch

aa) Einführung

Die wichtigste Modifikation gegenüber dem allgemeinen Leistungsstörungsrecht besteht darin, dass als **primäres Mängelrecht** ein Anspruch auf **Nacherfüllung** vorgesehen ist. Zu sekundären Mängelrechten – Rücktritt, Minderung sowie Schadens- und Aufwendungsersatz – kann der Käufer erst übergehen, nachdem er dem Verkäufer erfolglos eine **Frist zur Nacherfüllung** gesetzt hat. Diese **Rang- oder Stufenfolge der Gewährleistungsrechte** findet in § 437 BGB keinen klaren Ausdruck. Sie folgt aber daraus, dass zu den Voraussetzungen der sekundären Gewährleistungsrechte, auf die § 437 Nr. 2, 3 BGB verweist, grundsätzlich stets das **erfolglose Ablaufen einer Frist zur Nacherfüllung** gehört (§ 281 I 1 BGB für Schadens- und Aufwendungsersatz, § 323 I BGB für Rücktritt und Minderung).

Sinn und Zweck der Regelung ist, dass der Verkäufer zunächst die Chance erhalten soll, seiner primären Erfüllungspflicht doch noch durch Nacherfüllung gerecht zu werden (sog. **„Recht zur zweiten Andienung"**), bevor zur rechtlich stärker einschneidenden Vertragsrückabwicklung oder zu Minderung, Schadens- und Aufwendungsersatz übergegangen wird, die den Verkäufer wirtschaftlich stark belasten. In der Regel wird die vorrangige Nacherfüllung auch dem Interesse des Käufers eher gerecht.

Hintergrund: Streng zu unterscheiden ist zwischen **Sonderkonstellationen**, in denen der Käufer ausnahmsweise (unter den Voraussetzungen der §§ 281 II, 323 II, 440 S. 1 BGB, s. u. Kap. 2 I 8 f aa (2) (d)) **direkt zu sekundären Mängelrechten übergehen darf** und Konstellationen, in denen sein Nacherfüllungsanspruch im Interesse des Verkäufers entfällt (etwa wegen Unmöglichkeit der Nacherfüllung, § 275 I BGB oder berechtigter Verweigerung der Nacherfüllung durch den Verkäufer, §§ 439 III, 275 II BGB). Im ersten Fall

entfällt gewissermaßen das Nacherfüllungsrecht des Verkäufers, im zweiten
Fall der Nacherfüllungsanspruch des Käufers. Das Ergebnis ist in beiden Fällen ähnlich: Der Käufer kann ohne Nachfristsetzung zu den sekundären Mängelrechten des § 437 Nr. 2, 3 BGB übergehen.

Der **Nacherfüllungsanspruch** ist letztlich nichts anderes als der **fortbestehende
Primäranspruch** auf Lieferung einer mangelfreien Sache (§ 433 I 2 BGB). Mit
einer mangelhaften Sache hat der Verkäufer bereits **nicht ordnungsgemäß erfüllt**.
Greift freilich – nach Annahme der mangelhaften Sache durch den Käufer als Erfüllung (§ 363 BGB, s. o. Kap. 2 I 5 a cc) – das Gewährleistungsrecht anstelle des
allgemeinen Leistungsstörungsrechts, unterliegt der fortbestehende Erfüllungsanspruch, der nun ein Nacherfüllungsanspruch ist, den **gewährleistungsrechtlichen
Modifikationen**. Insbesondere zu nennen ist die gegenüber der Regelverjährung
(§ 195 BGB) abgekürzte Verjährung (§ 438 BGB). Eine charakteristische Modifikation liegt auch im **Wahlrecht des Käufers** (s. sogleich u. bb), mit dem er den
Inhalt des Nacherfüllungsanspruchs durch Wahl zwischen Nachbesserung oder
Ersatzlieferung bestimmen kann. Mit Blick auf diese Unterschiede ist zwischen
dem ursprünglichen Erfüllungsanspruch und dem modifizierten (Nach)Erfüllungs-
anspruch klar zu unterscheiden.

bb) Wahlrecht des Käufers

Der Nacherfüllungsanspruch hat **zwei Varianten** (§ 439 I BGB): Gegenstand der
Ersatzlieferung ist die **Lieferung einer erfüllungsgeeigneten mangelfreien Sache** bei Rücknahme der ursprünglich gelieferten mangelhaften Sache. Gegenstand
der **Nachbesserung** ist hingegen die **Behebung der Mängel an der ursprünglich
gelieferten Sache**, die der Käufer also behält.

Grundsätzlich – und genau anders als im Werkvertragsrecht (§ 635 BGB, s. u.
Kap. 4 II 2 b) – steht dem Käufer das **Wahlrecht** zwischen beiden Formen der
Nacherfüllung zu. Auch wenn er das Wahlrecht bereits zugunsten einer Variante ausgeübt hat, kann der Käufer noch – in den Grenzen von Treu und Glauben
(vgl. *Spickhoff* BB 2003, 589, 592 f.) – auf die andere Form der Nacherfüllung
umschwenken (sog. **ius variandi**), solange der Nacherfüllungsanspruch noch nicht
in der zuerst gewünschten Variante erfüllt ist oder der Käufer hinsichtlich der zuerst gewählten Variante in Annahmeverzug (§§ 293 ff. BGB) geraten ist. Auch eine
rechtskräftige Verurteilung des Verkäufers zu einer Nacherfüllungsvariante schließt
das ius variandi aus.

Die Wahlmöglichkeit des Käufers setzt allerdings voraus, dass beide Formen
der Nacherfüllung überhaupt **in Betracht kommen**. Teilweise wird vertreten,
dass dies **nur beim Gattungskauf** der Fall sei: Seien – bei Stückschuld – Übereignung und Übergabe einer individuell bestimmten Kaufsache geschuldet, komme per se nur eine Nachbesserung in Betracht, da es an anderen erfüllungsge-

eigneten Sachen fehle (*Ackermann* JZ 2002, 378; *Faust* ZGS 2004, 252; *Huber* NJW 2002, 1004, 1006). Der **BGH** lehnt das ab, weil dadurch der Nacherfüllungsanspruch des Käufers beim Stückkauf umgangen werde und die gegenteilige Sichtweise auch dem (hypothetischen) Parteiwillen nicht entspreche. Beim Stückkauf vertretbarer Sachen kann der Käufer demnach grundsätzlich Ersatzlieferung einer zwar nicht ursprünglich geschuldeten, aber vergleichbaren Sache verlangen. Diese Sichtweise vernachlässigt die beim Stückkauf von den Parteien **gewollte Beschränkung des Pflichtenprogramms** auf den genau identifizierten Kaufgegenstand und ist daher abzulehnen. Der Verkäufer will sein Erfüllungs- und Beschaffungsrisiko durch Vereinbarung eines Stückkaufs auf den jeweiligen Kaufgegenstand beschränken. Der BGH fokussiert demgegenüber zu einseitig auf die Interessen des Käufers.

> **Beispiel:** Hat K einen genau bestimmten und beim Verkäufer besichtigten Neuwagen mit Tageszulassung gekauft (Stückkauf), kann er aus Sicht des BGH bei Mangelhaftigkeit demnach Ersatzlieferung eines entsprechenden Fahrzeugs mit gleichen Eigenschaften verlangen, obwohl ursprünglich nur Übereignung und Übergabe des konkret bestimmten Fahrzeugs geschuldet waren.

Das Berufungsgericht ist allerdings mit Recht davon ausgegangen, dass die Lieferung eines anderen – funktionell und vertragsmäßig gleichwertigen – Gebrauchtwagens nicht schon deshalb ausscheidet, weil es sich um einen Stückkauf handelt. Demgegenüber soll nach einer im Schrifttum vertretenen Auffassung eine Ersatzlieferung beim Stückkauf in jedem Fall unmöglich sein. […] Zur Begründung wird ausgeführt, dass sich die Leistungspflicht des Verkäufers beim Stückkauf nur auf die verkaufte Sache beziehe und somit jede andere Sache von vornherein untauglich sei, den vertraglich geschuldeten Zustand herbeizuführen. […] Eine einschränkende Auslegung des § 439 I BGB dahin, dass der Käufer einer Stücksache eine Ersatzlieferung in keinem Fall verlangen kann, findet im Wortlaut des § 439 I BGB keine Stütze und ist mit dem aus den Gesetzesmaterialien hervorgehenden Willen des Gesetzgebers nicht vereinbar; sie würde dazu führen, dass der Vorrang des Anspruchs auf Nacherfüllung, der den §§ 437 ff. BGB zu Grunde liegt […] beim Stückkauf von vornherein entfiele. Das widerspräche dem Willen des Gesetzgebers.
BGH 7.6.2006 NJW 2006, 2839

Anderes soll freilich auch aus Sicht des BGH dann gelten, wenn es nach dem Parteiwillen entscheidend auf den **individuellen Zustand des Kaufgegenstandes**, etwa den Abnutzungsgrad, ankommt. Beim Stückkauf eines **Gebrauchtwagens** ist daher die Nacherfüllung in aller Regel auf die Nachbesserung am vereinbarten Kaufgegenstand beschränkt.

Angesichts der vielfältigen Unterschiede im Abnutzungsgrad gebrauchter Sachen – auch gleichen Typs – ist Zurückhaltung bei der Annahme geboten, dass beim Kauf einer gebrauchten Sache auch die Lieferung einer anderen Sache dem Parteiwillen entspreche. Wenn eine Ersatzlieferung als möglich angesehen wird, hat dies auf Grund des Vorrangs der Nacherfüllung zur Folge, dass sich die Parteien zunächst über die Lieferung einer anderen gebrauchten Sache auseinander zu setzen haben, bevor ein Rücktritt vom Vertrag oder ein anderes Recht aus § 437 Nr. 2 und 3 BGB beansprucht werden kann. Angesichts des naturgemäß unterschiedlichen Erhaltungszustands gebrauchter Sachen und der damit verbundenen Schwierigkeit, eine in jeder Hinsicht gleichwertige Ersatzsache zu beschaffen, wäre häufiger Streit über die Gleichwertigkeit der angebotenen oder zu beschaffenden Ersatzsache absehbar, wenn auch bei gebrauchten Sachen regelmäßig Anspruch auf eine Ersatzlieferung bestünde. Dies liefe den Interessen beider Kaufvertragsparteien zuwider. BGH 7.6.2006 a. a. O.

Im Übrigen kann eine Variante der Nacherfüllung wegen **Unmöglichkeit** oder **wirtschaftlicher Unzumutbarkeit** (§§ 275 I, II, 439 III BGB) ausgeschlossen sein. **Unmöglichkeit** liegt vor, wenn z. B. die Nachbesserung **technisch ausgeschlossen** ist oder dadurch zwangsläufig **ein anderer Mangel entstehen** würde (vgl. BGH NJW 2005, 2852, 2854). Die gewählte Variante der Nacherfüllung muss ohne jede Einschränkung zu einem vertragsgemäßen Zustand der Sache führen können (Münch-KommBGB/*Westermann* § 439 Rn. 9).

Das **Wahlrecht** des Käufers wird insbesondere dadurch praktisch **stark eingeschränkt**, dass **§ 439 III BGB** dem Verkäufer ein **Leistungsverweigerungsrecht** wegen **wirtschaftlicher Unzumutbarkeit** an die Hand gibt, das die Unzumutbarkeitsschwelle im Vergleich zu § 275 II BGB zugunsten des Verkäufers absenkt (vgl. BT-Drucks. 14/6040 S. 232): Ist eine Variante (häufig die Ersatzlieferung) für den Verkäufer mit **erheblich höheren Kosten** verbunden als die andere Variante, so kann der Verkäufer die teurere Variante gemäß § 439 III BGB verweigern. Der Nacherfüllungsanspruch des Käufers beschränkt sich in diesem Fall auf die andere Art der Nacherfüllung, § 439 III 3 Halbs. 1 BGB.

Es kommt dafür auf einen **Kostenvergleich beider Varianten** der Nacherfüllung an, sie sind in Relation zu setzen (**„relative Unverhältnismäßigkeit"**). Freilich ist die teurere Variante nicht stets unzumutbar. Würde man das annehmen und den Käufer stets auf die billigere Variante verweisen, würde das Wahlrecht des Käufers vollständig ausgehöhlt. Nur bei einer **deutlichen Kostendifferenz** kann das Merkmal der „unverhältnismäßigen Kosten" bejaht werden. Die abstrakte Angabe prozentualer Werte – vorgeschlagen werden Werte zwischen 10 und 25 % (Bamberger/Roth/*Faust* § 439 Rn. 45 f. m. w. N.) – ist nicht möglich, da nach § 439 III 2 BGB stets eine **einzelfallbezogene Abwägung mit den Interessen des Käufers** stattfinden muss – insofern ist etwa einzubeziehen, mit welchen Belastungen die verbleibende Variante der Nacherfüllung für den Käufer verbunden ist, wie wichtig die Nutzung der betroffenen Sache für den Käufer ist und welches Verschulden den Verkäufer an der Mangelhaftigkeit trifft.

Fallbeispiel 2.3: A hat beim M-Markt, einem Elektrohandel, für 1.500 € einen hochwertigen Kaffeevollautomaten gekauft. Dieser funktioniert nicht richtig; der Kaffee schmeckt scheußlich. A begehrt daraufhin beim M-Markt Ersatzlieferung eines mangelfreien Kaffeevollautomaten gleicher Bauart, da er nicht noch zwei Wochen – so lange würde die Reparatur dauern – auf den wohlschmeckenden Kaffee warten wolle. M verweigert dies unter – zutreffendem – Hinweis darauf, dass die Reparatur des Mangels nur 100 € koste, eine Ersatzlieferung und Rücknahme des Vollautomaten hingegen mit Kosten von 800 € verbunden sei, da dieser dann nach einer Reparatur nur noch als Gebrauchtgerät weiter verkauft werden könne.

Zwar hat A einen Nacherfüllungsanspruch gemäß §§ 437 Nr. 1, 439 BGB, und grundsätzlich steht ihm auch das Wahlrecht gemäß § 439 I BGB zu. Die von A gewählte Variante der Ersatzlieferung ist auch nicht unmöglich (§ 275 I BGB). Angesichts der um den Faktor acht höheren Kosten ist diese Variante aber mit „unverhältnismäßigen Kosten" i. S. d. § 439 III BGB verbunden. Die Nachbesserung als verbleibende „andere Art der Nacherfüllung" ist auch nicht mit „erheblichen Nachteilen für den Käufer" i. S. d. Norm verbunden: Die Reparaturdauer von zwei Wochen scheint zumutbar. Somit hat M zu Recht die von A gewählte Variante der Nacherfüllung gemäß § 439 III BGB verweigert. Der Nacherfüllungsanspruch beschränkt sich damit auf die verbleibende Variante der Nachbesserung.

Anders kann es sich verhalten, wenn der Mangel so gravierend ist, dass eine Nachbesserung nur mit großem Aufwand möglich ist und danach eine – auch nur subjektiv empfundene – **Minderung des Nutzwerts** insbesondere einer hochwertigen Kaufsache zurückbleibt.

> Bei einem Lunker im Motorblock eines Neufahrzeugs (Gussfehler bei der Herstellung), der zum Ölverlust führt und als Nachbesserung zumindest den Austausch des Motorblocks mit Kopf erfordert, ist die Nacherfüllung durch Nachlieferung eines gattungsmäßigen Ersatzfahrzeugs nach Wahl des Käufers nicht unverhältnismäßig
> OLG Celle 28.6.2006 NJW-RR 2007, 353

Sind **beide Varianten** des Nacherfüllungsanspruchs **unmöglich oder unzumutbar** (§§ 275 I, II, 439 III 3 Halbs. 2 BGB, sog. „**absolute Unverhältnismäßigkeit**"), stehen dem Käufer lediglich die sekundären Mängelrechte (§ 437 Nr. 2, 3 BGB) zur Verfügung. Für den von § 439 III 3 Halbs. 2 BGB erfassten Fall der **Unzumutbarkeit** beider Varianten (oder Unzumutbarkeit der theoretisch verbleibenden bei Unmöglichkeit der anderen) wird freilich eingewandt, der vollständige Entfall des Nacherfüllungsanspruchs sei beim **Verbrauchsgüterkauf** europarechtlich bedenklich, da die VGKRL den vollständigen Entfall des Nacherfüllungsanspruchs nur im Fall der Unmöglichkeit (beider Varianten) vorsehe (so *Pfeiffer* ZGS 2002, 217 ff.; a. A. *Unberath* ZEuP 2005, 5, 22 ff.). Da die VGKRL es aber den nationalen Rechtsordnungen überlässt, den Unmöglichkeitsbegriff sowie die Grenzen hinzunehmender Leistungserschwerungen festzulegen, und die Grenzen zwischen Unmöglichkeit und Unzumutbarkeit im deutschen Recht nicht trennscharf zu ziehen sind (vgl. § 275 II, III BGB), dürfte der von § 439 III 3 Halbs. 2 BGB erfasste Fall der „absoluten Unverhältnismäßigkeit" unter den Begriff der „Unmöglichkeit" in Art. 3 III VGKRL subsumierbar sein. Aus dieser Perspektive wäre § 439 III 3

Halbs. 2 BGB richtlinienkonform. Damit es überhaupt zur „absoluten Unverhältnismäßigkeit" kommen kann, muss freilich das Verkäuferinteresse das Käuferinteresse
an der Nacherfüllung deutlich überwiegen.

Beispiel: Der Aufwand sowohl für Ersatzlieferung als auch Nachbesserung
übersteigt den Wert der mangelfreien Sache um das dreifache.

Der BGH hat diese umstrittene Frage nun dem EuGH zur Entscheidung vorgelegt
(sog. „Vorabentscheidungsverfahren", Art. 267 AEUV).

Dem Gerichtshof der Europäischen Gemeinschaften werden folgende Fragen zur Auslegung des Gemeinschaftsrechts gemäß Art. 234 EG zur Vorabentscheidung vorgelegt: 1.
Sind die Bestimmungen des Art. 3 Abs. 3 Unterabs. 1 und 2 der Richtlinie 1999/44/EG
des Europäischen Parlaments und des Rates vom 25. Mai 1999 zu bestimmten Aspekten
des Verbrauchsgüterkaufs und der Garantien für Verbrauchsgüter dahin auszulegen, dass
sie einer nationalen gesetzlichen Regelung entgegenstehen, wonach der Verkäufer im
Falle der Vertragswidrigkeit des gelieferten Verbrauchsgutes die vom Verbraucher verlangte Art der Abhilfe auch dann verweigern kann, wenn sie ihm Kosten verursachen
würde, die verglichen mit dem Wert, den das Verbrauchsgut ohne die Vertragswidrigkeit
hätte, und der Bedeutung der Vertragswidrigkeit unzumutbar (absolut unverhältnismäßig) wären? [...]
BGH 14.1.2009 NJW 2009, 1660; nachgehend EuGH Rs. C 65/09 (Gebrüder Weber)

Hintergrund: Beachten Sie, dass es sich bei allen Unzumutbarkeitstatbe-
ständen um Einreden handelt (vgl. BT-Drucks. 14/6040 S. 232), der Verkäufer sich also auf die Unzumutbarkeit **berufen** muss. Insoweit hat letztlich
der Verkäufer ein Wahlrecht, ob er die Unzumutbarkeitseinrede erhebt und
den Übergang zu den sekundären Mängelrechten hinnimmt oder trotz objektiv bestehender Unzumutbarkeit nacherfüllt. Anders hingegen bei der natur-
gesetzlichen Unmöglichkeit i. S. v. § 275 I BGB: Hier *kann* der Verkäufer
bereits nicht nacherfüllen, so dass für ein Wahlrecht kein Raum bleibt.

cc) Umfang der Nacherfüllung

(1) Maßstab: ursprüngliches Pflichtenprogramm, Erfüllungsinteresse

Der Nacherfüllungsanspruch ist, wie gesagt, der modifiziert fortbestehende Erfüllungsanspruch des Käufers. Dies bedeutet, dass im Rahmen der Nacherfüllung
der Käufer nur verlangen kann, dass hinsichtlich der Kaufsache der **ursprünglich
vertragsgemäße Zustand** hergestellt wird. Der Nacherfüllungsanspruch zielt also
allein darauf ab, das **ursprüngliche Erfüllungsinteresse** des Käufers „im zweiten
Anlauf" zu befriedigen, so wie der Verkäufer es eigentlich bereits beim ersten Er-

füllungsversuch hätte befriedigen müssen. Sind inzwischen mittelbar auf den Kauf zurückzuführende **Integritätsschäden** beim Käufer eingetreten, sind diese **nicht im Rahmen der Nacherfüllung zu beheben**. Gleiches gilt für **Vermögensdispositionen** und -aufwendungen, die der Käufer hinsichtlich der Kaufsache getroffen hat (a. A. insbes. Bamberger/Roth/*Faust* § 439 Rn. 18; OLG Karlsruhe ZGS 2004, 432, 433). Die Nacherfüllung zielt immer nur auf den ursprünglich vertragsgemäßen Zustand ab. Zwischenzeitliche Veränderungen treffen grundsätzlich den Käufer.

Fallbeispiel 2.4: K hat beim Möbelhaus I ein Bücherregal, Kiefer natur, gekauft. Er baut es zu Hause auf, lackiert es mühevoll weiß und stellt seine wertvollen Bücher hinein. Nach drei Tagen bricht das Bücherregal infolge eines Konstruktionsfehlers in sich zusammen, die Bücher werden beschädigt.

Da das Bücherregal zerstört ist, ist Nachbesserung unmöglich (§ 275 I BGB). I bietet dem K bereitwillig die verbleibende Variante der Nacherfüllung, Nachlieferung eines mangelfreien Regals, an. K ist einverstanden, möchte aber, dass I das Regal ebenfalls weiß lackiert und ihm seine Bücher ersetzt. Im Rahmen des Nacherfüllungsanspruchs kann K dies nicht verlangen, sondern allein die nach dem Kaufvertrag geschuldete Leistung, nämlich Übereignung und Übergabe eines mangelfreien Bücherregals.

Bei **Verbesserungen**, die der Käufer an der Kaufsache vorgenommen hat, handelt es sich um Aufwendungen des Käufers, um **freiwillige Minderungen seines sonstigen Vermögens** ohne unmittelbaren Bezug zum Mangel. Diese sind nach der Konzeption des Gewährleistungsrechts **im Rahmen der Nacherfüllung nicht zu ersetzen**, ebenso wenig wie **Schäden an anderen Rechtsgütern** des Käufers. Vielmehr kann der Käufer sie nur unter den zusätzlichen Voraussetzungen eines Schadens- bzw. Aufwendungsersatzanspruchs (§§ 437 Nr. 3, 280 I, 284 BGB) ersetzt verlangen. Die Nacherfüllung ist dagegen **kein umfassender Ausgleichstatbestand**. Sie nimmt vielmehr hin, dass der Käufer unter Umständen trotz Nacherfüllung eine dauerhafte Vermögenseinbuße erleidet.

Hintergrund: An dieser Stelle wird die **Abgrenzung zum Schadensersatzrecht** anschaulich. Im Rahmen der Nacherfüllung kann der Käufer nur die ursprünglich vereinbarte Lieferung des Regals verlangen. Hingegen könnte er unter den zusätzlichen Voraussetzungen eines Schadensersatzanspruchs (§§ 437 Nr. 3, 280 I BGB) von I auch Ersatz des Schadens an den Büchern sowie u. U. im Rahmen eines Aufwendungsersatzanspruchs (§ 284 BGB) Ersatz seiner Aufwendungen für das Lackieren verlangen. Für beides ist, anders als beim Nacherfüllungsanspruch, Vertretenmüssen des Verkäufers erforderlich (s. u. Kap. 2 I 8 g). **Der Nacherfüllungsanspruch ist**

allein auf das ursprüngliche Erfüllungsinteresse, der Schadensersatzanspruch hingegen auf das Integritätsinteresse des Käufers im weitesten Sinne gerichtet. Für Integritätsschäden (einschließlich Beeinträchtigungen der „Vermögensintegrität" des Käufers), die u. U. den Kaufpreis weit übersteigen, soll der Verkäufer nur haften, wenn er die mangelhafte Leistung zu vertreten hatte.

An dieser Abgrenzung ändert sich auch nichts dadurch, dass gemäß § 439 II BGB die Nacherfüllung unentgeltlich zu erfolgen hat und der Verkäufer die zum Zwecke der Nacherfüllung erforderlichen Aufwendungen trägt, insbesondere Transport-, Wege-, Arbeits- und Materialkosten. Dies bezieht sich allein auf die unmittelbar durch die Nacherfüllung anfallenden Kosten (zu einem Grenzfall s. u. Kap. 2 I 8 e cc (5)). Aus dieser Regelung folgt z. B. kein Anspruch auf Ersatz von Kosten, die dem Käufer zur Durchsetzung seines Nacherfüllungsanspruchs entstehen (Rechtsverfolgungskosten) oder Nutzungsersatz für die Zeit der Nachbesserung (vgl. BGH NJW 1978, 1626); beide Positionen sind als sonstige Vermögensminderungen des Käufers einzuordnen, die nicht im Rahmen der Nacherfüllung zu ersetzen sind.

(2) Ausnahme: Ortsveränderung, Nacherfüllungsort

Eine **Ausnahme** von dem dargestellten Grundsatz, dass maßgeblich für das Pflichtenprogramm der Nacherfüllung allein das ursprüngliche Pflichtenprogramm ist, gilt nach h. M. nur hinsichtlich **Ortsveränderungen der Kaufsache.** Erfüllungsort (§ 269 BGB) für Gewährleistungsrechte ist der Ort, an dem sich die Kaufsache momentan befindet, der sog. **„Belegenheitsort" der Kaufsache**, nicht hingegen der ursprünglich vereinbarte Erfüllungsort.

BGH NJW-RR 2008, 724, Rn. 13 zum Werkvertragsrecht; OLG München NJW 2006, 449; OLG Köln NJW-RR 2006, 677; für den Kaufvertrag aber ausdrücklich offen gelassen in BGH NJW 2008, 2837, Rn. 27; a. A. OLG München NJW 2007, 3214 sowie die wohl h. L., etwa Unberath/Cziupka JZ 2008, 867; Ball NZV 2004, 217, 220 f.; Lorenz NJW 2009, 1633, 1635.

Völlig unabhängig davon, ob es sich bei der ursprünglichen Vereinbarung um eine Hol-, Bring- oder Schickschuld handelte, soll die Nacherfüllungspflicht des Verkäufers somit auf jeden Fall eine **Bringschuld** sein. Das Risiko, dass der Käufer die Kaufsache inzwischen an einen entfernten Ort verbracht hat, trifft demnach den Verkäufer. Dies kann für ihn mit erheblichen wirtschaftlichen Härten verbunden sein; einen gewissen (schwachen) Schutz vor exorbitanten Kosten bewirkt nur das Leistungsverweigerungsrecht § 439 III BGB – dies aber auch nur dann, wenn man es auf Fälle der „absoluten Unverhältnismäßigkeit" erstreckt (str., s. o. Kap. 2 I 8 e bb). Die **Abweichung vom ursprünglichen Pflichtenprogramm** lässt sich nicht begründen, sie läuft auf einen systemfremden **verschuldensunabhängigen Schutz der Vermögensintegrität** des Käufers im Rahmen der Nacherfüllung hinaus, missachtet die Privatautonomie und ist daher abzulehnen.

Anderes ergibt sich auch nicht daraus, dass gemäß **§ 439 II BGB** der Verkäufer unter anderem die **Transportkosten** bei der Nacherfüllung zu tragen hat. Dies ist eine reine **klarstellende Kostentragungsregel**, die die logisch vorrangige Frage, was im Rahmen der Nacherfüllung überhaupt geschuldet ist, nicht beantwortet.

Beispiele:

1. Im Kaffeevollautomaten-Fall **(Fallbeispiel 2.4)** kann der M-Markt nicht verlangen, dass A das Gerät in die Filiale bringt, in der er es (Holschuld) gekauft hat; vielmehr kann A verlangen, dass M das Gerät bei ihm zu Hause abholt und es ihm nach Durchführung der Reparatur auch wieder anliefert.
2. Hat der K eine in Hagen gekaufte und übereignete Waschmaschine inzwischen nach Argentinien oder in die Antarktis verschifft, muss der V sie dort nachbessern bzw. – im Fall der Ersatzlieferung – sie dort abholen und eine nachzuliefernde Waschmaschine ebenfalls nach Argentinien oder in die Antarktis schaffen. In diesem Fall spricht aber – selbst wenn man der h. M. folgt – viel dafür, dass beide Varianten der Nacherfüllung unzumutbar sind (§ 439 III BGB), der K also nach Leistungsverweigerung durch V direkt zu sekundären Mängelrechten – Minderung, Rücktritt, Schadensersatz, Aufwendungsersatz – übergehen kann.

---

(3) Grenzfall: Einbau der erworbenen mangelhaften Sache

Folgt man der (abzulehnenden) Ansicht, dass Erfüllungsort der Belegenheitsort der mangelhaften Kaufsache ist, dann ergibt sich ein **massives Abgrenzungsproblem**: In Grenzfällen kann zweifelhaft sein, ob es sich bei der zwischenzeitlich eingetretenen Veränderung tatsächlich nur um eine **reine Ortsveränderung** handelt oder aber um eine **wertsteigernde Weiterverarbeitung** der Sache, für die der Verkäufer nur im Rahmen eines Schadensersatzanspruchs, nicht aber im Rahmen der Nacherfüllung, einstehen muss.

Fallbeispiel 2.5: K hat bei V 1.000 Dachziegel gekauft. Nachdem er sie auf seinem Dach verlegt hat, stellt sich heraus, dass die Dachziegel bei Frost brüchig werden. K meint, Gegenstand des Nacherfüllungsanspruchs sei, dass V die schadhaften Dachziegel dort abholen müsse, wo sie sich befinden – also auf dem Dach. Ferner müsse er die als Gegenstand der Ersatzlieferung gelieferten Dachziegel auch dorthin verbringen, also die Neueindeckung des Dachs durchführen. V hingegen meint, die Verlegung der Dachziegel gehe nach ihrem Sinngehalt weit über eine bloße Ortsveränderung hinaus. Es sei vielmehr eine wertsteigernde Weiterverarbeitung der Dachziegel, die er allenfalls – bei Vertretenmüssen des Mangels – im Rahmen eines Schadensersatzanspruchs, nicht aber im Rahmen der Nacherfüllung, ersetzen müsse [sog. „Dachziegelfall", BGHZ 87, 104].

Vgl. dazu (Anspruch auf Neuverlegung bejahend): OLG Karlsruhe ZGS 2004, 432; LG Deggendorf 3.4.2007 – 3 O 370/06, Juris; a. A. OLG Köln ZGS 2006, 77; Münch-KommBGB/Westermann § 439 Rn. 13; Schneider/Katerndahl NJW 2007, 2215; Thürmann NJW 2006, 3457; Staudinger/Matusche-Beckmann § 439 Rn. 21.

Der **BGH** hat 2008 prinzipiell im Sinne des Verkäufers entschieden: Im Rahmen des Nacherfüllungsanspruchs muss der Verkäufer demnach **lediglich die ursprünglich geschuldeten Leistungshandlungen erneut vornehmen.** Das ursprüngliche Vertragsprogramm bestimmt demnach – abgesehen von der erörterten Modifikation des Erfüllungsorts – den Umfang des Nacherfüllungsanspruchs. Mit anderen Worten: Eine ihrem Sinngehalt nach andere Handlung als Besitzverschaffung und Übereignung mangelfreier Ersatzsachen muss der Verkäufer im Rahmen der Nacherfüllung nicht vornehmen. Auch die Festlegung des Erfüllungsorts der Nacherfüllung reicht nicht so weit, dass die Nacherfüllung exakt dort stattfinden muss, wo sich die Sache jetzt befindet (also bzgl. jedes einzelnen Dachziegels an der Stelle auf dem Dach, an dem sich das fehlerhafte Pendant befindet) und der Verkäufer dazu nicht geschuldete, werkvertragstypische Abdeck- und Verlegearbeiten übernehmen muss.

> Bei der in § 439 Abs. 1 BGB [...] vorgesehenen Lieferung einer mangelfreien Sache decken sich [...] der Nacherfüllungsanspruch und der ursprüngliche Erfüllungsanspruch hinsichtlich der vom Verkäufer geschuldeten Leistungen; es ist lediglich anstelle der ursprünglich gelieferten mangelhaften Kaufsache nunmehr eine mangelfreie – im Übrigen aber gleichartige und gleichwertige – Sache zu liefern. Die Ersatzlieferung erfordert daher eine vollständige Wiederholung der Leistungen, zu denen der Verkäufer nach § 433 Abs. 1 Satz 1 und 2 BGB verpflichtet ist; der Verkäufer schuldet nochmals die Übergabe des Besitzes und die Verschaffung des Eigentums an einer mangelfreien Sache – nicht weniger, aber auch nicht mehr. Denn mit der Nacherfüllung soll nach der gesetzgeberischen Konzeption lediglich eine nachträgliche Erfüllung der Verkäuferpflichten aus § 433 Abs. 1 BGB durchgesetzt werden; der Käufer soll mit der Nacherfüllung das erhalten, was er vertraglich zu beanspruchen hat. [...] Vermögensschäden oder Aufwendungen, die dem Käufer dadurch entstehen, dass der Verkäufer seine Pflicht aus § 433 Abs. 1 Satz 2 BGB, dem Käufer eine mangelfreie Sache zu verschaffen, nicht schon beim ersten Erfüllungsversuch, sondern erst zu einem späteren Zeitpunkt erfüllt, sind nicht im Zuge der Nacherfüllung zu beseitigen oder auszugleichen, sondern nur im Rahmen eines Schadensersatz- oder Aufwendungsersatzanspruchs nach §§ 280 ff. BGB.
> BGH 15.7.2008 NJW 2008, 2837

(4) Rückgabepflicht des Käufers und Rücknahmepflicht des Verkäufers

Liefert der Verkäufer zum Zwecke der Nacherfüllung eine mangelfreie Sache, so kann er vom Käufer gemäß § 439 IV BGB **Rückgewähr der mangelhaften Sache nach Rücktrittsrecht** (§§ 346–348 BGB, Rechtsfolgenverweisung) verlangen. Dies kann zur allgemeinen rücktrittsrechtlichen Problematik führen, inwieweit der Käufer die aus der Sache gezogenen **Nutzungen** sowie **Verschlechterungen zu ersetzen hat,** die – unabhängig vom Mangel – in seiner Sphäre entstanden sind (vgl. allgemein *Brox/Walker* AT § 18 Rn. 17 ff.). Grundsätzlich ist dies zu bejahen (§ 346 I a. E., II Nr. 3 BGB). Hinsichtlich des **Nutzungsersatzes** wäre dieses Ergebnis allerdings in Fällen des Verbrauchsgüterkaufs europarechtswidrig (EuGH 17.4.2008 Rs. 404/06 [Quelle], VersR 2008, 979), so dass der Gesetzgeber 2008 eine Sonderregelung in § 474 II BGB geschaffen hat (s. u. Kap. 2 I 9 a bb).

Für den Käufer im Dachziegelfall (Fallbeispiel 2.5) ist aber noch ein anderer Aspekt von erheblicher Bedeutung. Muss er bei Ersatzlieferung durch den Verkäufer die schadhaften Dachziegel gemäß § 439 IV BGB zurückgewähren, stellt sich die Frage, wer die **Demontage** der mangelhaften Kaufsache durchführen muss: Kann der Käufer also im Rahmen des Nacherfüllungsanspruchs verlangen, dass der Verkäufer die schadhaften Dachziegel vom Dach entfernt oder wenigstens die Kosten dafür trägt? Und folgt aus dem Rückgabeanspruch des Käufers aus § 439 IV BGB auch implizit ein **spiegelbildlicher Rücknahmeanspruch des Käufers**? (so BGHZ 87, 104; dagegen überzeugend *Katzenstein* ZGS 2009, 553, 559 m. w. N.).

In der genannten Entscheidung vom 15.7.2008 (NJW 2008, 2837) hatte der BGH über diese Frage nicht zu entscheiden; seine Ausführungen beziehen sich streitgegenständlich allein auf die Kosten für den erneuten Einbau der nachgelieferten, nicht hingegen auf die Kosten für den Ausbau der fehlerhaften Sache. Letztere Frage hat der BGH nun **dem EuGH vorgelegt**, so dass in nächster Zeit mit einer höchstrichterlichen Klärung zu rechnen ist:

Dem Gerichtshof der Europäischen Gemeinschaften werden folgende Fragen zur Auslegung des Gemeinschaftsrechts gemäß Art. 234 EG zur Vorabentscheidung vorgelegt: 1. [...] 2. Sind die Bestimmungen des Art. 3 Abs. 2 und Abs. 3 Unterabs. 3 der vorbezeichneten Richtlinie dahin auszulegen, dass der Verkäufer im Falle der Herstellung des vertragsgemäßen Zustands des Verbrauchsgutes durch Ersatzlieferung die Kosten des Ausbaus des vertragswidrigen Verbrauchsgutes aus einer Sache, in die der Verbraucher das Verbrauchsgut gemäß dessen Art und Verwendungszweck eingebaut hat, tragen muss?
BGH 14.1.2009 NJW 2009, 1660, nachgehend EuGH Rs. C-65/09 (Gebrüder Weber)

Nach zutreffender Ansicht (*Thürmann* NJW 2006, 3457, 3460 f.; a. A. OLG Frankfurt/Main ZGS 2008, 315; OLG Köln NJW-RR 2006, 677; *Schneider/Katerndahl* NJW 2007, 2215, 2216) ist auch dies **zu verneinen**, da der Ausbau das ursprüngliche Pflichtenprogramm des Kaufvertrags gleichfalls überschreitet und auch insofern eine **Zuordnung zum Schadens- bzw. Aufwendungsersatzrecht** angezeigt ist. Für diese Position sprechen eine **konsequente Trennung von Erfüllungs- und Integritätsinteresse** sowie der Respekt vor der Privatautonomie der Vertragspartner, die keinen Werkvertrag, sondern einen Kaufvertrag geschlossen haben.

Mit einigem Begründungsaufwand lässt sich aus § 439 IV BGB immerhin eine **spiegelbildliche Rücknahmepflicht des Verkäufers** ableiten: Dafür spricht, dass bereits nach dem ursprünglichen Vertragsprogramm der Käufer nicht verpflichtet ist, *zwei* Sachen (die mangelhafte und die mangelfreie) abzunehmen, sondern nur eine (so OLG Frankfurt/Main ZGS 2008, 315). Für diese Betrachtungsweise lässt sich auch der Gesetzeswortlaut anführen, nach dem die mangelfreie Sache als „Ersatz" für die mangelhafte geliefert wird. Insofern dient die Rücknahmepflicht des

Verkäufers lediglich der **Herstellung des ursprünglich vertragsgemäßen Zustands** und damit dem **Erfüllungsinteresse**. Wie der Rücknahmeanspruch aber **auszugestalten** ist, bleibt dabei offen: Dass mit dem Ausbau ein werkvertragliches Tätigwerden Inhalt der Nacherfüllung sein soll, scheint fernliegend, wenn man das **ursprüngliche Pflichtenprogramm** im Blick behält. Der Rücknahmeanspruch kann gleichfalls so ausgestaltet werden, wenn der Verkäufer verpflichtet wird, die fehlerhafte Sache quasi „an der Adresse" abzuholen, der dazu erforderliche Ausbau aber dem Käufer überlassen bleibt. Bei verständiger Auslegung der VGKRL (vgl. *Lobinger* GPR 2008, 262, 274 ff.) ist dieses Ergebnis auch im Bereich des Verbrauchsgüterkaufs nicht europarechtswidrig.

(5) Grenzfall: weiterfressende Mängel

Ein weiterer Grenzfall zwischen Erfüllungs- und Integritätsinteresse ist mit dem Stichwort des **„weiterfressenden Mangels"** angesprochen. Handelt es sich um einen Mangel, der mittlerweile auch andere Teile der Kaufsache betrifft als denjenigen, der bereits bei Gefahrübergang von dem Mangel beeinträchtigt war, soll sich nach zutreffender und überwiegender Ansicht (vgl. MünchKommBGB/ *Westermann* § 439 Rn. 9 f.; Staudinger/*Matusche-Beckmann* § 439 Rn. 11 ff. m. w. N.; Erman/*Grunewald* § 439 Rn. 2) der Nacherfüllungsanspruch auf die **Beseitigung des Mangels insgesamt** – also einschließlich der erst nach Gefahrübergang eingetretenen Teileelemente – beziehen. Anders als bei einem Mangel, der zu Schäden an anderen Sachen des Käufers führt, ist insoweit nicht das Integritätsinteresse des Käufers betroffen, sondern sein **Erfüllungsinteresse**: Es geht ja schlicht darum, dass hinsichtlich der Kaufsache der ursprünglich vertragsgemäße, mangelfreie Zustand umfassend hergestellt wird.

> **Fallbeispiel 2.6:** K hat von V einen Opel erworben. Bei Gefahrübergang litt die Ölpumpe unter einer Funktionsstörung. Diese führt dazu, dass der Motor nach kurzer Zeit nicht mehr mit Öl versorgt und irreparabel beschädigt wird. Im Rahmen der Nachbesserung kann K von V Austausch des kompletten Motors, nicht nur der Ölpumpe, verlangen.

Dafür lässt sich systematisch vor allem anführen, dass **im Fall der Ersatzlieferung** der Verkäufer für das zwischenzeitliche „Weiterfressen", also die in der Sphäre des Käufers eingetretene Verschlechterung der zurückgenommenen Kaufsache, wegen § 346 III 1 Nr. 3 Halbs. 2 BGB **keinen Wertersatz erhielte**, da die Verschlechterung bei der „bestimmungsgemäßen Ingebrauchnahme" der Kaufsache entstanden ist. Er müsste aber eine **vollständig mangelfreie Ersatzlieferung leisten**. Dann ist es nur konsequent, auch bei der **Nachbesserung** als anderer Variante der Nacherfüllung anzuerkennen, dass der Verkäufer die nach Gefahrübergang durch „Weiterfressen" eingetretene Verschlechterung beseitigen muss (so MünchKommBGB/*Westermann* § 439 Rn. 9). Argumentiert wird auch – für den Verbrauchsgüterkauf – mit Art. 3 II

VGKRL, wonach der Verkäufer als Gegenstand der Nacherfüllung den **vertrags-gemäßen Zustand herstellen** und nicht nur den ursprünglich bei Gefahrübergang vorhandenen Mangel beseitigen muss.

Dagegen sind **Schäden**, die **unabhängig vom Mangel** erst **nach Gefahrüber-gang** an der Kaufsache entstanden sind, im Rahmen der Nacherfüllung ebenso we-nig ersatzfähig wie Schäden, die an anderen Rechtsgütern oder im Vermögen des Käufers entstanden sind.

> Hat im Opel-Fall (**Fallbeispiel 2.6**) K inzwischen eine Beule in den Pkw gefahren, muss V diese natürlich nicht im Rahmen der Nacherfüllung ausbessern.

dd) Fehlschlagen und Mangelhaftigkeit der Nacherfüllung

Ist die Nacherfüllung fehlgeschlagen, kann der Käufer gemäß § 440 S. 1 Alt. 2, S. 2 BGB zu den sekundären Mängelrechten – Rücktritt, Minderung, Schadensersatz statt der Leistung – übergehen. Ein **Fehlschlagen** kann regelmäßig – allerdings abhängig von den Umständen des Einzelfalls – nach dem **zweiten erfolglosen Ver-such der Nacherfüllung** bejaht werden. Fehlschlagen ist z. B. auch dann anzu-nehmen, wenn die **Sache zerstört** wird, während sie sich zur Nachbesserung beim Verkäufer befindet (Staudinger/*Matusche-Beckmann* § 439 Rn. 34). Die bereits **anfängliche Unmöglichkeit** der Nacherfüllung führt hingegen nach zutreffender, wenn auch umstrittener Auffassung nicht zum sofortigen Fehlschlagen, sondern zu den im Falle der Unmöglichkeit vorgesehenen Rechtsfolgen.

Ist die **Nacherfüllung** ihrerseits **mangelhaft**, tritt also z. B. an der als Ersatz ge-lieferten Sache derselbe oder ein anderer Mangel auf, kann der Käufer die in § 437 BGB genannten Rechte **erneut hinsichtlich der nachgelieferten Sache** geltend machen. Mit der Ablieferung im Rahmen der Nacherfüllung beginnt die Verjährung erneut (vgl. § 438 II BGB).

ee) Vertiefungsproblem 1: § 439 II BGB als Anspruchsgrundlage?

Folgt man der Auffassung des BGH zum Erfüllungsort der Nacherfüllung (s. o. Kap. 2 I 8 e cc (2)), kann man die Frage stellen, ob der Käufer aus § 439 II BGB **Transportkosten ersetzt verlangen kann**, die er selbst getragen hat.

> **Beispiel:**
>
> (1) Hat K im Kaffeemaschinen-Fall die Kaffeemaschine selbst zum M-Markt transportiert, stellt sich die Frage, ob er Benzin- und Parkkosten ersetzt verlangen kann.

(2) Wie verhält es sich, wenn K den Geschäftsführer des M-Markt aufgefordert hat, die Maschine bei ihm abzuholen, sich M und K dann aber darauf verständigt haben, dass K die Maschine aus Gründen der Praktikabilität bei M vorbei bringt?

Die Frage ist zu **verneinen**. § 439 II BGB ist eine reine **klarstellende Kostenzuordnungsnorm**, keine Anspruchsgrundlage (str., näher *Hellwege* AcP 206, 136 ff.). Wie noch zu zeigen sein wird (s. u. Kap. 2 I 8 h), hat der Käufer **kein Recht zur Selbstvornahme**, anders als z. B. der Besteller im Werkvertragsrecht (§ 637 BGB, s. u. Kap. 4 II 2 c). Beseitigt der Käufer den Mangel ohne Nachfristsetzung selbst, hat er grundsätzlich keine Möglichkeit, vom Verkäufer Aufwendungsersatz zu verlangen (s. u. Kap. 2 I 8 h). Dieser Gedanke kann auch **auf die vorbereitenden Schritte zur Nacherfüllung übertragen** werden; ebenso wie bei der Selbstvornahme kommt auch hier ein Anspruch des Käufers analog § 326 II 2, IV BGB gegen den Verkäufer auf Ersatz ersparter Aufwendungen – konkret also: ersparter Transportkosten – nicht in Betracht. Anders verhält es sich nur dann, wenn die Parteien sich – wie in Beispiel (2) – darauf verständigen, dass der Käufer die vorbereitenden Schritte selbst vornimmt. Dann wird das **Pflichtenprogramm einverständlich modifiziert**; dabei kann auch, abhängig vom Einzelfall, eine Kostenerstattungspflicht des Verkäufers konkludent vereinbart werden.

ff) Vertiefungsproblem 2: Nutzungsersatz bei Ersatzlieferung?

Bereits dargestellt wurde, dass im Falle der Nacherfüllung durch Ersatzlieferung der Käufer die mangelhafte Sache dem Verkäufer gemäß § 439 IV BGB zurückzugewähren hat und insoweit auf das Rücktrittsrecht (§§ 346–348 BGB) verwiesen wird. Daran anknüpfend war die Frage außerordentlich streitig, ob der Verkäufer im Falle der **Ersatzlieferung** vom Käufer gemäß §§ 439 IV, 346 I, II 1 Nr. 1 BGB **Wertersatz für die Nutzung der mangelhaften Sache für die Zeit zwischen Lieferung der mangelhaften Sache und Ersatzlieferung** verlangen kann.

Beispiel: Die von K erworbene Kaffeemaschine erleidet nach vier Monaten einen irreparablen Defekt, der auf einen Materialfehler zurückzuführen ist. V liefert K daraufhin eine neue Maschine gleichen Typs. In der Zwischenzeit hat K allerdings schon zahlreiche Tassen Kaffee genossen.

Der von § 439 IV BGB in Bezug genommene § 346 I a. E. BGB sieht diesen Nutzungsersatzanspruch eindeutig vor. Betrachtet man die Interessen von Käufer und Verkäufer, spricht für den Nutzungsersatz, dass der Käufer mit der Ersatzlieferung **eine neue Sache erhält, eine gebrauchte Sache zurückgibt** und es daher angemessen scheint, dem Verkäufer die gezogenen Gebrauchsvorteile zu vergüten (vgl.

Erman/*Grunewald* § 439 Rn. 16; *Fest* NJW 2005, 2959 ff.). Diese Bewertung der
Interessenlage entsprach auch der Sichtweise des Gesetzgebers der Schuldrechts-
reform 2002 (BT-Drucks 14/6040 S. 232 f.) und hat in dem **uneingeschränkten
Verweis des § 439 IV BGB** auf §§ 346–348 BGB Niederschlag gefunden.

Dem kann man aber generell entgegenhalten, dass dem Käufer bereits ab Fälligkeit des primären Erfüllungsanspruchs die **volle Sachnutzung zusteht** (vgl. *Gsell*
NJW 2003, 1969 ff.; *ders.* JuS 2006, 203, 204). Zudem wäre der Nutzungsersatzanspruch ein Zahlungsanspruch des Verkäufers, der erst mit Durchführung der Nacherfüllung entsteht und damit gewissermaßen ein „Entgelt" für die Nacherfüllung
darstellen würde. Für Fälle des Verbrauchsgüterkaufs liegt auf der Hand, dass dies
mit der Forderung des Art. 3 II, III VGKRL, die Nacherfüllung müsse „unentgeltlich" erfolgen, schwer vereinbar ist. Auf Vorlage des BGH (NJW 2006, 3200) iden-
tifizierte der EuGH in der Rechtssache *„Quelle"* die Verpflichtung zum Nutzungsersatz in Fällen des Verbrauchsgüterkaufs als Umsetzungsdefizit (EuGH 17.4.2008
Rs. C-404/06 [Quelle] NJW 2008, 1433; nachfolgend BGHZ 179, 27).

Auf die Problematik hat der Gesetzgeber mittlerweile reagiert (vgl. BT-Drucks.
16/10607, S. 4, 5 f.). Seit dem 16.12.2008 bestimmt **§ 474 II BGB** für Fälle des Verbrauchsgüterkaufs ausdrücklich, dass § 439 IV BGB mit der Maßgabe anzuwenden
ist, dass **Nutzungen nicht herauszugeben** oder durch ihren Wert zu ersetzen sind.
Dies gilt auch dann, wenn der Käufer infolge der Nacherfüllung ansonsten ange-
fallene Aufwendungen für Wartung oder die Erneuerung von Verschleißteilen erspart hat. Mit der auf Fälle des Verbrauchsgüterkaufs beschränkten Neuregelung ist
zugleich eindeutig klargestellt, dass *außerhalb* des Bereichs des Verbrauchsgüterkaufs eine einschränkende Auslegung von § 439 IV BGB nicht in Betracht kommt.
Handelt es sich **nicht** um einen **Verbrauchsgüterkauf**, hat der Käufer somit **vollen
Nutzungsersatz** gemäß §§ 439 IV, 346 I, II Nr. 1 BGB zu leisten.

Davon abzugrenzen ist die Frage nach einer Kostenbeteiligung des Käufers hinsichtlich ersparter Aufwendungen für die **Beseitigung von Schäden**, die der **Käufer selbst verursacht** hat. Insoweit entspricht es verbreiteter Auffassung, eine Ausgleichspflicht des Käufers anzunehmen (etwa *Ball* NZV 2004, 217, 221; a. A. Stau-
dinger/*Matusche-Beckmann* § 439 Rn. 24). Gleiches wird für ein **Mitverschulden**
des Käufers an der Entstehung des Mangels angenommen; insoweit soll er **analog
§ 254 BGB** zu einer Kostenbeteiligung verpflichtet sein (BGHZ 90, 344, 347). Der
EuGH hat in der genannten Entscheidung aber für Fälle des Verbrauchsgüterkaufs
sehr umfassend entschieden, dass **jede Ausgleichsforderung des Verkäufers** im
Rahmen der Nacherfüllung ausgeschlossen sei (EuGH a. a. O., Rn. 34). Er will
vermeiden, dass der Verbraucher durch drohende finanzielle Belastungen **faktisch
davon abgehalten** wird, seinen Nacherfüllungsanspruch geltend zu machen. Somit spricht viel dafür, dass beim **Verbrauchsgüterkauf** auch eine Ersatzpflicht für
Verschlechterungen der Sache in der Sphäre des Käufers gemäß §§ 439 IV, 346 II
Nr. 3 Halbs. 1 BGB nicht in Betracht kommt; der Verweis in § 439 IV BGB auf
§§ 346–348 BGB ist in dieser Facette weiterhin **richtlinienkonform teleologisch
zu reduzieren** (vgl. zu dieser umstrittenen Methode BGHZ 179, 27 sowie *Höpf-
ner* JZ 2009, 403; *Möllers/Möhring* JZ 2008, 919). Die gesetzgeberische Korrektur
durch Neufassung des § 474 II BGB scheint damit hinter dem europarechtlich Ge-
botenen zurückzubleiben.

Methodik: Insbesondere an dieser Stelle ergeben sich zwischen Fällen des Verbrauchsgüterkaufs und sonstigen Kaufverträgen erhebliche Abweichungen. In der Fallbearbeitung ist strikt zwischen beiden Konstellationen zu unterscheiden.

f) Rücktritt und Minderung

Als **sekundäre Mängelrechte** sieht § 437 Nr. 2 BGB Rücktritt und Minderung vor. Beide sind als **Gestaltungsrechte** ausgestaltet, müssen also durch eine **einseitige empfangsbedürftige Willenserklärung** des Käufers ausgeübt werden. Ist die Fristsetzung zur Nacherfüllung erfolglos verstrichen, hat der Verkäufer also seine Chance zur „zweiten Andienung" nicht wahrgenommen, kann der Käufer zu diesen Rechten übergehen.

aa) Rücktritt

§ 437 Nr. 2 BGB verweist für das Rücktrittsrecht auf §§ 440, 323 und 326 V BGB. Die **Rücktrittsvoraussetzungen** bestimmen sich damit im Ausgangspunkt nach **§ 323 BGB**. Demnach kann der Gläubiger, wenn der Schuldner die fällige Leistung trotz angemessener **Fristsetzung zur Nacherfüllung** nicht vertragsgemäß erbracht hat, vom Vertrag zurücktreten.

Methodik: Die bereits angesprochene Verknüpfung von kaufrechtlichem Gewährleistungsrecht und allgemeinem Leistungsstörungsrecht wird hier sehr deutlich: § 323 BGB gibt dem Gläubiger im gegenseitigen Vertrag allgemein ein Rücktrittsrecht, wenn der Schuldner **nicht oder nicht vertragsgemäß leistet.** § 437 Nr. 2 BGB stellt die **Brückennorm** dar, die den allgemeinen Tatbestand des § 323 BGB im Kontext des kaufvertraglichen Gewährleistungsrechts **für anwendbar erklärt und konkretisiert.** Was § 323 I BGB ganz allgemein als „nicht vertragsgemäße Leistung" umschreibt, wird insoweit durch §§ 433 I 2, 437, 434, 435 BGB als sach- oder rechtsmangelhafte Leistung konkretisiert.
 Methodisch müssen Sie in der Klausur die in §§ 434 ff. BGB und § 323 BGB statuierten **Rücktrittsvoraussetzungen kumulativ prüfen,** allerdings dabei die Verschränkung zwischen allgemeinem Leistungsstörungs- und speziellem Gewährleistungsrecht beachten. Das Tatbestandsmerkmal der „nicht vertragsgemäßen Leistung" aus § 323 I BGB prüfen Sie also ausschließlich in der durch das Gewährleistungsrecht der §§ 434 ff. BGB konkretisierten Form: Sie prüfen also ausschließlich, ob ein **Sach- oder Rechtsmangel i. S. v. §§ 434, 435 BGB** gegeben ist; ist dies der Fall, ist zugleich das allgemeine Tatbestandsmerkmal der „nicht vertragsgemäßen Leistung" in § 323 I BGB gegeben.

(1) Fälligkeit der Leistung

Nach § 323 I BGB ist erste Voraussetzung die **Fälligkeit** der geschuldeten Leistung.

> **Beispiel:** Ist in einem am 30.12.2009 geschlossenen Kaufvertrag die Liefe-
> rung der Kaufsache zum 1.2.2010 vereinbart, wird die Leistung erst zu die-
> sem Zeitpunkt fällig. Grundsätzlich ist erst ab diesem Termin der Rücktritt
> möglich.

Gemäß § 323 IV BGB kann der Gläubiger allerdings **bereits vor dem Eintritt
der Fälligkeit zurücktreten**, wenn offensichtlich ist, dass die Voraussetzungen des
Rücktritts eintreten werden. Das kann in obigem Beispiel zu bejahen sein, wenn
dem Käufer etwa bereits am 15.1.2010 klar wird, dass ein Mangel vorhanden ist
und dieser aus technischen Gründen unbehebbar ist, schon die erste „Andienung"
durch den Verkäufer also nicht sachmangelfrei wäre und auch die Nacherfüllung
schlechthin keinen Erfolg haben kann. Der Käufer darf dann bereits vor Fälligkeit
den Rücktritt erklären; auch eine Nachfristsetzung wäre dann gemäß § 326 V BGB,
ggf. auch nach § 323 II Nr. 3 BGB, entbehrlich (dazu sogleich u. (2) (d) (cc)).

(2) Fristsetzung

Grundsätzlich setzt das Rücktrittsrecht nach § 323 I BGB die **Fristsetzung zur
Nacherfüllung** voraus. Mit der Fristsetzung soll der Verkäufer die Chance erhalten, seiner vertraglichen Primärpflicht zur sach- und rechtsmängelfreien Lieferung
(§ 433 I 2 BGB) doch noch gerecht zu werden. Dass der Käufer dabei aktiv werden
und eine Frist setzen muss, soll dem Verkäufer deutlich vor Augen halten, dass er
innerhalb bestimmter Zeit nacherfüllen und ansonsten mit einem Übergang zu sekundären Mängelrechten rechnen muss.

> **Hintergrund:** Damit ist § 323 I BGB – neben dem Fristsetzungserfordernis
> in § 281 I 1 BGB für Schadensersatzansprüche – der deutlichste Ausdruck
> des Vorrangs der Nacherfüllung vor den sekundären Gewährleistungsrechten
> (s. o. Kap. 2 I 8 e aa).

(a) Europarechtliche Problematik. Für **Verbrauchsgüterkäufe** ist hinsichtlich
der Fristsetzung dabei eine **europarechtliche Problematik** zu beachten: Nach
Art. 3 III 3 VGKRL muss die Nachbesserung „innerhalb einer angemessenen Frist"
(„within a reasonable time") erfolgen. Damit macht die Richtlinie aber lediglich
eine Vorgabe hinsichtlich der Nacherfüllungspflicht des Verkäufers, der er in angemessener Zeit nachkommen muss, verlangt dem Käufer aber **kein aktives Hinwirken** darauf durch Setzung einer Frist ab. Das Fristsetzungserfordernis ist eine

zusätzliche und damit **europarechtlich bedenkliche Hürde** für Rücktritt und Minderung. Nicht zu Unrecht bezeichnet eine starke Literaturmeinung das Fristsetzungserfordernis, sofern es Voraussetzung von Rücktritt und Minderung ist, daher als europarechtswidriges Umsetzungsdefizit (MünchKommBGB/*Ernst* § 323 Rn. 50a; *Mayer/Schürnbrand* JZ 2004, 545, 551 f.; *Unberath* ZEuP 2005, 5, 31). Verbreitet wird daher vorgeschlagen, europarechtskonform den Verbrauchsgüterkauf als **Fall des § 323 II Nr. 3 BGB** einzuordnen, in dem „besondere Umstände vorliegen, die unter Abwägung der beiderseitigen Interessen den sofortigen Rücktritt rechtfertigen", und somit das Erfordernis einer aktiven Fristsetzung im Fall eines Verbrauchsgüterkaufs ganz entfallen zu lassen (vgl. Bamberger/Roth/*Faust* § 437 Rn. 18). Die Gerichtspraxis hält am Fristsetzungserfordernis auch beim Verbrauchsgüterkauf bislang fest und scheint die Regelung für nicht europarechtswidrig zu halten (vgl. BGH ZGS 2006, 152, unter III).

(b) Milde Anforderungen an die Nachfristsetzung. Allerdings gelangt auch die Praxis zugunsten des Käufers zu **verschiedenen Aufweichungen des Fristsetzungserfordernisses.**

An sich muss die **Nachfrist angemessen** sein, d. h. dem Verkäufer objektiv die Nacherfüllung ermöglichen. Weder wird ihm dabei eine optimale Organisation seines Geschäftsbetriebs abverlangt noch jede Nachlässigkeit und Verschleppung erlaubt. Die angemessene Frist liegt vielmehr **zwischen beiden Extrempunkten**; welche Frist im Einzelfall angemessen ist, hängt von den jeweiligen Umständen ab, insbesondere dem **Interesse des Käufers an schneller Nacherfüllung** bei Berücksichtigung der **Art des Verbrauchsguts** und des Zwecks, für den der Verbraucher es benötigt (vgl. Art. 3 III 3 VGKRL). Bei alltäglichen Kaufgegenständen und Mängeln von geringer technischer Komplexität dürfte eine kürzere Frist angemessen sein als bei technisch komplexen Kaufgegenständen, bei denen der Verkäufer zum Zweck der Nacherfüllung Spezialisten zu Rate ziehen muss.

Die erste Weichenstellung zugunsten des Käufers liegt nun darin, dass eine unangemessen kurze Fristsetzung nach ständiger Rechtsprechung (zuletzt BGH NJW 2009, 3153, Rn. 11 m. w. N.) immerhin **anstelle der unangemessen kurzen eine angemessen lange Frist** in Gang setzt. Die zu kurze Frist bleibt also nicht vollständig wirkungslos, sondern wird in eine angemessene Frist **umgedeutet**. Ist also faktisch eine angemessen lange Zeit verstrichen, kann der Käufer trotz zu kurzer Fristsetzung zu sekundären Mängelrechten übergehen. An einer Frist, die länger ist als objektiv erforderlich, muss der Käufer sich dagegen festhalten lassen. Zudem hat der BGH jüngst (zur Parallelproblematik bei § 281 I 1 BGB) entschieden, dass auch zeitlich weitgehend **unbestimmte Fristsetzungen** (Aufforderung zur „unverzüglichen", „umgehenden" oder „sofortigen" Nacherfüllung) dem Fristsetzungserfordernis gerecht werden (dazu auch *Greiner/Hossenfelder* JA 2010, 412).

> Für eine Fristsetzung gemäß § 281 Abs. 1 BGB genügt es, wenn der Gläubiger durch das Verlangen nach sofortiger, unverzüglicher oder umgehender Leistung oder vergleichbare Formulierungen deutlich macht, dass dem Schuldner für die Erfüllung nur ein begrenzter (bestimmbarer) Zeitraum zur Verfügung steht; der Angabe eines bestimmten Zeitraums oder eines bestimmten (End-)Termins bedarf es nicht.
> BGH 12.8.2009 NJW 2009, 3153

Bei Lieferung vor Fälligkeit des ursprünglichen Erfüllungsanspruchs kann nach zutreffender Ansicht die Fristsetzung auch bereits **vor dem Fälligkeitszeitpunkt** erfolgen; der Rücktritt als solcher kann freilich grundsätzlich (von den Fällen des § 323 IV BGB abgesehen, s. o. Kap. 2 I 8 f aa (1)) erst nach Fälligkeit des ursprünglichen Primäranspruchs erklärt werden.

> **Beispiel:** Ist in einem am 30.12.2009 geschlossenen Kaufvertrag die Lieferung der Kaufsache zum 1.2.2010 vereinbart, wird die Leistung erst zu diesem Zeitpunkt fällig. Liefert V gleichwohl bereits am 20.1.2010 und stellt K an diesem Tag einen Mangel fest, kann er die Nachfrist bereits am 20.1.2010 in Gang setzen.

(c) Erfolgloser Ablauf der Frist Damit ein Rücktritt erklärt werden kann, muss die Frist **erfolglos abgelaufen** sein. Das ist zum einen der Fall, wenn die Frist **verstrichen** ist, ohne dass der Verkäufer ordnungsgemäß nacherfüllt hat, zum anderen, wenn während des Fristlaufs ein Umstand eintritt, der die Fristsetzung **ohnehin entbehrlich** gemacht hätte (s. sogleich u. Kap. 2 I 8 f aa (2) (d)).

(d) Entbehrlichkeit der Fristsetzung

(aa) Checkliste: Entbehrlichkeit der Fristsetzung

- **§ 326 V BGB**: Unmöglichkeit oder Unzumutbarkeit (§ 275 I, II BGB) der Nacherfüllung

- **§ 323 II BGB**:
  - Nr. 1: ernsthafte und endgültige Nacherfüllungsverweigerung durch den Verkäufer
  - Nr. 2: vertragliche Vereinbarung einer relativen Fixschuld
  - Nr. 3: Generalklausel: Vorliegen „besonderer Umstände […], die unter Abwägung der beiderseitigen Interessen den sofortigen Rücktritt rechtfertigen"

- **§ 440 BGB**:
  - Alt. 1: berechtigte Verweigerung beider Arten der Nacherfüllung durch den V gemäß § 439 III BGB
  - Alt. 2: Fehlschlagen der dem Käufer zustehenden Art der Nacherfüllung
  - Alt. 3: Unzumutbarkeit der dem Käufer zustehenden Art der Nacherfüllung für den Käufer

> **Methodik:** Die Verschränkung von kaufrechtlichem Gewährleistungsrecht und allgemeinem Leistungsstörungsrecht wird hinsichtlich der Frage, wann die Nachfristsetzung entbehrlich ist, erneut besonders relevant. Die Fälle

der Entbehrlichkeit müssen Sie – etwas mühsam – aus den drei genannten Normen zusammensuchen: Zum einen gibt es die allgemeinen Entbehrlichkeitstatbestände in §§ 326 V, 323 II BGB, zum anderen die speziellen gewährleistungsrechtlichen Entbehrlichkeitstatbestände in § 440 BGB. Alle (insgesamt sieben) Wege zur Entbehrlichkeit der Fristsetzung sind gleichberechtigt; Sie müssen daher bei den Vorüberlegungen zu Ihrer Falllösung alle Varianten gedanklich in Betracht ziehen und unbedingt sorgsam getrennt voneinander prüfen.

(bb) Entbehrlichkeit nach § 326 V BGB. Auf der Hand liegt, dass gemäß § 326 V BGB die Nachfristsetzung entbehrlich ist, wenn die **Nacherfüllung ohnehin unmöglich oder unzumutbar** (§ 275 I, II BGB) ist. In diesem Fall wäre die Nachfristsetzung ein **sinnloser Formalismus**, denn der Verkäufer kann ja (im Fall von § 275 I BGB) nicht nacherfüllen, selbst wenn er es wollte, oder aber hat (im Fall von § 275 II BGB) die ihm wirtschaftlich unzumutbare Nacherfüllung bereits berechtigt verweigert, ist also von seiner Nacherfüllungspflicht frei geworden.

(cc) Entbehrlichkeit nach § 323 II BGB. Die Nachfristsetzung ist – wie stets beim Rücktritt – unter den in § 323 II Nr. 1 – 3 BGB statuierten Voraussetzungen entbehrlich. Von besonderer Bedeutung ist dabei Nr. 1, die **„ernsthafte und endgültige"** **Erfüllungsverweigerung** durch den Verkäufer. Hat der Käufer dem Verkäufer den Mangel angezeigt, dieser die Nacherfüllung aber – ohne dazu (nach §§ 275 II, 439 III BGB) berechtigt zu sein – abgelehnt, sich für unzuständig erklärt etc., kann der Käufer auf eine Fristsetzung verzichten, sofort zu sekundären Mängelrechten übergehen und somit unter anderem vom Vertrag zurücktreten. Auch insofern wäre ein Festhalten am Fristsetzungserfordernis ein **bloßer Formalismus**, denn angesichts der nachdrücklichen Weigerung des Verkäufers scheint die Prognose gerechtfertigt, dass er auch durch eine Fristsetzung nicht zur Nacherfüllung angehalten würde. Angesichts der für den Verkäufer einschneidenden Rechtsfolge – ihm wird durch § 323 II Nr. 1 BGB jede weitere Chance zur Nacherfüllung abgeschnitten – sind an das Vorliegen einer „ernsthaften und endgültigen" Erfüllungsverweigerung **strenge Anforderungen** zu stellen (vgl. BGHZ 104, 6, 13).

> Im Leugnen des Mangels liegt nicht zwingend eine endgültige Erfüllungsverweigerung, wenn Grund zu der Annahme besteht, dass der Fehler erstmals nach der Übergabe zutage getreten ist.
> OLG Koblenz 13.11.2008 NJW-RR 2009, 1067

Die **Generalklausel** des § 323 II Nr. 3 BGB sieht den Verzicht auf die Nachfristsetzung vor, wenn auch die Nacherfüllung zu **keinem für den Käufer interessengerechten Ergebnis** führen würde. Auch insofern gelten **strenge Maßstäbe**.

> Erweist sich ein Pferd, das als ruhig und für Kinder geeignet verkauft worden ist, als nervös und störrisch, ist eine Fristsetzung zur Nacherfüllung nicht entbehrlich, weil der Verkäufer das Tier schulen oder dem Käufer ein taugliches Ersatzpferd zur Verfügung stellen kann.
> OLG Koblenz 13.11.2008 NJW-RR 2009, 1067

Andererseits bejaht der **BGH** in ständiger Rechtsprechung die **Entbehrlichkeit** der Fristsetzung nach § 323 II Nr. 3 BGB, wenn das **Vertrauen des Käufers** zum Verkäufer **berechtigterweise** tiefgreifend erschüttert ist, insbesondere weil der Verkäufer den Käufer **arglistig** über die Mängelfreiheit getäuscht hat, und zwar unabhängig davon, ob der Verkäufer selbst oder ein von diesem betrauter Dritter die Nacherfüllung vornehmen würde.

> Der Käufer ist im Regelfall berechtigt, den Kaufpreis sofort – ohne vorherige Fristsetzung zur Nacherfüllung – zu mindern, wenn der Verkäufer ihm einen Mangel bei Abschluss des Kaufvertrages arglistig verschwiegen hat. […] In einem solchen Fall ist die für die Beseitigung eines Mangels erforderliche Vertrauensgrundlage in der Regel auch dann beschädigt, wenn die Mangelbeseitigung durch einen vom Verkäufer zu beauftragenden Dritten vorzunehmen ist.
> BGH 9.1.2008 NJW 2008, 1371, s. auch BGH 8.12.2006 NJW 2007, 835.

(dd) Entbehrlichkeit nach § 440 BGB. Die allgemeinen Tatbestände der Entbehrlichkeit einer Nachfristsetzung ergänzt § 440 BGB um **drei spezifisch gewährleistungsrechtliche Tatbestände**.

Demnach bedarf es der Fristsetzung unter anderem auch dann nicht, wenn der Verkäufer beide Arten der Nacherfüllung **gemäß § 439 III BGB berechtigt verweigert** hat (§ 440 S. 1 Alt. 1 BGB). Während § 323 II Nr. 1 BGB die *unberechtigte* Nacherfüllungsverweigerung erfasst und § 326 V BGB Fälle der Unmöglichkeit (§ 275 I BGB) und berechtigten Nacherfüllungsverweigerung gemäß § 275 II BGB regelt, überträgt § 440 BGB dieselbe Rechtsfolge auf Fälle der berechtigten Nacherfüllungsverweigerung nach § 439 III BGB. Das beruht auf demselben Gedanken wie bei § 326 V BGB und § 323 II Alt. 1 BGB: Auch hier wäre das Erfordernis einer Nachfristsetzung ein **sinnloser Formalismus** – der Verkäufer ist ja bereits infolge berechtigter Leistungsverweigerung von seiner Nacherfüllungspflicht frei geworden.

Gleiches gilt gemäß § 440 S. 1 Alt. 2 BGB, wenn die dem Käufer zustehende Art der Nacherfüllung **fehlgeschlagen** ist. Das „Fehlschlagen" ist **eng auszulegen**, setzt jedenfalls das **Fehlen einer Weigerung** des Verkäufers (sonst § 323 II Nr. 1 BGB), die prinzipielle **Möglichkeit** der Nacherfüllung (sonst § 326 V BGB) und einen erfolglosen Versuch voraus. Eine Nachbesserung – nicht hingegen die Nachlieferung – gilt gemäß § 440 S. 2 BGB grundsätzlich nach dem **erfolglosen zweiten Versuch** als fehlgeschlagen. Mehr als zwei Nachbesserungsversuche muss der Käufer damit nicht akzeptieren. Die ursprüngliche mangelhafte Lieferung wird dabei nicht als „Versuch" mitgerechnet; der Verkäufer hat also **zwei echte Nachbesserungschancen**. Ist der zweite Reparaturversuch gescheitert, kann der Käufer in der Regel ohne weitere Nachfristsetzung zurücktreten. Durch Besonderheiten des Einzelfalls – etwa eine objektiv bestehende **besondere Komplexität** der Nachbesserung – kann aber ein Abweichen von der „Zwei-Chancen-Regel" angezeigt sein. Im Übrigen kann das Fehlschlagen nach der Faustformel beurteilt werden, dass die gewählte Variante der Nacherfüllung fehlgeschlagen ist, wenn mit ihrer erfolgreichen **Durchführung innerhalb der**

verbleibenden angemessenen Frist nicht mehr zu rechnen ist und daher ein weiteres Zuwarten vor der Erklärung des Rücktritts sinnlos scheint (zutreffend Bamberger/Roth/*Faust* § 440 Rn. 32). Es muss also, anders gesagt, aufgrund des bisherigen Verlaufs die **Prognose** gerechtfertigt sein, dass es auch nach weiterem Fristablauf mit hoher Wahrscheinlichkeit zum Eintritt der Rücktrittsvoraussetzungen käme.

Für das **Fehlschlagen** der anderen Variante der Nacherfüllung, der **Ersatzlieferung**, kennt das Gesetz **keine vergleichbare Vermutung**. Als Faustformel mag man auch hier die „Zwei-Chancen-Regel" heranziehen: Erweist sich auch die als Ersatz gelieferte Sache mangelhaft, wird man dem Käufer demnach nur noch einen weiteren Ersatzlieferungsversuch zumuten können. Ob es sich im Vergleich zur ursprünglich gelieferten Sache um **denselben oder einen anderen Mangel** handelt, dürfte für die Interessenlage dabei in der Regel ohne entscheidende Bedeutung sein (a. A. Bamberger/Roth/*Faust* § 440 Rn. 33).

Eine „**Unzumutbarkeit**" der Nacherfüllung **für den Käufer** (§ 440 S. 1 Alt. 3 BGB) kann sich aus einer vom Normalfall abweichenden, **besonderen Interessenlage** des Käufers ergeben, die es gebietet, ihm ausnahmsweise sofort sekundäre Mängelrechte einzuräumen. Die Regelung zielt damit auf ähnliche Sachverhalte ab wie § 323 II Nr. 3 BGB und ist ebenfalls generalklauselartig formuliert. Sie senkt allerdings im Vergleich zu § 323 II Nr. 3 BGB zugunsten des Käufers die Anforderungen ab, indem sie im Gegensatz zu § 323 II Nr. 3 BGB **nur auf die Perspektive des Käufers** abstellt. Eine echte Interessenabwägung mit dem Verkäuferinteresse an der Nacherfüllung findet nicht statt. Korrespondierend scheint es angezeigt, die Anforderungen an die Unannehmlichkeiten im Vergleich zu § 323 II Nr. 3 BGB graduell zu erhöhen (vgl. auch BT-Drucks. 14/6040 S. 223, 233). Allein **die für eine Nacherfüllung benötigte Zeit** kann – von Extremfällen wie z. B. dem Kauf von Saisonware abgesehen – **in der Regel keine Unzumutbarkeit** begründen; dass der Käufer die Belastungen durch eine angemessene Nachfrist grundsätzlich hinnehmen muss, insbesondere die Sache in dieser Zeit ggf. nicht nutzen kann, ist mit der gesetzlich vorgesehenen und gewollten Nacherfüllungsmöglichkeit fast unausweichlich verbunden. In vielen Fällen dürften sowohl die Entbehrlichkeit nach § 323 II Nr. 3 BGB als auch die Entbehrlichkeit nach § 440 S. 1 Alt. 3 BGB parallel zu bejahen sein. **Ansatzpunkte** für eine Unzumutbarkeit der Nacherfüllung sind auch im Rahmen von § 440 S. 1 Alt. 3 BGB beispielsweise:

- **schwerwiegende Mangelfolgen**: Hat der Fehler z. B. zu einer Körperverletzung geführt, kann eine Nacherfüllung unzumutbar sein.
- die **Person des Verkäufers**: z. B. im Fall eines massiv gestörten Vertrauensverhältnisses wegen arglistiger Täuschung hinsichtlich des Mangels beim Vertragsschluss oder erheblichen Zweifeln an der Kompetenz des Verkäufers zu einer fehlerfreien Nacherfüllung, auch bei einer „Hinhaltetaktik" hinsichtlich der Nacherfüllung.
- **besondere Belastungen des Käufers**: z. B. die Beschädigung oder Unbrauchbarkeit anderer Sachen des Käufers während der Nacherfüllung, die Verschmut-

zung seiner Wohnung oder eine hohe Lärmbelästigung, ebenso auch eine umfangreiche (zeitliche/wirtschaftliche) Inanspruchnahme des Käufers, wenn dieser z. B. bei der Nachbesserung anwesend sein müsste.

(3) Ausschluss des Rücktrittsrechts

Das Rücktrittsrecht beinhaltet im Vergleich zu den anderen sekundären Mängelrechten einen besonders **intensiven Eingriff in das vertragliche Pflichtenprogramm**: Der Kaufvertrag wird **vollständig rückabgewickelt**, die gegenseitigen Leistungen müssen zurückgewährt werden (§ 346 I BGB). In bestimmten Konstellationen scheint diese scharfe Rechtsfolge **unangemessen**. § 323 V und VI BGB sehen daher vor, dass das Rücktrittsrecht in Sonderfällen ausgeschlossen ist.

(a) Unerheblichkeitsschwelle, § 323 V 2 BGB. Gemäß § 323 V 2 BGB kann der Gläubiger vom Vertrag nicht zurücktreten, wenn die Pflichtverletzung **unerheblich** ist. Der besonders starke Eingriff in das vertragliche Pflichtenprogramm soll also in **Bagatellfällen** vermieden werden. In diesem Fall wird der Käufer also im Bereich der sekundären Gewährleistungsrechte auf Minderung (gemäß § 441 I 2 BGB findet § 323 V 2 BGB insoweit keine Anwendung) und Schadensersatz statt der Leistung verwiesen. Es stellt sich die Frage, wann ein solcher Bagatellfall vorliegt.

> **Beispiel:** K hat bei V für 15.000 € einen Opel Astra gekauft. Die Glühbirne der Innenbeleuchtung ist defekt. Trotz Nachfristsetzung tauscht V die Glühbirne nicht aus. Infolge § 323 V 2 BGB steht K kein Rücktrittsrecht zu; er kann vielmehr um den mangelbedingten Minderwert mindern (§ 441 BGB, s. sogleich u. Kap. 2 I 8 f bb) oder bei von V zu vertretendem Unterbleiben der Nacherfüllung insoweit Schadensersatz statt der Leistung verlangen.

Nach der Regierungsbegründung sollen Konstellationen erfasst werden, in denen „das Leistungsinteresse des Gläubigers im Grunde nicht gestört ist" (BT-Drucks. 14/6040 S. 187). Der Mangel muss also in seiner **tatsächlichen und wirtschaftlichen Bedeutung**, insbesondere in Relation zur wirtschaftlichen Bedeutung des Kaufs insgesamt, so **geringfügig** sein, dass dem Käufer ein Festhalten an der Vertragsdurchführung in jedem Fall abzuverlangen ist, obwohl der Verkäufer nicht fristgemäß nacherfüllt hat. Insbesondere im **Verhältnis zum gezahlten Kaufpreis** dürfen die Kosten für die Behebung des Mangels bzw. der „merkantile Minderwert" der Kaufsache nicht ins Gewicht fallen.

Die „Pflichtverletzung", die in der Lieferung eines Gebrauchtwagens mit dem unbehebbaren Mangel der Eigenschaft als Unfallwagen liegt, ist im Sinne von § 323 Abs. 5 Satz 2 BGB unerheblich, wenn sich der Mangel allein in einem merkantilen Minderwert des Fahrzeugs auswirkt und dieser weniger als 1 % des Kaufpreises beträgt.

BGH 12.3.2008 NJW 2008, 1517 (vgl. auch OLG Düsseldorf ZGS 2007, 157 und OLG Düsseldorf 18.8.2008 – I-1 U 238/07, Juris: Unerheblichkeit, wenn Mängelbeseitigungsaufwand weniger als 5 % des Kaufpreises beträgt).

Doch auch bei einem **unbehebbaren Mangel** (z. B. Kraftstoffmehrverbrauch eines Fahrzeugs) kann Unerheblichkeit gegeben sein, wenn wirtschaftlicher Wert und Nutzwert der Sache **nur geringfügig herabgesetzt** sind. Mehrere vorhandene Mängel müssen **kumulativ betrachtet** werden. Würde ein Mangel an sich nicht ausreichen, um einen Rücktritt zu rechtfertigen, kann dies in Zusammenschau mit anderen Mängeln durchaus der Fall sein. Die Abgrenzung, wann ein Mangel unerheblich ist, kann im Einzelfall schwierig sein.

Auch unbehebbare Mängel können ausnahmsweise als eine das Rücktrittsrecht ausschließende unerhebliche Pflichtverletzung gemäß § 323 Abs. 5 Satz 2 BGB anzusehen sein. Geringfügiger optischer Mangel, hier: bei frontaler Beleuchtung und intensiver Betrachtung leicht wahrnehmbare wellige .und geringfügig schimmernde Schattierung an hochglänzender Küchenfront, berechtigt zur Minderung des Kaufpreises um 5 %, nicht jedoch zur Rückgängigmachung des Kaufvertrages.
KG Berlin 29.3.2007 MDR 2007, 1412

Beispiel: So fällt die Grenzziehung besonders schwer, wenn ein Fahrzeug mehr Kraftstoff verbraucht, als in Werbeaussagen angegeben ist. Der BGH hat entschieden, dass ein Mehrverbrauch von weniger als 10 % unterhalb der Erheblichkeitsschwelle liegt. Diese klare Grenzziehung ist natürlich eine „gegriffene Größe", aber im Interesse der Rechtssicherheit und -klarheit zu begrüßen.

Bei einer Abweichung des Kraftstoffverbrauchs eines verkauften Neufahrzeugs von den Herstellerangaben um weniger als 10 % ist ein Rücktritt vom Kaufvertrag daher ausgeschlossen.
BGH 8.5.2007 NJW 2007, 2111

Zwei Einschränkungen sind hervorzuheben: Hat der Verkäufer **arglistig** über den Mangel getäuscht, wird Unerheblichkeit niemals zu bejahen sein – die Position der Verkäufers ist dann nicht schutzwürdig. Nach zutreffender Auffassung kann im Übrigen auch ein an sich unterhalb der Erheblichkeitsschwelle liegender Mangel **im Zusammenwirken mit anderen Mängeln** die Erheblichkeitsschwelle gleichwohl übersteigen.

Bei einer Abweichung des Kraftstoffverbrauchs eines verkauften Neufahrzeugs von den Herstellerangaben um weniger als 10 % – vorliegend 8 % – kann ein Rücktritt gerechtfertigt sein, wenn das Fahrzeug einen weiteren Mangel aufweist, der bereits für sich allein genommen zumindest im Grenzbereich der Rücktrittserheblichkeit liegt.
OLG Düsseldorf 18.8.2008 – I-1 U 238/07, Juris

Beurteilungszeitpunkt für die Unerheblichkeit ist der **Zeitpunkt der Rücktrittserklärung** des Käufers.

Für die Beurteilung, ob ein Mangel als geringfügig i. S. des § 323 Abs. 5 Satz 2 BGB einzustufen ist, ist auf den Zeitpunkt der Rücktrittserklärung des Käufers abzustellen. Ein zu diesem Zeitpunkt erheblicher Mangel wird nicht dadurch unerheblich, dass es im Verlauf der sich anschließenden Auseinandersetzung einem gerichtlich bestellten Sachverständigen gelingt, den Mangel zumindest provisorisch zu beseitigen
BGH 5.11.2008 NJW 2009, 508

(b) Alleinige oder überwiegende Verantwortlichkeit des Käufers, § 323 VI BGB

Nach § 323 VI BGB ist der Rücktritt zum anderen ausgeschlossen, wenn der Gläubiger für den Umstand, der ihn zum Rücktritt berechtigen würde, **allein oder weit überwiegend verantwortlich** ist oder wenn der vom Schuldner nicht zu vertretende Umstand zu einer Zeit eintritt, zu welcher der Gläubiger im **Annahmeverzug** ist. Auch hier scheint es unbillig, den Verkäufer mit den Rücktrittsfolgen zu belasten. Die erste Variante zielt darauf ab, dass der Käufer den Mangel entweder selbst vor Gefahrübergang herbeigeführt hat (dann dürfte es allerdings bereits oft am Vorliegen eines Sachmangels fehlen) oder aber (praktisch wesentlich relevanter), dass er nach Gefahrübergang eine Entwicklung zu verantworten hat, aufgrund derer dem Verkäufer nun die Nacherfüllung unmöglich oder unzumutbar (§§ 275 II, 439 III BGB) ist. Da der „Umstand, der ihn zum Rücktritt berechtigen würde" i. S. v. § 323 VI BGB ja gerade die nicht (rechtzeitige) Nacherfüllung durch den Verkäufer ist, ist auch dieser Fall erfasst.

Fallbeispiel 2.7:

(1) K hat von V einen Oldtimer gekauft, der ein Unikat ist. Es stellt sich heraus, dass der Motor einen behebbaren Fehler aufweist. Bevor V den Mangel beheben kann und bevor K eine Frist zur Nacherfüllung gesetzt hat, fährt K mit dem Fahrzeug infolge Unachtsamkeit gegen einen Baum, so dass das Fahrzeug vollständig und irreparabel zerstört wird. Hier ist die Nacherfüllung gerade infolge des fahrlässigen Verhaltens von K nach Gefahrübergang unmöglich geworden; das Rücktrittsrecht ist gemäß § 323 VI BGB ausgeschlossen.

(2) Wie vor, allerdings hat V trotz Fristsetzung durch K den Mangel nicht behoben. K fährt erst nach Fristablauf gegen einen Baum.

In Variante (2) des Beispielfalls wäre § 323 VI BGB nur dann anwendbar, wenn auch **nach Fristablauf** V noch **zur Nacherfüllung berechtigt** wäre; dies ist umstritten (vgl. *Faust*, Festschrift Huber, 2006, S. 239 ff.) und nach richtiger Auffassung zu verneinen. In Variante (2) könnte K demnach trotz der Zerstörung des Fahrzeugs zurücktreten.

(c) Zeitliche Beschränkung des Rücktrittsrechts

In **zeitlicher Hinsicht** beschränken §§ 218 I, 438 IV BGB das Rücktrittsrecht: Es kann nur ausgeübt werden, solange der ursprüngliche Primäranspruch auf die Leistung oder der **Nacherfüllungsanspruch nicht verjährt** ist.

Hintergrund: Regelungstechnisch bedarf es dieser Koppelung an die Verjährung der Erfüllungsansprüche, weil Gestaltungsrechte als solche nicht
verjähren.

(d) Teil- oder Vollrücktritt? Eine weitere Beschränkung ergibt sich nach einer in
der Literatur vertretenen Ansicht aus § 323 V 1 BGB, wonach im Falle einer **teilbaren Leistung** das Rücktrittsrecht gegenständlich **auf den mangelhaften Teil
beschränkt** sein soll. Nach zutreffender Auffassung ist § 323 V 1 BGB aber nur
auf die **teilweise Nichterfüllung**, nicht hingegen auf die **teilweise Schlechterfüllung** („nicht vertragsgemäße Leistung", also insbes. Lieferung einer mangelhaften
Kaufsache) anwendbar. Eine Beschränkung des Rücktrittsrechts auf den mangelhaften Teil mehrerer Kaufgegenstände findet somit im Gesetz keine Stütze (richtig MünchKommBGB/*Ernst* § 323 Rn. 197; a. A. Bamberger/Roth/*Faust* § 437
Rn. 44). Vielmehr steht es ohne die beschränkenden Voraussetzungen des § 323 V
1 BGB im **Ermessen des Käufers**, ob er sein Rücktrittsrecht auf den mangelhaften Teil der (teilbaren) Leistung beschränkt oder insgesamt die Rücktrittsfolgen
auslöst.

(4) Rechtsfolgen des Rücktritts

Die **Rechtsfolgen** des Rücktritts bestimmen sich auch in diesem Kontext nach
§§ 346 ff. BGB: Das Schuldverhältnis wird (anders als im Fall einer Kündigung) **nicht
beendet**, kehrt sich inhaltlich aber gewissermaßen um: Wie der Kaufvertrag ursprünglich auf den Austausch von Kaufsache und Kaufpreis gerichtet war, so ist er nach Ausübung eines Rücktrittsrechts auf **gegenseitige Rückgewähr der jeweils erhaltenen
Leistungen** gerichtet; er besteht als sog. „**Rückgewährschuldverhältnis**" fort.

Methodik: Vermeiden Sie unbedingt einen verbreiteten Fehler: Da das
Schuldverhältnis nach einem Rücktritt fortbesteht, schließen sich Rückabwicklung nach Rücktrittsrecht und Rückabwicklung nach Kondiktionsrecht
(§§ 812 ff. BGB) strikt aus. Für §§ 812 ff. BGB ist gerade das Nichtbestehen
oder der Wegfall eines Kausalverhältnisses („Rechtsgrund") Voraussetzung.
Daran fehlt es, wenn nach dem Rücktritt das Kausalverhältnis als „Rückgewährschuldverhältnis" fortgesetzt wird.

§ 346 I BGB bringt diesen geänderten Vertragsinhalt deutlich zum Ausdruck: Dem-
nach sind die empfangenen **Leistungen zurückzugewähren** und die **gezogenen
Nutzungen** herauszugeben. Nach Maßgabe der § 346 II, III BGB tritt an die Stelle
der Rückgewähr in natura ggf. eine Pflicht zum Wertersatz, insbesondere wenn die
Sache beim Käufer untergegangen oder verschlechtert worden ist (näher z. B. *Brox/
Walker* AT § 18 Rn. 17 ff.).

In Variante (2) von **Fallbeispiel 2.7** müsste K daher dem V Wertersatz für das Fahrzeug gemäß § 346 II Nr. 3 BGB leisten; er bekäme im Gegenzug den gezahlten Kaufpreis („empfangene Leistung" i. S. v. § 346 I BGB) zurück.

Eine gewährleistungsrechtliche Sonderproblematik liegt in der Frage, ob der Käufer im Rahmen des Rücktritts auch die **Rücknahme der Kaufsache verlangen** kann. Gemäß § 346 I BGB ist er ja an sich nur **verpflichtet**, dem Verkäufer die Kaufsache zurückzugewähren, dem Wortlaut nach nicht aber auch berechtigt, die Rücknahme zu verlangen. Im Rahmen des Nacherfüllungsanspruchs (s. o. Kap. 2 I 8 e cc (4)) wurde bejaht, dass bei der **Nachlieferung** der Verkäufer zur **Rücknahme** der mangelhaften Sache **verpflichtet** ist. Im Kontext des Rücktrittsrechts hat der BGH die Rücknahmepflicht in seiner Entscheidung zum „Dachziegelfall" bereits im alten Schuldrecht bejaht, wenn der Käufer ein besonderes Interesse an der Rücknahme vorweisen kann (BGHZ 87, 104). Man wird sie, schon um **Widersprüche zwischen Nacherfüllung und Rücktrittsrecht** zu vermeiden (vgl. BT-Drucks. 14/6857 S. 59), auch hier bejahen können. Eine **Pflicht zur Demontage** ist – wie im Rahmen der Nacherfüllung – zu verneinen (s. o. Kap. 2 I 8 e cc (4)).

Anders als bei der Ersatzlieferung im Rahmen der Nacherfüllung (s. o. Kap. 2 I 8 e ff) ist die in § 346 I a. E. BGB statuierte **Pflicht des Käufers zum Nutzungsersatz** im Falle des Rücktritts **europarechtlich unbedenklich** (vgl. Erwägungsgrund 15 VGKRL). Die Interessenlage der Parteien ist insofern eine grundlegend andere als bei der Nacherfüllung:

> Die Entscheidung des [EuGH Rs. C-404/06 (Quelle) NJW 2008, 1433] bezieht sich auf das Recht des Verbrauchers auf Ersatzlieferung, an dessen Geltendmachung dieser nicht durch eine Verpflichtung zu Nutzungswertersatz gehindert werden soll, nicht aber auf eine Rückabwicklung des Vertrages, bei der der Käufer – anders als bei der Nacherfüllung – seinerseits den gezahlten Kaufpreis nebst Zinsen zurückerhält. Zu Recht verweist die Revisionserwiderung auf den 15. Erwägungsgrund der Richtlinie 1999/44/EG […], der es ausdrücklich gestattet, die Benutzung der vertragswidrigen Ware im Falle der Vertragsauflösung zu berücksichtigen; hierauf nimmt auch der [EuGH] in seiner Entscheidung Bezug. BGH 16.9.2009 NJW 2010, 148

bb) Minderung

(1) Einführung

Unter **denselben Voraussetzungen**, unter denen er zurücktreten kann, kann der Käufer gemäß § 441 BGB **alternativ** auch den **Kaufpreis mindern**. Auch die Minderung setzt wie das Rücktrittsrecht insbesondere grundsätzlich den **erfolglosen Ablauf einer Frist zur Nacherfüllung** voraus (s. o. Kap. 2 I 8 f aa (2)); davon wird

insbesondere gemäß §§ 441 I 1, 323 II Nr. 3 BGB abgesehen, wenn die Vertrauens-
grundlage für das Nacherfüllungsstadium entfallen ist.

> Der Käufer ist im Regelfall berechtigt, den Kaufpreis sofort – ohne vorherige Fristsetzung
> zur Nacherfüllung – zu mindern, wenn der Verkäufer ihm einen Mangel bei Abschluss des
> Kaufvertrages arglistig verschwiegen hat.
> BGH 9.1.2008 NJW 2008, 1371

Eine Abweichung ergibt sich lediglich, wie bereits ausgeführt, insofern, als der
Ausschluss des Rücktrittsrechts wegen **Unerheblichkeit des Mangels** (§ 323 V 2
BGB) bei der Minderung in § 441 I 2 BGB **explizit für unanwendbar erklärt**
wird. Dies begründet sich daraus, dass die Minderung weitaus **milder** wirkt als ein
Rücktritt. Sie führt lediglich zur Herabsetzung des Kaufpreises im Verhältnis zum
mangelbedingten Minderwert der Kaufsache, erhält den Vertragsinhalt im Übrigen
aber unverändert aufrecht.

Auch das Minderungsrecht ist als **einseitiges Gestaltungsrecht**, als einseitige
empfangsbedürftige Willenserklärung ausgestaltet. Eine **konkludente** Minderung
ist ohne weiteres möglich, etwa wenn der Käufer schlicht die teilweise Rückzahlung des Kaufpreises verlangt. Die Höhe der begehrten Minderung muss durch den
Käufer nicht zwingend angegeben werden, sondern folgt aus der gesetzlichen Regelung in § 441 III BGB (str., so etwa Staudinger/*Matusche-Beckmann* § 441 Rn. 5;
Erman/*Grunewald* § 441 Rn. 2).

(2) Rechtsfolgen

Rechtsfolge der Minderung ist bei Aufrechterhaltung des – modifizierten – Kaufvertrags, dass der Kaufpreis entsprechend dem Minderungsbetrag herabgesetzt
wird. Ist der Kaufpreis **noch nicht voll bezahlt**, reduziert sich die verbleibende Kaufpreisforderung um den Minderungsbetrag; insoweit ist die Minderung
rechtsvernichtende Einwendung. Hat der Käufer bereits einen höheren als den
geminderten Kaufpreis gezahlt, entsteht insofern ein **Rückgewährschuldverhältnis nach § 441 IV 1 BGB**. Diese Vorschrift ist eine **eigenständige Anspruchsgrundlage** für die Rückgewähr; gegenüber einer (unmittelbaren) Anwendung von
§§ 346 ff. BGB ist die Sonderregelung in § 441 IV 1 BGB lex specialis. Gemäß
§ 441 IV 2 BGB i. V. m. §§ 346 I, 347 I BGB ist der Verkäufer auch zur **Herausgabe von Nutzungen** (Zinsen) verpflichtet, die er aus dem überbezahlten Kaufpreis
gezogen hat bzw. hätte ziehen können. Stünde dem Käufer eigentlich noch ein
Nacherfüllungsanspruch zu, so **erlischt** dieser mit Ausübung des Minderungsrechts.

(3) Höhe der Minderung

Bei der Höhe der Minderung stellt sich das Problem, wie das **ursprünglich ausgehandelte Verhältnis von Wert der Kaufsache und Kaufpreis**, das die Geschäfts-
tüchtigkeit der Vertragsparteien widerspiegelt, trotz Minderung **aufrecht erhalten**
werden kann.

Fallbeispiel 2.8:

(1) K hat von V eine Einbauküche als Ausstellungs-/Einzelstück im Wert von 10.000 € für 8.000 € erworben; es handelt sich also um ein „gutes Geschäft" für K. Nach dem Einbau der Küche stellt sich heraus, dass die Fronten der Küche minimale Kratz- und Schleifspuren aufweisen. Der Mangel ist nicht behebbar, eine Nachbesserung kommt somit nicht in Betracht; auch eine Ersatzlieferung scheidet aus, da kein anderer erfüllungstauglicher Gegenstand vorhanden ist (Ausstellungs-/Einzelstück). Ein Sachverständiger ermittelt einen Minderwert von 1.000 €. Würde einfach dieser Minderwert vom Kaufpreis abgezogen, bliebe unberücksichtigt, dass V für die Küche ohnehin deutlich weniger erhalten hat als die Küche (selbst in mangelhaftem Zustand) wert ist.

(2) Wie vor, nur hat K für die Einbauküche 11.000 € gezahlt. Auch hier wäre es unbillig, wenn K lediglich in Höhe des objektiven Minderwerts mindern könnte, denn er hat für die Kaufsache ja mehr bezahlt als sie in mangelfreiem Zustand wert wäre.

Das Gesetz sieht vor, dass das ursprünglich ausgehandelte Wertverhältnis von Leistung und Gegenleistung (**vertragsimmanentes Äquivalenzverhältnis**) aufrecht erhalten wird, indem nicht einfach der objektive Minderwert vom Kaufpreis abgezogen wird, sondern vielmehr der **geminderte Kaufpreis so berechnet wird**, dass er **zum ursprünglich vereinbarten Kaufpreis in demselben Verhältnis steht wie der tatsächliche Sachwert in mangelhaftem Zustand zum Sachwert in mangelfreiem Zustand**. Dabei werden auch nicht geschuldete werterhöhende Eigenschaften, wenn diese vorhanden sind, mit einbezogen. Diese proportionale Berechnungsmethode lässt sich mit folgenden Formeln verdeutlichen:

$$\frac{herabgesetzter\ Kaufpreis}{ursprünglicher\ Kaufpreis} = \frac{Wert\ mit\ Mangel}{Wert\ ohne\ Mangel}$$

$$herabgesetzter\ Kaufpreis = ursprünglicher\ Kaufpreis \cdot \frac{Wert\ mit\ Mangel}{Wert\ ohne\ Mangel}$$

Das der ursprünglichen vertraglichen Vereinbarung zugrunde liegende Wertverhältnis bleibt also auch nach der Minderung erhalten. Der Minderungsbetrag fällt dementsprechend niedriger als der objektive Mängelunwert aus, wenn der Verkäufer die Sache ohnehin bereits unter dem objektiven Wert in mangelfreiem Zustand verkauft hat. Hat der Verkäufer einen höheren Verkaufspreis erzielt als er dem Wert ohne Mangel entsprochen hätte, so fällt der Minderungsbetrag im gleichen Verhältnis höher aus als der objektive Mängelunwert.

In Variante (1) des **Fallbeispiels 2.8** würde also um 800 € gemindert, in
Variante (2) um 1.100 €.

Für die Wertberechnung sind die **Bewertungsmaßstäbe am Erfüllungsort** und im
Zeitpunkt des Vertragsschlusses maßgebend.

Methodik: In der Praxis bereitet die Bestimmung sowohl des wirklichen als
auch des mangelfreien Wertes oft erhebliche Schwierigkeiten; in einer Klausur werden Sie in aller Regel eindeutige Wertangaben vorfinden.

Sind zwischen Vertragsschluss und Erklärung der Minderung **Veränderungen an
der Sache** eingetreten, werden diese in die Berechnung **einbezogen**, sofern sie **kausal** auf der **Mangelhaftigkeit** der Sache beruhen – insbesondere also Verschlechterungen bei „weiterfressenden" Mängeln, spiegelbildlich aber auch Verbesserungen
infolge der Nacherfüllungsanstrengungen des Verkäufers. Andere Veränderungen,
etwa **Verbesserungen durch den Käufer**, bleiben hingegen bei der Ermittlung
des tatsächlichen Sachwerts unbeachtlich. § 441 III 2 BGB ermöglicht im Zweifel
die Feststellung des Minderungsbetrages durch **(gerichtliche) Schätzung**, die aber
ebenfalls im Rahmen der dargestellten Proportionalmethode stattfindet.

Bei **Mitverantwortung** des Käufers für die Mangelhaftigkeit findet zunächst
– wenn die Minderung nicht ohnehin wegen alleiniger oder weit überwiegender
Verantwortlichkeit gemäß §§ 323 VI, 441 I 1 BGB ausgeschlossen ist – die normale
Berechnungsformel nach der Proportionalmethode Anwendung; der Minderungsbetrag wird allerdings analog § 254 BGB gekürzt.

(4) Vertiefungsproblem: Minderung trotz Nacherfüllung?

Vielfach vertreten wird (exemplarisch MünchKommBGB/*Lorenz* Vorbem. zu
§ 474 Rn. 21; *Deckenbrock/Dötsch* VuR 2004, 362 ff.; *Unberath* ZEuP 2005, 5,
26 f.; *Pfeiffer* ZGS 2002, 23, 25 f.; *ders.* ZGS 2002, 390 ff.), dass die Regelung des
Minderungsrechts in Deutschland auf dem Gebiet des Verbrauchsgüterkaufs den
europarechtlichen Vorgaben der VGKRL nicht gerecht wird: Nach der VGKRL
könne der Käufer Vertragsaufhebung oder Minderung auch dann verlangen, wenn
der Verkäufer zwar **letztlich nacherfüllt** habe, dies aber **nicht innerhalb einer
angemessenen Frist** oder **nicht ohne erhebliche Unannehmlichkeiten** für den
Verbraucher geschehen ist. In diesen Fällen müssten Minderung und Rücktritt trotz
erfolgreicher Nacherfüllung möglich sein.

Da der Käufer an einem **Rücktritt** in dieser Situation kaum Interesse haben wird
und § 440 S. 1 Alt. 2 BGB bei erheblichen Unannehmlichkeiten dem Käufer das
Recht zum Rücktritt ohnehin auch ohne Nachfristsetzung gibt, steht im Fokus die
Minderung nach erfolgreicher Nacherfüllung. Erkennt man dies an, ist die Min-

derung dann gleichsam eine **Kompensation für die durch den Käufer erlittenen Unannehmlichkeiten im Nacherfüllungsstadium**.

Freilich ginge diese Ersatzpflicht weit in einen Bereich hinein, der eigentlich der **Integritätssphäre** des Käufers zuzuordnen und damit nur unter den zusätzlichen Voraussetzungen eines **Schadensersatzanspruchs** ersatzfähig ist. Es wäre ein **Wertungswiderspruch**, echte Schäden, z. B. Nutzungsausfallschäden während des Nacherfüllungsstadiums, nur unter den zusätzlichen Voraussetzungen eines Schadensersatzanspruchs zu ersetzen, bloße Unannehmlichkeiten hingegen durch eine Minderung trotz erfolgreicher Nacherfüllung unabhängig vom Vertretenmüssen des Verkäufers zu ersetzen, obwohl dem **Leistungsinteresse** des Käufers durch die erfolgreiche Nacherfüllung inzwischen **vollumfänglich Rechnung getragen** wurde. Auch nach der Systematik der VGKRL zielt die Minderung lediglich auf das Leistungsinteresse des Käufers, nicht auf sein Integritätsinteresse ab. Die europarechtlichen Bedenken lassen sich daher entkräften (ebenso im Ergebnis u. a. *Doehner*, Die Schuldrechtsreform vor dem Hintergrund der VGKRL, 2004, S. 256 ff.; *Kandler*, Kauf und Nacherfüllung, 2004, S. 612 ff.).

g) Schadens- und Aufwendungsersatz

aa) Einleitung

(1) Schadensersatz statt der Leistung als sekundäres Mängelrecht

Das dritte sekundäre Mängelrecht neben Rücktritt und Minderung ist der **Schadensersatz statt der Leistung** (§ 437 Nr. 3 BGB i. V. m. §§ 280 I, III, 281, 282, 283 BGB). Auch durch ihn wird der **Störung des Leistungsinteresses** Rechnung getragen. „Statt der Leistung", also „**statt" der gemäß § 433 I BGB ursprünglich geschuldeten Übergabe und Übereignung einer mangelfreien Sache**, kann der Käufer demnach Schadensersatz in Höhe des Leistungsinteresses verlangen.

Fallbeispiel 2.9:

(1) Hat K bei V einen gebrauchten Pkw im Wert von 12.000 € für 10.000 € erworben, und weist dieser – was V wusste, aber dem K verschwiegen hat – einen schweren Motorschaden auf, dessen Reparatur 5.000 € kostet, kann K, wenn V nicht innerhalb der ihm gesetzten Nachfrist nacherfüllt, die Reparatur anderweitig durchführen lassen und die 5.000 € von V als „Schadensersatz statt der Leistung" ersetzt verlangen.

(2) Ebenso kann K vom Vertrag nach erfolgloser Nachfristsetzung zurücktreten und sich anderweitig einen gleichwertigen Pkw beschaffen. Muss er dafür einen höheren Betrag aufwenden – etwa den objektiven Wert, 12.000 € – kann er den Differenzbetrag, also 2.000 €, von V ersetzt verlangen. **Rücktritt und Schadensersatz schließen sich nicht aus, § 325 BGB.**

Mit Rücktritt und Minderung hat der Schadensersatz statt der Leistung gemeinsam, dass er ein **sekundäres Mängelrecht** ist, also zuvor das erfolglose Verstreichen einer **angemessenen Frist zur Nacherfüllung** voraussetzt. Wie die Beispielsfälle zeigen, kann die Pflicht zum Schadensersatz den Verkäufer **wirtschaftlich deutlich härter treffen** als Rücktritt und Minderung: Der Schadensersatzbetrag kann über den Kaufpreis, den der Verkäufer erhalten hat, im Einzelfall deutlich hinausgehen. Wegen dieser einschneidenden Wirkung macht § 280 I 2 BGB alle Schadensersatzansprüche zusätzlich vom **Vertretenmüssen des Verkäufers** abhängig. Grundsätzlich soll er nur dann auf Schadensersatz haften, wenn er **hinsichtlich der mangelhaften Leistung oder der unterbliebenen Nacherfüllung** fahrlässig oder vorsätzlich gehandelt hat (§ 276 I, II BGB).

In **Fallbeispiel 2.9** ist dies der Fall, weil er wissentlich eine mangelhafte Sache geliefert und damit vorsätzlich gegen seine vertraglichen Pflichten verstoßen hat.

Querverweis: Das Erfordernis des Vertretenmüssens aus § 280 I 2 BGB ist der **zentrale tatbestandliche Unterschied** aller Schadens- und Aufwendungsersatzansprüche gegenüber Rücktritt und Minderung.

(2) Schadensersatz neben der Leistung als primäres Mangelfolgerecht

Die Lage ist aber insofern deutlich komplizierter, als **§ 437 Nr. 3 BGB** nicht nur der **gesetzliche Ausgangspunkt** für den **Schadensersatz statt der Leistung** als sekundäres Mängelrecht ist, sondern daneben auch für den **„einfachen" Schadensersatz neben der Leistung**, den der Käufer bereits nach den Voraussetzungen der §§ 437 Nr. 3, 280 I BGB verlangen kann. Dabei handelt es sich **nicht um ein sekundäres, nur nach erfolgloser Nachfristsetzung zur Verfügung stehendes Mängelrecht**, sondern um ein dem Käufer **bereits neben dem Nacherfüllungsanspruch** zustehendes Mangelfolgerecht.

Während der **Schadensersatz statt der Leistung** als sekundäres Mängelrecht grundsätzlich nach erfolglosem Ablauf der Nachfrist an die Stelle des gescheiterten Nacherfüllungsanspruchs tritt (daher „statt der Leistung"), besteht der **Schadensersatz neben der Leistung unabhängig vom Nacherfüllungsanspruch**. Der Schadensersatz wird insoweit nicht zur Kompensation des enttäuschten Leistungsinteresses des Käufers gezahlt, sondern zur **Kompensation von Integritätsverletzungen** (im weitesten Sinne), die der Käufer infolge der Mangelhaftigkeit der Sache erlitten hat. Es handelt sich um Schadensersatz **neben** der Leistung, nicht um Schadensersatz **statt** der Leistung. Ob die Nacherfüllung letztlich erfolgreich war, der ursprüngliche Mangel also inzwischen behoben wurde, ist für die davon umfassten Schadenspositionen irrelevant, da sie durch die Nacherfüllung nicht ausgeräumt werden.

Dementsprechend ist der Schadensersatzanspruch neben der Leistung tatbestandlich **unabhängig vom Erfordernis einer Nachfristsetzung** und **unabhängig vom Erfolg der Nacherfüllung** ausgestaltet. An dem Kompensationsinteresse des Käufers für eingetretene Integritätsverletzungen ändert die erfolgreiche Nacherfüllung nichts, so dass der Käufer Schadensersatz neben der Leistung (§§ 437 Nr. 3, 280 I BGB) auch dann verlangen kann, wenn der Verkäufer erfolgreich nacherfüllt hat.

> **Fallbeispiel 2.10:** K hat bei V einen Pkw erworben, der – was V wusste, aber dem K verschwiegen hat – einen Schaden an den Bremsen aufwies, der durch Einbau einer neuen Bremsscheibe für 200 € behoben werden kann. Infolge dieses Mangels erleidet K einen Unfall. Der Pkw erleidet einen Blechschaden und muss für 2.000 € repariert werden. Außerdem verletzt sich K; ihm entstehen Heilbehandlungskosten i. H. v. 1.000 €, und er erleidet einen Verdienstausfall i. H. v. 1.500 €, da er eine Woche lang seiner freiberuflichen Tätigkeit nicht nachgehen kann.

Vom **Schadensersatz statt der Leistung** (§§ 437 Nr. 3, 280 I, III, 281 BGB) umfasst ist der **eigentliche Mangelschaden**, der das Leistungsinteresse des Käufers beeinträchtigt. Dies ist in **Fallbeispiel 2.10** primär der Aufwand für den Austausch der Bremsscheibe. Insoweit muss der Käufer dem Verkäufer zunächst Gelegenheit zur Nacherfüllung geben, ihm also die von § 281 I 1 BGB verlangte Frist zur Nacherfüllung setzen. Zu einem Anspruch auf Schadensersatz statt der Leistung i. H. v. 200 € kann der Käufer erst übergehen, wenn die dem Verkäufer gesetzte **Frist zur Nacherfüllung erfolglos verstrichen** ist. Da der Verkäufer infolge seiner Kenntnis den ursprünglichen Mangel **zu vertreten** hat (s. u. Kap. 2 I 8 g dd (6) (b)) und zudem in zu vertretender Weise seiner Nacherfüllungspflicht nicht nachgekommen ist, hätte der Käufer mit seinem Schadensersatzbegehren Erfolg.

Hinsichtlich der Schadenspositionen **Heilbehandlungskosten** (1.000 €) und **Verdienstausfall** (1.500 €), ist nicht das Erfüllungsinteresse des Käufers betroffen, sondern sein **Integritätsinteresse**: Es geht um die **Verletzung eines anderen Rechtsguts** des Käufers, nämlich seiner Gesundheit. Insoweit ist nicht sein Interesse betroffen, für den Kaufpreis eine sachmangelfreie Kaufsache zu erhalten, sondern vielmehr sein Interesse, durch die Kaufsache nicht in anderen Rechtsgütern verletzt zu werden. Würde der Verkäufer nach dem Unfall **ordnungsgemäß nacherfüllen** (also die Bremse reparieren), würde er die bei dem Käufer **eingetretene Integritätsverletzung damit nicht ausgleichen** (zum Umfang des Nacherfüllungsanspruchs s. o. Kap. 2 I 8 e cc). Daher würde auch eine **Nachfristsetzung** als Voraussetzung eines darauf gerichteten Schadensersatzanspruchs **keinen Sinn** ergeben. Der Käufer kann somit ohne Nachfristsetzung hinsichtlich dieser Schadenspositionen vom Verkäufer Schadensersatz neben der Leistung gemäß § 437 Nr. 3, 280 I BGB verlangen.

Gewissermaßen zwischen beiden Fällen steht der Karosserieschaden am gekauften Pkw. Auch dieser Schaden ist nicht deckungsgleich mit dem ursprünglichen

Mangelschaden, der ja nur in der verschlissenen Bremsscheibe bestand. Andererseits ist er **an der Kaufsache selbst eingetreten**, indem der ursprüngliche Defekt an der Bremsscheibe kausal den umfangreicheren Schaden herbeigeführt hat. Auch dieser Schaden ist eher dem **Erfüllungsinteresse** des Käufers zuzuordnen, also seinem Interesse, für den gezahlten Kaufpreis eine sachmangelfreie Kaufsache zu erhalten, und wäre demnach nur unter den Voraussetzungen eines Schadensersatzanspruchs statt der Leistung (§§ 437 Nr. 3, 280 I, III, 281 BGB) ersatzfähig (s. u. Kap. 2 I 8 g dd).

(3) Keine europarechtliche Vorprägung

Von Bedeutung für die Anwendung der Schadens- und Aufwendungsersatztatbestände ist, dass diese – anders als Nacherfüllungsanspruch, Rücktritt und Minderung – **nicht europarechtlich durch die VGKRL vorgeprägt** sind. Indem das BGB dem Käufer zusätzlich Schadensersatzansprüche einräumt, handelt es sich somit beim Verbrauchsgüterkauf um eine überschießende, zugunsten des Käufers über die Richtlinienvorgaben hinausgehende Umsetzung der VGKRL. Dies ist europarechtlich unbedenklich: Die VGKRL will nämlich nur einen **Mindeststandard an Verbraucherschutz** festlegen (Art. 8 II VGKRL). Eine ansonsten teilweise gebotene europarechtskonforme Auslegung kommt hinsichtlich des Schadens- und Aufwendungsersatzes damit nicht in Betracht.

bb) Systematik des § 437 Nr. 3 BGB

Die Gesetzessystematik ist erneut geprägt durch die **Verschränkung von kaufrechtlichem Gewährleistungsrecht und allgemeinem Leistungsstörungsrecht**. § 437 Nr. 3 BGB verweist auf die §§ 280 ff. BGB. Sowohl die ursprünglich sachmangelhafte Leistung als auch die unterbliebene Nacherfüllung werden als **Sonderfall der „Pflichtverletzung"** i. S. v. § 280 I BGB eingeordnet.

Methodik: Bei Lichte betrachtet ist § 437 Nr. 3 BGB Ausgangspunkt für **fünf unterschiedliche Anspruchsketten für Schadensersatzansprüche**, die in Rechtsfolge (also dem jeweils ersatzfähigen Schaden) und Voraussetzungen differieren. Sie müssen die in Betracht kommenden Anspruchsgrundlagenketten in der Klausurbearbeitung strikt auseinander halten und getrennt voneinander prüfen:

1. Schadensersatz neben der Leistung bei Integritätsverletzungen nach §§ 437 Nr. 3, 280 I BGB
2. Schadensersatz statt der Leistung nach §§ 437 Nr. 3, 280 I, III, 281 BGB
3. Schadensersatz statt der Leistung nach §§ 437 Nr. 3, 280 I, III, 283 BGB
4. Schadensersatz statt der Leistung nach §§ 437 Nr. 3, 311a II BGB
5. Schadensersatz wegen Verzögerung der Leistung nach §§ 437 Nr. 3, 280 I, II, 286 BGB (sehr str., überwiegend abgelehnt, s. u. Kap. 2 I 8 g ff.)

Hinzu kommen als weitere Anspruchsgrundlagenketten §§ 437 Nr. 3, 280 I, III, 281 bzw. 283, 284 BGB bzw. §§ 437 Nr. 3, 311a I, II 1, 284 BGB. Diese zielen allerdings auf **Aufwendungsersatz**, nicht auf Schadensersatz ab (s. u. Kap. 2 I 8 g gg).

Diese Anspruchsgrundlagen **schließen sich nicht aus**. Besteht hinsichtlich einer Schadensposition Anspruch auf Schadensersatz neben der Leistung (§ 437 Nr. 3, 280 I BGB), kann wegen einer anderen daneben auch Schadensersatzanspruch statt der Leistung (§ 437 Nr. 3, 280 I, 281 BGB) geschuldet sein. Daher bietet es sich an, in der Fallbearbeitung nach einzelnen potentiell ersatzfähigen Schadenspositionen aufzugliedern und diese getrennt voneinander zu prüfen.

In vorstehendem **Fallbeispiel 2.10** kann K nach erfolgloser Nachfristsetzung hinsichtlich Brems- und Karosseriereparatur Schadensersatz statt der Leistung gemäß §§ 437 Nr. 3, 280 I, III, 281 BGB geltend machen. Daneben kann er unabhängig von einer Nachfristsetzung hinsichtlich Heilbehandlungskosten und Verdienstausfall Schadensersatz neben der Leistung gemäß §§ 437 Nr. 3, 280 I BGB beanspruchen.

Da der **Schadensersatz neben der Leistung** geringeren tatbestandlichen Voraussetzungen unterliegt (nur denen des § 280 I BGB), insbesondere also (anders als § 281 I 1 BGB) keine erfolglos verstrichene Nachfrist voraussetzt, ist dieser **subsidiär**: Als Schadensersatz neben der Leistung kann der Käufer **nur dasjenige ersetzt verlangen, was nicht abschließend vom Schadensersatz statt der Leistung oder Schadensersatz wegen Verzögerung der Leistung erfasst wird.**

Methodik: Gedanklich müssen Sie also zunächst prüfen, ob das vom Käufer verfolgte (tatsächliche) Anspruchsziel als Schadensersatz statt der Leistung oder Schadensersatz wegen Verzögerung der Leistung ersatzfähig ist; grundsätzlich ist nur dann Raum für einen Schadensersatz neben der Leistung, wenn Sie beides verneint haben.

cc) Konkurrierende allgemeine Schadensersatzansprüche

Daneben gibt es allgemeine vertragliche Schadensersatzansprüche, die unabhängig vom kaufrechtlichen Gewährleistungsrecht sind, weil sie **nicht an die mangelhafte Leistung anknüpfen, sondern an eine andere Pflichtverletzung** (z. B. vorvertragliche Aufklärungspflichten). Insofern ist der große praxisrelevante Unterschied, dass die an einen Mangel i. S. d. §§ 434, 435 BGB anknüpfenden Schadensersatzansprüche gemäß **§ 438 BGB** (im Einzelnen sehr differenziert, häufig aber in **zwei**

Jahren) verjähren (s. u. Kap. 2 I 8 j), während die unmittelbar auf § 280 ff. BGB gestützten Schadensersatzansprüche der **dreijährigen Regelverjährung** gemäß § 195 BGB unterliegen. Auch der rein objektiv durch die Ablieferung der Sache bestimmte **Verjährungsbeginn** (§ 438 II BGB) ist für den Käufer deutlich ungünstiger als der regelmäßige Verjährungsbeginn, der neben objektiven Komponenten auch Kenntnis des Gläubigers von den anspruchsbegründenden Umständen voraussetzt (vgl. § 199 I BGB); fehlt es an dieser Kenntnis, verjähren Ansprüche nach § 199 II, III BGB erst nach zehn bzw. dreißig Jahren.

Die genaue Abgrenzung, ob ein Schadensersatzbegehren auf eine der fünf in § 437 Nr. 3 BGB angelegten Anspruchsgrundlagenketten gestützt oder unmittelbar im allgemeinen Leistungsstörungsrecht verortet werden muss, ist damit von **erheblicher praktischer Bedeutung**. Will man die häufig abgekürzte Verjährung nach § 438 BGB nicht vollkommen wirkungslos werden lassen, ist immer dann, wenn das Vorliegen einer mangelhaften Leistung i. S. v. §§ 434, 435 BGB bejaht wurde, mit konkurrierenden, unmittelbar auf §§ 280 ff. BGB gestützten vertraglichen Schadensersatzansprüchen **große Zurückhaltung geboten**.

In vorstehendem **Fallbeispiel 2.10** könnte man auf die Idee kommen, die Schadensersatzansprüche alternativ auch auf die **Verletzung einer vorvertraglichen Aufklärungspflicht** des Verkäufers hinsichtlich der schadhaften Bremsscheiben zu stützen (culpa in contrahendo, §§ 280 I, 311 II, 241 II BGB). Dann unterlägen sie nicht der zweijährigen Verjährung nach § 438 I Nr. 3 BGB, sondern der u. U. deutlich längeren Verjährung nach §§ 195, 199 BGB. Angesichts der Tatsache, dass sich die vorvertragliche „Pflichtverletzung" auf die unterbliebene Information über einen Sachmangel i. S. v. § 434 BGB beschränkte, läge darin aber eine **Umgehung von § 438 I Nr. 3 BGB**. Ein auf §§ 280 I, 311 I Nr. 2, 241 II BGB gestützter Schadensersatzanspruch kommt folglich aus systematischen Erwägungen nicht in Betracht.

Anderes gilt aber für konkurrierende **deliktische Schadensersatzansprüche** (§§ 823 ff. BGB, ProdHaftG, StVG u. ä.): Ist z. B. wegen **Verletzung absoluter Rechtsgüter** § 823 I BGB einschlägig, tritt der deliktische Anspruch in freie Anspruchskonkurrenz mit den gewährleistungsrechtlichen Schadensersatzansprüchen. Er unterliegt dabei der Regelverjährung nach §§ 195, 199 BGB. Die zugrunde liegende Wertung überzeugt: Die Tatsache, dass der deliktisch Handelnde mit seinem „Opfer" zusätzlich noch einen Vertrag abgeschlossen hat, soll ihn von der deliktischen Haftung nicht entlasten können.

In **Fallbeispiel 2.10** kann K von V mit Blick auf die eingetretene Körper- sowie Eigentumsverletzung (weiterfressender Mangel, vgl. grundlegend BGHZ 67, 359; BGHZ 86, 256) somit deliktischen Schadensersatz gemäß § 823 I BGB verlangen. In dem *bewussten* In-Verkehr-Bringen eines Fahrzeugs mit mangelhafter Bremse liegt unproblematisch eine deliktische Handlung.

Querverweis: Zur problematischen Konkurrenz des Gewährleistungs- mit dem Anfechtungsrecht (§§ 119 ff. BGB) s. o. Kap. 2 I 8 a aa.

dd) Schadensersatz statt der Leistung im Detail

(1) Großer und kleiner Schadensersatz statt der Leistung

Im Rahmen des Schadensersatzes statt der Leistung hat der Käufer die Wahl zwischen **zwei Varianten**: Er kann entweder die **mangelhafte Sache behalten** und **Ersatz des Mangelunwerts** verlangen, der z. B. in den erforderlichen Reparaturkosten Ausdruck findet. Alternativ kann er die Sache **zurückgeben** und als Schadensersatz statt der Leistung den **Wert der Sache in mangelfreiem Zustand** verlangen. Die erste Variante nennt man „**kleinen Schadensersatz**", die zweite Variante „**großen Schadensersatz**" oder – so das Gesetz (§ 281 I 3 BGB) – „**Schadensersatz statt der ganzen Leistung**".

In **Fallbeispiel 2.9** könnte K als kleinen Schadensersatz Ersatz der Reparaturkosten i. H. v. 5.000 € verlangen. Alternativ könnte er den Pkw zurückgeben und als großen Schadensersatz den Wert der Sache in mangelfreiem Zustand i. H. v. 12.000 € (Schadensersatz statt der ganzen Leistung) verlangen.

Wie das Beispiel deutlich macht, ist der große Schadensersatz für den Verkäufer regelmäßig **einschneidender** als der **kleine**. Teilweise kommt er in seinen Wirkungen einem **Rücktritt** gleich. Folgerichtig sieht § 281 I 3 BGB – ebenso wie § 323 V 2 BGB beim Rücktritt (s. o. Kap. 2 I 8 f aa (3) (a)) – als zusätzliche Voraussetzung vor, dass die Pflichtverletzung **nicht unerheblich** gewesen sein darf. Gemäß § 281 V BGB ist der Verkäufer ferner wie beim Rücktritt zur **Rückforderung des ursprünglich Geleisteten** (in casu: Eigentum und Besitz am mangelhaften Pkw) nach Rücktrittsrecht (§§ 346–348 BGB) berechtigt.

Hintergrund: Allerdings kann der Verkäufer anders als beim Rücktritt den Kaufpreis behalten; je nach dem Verhältnis von Kaufpreis und Wert in mangelfreiem Zustand ist daher mal der Schadensersatz statt der ganzen Leistung, mal der Rücktritt für den Käufer vorteilhaft.

(2) Art der geschuldeten Leistung

Während nach allgemeinem Schadensersatzrecht (§ 249 BGB) der Schadensersatz primär auf Wiederherstellung des schadfreien Zustandes in natura (**Naturalrestitu-**

tion) gerichtet ist, ist der Schadensersatz statt der Leistung **immer als Geldbetrag** zu leisten. Dies ergibt sich **nicht explizit** aus dem Gesetz, folgt aber zwangsläufig aus dem **Zusammenspiel mit dem vorrangigen Nacherfüllungsanspruch**, an dessen Stelle der Schadensersatzanspruch statt der Leistung ja tritt. Ein Anspruch auf Naturalrestitution wäre nichts anderes als ein auf die ursprünglich geschuldete Leistung gerichteter Nacherfüllungsanspruch. Da der Anspruch auf die ursprünglich geschuldete Leistung gemäß § 281 IV BGB aber gerade **ausgeschlossen** ist, sobald der Käufer seinen Anspruch auf Schadensersatz statt der Leistung geltend macht, ist dieser stets auf Geldersatz gerichtet.

(3) Umfang des Schadensersatzes statt der Leistung

Der Schadensersatz statt der Leistung umfasst das **Leistungs- bzw. Erfüllungs-interesse** des Käufers, also all diejenigen Schadenspositionen, die der Verkäufer auch durch eine **ordnungsgemäße Nacherfüllung** beseitigen muss. Nur insofern ergibt das Fristsetzungserfordernis einen Sinn. Mit anderen Worten: Alle Schäden, die der Verkäufer im Rahmen der Nacherfüllung beheben muss, sind – grundsätz-lich nach erfolglosem Ablauf der Nacherfüllungsfrist – vom Schadensersatz statt der Leistung umfasst, der **an die Stelle des Nacherfüllungsanspruchs** tritt. Das **Pflichtenprogramm der Nacherfüllung** entscheidet über die beim Schadensersatz statt der Leistung ersatzfähigen Schadenspositionen und grenzt damit zugleich den Schadensersatz statt der Leistung vom Schadensersatz neben der Leistung ab: Alles, was im Rahmen der Nacherfüllung behoben werden muss, ist geschuldete „Leis-tung" des Verkäufers und damit auch dem Schadensersatz „statt der Leistung" zu-zuordnen. Schäden, die **nicht im Rahmen der Nacherfüllung** zu beheben sind, gehören nicht zur geschuldeten Leistung des Verkäufers und sind damit – wenn die Voraussetzungen erfüllt sind – als **einfacher Schadensersatz** neben der Leistung (§§ 437 Nr. 3, 280 I BGB) ersatzfähig.

Der Schadensersatz statt der Leistung umfasst daher den verbliebenen **mangel-bedingten Minderwert** der Kaufsache oder die Reparaturkosten (kleiner Scha-densersatz) bzw. den **Wert der Sache in mangelfreiem Zustand** oder die Kosten eines Ersatzkaufs (großer Schadensersatz).

Da **Weiterfresserschäden** im Rahmen der Nacherfüllung zu beheben sind (s. o. Kap. 2 I 8 e cc (5)), sind sie **nur im Rahmen des Schadensersatzes statt der Leis-tung ersatzfähig** (AnwKommBGB/*Dauner-Lieb* § 280 Rn. 78). Denn die Nach-fristsetzung soll dem Verkäufer gerade auch ihre Behebung ermöglichen.

Meint man im Dachziegelfall (oben **Fallbeispiel 2.5**), dass der Verkäufer im Rahmen der Nacherfüllung die schadhaften Dachziegel vom Dach her-unternehmen muss, dann muss er, wenn er nicht ordnungsgemäß nacher-füllt und dies zu vertreten hat, die Kosten für die Beseitigung der alten Dachziegel nur nach Fristsetzung, also als Schadensersatz statt der Leis-tung, ersetzen.

(4) Vertiefungsproblem: Einordnung von Schäden, die bei ordnungsgemäßer Nacherfüllung nicht eingetreten wären

Umstritten ist die Einordnung von Schadenspositionen, deren Behebung **zwar nicht im Rahmen der Nacherfüllung geschuldet** war, deren Entstehen durch die ordnungs- und fristgemäße Nacherfüllung aber **faktisch verhindert** worden wäre. Dies betrifft insbesondere die **fehlende Nutzungsmöglichkeit** der Kaufsache nach Ablauf der Nacherfüllungsfrist, **Integritätsverletzungen** an sonstigen Rechtsgütern des Käufers, die nach Ablauf der Nacherfüllungsfrist eingetreten sind, sowie **Rechtsverfolgungskosten**, also insbesondere Anwaltskosten, die dem Käufer für die Geltendmachung von sekundären Gewährleistungsrechten entstehen.

Obwohl diese Schadenspositionen sich eher als **Integritätsverletzungen** darstellen, vertritt *Faust*, dass sie im Rahmen des **Schadensersatzes statt der Leistung** ersatzfähig sind, sofern sie zu einem Zeitpunkt entstanden sind, in dem die **letzte Nacherfüllungsmöglichkeit erfolglos verstrichen** war (Bamberger/Roth/*Faust* § 437 Rn. 60). Die allgemeine Abgrenzung, die anhand des Pflichtenprogramms der Nacherfüllung zwischen Schadensersatz statt und Schadensersatz neben der Leistung unterscheidet, wird somit teilweise durch eine **rein zeitliche Abgrenzung** ersetzt.

Nach richtiger und auch ganz überwiegender Ansicht (vgl. statt vieler AnwKommBGB/*Dauner-Lieb* § 280 Rn. 76, 81 f.; Staudinger/*Otto* § 280 Rn. C 19, E 12, E 34 ff.) ist diese zeitliche Differenzierung mit dem Vorstellungsbild, das der Gesetzessystematik zugrunde liegt, **nicht zu vereinbaren**. Schadensersatz „statt der Leistung" kann immer nur das sein, was im Rahmen der Nacherfüllung als „Leistung" geschuldet war. Eine Kompensation von Integritätsverletzungen im weitesten Sinne erfolgt stets durch den Schadensersatz neben der Leistung (§§ 437 Nr. 3, 280 I BGB). Zu welchem Zeitpunkt die Integritätsverletzung eingetreten ist, ist für diese Abgrenzung unerheblich.

(5) Anspruchsgrundlagen des Schadensersatzes statt der Leistung

Wie bereits angesprochen, existieren **drei Varianten** des Schadensersatzanspruchs statt der Leistung:

1. Schadensersatz statt der Leistung nach §§ 437 Nr. 3, 280 I, III, 281 BGB
2. Schadensersatz statt der Leistung nach §§ 437 Nr. 3, 280 I, III, 283 BGB
3. Schadensersatz statt der Leistung nach §§ 437 Nr. 3, 311a II BGB

Für die erfassten Schadenspositionen, die Art des geschuldeten Ersatzes und die Schadensberechnung (großer und kleiner Schadensersatz) gilt in allen Varianten dasselbe. Ebenso setzten sie allesamt die mangelhafte Leistung i. S. d. §§ 434, 435 BGB als Pflichtverletzung und ein Vertretenmüssen des Verkäufers voraus. Sie unterscheiden sich lediglich nach ihren sonstigen tatbestandlichen Voraussetzungen, kommen also in **unterschiedlichen Fallkonstellationen** zum Einsatz.

- Die Anspruchsgrundlage §§ 437 Nr. 3, 280 I, III, 281 BGB erfasst den **Grund-fall**: Die **Nacherfüllung ist möglich**, der Verkäufer hat aber **trotz Nachfristset-zung nicht nacherfüllt**.
- Die Anspruchsgrundlage §§ 437 Nr. 3, 280 I, III, 283 BGB erfasst dagegen **Son-derfälle**, in denen die Nacherfüllung **aufgrund eines nach Vertragsschluss eingetretenen Umstandes unmöglich** i. S. v. § 275 BGB geworden ist. Eine Nachfristsetzung würde deshalb keinen Sinn ergeben. Ebenso wie in dieser Konstellation bei Rücktritt und Minderung die Nachfristsetzung entbehrlich ist (§ 326 V BGB), kann der Käufer sofort Schadensersatz statt der Leistung ver-langen.

Fallbeispiel 2.11: K hat von V einen Oldtimer gekauft, der in mangelfreiem Zustand 25.000 € wert wäre und ein Unikat ist. Es stellt sich heraus, dass der Motor – was V wusste, dem K aber verschwiegen hat – einen behebbaren Fehler aufweist; die Reparatur würde 5.000 € kosten. Bevor K eine Frist zur Nacherfüllung gesetzt hat, fährt er mit dem Fahrzeug infolge Unachtsamkeit gegen einen Baum, so dass das Fahrzeug vollständig und irreparabel zerstört wird.

Hier ist die Nachbesserung infolge der Zerstörung des Fahrzeugs nach Vertragsschluss unmöglich geworden (§ 275 I BGB). K kann von V gemäß §§ 437 Nr. 3, 280 I, III, 283 BGB sofort Schadensersatz statt der Leistung ver-langen. Eine Nachfristsetzung wäre angesichts der Unmöglichkeit der Nach-erfüllung auch sinnlos.

Unproblematisch kann K dabei kleinen Schadensersatz in Höhe des ursprünglichen Mangelunwerts, 5000 €, verlangen. Verlangt K hingegen gro-ßen Schadensersatz statt der ganzen Leistung in Höhe von 25.000 € (§§ 437 Nr. 3, 280 I, III, 283 S. 1, 2, 281 I 3 BGB), so ist er dem V nach § 281 V BGB zur Rückgabe des Geleisteten nach §§ 346 ff. BGB verpflichtet. Da der Pkw bei K infolge seines Verschuldens zerstört wurde, muss er V gemäß § 346 II 1 Nr. 3 BGB Wertersatz in Höhe des tatsächlich geleisteten Werts der man-gelhaften Sache (20.000 €) leisten. Per saldo erhält K auch auf diesem Wege 5.000 €.

- Die Anspruchsgrundlage §§ 437 Nr. 3, 311a II BGB erfasst Fälle, in denen die Nacherfüllung **aufgrund eines vor Vertragsschluss eingetretenen Umstandes unmöglich** ist (anfängliche Unmöglichkeit). Eine Nachfristsetzung würde des-halb keinen Sinn ergeben; der Käufer kann sofort Schadensersatz statt der Leis-tung verlangen. Dieser Weg über § 311a II BGB beruht allein darauf, dass die Fälle der anfänglichen Unmöglichkeit regelungstechnisch eine von § 275 BGB separierte Regelung in § 311a BGB erfahren haben.

Teilweise wird vertreten, dass § 437 Nr. 3 BGB als ungeschriebenen Schadens-ersatztatbestand darüber hinaus auch **§ 282 BGB** mit in Bezug nimmt (Bamberger/ Roth/*Faust* § 437 Rn. 48). Das ist aber verfehlt, da § 282 BGB an einen **vollkom-**

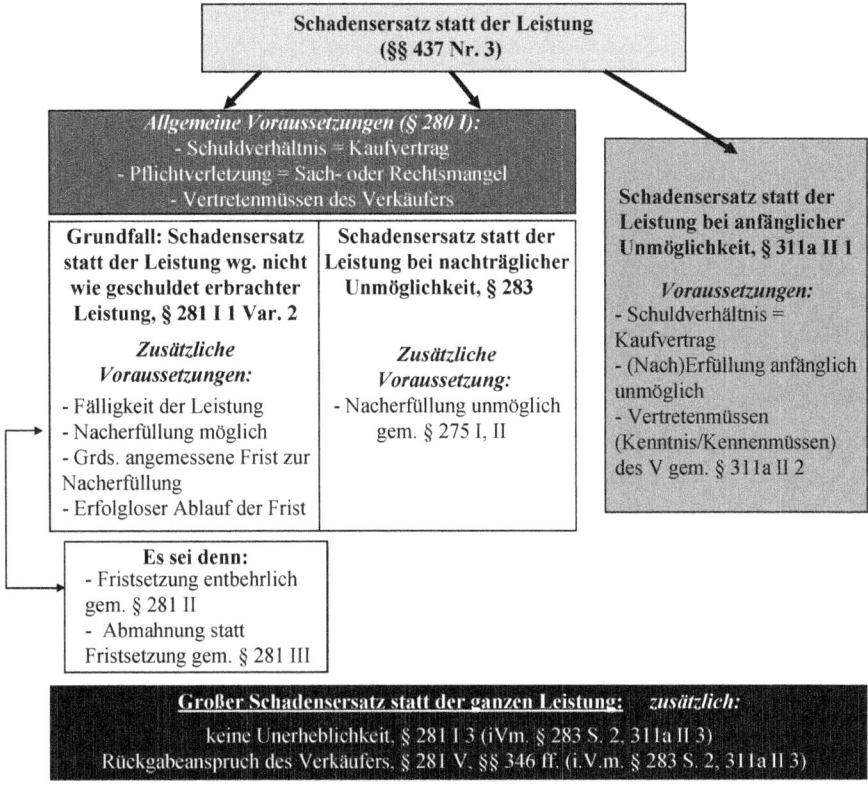

Abb. 1 Struktur des Schadensersatzes statt der Leistung

men anderen Pflichtverletzungstatbestand (Verletzung einer Pflicht nach § 241 II BGB), **nicht hingegen an die sach- oder rechtsmangelhafte Lieferung anknüpft** und somit mit dem Gewährleistungsrecht nichts zu tun hat. Insoweit modifiziert die eingeschränkte Verweisung in § 437 Nr. 3 BGB den § 280 III BGB bereichsspezifisch für das Gewährleistungsrecht. Der Verweis in § 280 III BGB auf § 282 BGB ist damit in diesem Kontext nicht anwendbar; er wäre auch sinnlos.

Die **tatbestandliche Struktur** der drei Anspruchsgrundlagen des Schadensersatzes statt der Leistung lässt sich wie folgt zusammenfassend verdeutlichen (Abb. 1):

(6) Einzelne Tatbestandsvoraussetzungen des Schadensersatzes statt der Leistung

(a) Pflichtverletzung Für die **Pflichtverletzung** i. S. v. § 280 I BGB gibt es **zwei alternative Ansatzpunkte**: Sie kann zum einen darin liegen, dass der Verkäufer **ursprünglich keine mangelfreie Sache geliefert** hat, zum anderen darin, dass er **nicht nacherfüllt** hat. Dieser doppelte Ansatz ist bedeutsam, denn gerade die Pflichtverletzung muss der Verkäufer **zu vertreten** haben und gerade die Pflichtverletzung muss für die zu ersetzende Schadensposition **kausal** geworden sein. Hat der Verkäufer nur eines von beidem – entweder die ursprüngliche mangelhafte Lie-

ferung oder aber die unterbliebene Nacherfüllung – zu vertreten, reicht dies – bei
Kausalität – für den Schadensersatz statt der Leistung aus.

Der Begriff der **Pflichtverletzung** ist im Rahmen des Schuldrechtsmoderni-
sierungsgesetzes wertneutral zu verstehen; ein moralischer Vorwurf gegen den
„Pflichtverletzer" liegt darin nicht (vgl. BT-Drucks. 14/6040 S. 133 f.; weiterhin
Medicus, in: Haas/Medicus et al., Das neue Schuldrecht, 2002, Kap. 3 Rn. 2 ff.). Daher handelt es sich auch dann um eine Pflichtverletzung i. S. d. § 280 I BGB, wenn
die mangelfreie Leistung oder die Nacherfüllung **unmöglich** ist (dann Schadensersatz statt der Leistung nach §§ 437 Nr. 3, 280 I, III, 283 BGB). §§ 437 Nr. 3, 311a
II BGB sind insofern eine **speziellere Anspruchsgrundlage** für den Anspruch auf
Schadensersatz statt der Leistung in Fällen anfänglicher Unmöglichkeit. Auch diese
stellt an sich eine Pflichtverletzung i. S. v. § 280 I BGB dar; § 311a II BGB ist aber
lex specialis.

(b) Vertretenmüssen, § 280 I 2 BGB. Der Verkäufer muss die Pflichtverletzung
(also entweder die ursprüngliche mangelhafte Lieferung oder die unterbliebene
Nacherfüllung) zu vertreten haben.

> **Methodik:** Der Bezugspunkt des Vertretenmüssens hängt also entscheidend
> davon ab, welche Pflichtverletzung Sie zuvor herausgearbeitet haben.

(aa) Allgemeiner Maßstab des Vertretenmüssens. Zu vertreten hat der Verkäufer nach dem allgemeinen Maßstab des § 276 I BGB grundsätzlich **Vorsatz und
Fahrlässigkeit**. Zum einen ist dies gegeben, wenn der Verkäufer (oder ein Erfüllungsgehilfe, § 278 BGB) den Mangel vorsätzlich oder fahrlässig **selbst herbeigeführt** hat.

Ist dies nicht der Fall, genügt nach zutreffender Ansicht aber auch Kenntnis
oder zu vertretende Unkenntnis des Mangels bei Vertragsschluss oder bei Lieferung: Liefert der Verkäufer mit **positiver Kenntnis** eine mangelhafte Sache, dann
handelt er hinsichtlich der mangelhaften Erfüllung der Hauptpflicht **vorsätzlich**
und hat damit die Pflichtverletzung zu vertreten. Auf die Frage, ob er eine ihm
mögliche, aber unterbliebene Behebung des Mangels zu vertreten hat, kommt es
damit nicht an (so aber Bamberger/Roth/*Faust* § 437 Rn. 76). Die Pflichtverletzung
setzt nicht die Nichterfüllung einer Behebungspflicht voraus, sondern schlicht die
wissentliche Schlechterfüllung durch **Lieferung einer mangelhaften Sache**.
Dementsprechend handelt der Verkäufer auch dann fahrlässig, wenn er eine mangelhafte Sache zwar in Unkenntnis des Mangels liefert, ihm die Mangelhaftigkeit
aber bei Beachtung seiner verkehrsüblichen Sorgfalt (vgl. § 276 II BGB) **hätte auf-
fallen** müssen. Dabei ist allerdings zu beachten, dass selbst den gewerblichen Verkäufer nach allgemeiner Auffassung **keine ins Einzelne gehende Untersuchungspflicht** trifft (vgl. nur MünchKommBGB/*Westermann* § 433 Rn. 70 m. w. N.). Ist
der Mangel nicht offenkundig, ist dem Verkäufer, der die Sache nicht selbst hergestellt hat, somit regelmäßig kein Fahrlässigkeitsvorwurf zu machen. Allerdings

ist einem Verkäufer, der die Kaufsache **selbst aus Vorprodukten oder Rohstoffen herstellt**, abzuverlangen, die Ausgangsstoffe zumindest in **Form von Stichproben** auf Fehler zu untersuchen; andernfalls handelt er hinsichtlich der Mangelhaftigkeit fahrlässig.

> Die im Verkehr erforderliche Sorgfalt (§ 276 Abs. 2 BGB) verlangt von dem Verkäufer regelmäßig keine Untersuchung der Kaufsache [...].
> BGH 19.6.2009 NJW 2009, 2674, 2676

(bb) Zurechnungsfragen. Vorsatz und Fahrlässigkeit von **Erfüllungsgehilfen** werden nach § 278 BGB dem Verkäufer **zugerechnet**.

Beispiel: Hat der Ladenangestellte Kenntnis von einem Sachmangel, wird die vorsätzliche Aushändigung der sachmangelhaften Sache durch diesen dem Ladeninhaber zugerechnet.

Kein Erfüllungsgehilfe des Händlers ist hingegen der **Hersteller** oder **Lieferant** der Sache. Der Verkäufer schuldet dem Käufer schließlich nur die Verschaffung, nicht aber die Herstellung der Sache. Aus diesem Grund kann der Hersteller nicht Erfüllungsgehilfe des Verkäufers sein (ganz h. M., a. A. etwa MünchKommBGB/ *Grundmann* § 278 Rn. 5). Ebenso ist der **Produzent eines fehlerhaften Vorprodukts** oder Rohstoffs nicht Erfüllungsgehilfe des Verkäufers, der das Endprodukt dann selbst hergestellt hat (BGHZ 48, 118, 121).

> Ein etwaiges Verschulden des Herstellers musste sich die Beklagte, wie die Vorinstanzen mit Recht angenommen haben, nicht gemäß § 278 BGB zurechnen lassen, weil der Hersteller nicht Erfüllungsgehilfe des Verkäufers ist.
> BGH 15.7.2008 NJW 2008, 2837, 2840

(cc) Verschärfte Haftung bei Übernahme einer Garantie. Die Haftung kann zu einer **verschuldensunabhängigen Haftung** verschärft sein, wenn der Verkäufer eine Garantie (§ 276 I 1 BGB) für die Mangelfreiheit übernommen hat.

Querverweis: Der Begriff der Garantie in diesem gewährleistungsrechtlichen Kontext ist strikt zu trennen vom selbständigen Garantievertrag (unten Kap. 7 II), der oft beim Kauf von Verbrauchsgütern mit dem Hersteller oder auch einem Dritten abgeschlossen wird (vgl. dazu die sehr fragmentarische Regelung in § 443 BGB). Hier meint der Begriff der Garantie eine verschärfte Haftung durch den Verkäufer selbst, während der Käufer im Falle eines selbständigen Garantievertrags einen weiteren Schuldner erhält. Auf den selbständigen Garantievertrag findet das Gewährleistungsrecht keine Anwendung.

Umstritten ist, ob aus der **Übernahme eines Beschaffungsrisikos** (vgl. § 276 I 1 BGB) die Übernahme einer Garantie hinsichtlich der Mangelfreiheit folgt. Garantiert der Verkäufer, der vertraglich zusichert, die Sache unbedingt dem Käufer zu verschaffen und auch für eine **zufällige Unmöglichkeit der Beschaffung einstehen zu wollen**, also implizit auch die Mangelfreiheit der Kaufsache? Zutreffend scheint es, den begrenzten Inhalt einer solchen Übernahme von Beschaffungsrisiken zu betonen: Legt man die typische Übernahme des Beschaffungsrisikos aus (§§ 133, 157 BGB), so ergibt sich, dass der Verkäufer lediglich dafür einstehen will, dass ihm die **Beschaffung der Sache** generell gelingt. Eine Aussage hinsichtlich des Sachzustandes ist damit nicht getroffen, geschweige denn eine darauf bezogene Garantie vereinbart.

(c) Fälligkeit. Nach § 281 I BGB muss die Leistung **fällig** sein; da der Schadensersatz statt der Leistung an die Stelle des Erfüllungs- bzw. Nacherfüllungsanspruchs tritt, ist das plausibel. Insoweit kann auf die Ausführungen zum Rücktritt (s. o. Kap. 2 I 8 f aa (1)) verwiesen werden. Die dortigen Ausführungen zum Fälligkeitserfordernis sind übertragbar.

Eine Abweichung ergibt sich insofern, als § 323 IV BGB den **Rücktritt ausnahmsweise bereits vor Eintritt der Fälligkeit** ermöglicht, wenn offensichtlich ist, dass die Voraussetzungen des Rücktritts eintreten werden. Eine derartige Regelung existiert **hinsichtlich des Schadensersatzes statt der Leistung nicht.** Manche vertreten, die Vorschrift sei **analog** auch im Rahmen des Schadensersatzes statt der Leistung anzuwenden. Dafür lässt sich in der Tat anführen, dass die sekundären Mängelrechte – Schadensersatz statt der Leistung, Rücktritt, Minderung – abgesehen vom Erfordernis des Vertretenmüssens **tatbestandlich gleich ausgestaltet** werden sollten (so zu Recht AnwKommBGB/*Dauner-Lieb* § 281 Rn. 39; Münch-KommBGB/*Ernst* § 281 Rn. 62).

(d) Fristsetzung und Entbehrlichkeit, § 281 I 1 BGB. Da es sich beim Schadensersatz statt der Leistung ebenfalls um ein **sekundäres** Mängelrecht handelt, sieht § 281 I 1 BGB – ebenso wie § 323 I BGB für Rücktritt und Minderung – das Erfordernis einer **Fristsetzung zur Nacherfüllung** vor. Gemäß § 281 II BGB ist die Fristsetzung **entbehrlich**, wenn der Schuldner die Leistung ernsthaft und endgültig verweigert oder wenn besondere Umstände vorliegen, die unter Abwägung der beiderseitigen Interessen die sofortige Geltendmachung des Schadensersatzanspruchs rechtfertigen. Diese Entbehrlichkeitstatbestände entsprechen im Wesentlichen den für den Rücktritt in § 323 II Nr. 1 und 3 BGB geregelten (s. o. Kap. 2 I 8 f aa (2) (cc)).

ee) Schadensersatz neben der Leistung, § 437 Nr. 3, 280 I BGB

(1) Ersatzfähige Schadenspositionen

Für die Eingrenzung der im Rahmen eines Schadensersatzanspruchs neben der Leistung ersatzfähigen Schadenspositionen kann – spiegelbildlich – auf die Ausführungen zur Abgrenzung des Schadensersatzes statt der Leistung verwiesen werden (s. o. Kap. 2 I 8 g aa (2)): Jede Schadensposition, die **nicht dem Leistungs- bzw. Erfüllungsinteresse** des Käufers zuzurechnen, dem Pflichtenprogramm der Nacherfüllung zuzuordnen und demnach nur als Schadensersatz statt der Leistung ersatzfähig ist, ist dem Schadensersatz neben der Leistung zugeordnet. Nach der ausführlich dargestellten Abgrenzung sind dies **Integritätsverletzungen im weitesten Sinne**. Eingeschlossen sind dabei insbesondere auch **reine Vermögensschäden** des Käufers.

(2) Voraussetzungen

Tatbestandlich setzt § 280 I BGB lediglich die **zu vertretende Pflichtverletzung** innerhalb eines bestehenden Schuldverhältnisses voraus. Ferner muss ein **ersatzfähiger Schaden** (s. o. aa) eingetreten sein, für den die Pflichtverletzung **kausal** war. Hinsichtlich der Tatbestandsmerkmale Pflichtverletzung und Vertretenmüssen kann auf die obigen Ausführungen beim Schadensersatz statt der Leistung verwiesen werden (s. o. Kap. 2 I 8 g dd (6) (a)). Auch hier kommen als alternative **Anknüpfungspunkte** gleichermaßen die **ursprüngliche mangelhafte Lieferung** und die **unterbliebene Nacherfüllung** in Betracht; die Prüfung von **Kausalität** für den Schadenseintritt und **Vertretenmüssen** muss sich dann konsequent auf die jeweils einschlägige Pflichtverletzung beziehen.

ff) Schadensersatz wegen Verzögerung der Leistung?

Von den fünf eingangs aufgeführten Anspruchsketten (s. o. Kap. 2 I 8 g bb) bleibt nur noch eine zu betrachten: der **Schadensersatz wegen Verzögerung der Leistung**, §§ 437 Nr. 3, 280 I, II, 286 BGB. Freilich ist bereits **umstritten**, ob diese Anspruchsgrundlage im Rahmen des Gewährleistungsrechts **überhaupt existiert**. Daraus, dass § 437 Nr. 3 BGB den § 286 BGB nicht ausdrücklich als Verweisungsziel aufführt, wird verbreitet – und jüngst auch durch den BGH (NJW 2009, 2674) – geschlossen, dass es einen speziellen Schadensersatz wegen Verzögerung der Leistung im Rahmen des Gewährleistungsrechts nicht gibt. Eindeutig ist die Verweisung aber nicht: Denn 437 Nr. 3 BGB nimmt immerhin mit dem uneingeschränkten Verweis auf „§ 280 BGB" auch die **Ausgangsvorschrift** für den Schadensersatz neben der Leistung im allgemeinen Leistungsstörungsrecht, **§ 280 II BGB**, in Bezug; diese Verweisung bleibt nach der dargestellten Auffassung bedeutungslos. Der Befund im **Wortlaut** des § 437 Nr. 3 BGB ist also **höchst ambivalent**.

Folgt man der Position des BGH, werden auch die verzögerungsbedingten Schadenspositionen schlicht dem **Schadensersatz neben der Leistung**, §§ 437 Nr. 3, 280 I BGB zugeordnet und sind bereits unter dessen Voraussetzungen (s. o. Kap. 2 I 8 g ee (2)) ersatzfähig. Diese vom BGH geteilte Position ist also für den Käufer günstiger, da die zusätzlichen Voraussetzungen des § 286 BGB entbehrlich werden.

(1) Ersatzfähige Schadenspositionen

Der Schadensersatz wegen Verzögerung der Leistung, §§ 437 Nr. 3, 280 I, II, 286 BGB, soll nach Ansicht der Befürworter alle Schäden umfassen, die entstehen, weil der **Verkäufer mit der Nacherfüllung in Verzug** ist. Insbesondere ersatzfähig sind Schadenspositionen wie die **fehlende oder eingeschränkte Nutzbarkeit des Kaufgegenstands** während des Schuldnerverzugs, damit korrespondierend die **Kosten für die Anmietung einer Ersatzsache**, schließlich auch ein **entgangener Gewinn**, den der Käufer aus der **Weiterveräußerung** oder **Nutzung** der Sache erzielt hätte, wenn ordnungs- und fristgemäß nacherfüllt worden wäre. Gleichfalls erfasst sind **Rechtsverfolgungskosten**, die der Käufer aufwenden muss, um den Nacherfüllungsanspruch durchzusetzen.

Auch insoweit handelt es sich also um **Integritätsschäden im sonstigen Vermögen** des Käufers. Charakteristisch ist, dass diese **gerade durch die Verzögerung** der Nacherfüllung entstanden sind. In Abgrenzung zu diesen reinen Verzögerungsschäden sind alle Schäden, die aus der **endgültigen** Nichterfüllung resultieren und dabei das Leistungs- bzw. Erfüllungsinteresse des Käufers abgelten, dem Schadensersatz statt der Leistung zuzuordnen. Alle (sonstigen) Integritätsschäden im weitesten Sinne, für die entweder die endgültige Nichterfüllung oder aber bereits die ursprünglich mangelhafte Leistung kausal ist, sind dagegen dem einfachen Schadensersatz neben der Leistung zuzuordnen.

(2) Voraussetzungen

Die Voraussetzungen für den Ersatz der **verzögerungsbedingten Integritätsschäden** im sonstigen Vermögen des Käufers sind nach der Gesetzesfassung **recht streng**: Gemäß § 280 II BGB kann der Käufer Schadensersatz wegen Verzögerung der Leistung nur unter der **zusätzlichen Voraussetzung des § 286 BGB** verlangen.

§ 286 I BGB setzt voraus, dass der Käufer gegenüber dem Verkäufer eine **Mahnung** ausspricht und definiert den Verzug somit als **Nichtleistung trotz Fälligkeit und Mahnung**. Der Mahnung stehen die **Erhebung der Klage** auf die Leistung sowie die Zustellung eines **Mahnbescheids** im Mahnverfahren gleich, § 286 I 2 BGB; unter den Voraussetzungen des § 286 II BGB kann die Mahnung in Sonderkonstellationen entbehrlich sein.

> **Hintergrund:** Mahnung ist die nach Fälligkeit der Leistung geäußerte Aufforderung des Käufers an den Verkäufer, die geschuldete Leistung zu erbringen. Sie ist keine Willenserklärung sondern – wie die Nachfristsetzung i. S. v. § 281 BGB – eine einseitige, empfangsbedürftige, rechtsgeschäftsähnliche Willensäußerung; die Vorschriften über Willenserklärungen können insoweit analog angewandt werden (vgl. nur BGHZ 47, 352, 357). Eine Fristsetzung – wie bei § 281 BGB (s. o. Kap. 2 I 8 g dd (6) (d)) – muss damit nicht verbunden sein, es genügt das ernstliche Nacherfüllungsverlangen des Käufers.

(3) Abgrenzung zum einfachen Schadensersatz neben der Leistung

Mit der dargelegten Abgrenzung der nach §§ 437 Nr. 3, 280 I, II, 286 BGB erfassten Schadenspositionen und dem **zusätzlichen Erfordernis einer Mahnung** gemäß § 286 BGB ist freilich ein **erhebliches systematisches Problem** verbunden: Da es sich bei den erfassten Schadenspositionen um einen **Ausschnitt besonderer Integritätsverletzungen** im sonstigen Vermögen des Käufers handelt, nämlich **verzögerungsbedingter** Integritätsverletzungen, sind die durch §§ 437 Nr. 3, 280 I, II, 286 BGB erfassten Schadenspositionen eigentlich – entsprechend der allgemeinen Abgrenzung von Schadensersatz statt der Leistung und Schadensersatz neben der Leistung – auch bereits vom **einfachen Schadensersatz neben der Leistung,** §§ 437 Nr. 3, 280 I BGB, **tatbestandlich erfasst.** Da der einfache Schadensersatz neben der Leistung **kein Mahnungserfordernis** kennt, würde bei paralleler Anwendung beider Anspruchsketten das Mahnungserfordernis nach §§ 437 Nr. 3, 280 I, II, 286 BGB **vollständig leer laufen,** da **auch bei Fehlen einer Mahnung** jeder verzögerungsbedingte Integritätsschaden als Schadensersatz neben der Leistung nach §§ 437 Nr. 3, 280 I BGB **ersatzfähig wäre.** Letztlich käme es für die Ersatzfähigkeit von Verzögerungsschäden auf das eigentlich gesetzlich gewollte Erfordernis der Mahnung nicht mehr an.

Viel spricht dafür, aus der **gesonderten gesetzlichen Normierung** des Schadensersatzes wegen Verzögerung der Leistung und der Tatsache, dass § 437 Nr. 3 BGB auch die **Ausgangsvorschrift für den Schadensersatz wegen Verzögerung der Leistung** im allgemeinen Leistungsstörungsrecht, **§ 280 II BGB,** in Bezug nimmt, abzuleiten, dass das Gesetz die davon erfassten Fälle vom einfachen Schadensersatz neben der Leistung für nicht erfasst hält. Nach der Gegenauffassung verlöre die Verweisungskette §§ 437 Nr. 3, 280 I, II, (286) BGB jeden eigenständigen Sinn. Folgt man dieser Ansicht, kann der Käufer die aufgeführten Schadenspositionen **erst nach Mahnung** ersetzt verlangen; ein davor eingetretener „Verzögerungsschaden" wird ihm nicht ersetzt.

Durchschlagend spricht für die hier vertretene Position ein **ansonsten entstehender Wertungswiderspruch:** Nach der Gegenauffassung würde der schuldhaft **mangelhaft leistende** Verkäufer **schärfer haften** als der schuldhaft **gar nicht leistende** Verkäufer: Denn letzterer haftet nach allgemeinem Leistungsstörungsrecht jedenfalls **erst nach Mahnung** durch den Käufer. Die §§ 280 I, II, 286 BGB sind insofern direkt, ohne die Brückennorm des § 437 Nr. 3 BGB, anwendbar, da Pflichtverletzung insofern ja die Nichtleistung, nicht die mangelhafte Leistung ist. Diese **Besserstellung des Verkäufers, der seine Pflichten stärker verletzt hat,** wird mit Recht als unbilliger **Wertungswiderspruch** empfunden (exemplarisch *Dauner-Lieb*, Festschrift Konzen, 2006, S. 63, 64 ff.; *Arnold/Dötsch* BB 2003, 2250, 2253). Andere wenden dagegen freilich ein, dass das Käuferinteresse im Fall der mangelhaften Leistung sogar eine schärfere Haftung des Verkäufers rechtfertigt als im Fall der vollständig unterbliebenen Leistung (so insbes. der BGH, dazu sogleich unten; *Canaris* ZIP 2003, 321, 323 ff.; *Grigoleit/Riehm* AcP 203, 727, 755 f.).

Freilich lassen die **Gesetzesmaterialien** erkennen, dass die Bundesregierung bei Ausarbeitung des Regierungsentwurfs zum Schuldrechtsmodernisierungsgesetz davon ausging, dass der **verzögerungsbedingte** Nutzungsausfallschaden stets auch als **einfacher Schadensersatz neben der Leistung** gemäß §§ 437 Nr. 3, 280 I BGB **ersatzfähig** sei:

§ 437 Nr. 3 RE verweist auch auf § 280 Abs. 2 RE, der den Ersatz von Verzögerungsschäden von den zusätzlichen Voraussetzungen des § 286 RE abhängig macht. Das entfaltet insoweit keine Wirkung, als die Pflichtverletzung im Sinne des § 280 Abs. 1 Satz 1 RE darin liegt, dass der Verkäufer entgegen seiner vertraglichen Verpflichtung aus § 433 Abs. 1 Satz 2 RE eine mangelhafte Sache geliefert hat. Eine Anwendung des § 286 RE ist insoweit in § 280 Abs. 1 RE nicht vorgesehen. Liefert der Verkäufer also beispielsweise schuldhaft eine mangelhafte Maschine und verzögert sich deswegen deren Inbetriebnahme, so ist der Betriebsausfallschaden unabhängig von den weiteren Voraussetzungen des Verzugs unmittelbar nach § 280 Abs. 1 RE zu ersetzen.
BT-Drucks. 14/6040, S. 225

Inwieweit freilich diese **subjektive Sichtweise der Gesetzgebungsorgane** (bzw. der Ministerialbeamten, die die Gesetzesbegründung verfasst haben!) für die Gesetzesauslegung maßgeblich sein und eine dem zuwider laufende Gesetzessystematik und – teleologie überspielen kann, ist ein **methodisches Grundproblem**, das hier nicht vertieft betrachtet werden kann.

Ganz im Sinne dieser Regierungsbegründung – und damit sehr „käuferfreundlich" – hat jüngst der **BGH** den Meinungsstreit entschieden: Der Verkäufer haftet demnach für den Nutzungsausfallschaden während des gesamten Nacherfüllungszeitraums; er muss insoweit bei einem von ihm zu vertretenden Mangel **einfachen Schadensersatz neben der Leistung** gemäß § 437 Nr. 3, 280 I BGB, leisten.

Den infolge der Lieferung einer mangelbehafteten Sache entstandenen Nutzungsausfallschaden kann der am Vertrag festhaltende Käufer nach §§ 437 Nr. 3, 280 Abs. 1 BGB ersetzen verlangen. [...] Einer am sprachlichen Sinngehalt des § 280 BGB orientierten Auslegung lassen sich keine entscheidende Hinweise für die Entscheidung des Meinungsstreits entnehmen. [...] Aus den Materialien ergibt sich mit aller Klarheit, dass der Ersatz von Schäden der hier in Rede stehenden Art nicht von dem Vorliegen der Verzugsvoraussetzungen abhängig sein sollte. [...] Das gesetzgeberische Anliegen hat darüber hinaus seinen Niederschlag auch in der Systematik des Gesetzes gefunden. § 437 BGB regelt, welche Rechte der Käufer bei Lieferung einer mangelbehafteten Sache hat, und bestimmt in Nr. 3 im Wege der Verweisung die Voraussetzungen, unter denen der Käufer Schadensersatz und den Ersatz vergeblicher Aufwendungen verlangen kann. Hierzu verweist das Gesetz auf die Vorschriften der §§ 440, 280, 281, 283, 284 und 311a BGB. Gerade nicht Bezug genommen wird dagegen auf die Regelung des § 286 BGB. Zwar ergibt sich über § 280 Abs. 2 BGB eine mittelbare Verweisung auch auf § 286 BGB. Das gilt indessen – über § 280 Abs. 3 BGB – auch für die §§ 281 und 283 BGB, auf die § 437 Nr. 3 BGB jedoch unmittelbar Bezug nimmt. Auch das belegt, dass mangelbedingter Nutzungsausfallschaden unabhängig von den Verzugsvoraussetzungen ersatzfähig sein soll.
Untermauert wird das Normkonzept des Gesetzgebers schließlich durch teleologische Erwägungen: Von der Interessenlage ist zu unterscheiden, ob der Schuldner lediglich untätig bleibt oder ob er zwar leistet, die Leistung aber fehlerhaft erbringt. Vor den Folgen einer Säumnis kann sich der Käufer regelmäßig dadurch schützen, dass er einen kalendermäßig bestimmten Termin für die Lieferung vereinbart oder den Verkäufer bei Ausbleiben der Leistung mahnt. Diese Möglichkeiten bestehen bei einer mangelhaften Lieferung regelmäßig nicht, weil der Mangel vielfach erst bemerkt werden wird, wenn die Kaufsache ihrer

Verwendung zugeführt wird. Ein mangelbedingter Nutzungsausfall lässt sich dann häufig nicht mehr abwenden […].
Eine haftungsrechtliche Überforderung des Verkäufers tritt dadurch nicht ein. Zwar hat der Gesetzgeber bei den nach § 280 Abs. 1 BGB zu ersetzenden Schäden – anders als bei § 280 Abs. 2 BGB – keine zusätzlichen Anforderungen an die Pflichtwidrigkeit gestellt. Die im Interesse eines angemessenen Interessenausgleichs gebotene Haftungsbegrenzung wird jedoch durch das Erfordernis des Vertretenmüssens (§ 280 Abs. 1 Satz 2 BGB) sichergestellt.
BGH 19.6.2009 NJW 2009, 2674

gg) Aufwendungsersatz

Nach seiner Wahl **anstelle des Schadensersatzes statt der Leistung** kann der Käufer gemäß § 284 BGB, der ebenfalls von § 437 Nr. 3 BGB in Bezug genommen ist, **Ersatz getätigter Aufwendungen** verlangen. Es besteht **strenge Alternativität** von Schadens- und Aufwendungsersatz (str.); verlangt der Käufer letzteren, ist ein Schadensersatzanspruch statt der Leistung ausgeschlossen. Dem Käufer soll keine doppelte Kompensation möglich sein (vgl. BGHZ 163, 381; näher auch Münch-KommBGB/*Ernst* § 284 Rn. 30; Staudinger/*Otto* § 284 Rn. 19). Schadensersatzansprüche neben der Leistung für Integritätsverletzungen können aber auch daneben geltend gemacht werden (BGH a. a. O.).

§ 284 BGB ist anwendbar in **allen Fällen des Schadensersatzes statt der Leistung**, also sowohl in Fällen der Pflichtverletzung durch Schlechterfüllung (§ 281 BGB) als auch in Fällen, in denen die Pflichtverletzung darin liegt, dass die mangelfreie (Nach)Erfüllung unmöglich ist (§ 283 BGB bzw. § 311a I, II 1 BGB).

> **Definition:** Der entscheidende Unterschied zwischen Schadens- und Aufwendungsersatz liegt in der Art der ersatzfähigen Anspruchspositionen: Während Schäden **unfreiwillige** Einbußen an Rechtsgütern oder am Vermögen sind, handelt es sich bei Aufwendungen um **freiwillige** Vermögensopfer des Käufers.

Die **Tatbestandsvoraussetzungen** richten sich nach dem jeweiligen Schadensersatzanspruch statt der Leistung, an dessen Stelle nach Wahl des Käufers der Aufwendungsersatzanspruch tritt. Durch § 284 BGB **ersetzt** wird jeweils **nur das Tatbestandsmerkmal „Schaden"** durch das Tatbestandsmerkmal „Aufwendungen" und die daran nach § 284 BGB zu stellenden, im Folgenden darzustellenden Anforderungen. Insoweit beschränkt sich der Regelungsgehalt des § 284 BGB darauf, die ersatzfähige Anspruchsposition abweichend zu definieren.

Der Käufer muss die Aufwendungen nach § 284 BGB „im Vertrauen auf den Erhalt der Leistung gemacht" haben. Klarer ist dies so zu lesen, dass der Käufer die

Aufwendungen im Vertrauen darauf getätigt haben muss, eine **mangelfreie Leistung** zu **erhalten** oder **bereits erhalten zu haben**.

Erfasst werden in erster Linie Aufwendungen, die der Käufer zur Vorbereitung der Abnahme der Kaufsache gemacht hat, etwa Anmietung von Räumlichkeiten, in denen die Kaufsache untergebracht werden sollte, ferner die **Vertragskosten**, die der Käufer getragen hat – also Versandkosten, Notarkosten, Maklerkosten, Einfuhrzölle etc. (vgl. exemplarisch für den Immobilienkauf BGH NJW 2006, 1198, 1199; allg. MünchKommBGB/*Ernst* § 284 Rn. 16). Hierzu rechnen auch **Finanzierungskosten**, also Aufwendungen für den Abschluss eines Darlehens zwecks Finanzierung der Kaufsache. Der Anwendungsbereich geht aber darüber hinaus: Erfasst werden auch Aufwendungen für die **vertragsgemäße Verwendung** der fehlerhaften Kaufsache, die infolge einer Ersatzlieferung oder der Rückabwicklung des Kaufvertrags vergeblich waren. Der Aufwendungsersatz bezieht sich somit **nicht auf das Erfüllungs- oder Leistungsinteresse**, sondern deckt vielmehr (freiwillige) Integritätsopfer im Vermögen des Käufers ab.

> Im **Dachziegelfall (Fallbeispiel 2.5)** könnten somit die **Kosten für die erste Eindeckung des Dachs** mit den fehlerhaften Dachziegeln an sich eine ersatzfähige Aufwendung i. S. v. § 284 BGB sein. Allerdings bedarf es dazu einer für die Aufwendung **kausal gewordenen** und vom Verkäufer **zu vertretenden Pflichtverletzung**. Dazu käme infolge des zeitlichen Ablaufs nur die mangelhafte Lieferung, nicht hingegen Pflichtverletzungen im Stadium der Nacherfüllung, in Betracht. Die mangelhafte Lieferung ist aber typischerweise vom Verkäufer, der nicht Hersteller ist, regelmäßig nicht zu vertreten (s. o. Kap. 2 I 8 g dd (b) (aa)). Der Anspruch scheitert somit nicht an der fehlenden Ersatzfähigkeit, sondern häufig am Fehlen einer kausalen und zugleich vom Verkäufer zu vertretenden Pflichtverletzung.

Eine Aufwendung kann grundsätzlich nur **nach Vertragsschluss** „im Vertrauen auf den Erhalt der Leistung" gemacht worden sein. Vor einer verbindlichen vertraglichen Einigung besteht kein hinreichender Vertrauenstatbestand.

Die Aufwendungen müssen der **Billigkeit** entsprechen und dürfen nicht ohnehin – unabhängig von der Pflichtverletzung des Verkäufers – **vergeblich gewesen** sein. Um eine unbillige Aufwendung handelt es sich insbesondere, wenn sie zu einem Zeitpunkt gemacht wurde, zu dem der Käufer mit der Mangelhaftigkeit und somit auch der Vergeblichkeit der Aufwendung rechnete oder rechnen musste. Insofern ist die Billigkeitsformel in § 284 BGB **Konkretisierung eines Mitverschuldensaspekts** (§ 254 BGB; näher Bamberger/Roth/*Unberath* § 284 Rn. 16 f.). Nach diesem Rechtsgedanken kann der Käufer auch gehalten sein, das Vergeblichwerden einer Aufwendung durch **anderweitige Verwendung** abzuwenden (*Unberath* a. a. O. Rn. 18).

h) Vertiefungsproblem: Selbstvornahmerecht des Käufers als weiteres Mängelrecht?

Ein viel diskutiertes Problem des Kaufrechts stellt die Frage dar, ob dem Käufer bei mangelhafter Lieferung auch ein Selbstvornahmerecht und ein entsprechender Erstattungsanspruch gegen den Verkäufer einzuräumen ist.

> **Fallbeispiel 2.12:** A hat bei B einen gebrauchten Opel Astra gekauft und den vollen Kaufpreis gezahlt. Nach wenigen Wochen zeigt sich ein Mangel an der Kupplung.
>
> 1. Da er B nicht mehr vertraut, wendet er sich sofort an die Werkstatt seines Vertrauens, C, und bittet, die Kupplung zu reparieren. Hinterher will er von B die dafür entstandenen Kosten i. H. v. 500 € ersetzt bekommen. Hätte A die Reparatur durch B selbst durchführen lassen, wären diesem insgesamt Kosten von 350 € entstanden.
> 2. A fordert B zur „umgehenden" Reparatur auf. Nachdem B ihn zweimal vertröstet hat und vier Wochen verstrichen sind, wendet sich A an C, lässt dort die Reparatur durchführen und begehrt von B Aufwendungsersatz.

Problematisch ist die Situation nur, wenn der Käufer mit der Selbstvornahme **der Nacherfüllung** durch den Verkäufer **zuvor kommt**, also vor Ablauf einer angemessenen Nachfrist oder ohne jede Fristsetzung die Selbstvornahme durchführt (so in Variante 1 von Fallbeispiel 2.12). Führt er **nach erfolglosem Fristablauf** die Reparatur selbst oder bei einem Dritten durch, kann er die dafür gemachten Aufwendungen als Aufwendungsersatz anstelle eines Schadensersatzanspruchs statt der Leistung ersetzt verlangen (§§ 280 I, III, 281, 284 BGB). Ein dafür erforderliches **Vertretenmüssen** des Verkäufers (§ 280 I 2 BGB) wird in aller Regel hinsichtlich der (vorsätzlich oder fahrlässig) unterbliebenen Nacherfüllung (= kausale Pflichtverletzung!) zu bejahen sein.

> **Querverweis:** Auch deshalb ist die Frage von hoher Relevanz, welche **Anforderungen** an eine **ordnungsgemäße Nachfristsetzung** zu stellen sind. Der BGH hat kürzlich die Frage bejaht, dass auch eine Aufforderung zur „umgehenden" Nacherfüllung – wie in Variante 2 von Fallbeispiel 2.12 – eine hinreichende Nachfristsetzung beinhalten kann (BGH NJW 2009, 3153, s. o. Kap. 2 I 8 f aa (2) (b)). Die formalen Anforderungen sind also gering.

Es bleibt die Frage nach einem (ungeschriebenen) Selbstvornahmerecht mit Aufwendungsersatzanspruch bei **Fehlen eines erfolglosen Fristablaufs**. Im Werkvertrags- und im Mietrecht sieht das Gesetz explizit ein Selbstvornahmerecht als weiteres Mängelrecht vor (§§ 637, 536a II BGB). Das **Fehlen** einer solchen Regelung im Kaufrecht spricht dafür, den Käufer auf die im Gesetz genannten Mängelrechte zu beschränken und ein Selbstvornahmerecht auszuschließen.

Andererseits wird vertreten, dass sich ein solches Selbstvornahmerecht aus dem Gesetz systematisch ableiten lässt: Teilweise wird dies auf eine **Gesetzesanalogie zu den genannten miet- und werkvertraglichen Vorschriften** gestützt. Teilweise wird eine analoge Anwendung der Regelungen zur **unberechtigten Geschäftsführung ohne Auftrag** erwogen (*Oechsler* NJW 2004, 1825 ff.). Manche ziehen eine **Lösung über das allgemeine Leistungsstörungsrecht** in Betracht: Durch die Selbstvornahme trete hinsichtlich der Nacherfüllung **Unmöglichkeit** (§ 275 I BGB) in Form der Zweckerreichung (dazu *Brox/Walker* AT § 17 Rn. 9) ein (*Lorenz* NJW 2003, 1417, 1418). Dann entfalle gemäß § 326 I 1 BGB grundsätzlich der Anspruch des Verkäufers auf den Kaufpreis; in dieser Konstellation jedoch nicht, da der selbst vornehmende **Käufer** die Zweckerreichung und damit die **Unmöglichkeit zu vertreten** habe, § 326 II BGB. Demnach werde zwar der Gegenleistungsanspruch aufrecht erhalten; der Verkäufer müsse sich aber gemäß **§ 326 II 2 BGB** dasjenige **anrechnen** lassen, was er **infolge der Befreiung von der Leistung erspart.** Hat der Käufer den Kaufpreis schon gezahlt, kann er gemäß §§ 326 IV, 346 I BGB (teilweise) **Herausgabe des Geleisteten** verlangen.

> In **Fallbeispiel 2.12** könnte A also nicht Ersatz von 500 € verlangen, sondern nur Herausgabe der von B ersparten Aufwendungen i. H. v. 350 €.

Gegen diese Konstruktion wird in **historischer** Hinsicht der Wille des Gesetzgebers angeführt, den Käufer auf die in § 437 BGB zusammenfassend aufgeführten Mängelrechte zu **beschränken** (vgl. BT-Drucks. 14/6040 S. 229; BT-Drucks. 14/6857 S. 26). In **systematischer** Hinsicht spricht dagegen – neben dem Umkehrschluss aus §§ 637, 536a II BGB – eindeutig die **klare Regelung des § 326 I 2 BGB**, wonach bereits § 326 I 1 BGB keine Anwendung findet, wenn der Schuldner im Fall der nicht vertragsgemäßen Leistung von der Nacherfüllungspflicht nach § 275 BGB befreit wird. Infolge der Zweckerreichung soll es sich ja um einen solchen Fall der Unmöglichkeit handeln. Ist bereits die **Grundnorm des § 326 I 1 BGB nicht einschlägig**, ist auch der Rückgriff auf die differenzierte Ausnahmevorschrift in § 326 II BGB einschließlich der Anrechnungsregelung des § 326 II 2 BGB gesperrt. **Teleologisch** spricht ferner dagegen, dass der Gesetzgeber dem Verkäufer ein **Recht zur zweiten Andienung** einräumen wollte. Dieses würde durch einen nicht frist- und verschuldensabhängigen Erstattungsanspruch nach Selbstvornahme vollständig **unterlaufen.** Zu Recht hat daher auch der **BGH** inzwischen dem Selbstvornahmerecht des Käufers eine klare Absage erteilt.

Sowohl das Recht des Käufers, gemäß §§ 437 Nr. 2, 441 BGB den Kaufpreis zu mindern, als auch der Anspruch auf Schadensersatz statt der Leistung gemäß §§ 437 Nr. 3, 280, 281 BGB setzen – wenn nicht einer der gesetzlich geregelten Ausnahmetatbestände eingreift – voraus, dass der Käufer dem Verkäufer erfolglos eine angemessene Frist zur Nacherfüllung bestimmt hat. Beseitigt der Käufer den Mangel selbst, ohne dem Verkäufer zuvor eine erfor-

derliche Frist zur Nacherfüllung gesetzt zu haben, kann er auch nicht gemäß § 326 Abs. 2 Satz 2, Abs. 4 BGB (analog) die Anrechnung der vom Verkäufer ersparten Aufwendungen für die Mangelbeseitigung auf den Kaufpreis verlangen oder den bereits gezahlten Kaufpreis in dieser Höhe zurückfordern.
BGH 23.2.2005 NJW 2005, 1348

i) Verhältnis des Gewährleistungsrechts zum Primäranspruch und zum allgemeinen Leistungsstörungsrecht

Umstritten ist das Verhältnis des Gewährleistungsrechts zum Primäranspruch auf Erfüllung und zum unmodifizierten allgemeinen Leistungsstörungsrecht. Ab Vertragsschluss hat der Käufer ja den auf Lieferung einer mangelfreien Sache gerichteten primären Erfüllungsanspruch des § 433 I BGB. Ist die Erfüllung dieses Anspruchs unmöglich oder kommt der Verkäufer in Verzug, gilt zunächst das allgemeine Leistungsstörungsrecht ohne gewährleistungsrechtliche Modifikationen. Insbesondere greift insoweit die **Regelverjährung** (§§ 195, 199 BGB). Fraglich ist, zu welchem Zeitpunkt das Gewährleistungsrecht – einschließlich der **regelmäßig abgekürzten Verjährung** (insbes. § 438 I Nr. 3 BGB) – an die Stelle des primären Erfüllungsanspruchs und des daran anknüpfenden Leistungsstörungsrechts tritt. Wo liegt also die **zeitliche Zäsur** zwischen ursprünglichem Erfüllungsanspruch und modifiziertem Erfüllungsanspruch in Form des Nacherfüllungsanspruchs?

Das Gesetz scheint an den **Gefahrübergang** – grundsätzlich also den Zeitpunkt der Übergabe (§ 446 BGB) – anzuknüpfen: Ist zu diesem Zeitpunkt der Kaufgegenstand mangelhaft, gilt das Leistungsstörungsrecht. Dementsprechend knüpft die überwiegende Ansicht für die Grenzziehung klar an diesen Zeitpunkt an (etwa *Haas*, in: Medicus/Haas et al., Das neue Schuldrecht, 2002, Kap. 5 Rn. 145 ff.). Die **Gegenauffassung** will eine Ausnahme zulassen: Hat der Käufer bereits bei Gefahrübergang den **Mangel erkannt** und deshalb die **Kaufsache nicht entgegengenommen**, soll es beim ursprünglichen Primäranspruch und dementsprechend auch bei der Regelverjährung bleiben (etwa Bamberger/ Roth/*Faust* § 437 Rn. 5 m. w. N.; *Maultzsch* ZGS 2003, 411, 416 f.). Demnach greift das Gewährleistungsrecht erst, wenn der Käufer die eigentlich erfüllungsuntaugliche mangelhafte Sache gemäß § 363 BGB als Erfüllung angenommen hat (s. o. Kap. 2 1 8 e aa).

Letztlich kommt es darauf an, ob der Käufer **bei sofortiger Zurückweisung** der Kaufsache **privilegiert werden soll** oder es umgekehrt angemessen scheint, den Verkäufer allein wegen der Bereitstellung einer mangelhaften Kaufsache partiell – hinsichtlich der Verjährung – besser zu stellen als den gar nicht erfüllenden Verkäufer (vgl. plastisch *Oechsler* NJW 2004, 1825, 1827 f. [„Flucht in die Nacherfüllung"]).

Sinn und Zweck der abgekürzten Verjährung nach § 438 BGB ist es, **früher Rechtssicherheit** einkehren zu lassen, nachdem der Kaufgegenstand **in den Gefahrenbereich des Käufers** übergegangen ist, von diesem verwendet wird und insofern auch Mängel auftreten können, deren Ursache nicht klar ersichtlich ist. Wäh-

rend die h. M. meint, es sei kein Grund ersichtlich, einen Käufer, der die Ware sofort
wegen des Mangels zurückweist, von einer längeren Verjährung profitieren zu lassen, ist gemessen an dieser Ratio die **Gegenauffassung überzeugender**: Weist der
Käufer die Sache sofort zurück, geht sie niemals in seinen Gefahrenbereich über;
es scheint daher angemessen, weiterhin den unmodifizierten Primäranspruch und
die Regelverjährung zur Anwendung zu bringen (vgl. weiterhin überzeugend *Faust*
a. a. O., Rn. 6).

j) Verjährung der Mängelansprüche

Das BGB kennt grundsätzlich eine **Regelverjährung** innerhalb von **drei Jahren**,
die zum Schluss des Jahres beginnt, in dem die Anspruchsvoraussetzungen (objektiv) eingetreten sind und der Gläubiger von ihnen sowie von der Person des
Schuldners (subjektiv) Kenntnis erlangt hat (§§ 195, 199 I BGB). **Fehlt das subjektive Moment** der Kenntnis, verjähren Ansprüche erst binnen dreißig bzw. zehn
Jahren (§ 199 II, III BGB). § 197 BGB sieht sogar generell eine **dreißigjährige
Verjährungsfrist** insbesondere bei Herausgabeansprüchen aus Eigentum und anderen dinglichen Rechten vor (§ 197 I Nr. 1 BGB). Hinsichtlich der kaufrechtlichen
Gewährleistungsrechte regte sich erheblicher Widerstand der Wirtschaft gegen eine
schlichte Übertragung dieser Verjährungsfristen, die als regelmäßig zu lang empfunden wurden. § 438 BGB sieht nun eine sehr **differenzierte Sonderregelung** vor.

Grundsätzlich gilt danach eine **abgekürzte Verjährungsfrist von zwei Jahren**
(§ 438 I Nr. 3 BGB). Beginn der Verjährung ist bei Grundstücken die Übergabe,
ansonsten die Ablieferung der Sache (§ 438 II BGB). Der Fristbeginn wird somit
rein objektiv bestimmt, auf die subjektive Kenntnis des Käufers von der Mangelhaftigkeit kommt es nicht an.

Bei manchen **Rechtsmängeln** gilt abweichend gemäß **§ 438 I Nr. 1 BGB** eine
Verjährungsfrist von **dreißig Jahren**: Voraussetzung ist, dass der Rechtsmangel in
einem **dinglichen Recht eines Dritten** besteht, auf Grund dessen **Herausgabe** der
Kaufsache verlangt werden kann, oder aber in einem sonstigen dinglichen Recht,
das im **Grundbuch** eingetragen ist. Damit ist die Verjährungsfrist in diesen Konstellationen der langen Verjährung dinglicher Ansprüche nach **§ 197 BGB angeglichen**: Da der Käufer für die Dauer von dreißig Jahren damit rechnen muss, die
Sache aufgrund des Rechtsmangels an den Dritten **herausgeben zu müssen**, soll er
innerhalb derselben Frist Gewährleistungsansprüche gegen den Verkäufer haben.

§ 438 I Nr. 2 BGB sieht eine **fünfjährige Verjährungsfrist** vor, wenn die Kaufsache entweder selbst ein **Bauwerk** ist oder entsprechend ihrer üblichen Verwen-
dungsweise **für ein Bauwerk verwendet** worden ist und dessen Mangelhaftigkeit
verursacht hat. Grund für diese Verlängerung ist einerseits der Umstand, dass sich
Mängel bei Bauwerken oft erst nach langer Zeit offenbaren, andererseits der erhebliche wirtschaftliche Wert von Bauwerken und die wirtschaftliche Bedeutung von
Baumängeln. Hinzu kommt die Notwendigkeit einer **Angleichung an die Verjährung bei Mängelansprüchen gegen den Bauhandwerker**; auch diese verjähren
nach §§ 634, 634a I Nr. 2 BGB innerhalb von fünf Jahren. Bauhandwerkern wird

durch die insoweit verlängerte Verjährung im Kaufrecht ein **Regress** gegen die Verkäufer des von ihnen verwendeten Materials ermöglicht.

§ 438 III 1 BGB ordnet schließlich die **Anwendung der Regelverjährung**
(§§ 195, 199 BGB) an, wenn der Verkäufer den Käufer über das Vorliegen eines
Mangels **arglistig getäuscht** hat. Abweichend von § 438 I BGB ist insofern auch
das **subjektive Element** der Kenntniserlangung von Bedeutung. Allerdings gilt dabei gemäß § 438 III 2 BGB zugunsten des Käufers eine Art „**Günstigerbetrach-
tung**": Bei Bauwerken und verbauten Baumaterialien endet die Verjährungsfrist
auch in Fällen der arglistigen Täuschung **frühestens** in der Fünfjahresfrist nach
§ 438 I Nr. 2 BGB.

§§ 438 IV 1, 218 BGB koppeln die Ausübung der gewährleistungsrechtlichen
Gestaltungsrechte (Rücktritt und Minderung) an die **Verjährung des Nacherfüllungsanspruchs**. Dies ist wichtig, da Gestaltungsrechte an sich keiner Verjährung
unterliegen. § 438 IV 2, V BGB regelt insofern eine **Sonderkonstellation**: Es kann
die Situation eintreten, dass die **Ausübung der Gestaltungsrechte** nach §§ 438
IV 1, 218 BGB „verjährt" ist, Verjährung des Verkäuferanspruchs auf Kaufpreiszahlung (§§ 195, 199 BGB) aber noch nicht eingetreten ist. Dies ist angesichts der
unterschiedlichen Laufzeit der Verjährungsfristen – **zwei Jahre** ab Lieferung versus
drei Jahre ab Schluss des Kalenderjahres der Anspruchsentstehung – ohne weiteres möglich. Der Gesetzgeber empfand es als **unangebracht**, in dieser Konstellation dem Käufer **trotz des Mangels die volle Kaufpreiszahlung abzuverlangen**.
§ 438 IV 2 BGB gibt dem Käufer daher das Recht, die Kaufpreiszahlung insoweit
zu **verweigern**, als er aufgrund eines wirksamen Rücktritts oder einer wirksamen
Minderung dazu berechtigt wäre. Korrespondierend kann dann der **Verkäufer vom
Kaufvertrag zurücktreten** (§ 438 IV 3 BGB) und damit den Weg öffnen zur **wechselseitigen Rückgewähr** der ausgetauschten Leistungen (§ 346 I BGB).

Grundsätzlich sind die Verjährungsfristen **vertragsdispositiv**. Sie können also in
den Grenzen von § 202 BGB, des § 138 I BGB sowie besonderer Beschränkungen
bei der Verwendung Allgemeiner Geschäftsbedingungen (§§ 305 ff. BGB, insbes.
§ 309 Nr. 8b BGB) durch eine vertragliche Vereinbarung **verkürzt oder verlängert**
werden. Beim **Verbrauchsgüterkauf** hingegen steht § 475 II BGB einer Verkür-
zung der Verjährungsfristen im Wege.

9. Sonderformen des Kaufvertrags

Im Folgenden zu beleuchten sind Sonderformen des Kaufvertrags: Verbrauchsgüterkauf, Unternehmenskauf, Vorbehaltskauf, Vorkauf, Wiederkauf, Kauf auf Probe und Kauf zur Probe. Ebenfalls eine gesetzliche Ausformung erfahren hat der
hier nicht näher behandelte **Teilzeit-Wohnrechtevertrag** (§§ 481 ff. BGB), auch
„Time-Sharing-Vertrag" genannt. Hierdurch wurde das frühere Teilzeit-Wohnrech-
tegesetz in das BGB integriert. Die Regelungen sind weitgehend selbsterklärend;
mangels besonderer Bedeutung für Studium und Examen soll von einer vertieften
Darstellung abgesehen werden.

a) Verbrauchsgüterkauf

aa) Begriff und Anwendungsbereich, § 474 I BGB

Bereits mehrfach angeklungen ist, dass §§ 474 ff. BGB eine modifizierende, den Verbraucher besonders schützende Regelung für Fälle des **Verbrauchsgüterkaufs** enthalten.

> **Hintergrund:** Entgegen der etwas irreführenden Bezeichnung handelt es sich dabei nicht um Kaufverträge über bestimmte, für den (kurzfristigen) Verbrauch vorgesehene Produkte, sondern vielmehr definiert § 474 BGB den Verbrauchsgüterkauf als **Kauf einer beweglichen Sache durch einen Verbraucher von einem Unternehmer**. Die Begriffe Verbraucher und Unternehmer sind in §§ 13, 14 BGB definiert.

Hintergrund auch dieser Regelungen ist die **VGKRL** (RL 1999/44/EG; s. o. Kap. 2 I 4). Da der dort geforderte Verbraucherschutz überwiegend durch eine umfassende Änderung des allgemeinen, für alle Kaufverträge geltenden Kaufrechts sowie des allgemeinen Leistungsstörungsrechts realisiert wurde (sog. **„große Lösung"**), sind die Sonderregelungen für den Verbrauchsgüterkauf auf wenige Vorschriften begrenzt. Der überwiegende Teil des von der VGKRL eingeforderten **Verbraucherschutzes** ist **bereits in den allgemeinen Vorschriften** des Kaufrechts realisiert. In §§ 474 ff. BGB finden sich Regelungen, die den Verbraucherschutz weiter stärken und deren Erstreckung auf sämtliche Kaufverträge der deutsche Gesetzgeber für unverhältnismäßig hielt; somit bot sich eine Umsetzung als Spezialregelung an.

§ 474 I 2 BGB schließt die Anwendung der Sonderregelungen für Verbrauchsgüterkäufe aus, wenn Kaufgegenstand eine **gebrauchte Sache** ist, die in einer **öffentlichen Versteigerung** verkauft wird, bei der für den Käufer eine Möglichkeit zur persönlichen Teilnahme besteht; auch diese Fälle sind vom Anwendungsbereich der VGKRL ausgenommen, da der Gesetzgeber auch insofern ein den Verbraucherschutz überwiegendes Interesse an einer schnellen und praktikablen Abwicklung anerkannte.

> **Beispiel:** Ein Beispiel ist die Versteigerung von Fundsachen durch Verkehrsbetriebe gemäß § 979 BGB.

bb) Besonderer Verbraucherschutz, §§ 474 II, 475-477 BGB

Im Einzelnen finden sich in §§ 474 ff. BGB folgende Modifikationen, die zugunsten des Käufers das Schutzniveau gegenüber dem allgemeinen Kaufrecht weiter erhöhen:

(1) Kein Nutzungsersatz bei Ersatzlieferung, § 474 II BGB

Gemäß § 474 II BGB wird § 439 IV BGB modifiziert: Im Fall der Ersatzlieferung muss der Käufer **keinen Nutzungsersatz** leisten; er erhält die nachgelieferte Sache **„neu für alt"** (vgl. zur Problematik schon ausf. o. Kap. 2 I 8 e ff).

(2) Keine Anwendung von §§ 447, 445 BGB

Gemäß § 474 II BGB finden § 445 BGB (Haftungsbegrenzung bei öffentlichen Versteigerungen, s. o. Kap. 2 I 8 c cc) und § 447 BGB (frühzeitiger Gefahrübergang beim Versendungskauf, s. o. Kap. 2 I. 7. c)) keine Anwendung. Auch wenn eine **Schickschuld** vereinbart ist, geht die Preisgefahr somit erst zu dem in § 446 S. 1 oder 3 BGB genannten Zeitpunkt auf den Käufer über: Maßgeblich ist also abweichend von § 447 BGB immer der Zeitpunkt der Besitzerlangung bzw. des Eintritts des Annahmeverzugs.

(3) Beschränkung der Vertragsdispositivität

§ 475 I BGB erklärt bestimmte käuferschützende Vorschriften des allgemeinen Kaufrechts (§§ 433–435, 437, 439–443 BGB) für **einseitig zwingend:** Anders als außerhalb des Verbrauchsgüterkaufs sind **vertragliche Abweichungen zulasten des Käufers** also **unwirksam.** Betroffen sind insbesondere die **Regelungen der Mängelgewährleistung.** Die ungewöhnliche und merkwürdige Gesetzesformulierung, nach der der Unternehmer sich auf eine abweichende Vereinbarung **„nicht berufen"** kann, bedeutet, dass nur die abweichende Regelung unwirksam ist, der Verbrauchsgüterkaufvertrag als solcher ansonsten in seiner Wirksamkeit nicht angetastet wird. Er gilt dann mit dem gesetzlich vorgesehenen Inhalt. § 475 I 2 BGB enthält ein (an sich selbstverständliches) **Verbot der Gesetzesumgehung.**

Gemäß § 475 III BGB werden die (nicht europarechtlich vorgeprägten) **Schadensersatzansprüche** (§ 437 Nr. 3 BGB) vom einseitig zwingenden Charakter **ausgeklammert.** Schadensersatzansprüche sind also auch im Bereich des Verbrauchsgüterkaufs vertragsdispositiv. Insofern sind freilich bei der einseitig vom Verkäufer vorgegebenen Abbedingung durch Allgemeine Geschäftsbedingungen die in §§ 305 ff. BGB normierten Wirksamkeitsgrenzen zu beachten.

Beispiel: Anders als früher üblich ist der Verkauf von Gebrauchtfahrzeugen **„ohne Gewährleistung, wie besichtigt und Probe gefahren"** im Rahmen eines Verbrauchsgüterkaufs somit nicht mehr möglich. Eine derartige Klausel ist nichtig. Handelt es sich hingegen nicht um einen Verbrauchsgüterkauf – etwa um einen Privatverkauf oder einen Verkauf an Käufer ohne Verbrauchereigenschaft – kann die Gewährleistung weiterhin vollständig ausgeschlossen werden. Daher auch der bei Online-Auktionen häufig anzutreffende (oft aber falsch formulierte) Hinweis, dass es sich um einen „Privatverkauf mit Ausschluss der Gewährleistung" handelt. Ob die zwingenden Regeln der

§§ 474 ff. BGB eingreifen oder nicht, bestimmt sich dabei freilich nach der objektiv zu ermittelnden Verbraucher- und Unternehmereigenschaft der Parteien (§§ 13, 14 BGB) und ist einer vertraglichen Disposition nicht zugänglich. Der eBay-„Powerseller" ist regelmäßig Unternehmer i. S. v. § 14 BGB (vgl. OLG Frankfurt/Main MMR 2007, 378).

§ 475 II BGB begrenzt die **Vertragsdisponibilität der Verjährung** gemäß § 438 BGB: Die Regelung betrifft nur vertragliche Verjährungsverkürzungen **vor Mitteilung eines Mangels** an den Unternehmer. Sie zielt also nur auf Fälle, in denen die Verjährung vorab, insbesondere **bereits im Kaufvertrag**, erleichtert werden soll. **Verjährungsvereinbarungen nach Mitteilung** des Mangels sind dadurch **nicht betroffen**.

Auch bei den erfassten Vereinbarungen ist **nicht jede** vertragliche Erleichterung ausgeschlossen, sondern nur solche, die bei neuen Sachen die Verjährung auf weniger als zwei Jahre, bei gebrauchten Sachen auf weniger als ein Jahr begrenzen. Einzig die Verjährung von Schadensersatzansprüchen (§ 437 Nr. 3 BGB) bleibt auch beim Verbrauchsgüterkauf umfassend vertragsdispositiv (§ 475 III BGB).

Hintergrund: Ohne abweichende vertragliche Vereinbarung bleibt es also auch beim Kauf **gebrauchter Sachen** bei der vollen Gewährleistung mit grundsätzlicher Zwei-Jahres-Frist gemäß § 438 I Nr. 3 BGB. Daher enthalten die Allgemeinen Geschäftsbedingungen von Verkäufern gebrauchter Sachen regelmäßig eine mit § 475 II BGB konforme Reduktion der Verjährungsfrist auf ein Jahr.

(4) Beweislastumkehr, § 476 BGB

Von hoher praktischer Bedeutung ist die Regelung zur Beweislastumkehr in § 476 BGB: Zeigt sich **innerhalb von sechs Monaten** seit Gefahrübergang ein **Sachmangel**, so wird **vermutet**, dass die Sache **bereits bei Gefahrübergang** mangelhaft war, es sei denn, diese Vermutung ist mit der Art der Sache oder des Mangels unvereinbar.

Muss beim Normalfall des Kaufs der **Käufer darlegen** und ggf. **beweisen**, dass der **Mangel bereits bei Gefahrübergang** vorlag (s. o. Kap. 2 I 8 a bb), muss sich beim Verbrauchsgüterkauf der **Verkäufer insoweit entlasten**. Das wertet die Gewährleistungsrechte des Käufers ganz entscheidend auf, denn der Beweis, dass der Mangel tatsächlich schon zu diesem Zeitpunkt vorlag und nicht erst später aufgetreten ist, lässt sich häufig gar nicht oder allenfalls durch ein mit hohem Kostenaufwand verbundenes Sachverständigengutachten führen. Voraussetzung ist freilich, dass die Vermutung **mit der Art der Sache und des Mangels vereinbar** ist (Halbs. 2); so kann z. B. aus dem Verderben verderblicher Ware nach längerer Zeit nicht geschlossen werden, dass diese bereits bei Gefahrübergang fehlerhaft war.

> **Methodik:** Da § 476 BGB eine reine Beweislastregel ist, müssen Sie in der
> Klausur darauf nur in dem eher atypischen Fall eingehen, dass aus dem Sach-
> verhalt *nicht* klar hervorgeht, ob der Mangel bereits bei Gefahrübergang vor-
> lag oder nicht. Ist der Sachverhalt (wie meist) insofern klar und unstreitig,
> gehen Sie vom dargestellten Sachverhalt aus. Ein Rückgriff auf die Vermu-
> tung des § 476 BGB wäre in dieser Situation unnötig und fehlerhaft.

Wichtig ist, dass die Beweislastumkehr des § 476 BGB sich **nicht** auf das **Vorliegen eines Sachmangels** als solches bezieht, sondern **allein auf den Zeitpunkt**, in dem der Sachmangel vorlag. Der Käufer muss also vollumfänglich
darlegen und beweisen, dass ein **Fehler auf einen Sachmangel zurückzuführen** ist.

Macht der Käufer Rechte gemäß § 437 BGB geltend, nachdem er die Kaufsache entgegengenommen hat, trifft ihn die Darlegungs- und Beweislast für die einen Sachmangel
begründenden Tatsachen. § 476 BGB enthält insoweit für den Verbrauchsgüterkauf keine
Beweislastumkehr. Die Bestimmung setzt einen binnen sechs Monaten seit Gefahrenüber-
gang aufgetretenen Sachmangel voraus und begründet eine lediglich in zeitlicher Hinsicht
wirkende Vermutung, dass dieser Mangel bereits im Zeitpunkt des Gefahrübergangs vorlag.
BGH 2.6.2004 NJW 2004, 2299

(5) Formale Vorgaben bei selbständigen Garantievereinbarungen, § 477 BGB

§ 477 BGB macht bestimmte formale Vorgaben für selbständige Garantieverein-
barungen i. S. v. § 443 BGB. Diese sollen der Transparenz und dem Verbraucherschutz dienen. Da alles andere ein widersinniges, dem Verbraucherschutz geradezu
widersprechendes Ergebnis wäre, stellt § 477 III BGB klar, dass ein Verstoß gegen
die formalen Anforderungen die Wirksamkeit der Garantieverpflichtung selbstverständlich nicht infrage stellt.

cc) Rückgriff des Unternehmers, §§ 478, 479 BGB

(1) Allgemeines

Schließlich enthalten §§ 478, 479 BGB eine eigenständige Regelung zum **Rückgriff des Unternehmers beim Verbrauchsgüterkauf**. Diese Regelung dient zunächst dem **Schutz des gewerblichen Endverkäufers**, der seinerseits die mangelhafte Sache bei einem anderen Unternehmer gekauft hat, diese dann an einen Verbraucher weiterverkauft hat und infolgedessen den verschärften Regelungen zum
Verbrauchsgüterkauf ausgesetzt ist.

§§ 478, 479 BGB betreffen somit den **Kaufvertrag zwischen dem gewerblichen Endverkäufer und seinen Zulieferern**. Nach § 478 V BGB finden diese
Modifikationen auf **jeden Kaufvertrag in der „Lieferkette"** entsprechend An-

wendung, sofern Gewährleistungsschuldner ein Unternehmer ist. Plastisch gesprochen können auch Zwischenhändler somit die Nachteile aus der Gewährleistung **bis zum Erstverkäufer** (häufig also zum Hersteller) **„durchreichen"**, den sie dann wirtschaftlich treffen. Dies ist angemessen, da jedenfalls der Hersteller die Möglichkeiten zur Vermeidung des Mangels hatte.

§ 478 V BGB klärt das Verhältnis zu den **speziellen Regelungen des Handelskaufs**: § 377 HGB bleibt demnach unberührt, so dass auch in der Lieferkette der jeweilige Käufer seine Gewährleistungsrechte verliert, wenn er die Ware nicht **untersucht** und einen Mangel unverzüglich dem Verkäufer anzeigt; in diesem Fall gilt die Ware gemäß § 377 II HGB grundsätzlich als genehmigt.

(2) Abweichungen vom allgemeinen Kaufrecht im Einzelnen

Kommt die Rückgriffsregelung der §§ 478, 479 BGB zum Tragen, gelten im Einzelnen folgende **Abweichungen vom allgemeinen Kaufrecht**:

- In der Lieferkette bedarf es gemäß § 478 I BGB für die in § 437 BGB bezeichneten Gewährleistungsrechte gegen den (Vor)Lieferanten **keiner Fristsetzung**. Insofern ein „Recht zur zweiten Andienung" einzuräumen, wäre **nicht interessengerecht**.
- Gemäß § 478 II BGB kann der Verkäufer einer neuen Sache von seinem Lieferanten **Ersatz der Aufwendungen** verlangen, die er im Verhältnis zum Käufer gemäß § 439 II BGB zu tragen hatte – also Transport-, Wege-, Arbeits- und Materialkosten – wenn der **Mangel bereits beim Gefahrübergang** vom Lieferanten auf den Verkäufer vorhanden war. Die **Beweislastumkehr** des § 476 BGB findet dabei gemäß § 478 III BGB entsprechend Anwendung; es wird also innerhalb eines halben Jahres nach Gefahrübergang auf den Verbraucher vermutet, dass der Mangel etwa bereits beim Gefahrübergang vom Vorlieferanten auf den Endverkäufer vorlag. Die Vermutung wirkt damit entsprechend im Verhältnis zwischen Endverkäufer und Vorlieferant.
- § 478 IV BGB stellt bestimmte Vorschriften des allgemeinen Kaufrechts (§§ 433–435, 437, 439–443 BGB) auch in der Lieferkette **einseitig zwingend** und schließt eine Verschlechterung zugunsten des Vorlieferanten aus; allerdings bleibt den Vertragsparteien die Möglichkeit, vertraglich einen **alternativen „gleichwertigen Ausgleich"** zu schaffen. Nicht zwingend sind nach S. 2 wiederum die Vorschriften über den Schadensersatz. S. 3 enthält erneut ein Verbot der Gesetzesumgehung.
- § 479 BGB enthält schließlich eine **differenzierte Regelung zur Verjährung** der Gewährleistungsansprüche in der Lieferkette.

b) Unternehmenskauf

Für den wichtigen und in seiner wirtschaftlichen Dimension bedeutenden Fall des Unternehmenskaufs kommen **zwei unterschiedliche rechtliche Konstruktionen** in Betracht, zwischen denen die Parteien bei der Ausgestaltung des Kaufvertrags

u. U. – je nach Rechtsform des zu veräußernden Unternehmens – wählen können. Zum einen kann der Käufer (immer) sämtliche sog. Aktiva erwerben (sog. asset-deal). Zum anderen kann er, wenn das Unternehmen von einer juristischen Person kontrolliert wird (Aktiengesellschaft, GmbH etc.) ebenso die Anteile (z. B. Aktien) der juristischen Person erwerben (sog. share-deal) und auf diese Weise die wirtschaftliche Kontrolle über das Unternehmen erlangen.

> **Definition:** Die beim share-deal zu übertragenden Aktiva sind die Sachen, Rechte – etwa Patente, Urheber- und Markenrechte – sowie anderen Güter, die in ihrer Gesamtheit das Unternehmen wirtschaftlich ausmachen. Dazu zählen auch immaterielle Werte, etwa Know-how sowie Kunden- und Lieferbeziehungen.

Beim **share-deal** werden diese Aktiva auf den Käufer übertragen. Möglich ist es, im Kaufvertrag die Positionen nicht einzeln aufzuführen, sondern die Sammelbezeichnung des Unternehmens zur Beschreibung des Kaufgegenstands zu verwenden.

> **Beispiel:** „Der Verkäufer verpflichtet sich, die X-GmbH durch Übertragung sämtlicher Aktiva an den Käufer zu übertragen."

Da die Aktiva sowohl Sachen als auch Rechte umfassen, handelt es sich folglich hinsichtlich einzelner Aktiva um einen Sachkauf, hinsichtlich anderer Aktiva um einen Rechtskauf. Die rechtliche Behandlung einzelner Aktiva, insbesondere im Fall ihrer Mangelhaftigkeit, kann somit divergieren; insoweit wird jedes mangelhafte Aktivum für sich betrachtet.

> **Beispiel:** Wird im Rahmen des Unternehmenskaufs eine Sache übertragen und erweist sich diese als sachmangelhaft, findet das Sachmängel-Gewährleistungsrecht (§§ 437 ff. BGB, s. o. Kap. 2 I 8 d) Anwendung.

Anderes gilt, wenn das **Unternehmen als solches mangelhaft** ist, etwa eine vertraglich vereinbarte oder vorausgesetzte Umsatzhöhe nicht erreicht wird. Es handelt sich dann weder um einen Sachmangel (§ 434 BGB) noch um einen Rechtsmangel (§ 435 BGB). In Betracht kommt insofern ein Schadensersatzanspruch aus culpa in contrahendo (§§ 280 I, 311 II, 241 II BGB); die Anwendbarkeit des § 311 II BGB ist mangels Einschlägigkeit des kaufrechtlichen Gewährleistungsrechts anders als beim Sachkauf nicht gesperrt.

Die Praxis behilft sich regelmäßig dadurch, dass **detaillierte vertragliche Absprachen** für derartige Fälle getroffen werden, etwa in Form einer Vertragsstrafenabrede. Hohe praktische Bedeutung hat auch, dass dem Käufer häufig vor

Kaufvertragsschluss in einem Vorvertrag („letter of intent", Absichtserklärung) ein umfassendes Recht zur Prüfung der Bücher und Geschäftsbeziehungen des zu erwerbenden Unternehmens (sog. „due diligence", wörtlich übersetzt etwa: „gebotene Sorgfalt") eingeräumt wird; auch dadurch wird das Mangelrisiko reduziert.

Der **share-deal** ist dagegen im Ausgangspunkt ein **reiner Rechtskauf**, auf den § 453 I Alt. 1 BGB Anwendung findet. Der Verkäufer haftet wie stets beim Rechtskauf nur für Rechtsmängel; „Sachmängel" eines Rechts sind nicht vorstellbar. Daher haftet er nur für den rechtlichen Bestand des veräußerten Rechts, nicht hingegen für seine Werthaltigkeit, also die Bonität des Unternehmens.

In Durchbrechung dieser Grundsätze soll allerdings die **Sachmängelhaftung** (§§ 437 ff. BGB) nach ständiger Rechtsprechung des BGH ausnahmsweise dann anwendbar sein, wenn der share-deal zu demselben wirtschaftlichen Ergebnis führt wie ein asset-deal, bei dem die Sachmängelhaftung ja hinsichtlich der verkörperten Aktiva anwendbar ist: Dies ist der Fall, wenn der Käufer **alle Anteile** oder doch so viele Anteile erwirbt, dass die übrigen Anteile „die Verfügungsbefugnis des Erwerbers über das Unternehmen nicht entscheidend beeinträchtigen" (BGHZ 65, 246, 251). Für Sachmängel an einzelnen verkörperten Aktiva gelten dann die §§ 437 ff. BGB. Wann die erforderliche Schwelle erreicht ist, hängt von der Rechtsform des veräußerten Unternehmens und den für Abstimmungen unter den Anteilseignern geltenden Bestimmungen ab: Bei einer Aktiengesellschaft darf also keine Sperrminorität von 25 % der Anteile bei einem Dritten verblieben sein (vgl. § 179 II 1 AktG). Ggf. kommt daneben für Mängel des Unternehmens im Ganzen – ebenso wie beim asset-deal – eine Schadensersatzhaftung des Verkäufers aus culpa in contrahendo (§§ 280 I, 311 II, 241 II BGB) in Betracht.

c) Vorbehaltskauf, § 449 BGB

aa) Sinn und Zweck

Gewährt der Verkäufer dem Käufer hinsichtlich des Kaufpreises ganz oder teilweise einen **Zahlungsaufschub** (sog. Stundung), stellt sich die Frage, wie der Kaufpreisanspruch **wirksam gesichert** werden kann. Ein wirksames und weit verbreitetes Mittel dazu stellt beim Kauf beweglicher Sachen der **Eigentumsvorbehalt** dar (sog. Vorbehaltskauf).

bb) Rechtliche Ausgestaltung

Dieser beinhaltet **folgende Modifikation** der kaufvertraglichen Hauptpflichten: Der Verkäufer räumt dem Käufer zwar bereits den **Besitz** an der Kaufsache ein, behält das **Eigentum** aber solange, bis der **Kaufpreis vollständig gezahlt** wurde. Während die Verkäuferpflicht (§ 433 I BGB) zur Verschaffung des Besitzes (§ 854 I BGB) sofort erfüllt wird und der Käufer die Sache sofort nutzen kann, wird die weitere Verkäuferpflicht (§ 433 I BGB) zur **Eigentumsübertragung** (§§ 929 ff.

BGB) regelmäßig unter die **aufschiebende Bedingung** (§ 158 I BGB) gestellt, dass der **Kaufpreis vollumfänglich gezahlt** wird.

Tritt die Bedingung der vollständigen Kaufpreiszahlung nicht ein, z. B. wegen **Zahlungsunfähigkeit** des Käufers, kann der Verkäufer gemäß § 323 I 1 BGB vom Kaufvertrag zurücktreten und die Kaufsache dann – neben der vertraglichen Rückabwicklung – **auch gemäß § 985 BGB** vom Käufer heraus verlangen: Er ist ja Eigentümer geblieben, und somit besteht eine **Vindikationslage**. Dass der Verkäufer bei einem Vorbehaltskauf den **dinglichen Anspruch** aus § 985 BGB behält, **verbessert seine Stellung erheblich**.

§ 449 II BGB statuiert (dispositiv), dass der Verkäufer aufgrund des Eigentumsvorbehalts die Sache **nur herausverlangen** kann, sobald er vom Vertrag **zurückgetreten** ist. Solange der Verkäufer den Rücktritt also nicht wirksam erklärt hat, hat der Käufer ein **vertragliches Recht zum Besitz i. S. v. § 986 I 1 BGB**, das ihn vor einem dinglichen Herausgabeverlangen des Verkäufers schützt. Ein Herausgabeverlangen bei fortbestehendem Kaufvertrag wäre mit der vertraglichen Vorleistungspflicht des Vorbehaltsverkäufers nicht vereinbar (vgl. BT-Drucks 14/6040 S. 241).

> **Hintergrund:** Wenn es sich um einen *entgeltlichen* Zahlungsaufschub handelt (vgl. §§ 506 BGB, s. u. Kap. 3 IV 2 c), der Käufer für den Zahlungsaufschub also z. B. Zinsen schuldet, ist das Rücktrittsrecht des Verkäufers durch § 498 i. V. m. § 506 I BGB eingeschränkt.

Erfüllt der Käufer hingegen vertragsgemäß seine Pflicht zur Kaufpreiszahlung, tritt **mit Zahlung der letzten Rate** die aufschiebende **Bedingung** ein, und der Käufer erwirbt „automatisch" das Eigentum, ohne dass es eines weiteren Rechtsgeschäfts bedürfte. Theoretisch vorstellbar, aber unpraktikabel und angesichts der **Zweifelsregelung in § 449 I BGB** auch höchst selten relevant scheint daneben eine Konstruktion, nach der das Eigentum – ohne Bedingung – erst nach vollständiger Kaufpreiszahlung durch Rechtsgeschäft übertragen wird. Den Parteiinteressen entspricht in aller Regel der „automatische" Eigentumsübergang bei Bedingungseintritt, weil dann der mit dem Eigentumsvorbehalt verfolgte Sicherungszweck entfallen ist.

> **Hintergrund:** Ermöglicht wird diese Konstruktion durch das **Trennungsprinzip** (s. o. Kap. 2 I 1): Da eine strikte Unterscheidung zwischen Verpflichtungs- und Verfügungsgeschäft existiert, kann der Kaufvertrag (§ 433 BGB) mit gewöhnlichem Pflichtenprogramm abgeschlossen werden, das Verfügungsgeschäft der Übereignung (§§ 929 ff. BGB) aber aufschiebend bedingt erfolgen. In diesem Sicherungsmittel zeigt sich ein bedeutsamer **praktischer Vorteil** des manchmal komplex anmutenden deutschen Trennungsprinzips.

Da ein Eigentumsvorbehalt an sich auf dinglicher Ebene beim Verpflichtungsgeschäft zustande kommt, indem die **dingliche Einigung** nach § 929 S. 1 BGB **aufschiebend bedingt** wird, handelt es sich um ein **sachenrechtliches Phänomen.** Der Verkäufer kann sich eigentlich durch Verweigerung der dinglichen Einigung sogar **einseitig** das Eigentum vorbehalten. Allerdings würde er damit, wenn im Kaufvertrag keine diesbezügliche Abrede getroffen wurde, den **Kaufvertrag verletzen,** der ja ohne Vereinbarung eines Eigentumsvorbehalts **zur unbedingten Übereignung** gemäß § 433 I BGB verpflichtet. Der Verkäufer würde mit der Pflicht zur Übereignung in **Schuldnerverzug** geraten; dem Käufer stünde die Einrede des nicht erfüllten Vertrags aus § 320 BGB zu. Angesichts dieser Folgen ist ein nachträglicher vertragswidriger Eigentumsvorbehalt auch für den Verkäufer selten interessengerecht; an seine einseitige Erklärung stellt die Rechtsprechung **hohe Anforderungen** (vgl. BGH NJW 2006, 3488 Rn. 10 ff.: Einbehalten des Fahrzeugbriefs beim Autokauf als konkludent erklärter Eigentumsvorbehalt).

Damit infolge der aufschiebend bedingten Übereignung **kein vertragswidriger Zustand** eintritt, bedarf es somit schon auf schuldrechtlicher Ebene, auf Ebene des **Verpflichtungsgeschäfts,** einer Parteivereinbarung hinsichtlich der Einführung eines Eigentumsvorbehalts. Haben die Parteien zunächst beim Kaufvertragsschluss keine Abrede über einen Eigentumsvorbehalt getroffen und einigen sie sich später bei der dinglichen Übereignung nach § 929 S. 1 BGB auf einen derartigen Vorbehalt, liegt darin regelmäßig zugleich eine **einverständliche Modifikation des schuldrechtlichen Pflichtenprogramms,** so dass der Verkäufer im Hinblick auf den Kaufvertrag vertragsgemäß handelt.

§ 449 BGB befasst sich (fragmentarisch) mit beiden Seiten des Eigentumsvorbehalts, sowohl mit der schuldrechtlichen Vereinbarung eines Eigentumsvorbehalts als auch dem dinglichen, sachenrechtlichen Vorbehalt; in letzterer Hinsicht wirkt die Regelung im Kaufrecht ein wenig deplatziert.

Nach § 449 I BGB wird **im Zweifel** das Eigentum unter der **aufschiebenden Bedingung** vollständiger Kaufpreiszahlung übertragen, wenn sich der Verkäufer einer beweglichen Sache das Eigentum bis zur Zahlung des Kaufpreises vorbehalten hat. Damit beinhaltet die Regelung eine vertragsdispositive **Auslegungshilfe,** wenn die Parteien eine **unklare Abrede** (auf schuldrechtlicher oder dinglicher Ebene) getroffen haben, und ein gesetzgeberisches Votum zugunsten der interessengerechten Bedingungskonstruktion. Zugleich stellt die Vorschrift im Zweifel einen **Gleichlauf von schuldrechtlicher und dinglicher Rechtslage** her, indem aus der schuldrechtlichen Vereinbarung eines Eigentumsvorbehalts „im Zweifel" auf das Bestehen einer entsprechend bedingten Einigung auf dinglicher Ebene geschlossen wird. Dies ist interessengerecht, weil die Parteien regelmäßig diejenige dingliche Verfügung treffen wollen, zu der sie sich schuldrechtlich verpflichtet haben.

Der Eigentumsvorbehalt dient primär zur **Sicherung des Kaufpreisanspruchs.** Ihn als beliebiges **Sicherungsmittel für andere Forderungen** einzusetzen, würde die Position des Käufers stark beeinträchtigen. Daher statuiert **§ 449 III BGB** als zwingende Verbotsnorm, dass die Vereinbarung eines **Eigentumsvorbehalts nichtig** ist, soweit der Eigentumsübergang davon abhängig gemacht wird, dass der Käufer **Forderungen eines vertragsfremden Dritten** erfüllt. Darunter fällt insbesondere auch ein sog. **Konzernvorbehalt**, bei dem der Eigentumsübergang von der Erfüllung von Forderungen abhängig ist, die einem mit dem Verkäufer verbundenen Unternehmen zustehen. Die Nichtigkeit nach § 449 III BGB bezieht sich sowohl auf die schuldrechtliche als auch die dingliche Facette des Eigentumsvorbehalts, nicht aber auf den damit verbundenen Kaufvertrag oder die dingliche Übereignung (die somit bei Nichtigkeit des Vorbehalts ohne Bedingung erfolgt).

cc) Erweiterungen des Eigentumsvorbehalts

Praxisrelevant sind die vielgestaltigen Erweiterungen des Eigentumsvorbehalts, die zwischen den Parteien vereinbart werden können. Einige Beispiele:

(1) Weitergeleiteter Eigentumsvorbehalt

Beim **weitergeleiteten Eigentumsvorbehalt** verkauft der Vorbehaltskäufer die Sache weiter und weist den Käufer dabei auf den bestehenden Eigentumsvorbehalt hin. Der nachfolgende Käufer weiß also, dass er nur bedingtes Eigentum erwirbt. Trotz Veräußerung setzt sich der Eigentumsvorbehalt bis zum Bedingungseintritt im Verhältnis Vorbehaltsverkäufer – Vorbehaltskäufer fort. Der nachfolgende Käufer wird sich in der Regel darauf nicht einlassen.

(2) Verlängerter Eigentumsvorbehalt

Meist weitaus interessengerechter ist daher ein **verlängerter Eigentumsvorbehalt**. Auch dieser trägt dem Sicherungsbedürfnis des Verkäufers Rechnung, wenn der Käufer die Sache (ohne Weiterleitung des Eigentumsvorbehalts) **weiterveräußern** oder sie **verarbeiten** will. Für die Weiterveräußerung muss dem Käufer die Möglichkeit eingeräumt werden, über die Sache dinglich gemäß §§ 929 ff. BGB zu verfügen. Da er noch nicht Eigentümer ist, ermächtigt der Verkäufer, sofern dieser zugleich Eigentümer ist, ihn zur Verfügung (§ 185 I BGB).

Im Gegenzug **tritt** der Käufer dem Verkäufer die ihm aus der Weiterveräußerung entstehenden **Kaufpreisansprüche im Voraus ab** (§ 398 BGB). Mit anderen Worten: Verliert der Verkäufer infolge gestatteter Weiterveräußerung sein vorbehaltenes Eigentum, tritt an dessen Stelle immerhin eine **als Sicherheit abgetretene Kaufpreisforderung** gegen einen Dritten. Im Zweifel gestattet die Weiterveräußerungsermächtigung nur den Weiterverkauf im **ordentlichen Geschäftsverkehr**; nicht also, wenn der Käufer die Ware weiterverschenkt oder die Kaufpreisforderung mit einer Gegenforderung des Käufers aufgerechnet wird.

Im Fall der beabsichtigten **Weiterverarbeitung** droht Eigentumsverlust nach § 950 BGB, der das Eigentum unter Umständen gesetzlich dem Verarbeitenden zuspricht. Nach überwiegender Auffassung können die Parteien trotz Verarbeitung den Kaufpreisanspruch durch **verlängerten Eigentumsvorbehalt** sichern, indem vertraglich fingiert wird, dass der **Vorbehaltsverkäufer als Hersteller i. S. v. § 950 BGB gilt**; er behält dann trotz der Verarbeitung sein Eigentum (vgl. BGHZ 20, 159,

163 f.). Möglich ist auch, für den Fall der Verarbeitung eine **sofortige Rücküber-eignung** des Endprodukts vom verarbeitenden Vorbehaltskäufer an den Vorbehalts-verkäufer mit **antizipiertem Besitzkonstitut** (§ 930 BGB) zu vereinbaren.

Hintergrund: Die letztgenannte Lösung birgt jedoch Gefahren. Unter Umständen entstehen an der Sache Pfandrechte von Gläubigern des verarbeitenden Vorbehaltskäufers, die durch die Rückübereignung nicht mehr abgestreift werden können.

(3) Erweiterter Eigentumsvorbehalt

Ein **erweiterter Eigentumsvorbehalt** sichert nicht nur die Kaufpreisforderung, sondern auch andere, ggf. erst künftig entstehende Forderungen des Verkäufers gegen den Käufer. Ein Unterfall ist der sog. **Kontokorrentvorbehalt**, mit dem sämtliche Forderungen aus der laufenden Geschäftsverbindung von Käufer und Verkäufer gesichert werden.

d) Vorkauf, §§ 463 ff. BGB

aa) Bedeutung, Einordnung und Abgrenzung

§§ 463 ff. BGB regeln Voraussetzungen und Wirkungen eines Vorkaufsrechts.

Zwei Fälle des Vorkaufsrechts sind **klar abzugrenzen**: Es gibt zum einen das rein **schuldrechtliche** Vorkaufsrecht, daneben auch das Vorkaufsrecht mit **dinglicher** Wirkung. Wichtig für das Verständnis der gesetzlichen Regelung ist, dass die §§ 463 ff. BGB **ausschließlich das schuldrechtliche Vorkaufsrecht** regeln. Dieses entfaltet nur Bindungen zwischen den Parteien des Vorkaufsrechts, **Vorkaufsberechtigtem** (Käufer) und **Vorkaufsverpflichtetem** (Verkäufer).

Hintergrund: Nicht hingegen entfaltet es Wirkungen gegenüber Dritten. Es wäre daher falsch zu sagen, dass ein ausgeübtes Vorkaufsrecht einen Dritten aus einer rechtlichen Position „verdrängt".

Eine **dinglich verdrängende Wirkung gegenüber Dritten** kommt nur dem **dinglichen Vorkaufsrecht** zu, das gemäß §§ 1094 ff. BGB nur für **Grundstücke** und grundstücksgleiche Rechte (vgl. insofern § 1 ErbbG) eingeräumt werden kann; dieses wirkt gemäß § 1098 II BGB gegenüber Dritten wie eine Vormerkung (§§ 883 ff. BGB). Auch beim dinglichen Vorkaufsrecht gelten für das (schuldrechtliche) Verhältnis zwischen Vorkaufsverpflichtetem und Vorkaufsberechtigtem die §§ 463 ff. BGB (so § 1098 I 1 BGB); das „normale" schuldrechtliche Vorkaufsrecht wird somit in diesem Sonderfall lediglich um die dinglichen Drittwirkungen der §§ 1094 ff. BGB ergänzt.

bb) Rechtsnatur und Gegenstand

§ 463 BGB umschreibt zunächst das **Wesen des Vorkaufsrechts**: Wer hinsichtlich eines bestimmten Kaufgegenstandes zum Vorkauf berechtigt ist, kann das Vorkaufsrecht durch **einseitige empfangsbedürftige, formlose Erklärung** (§ 464 I BGB) gegenüber dem Verkäufer ausüben, **sobald dieser mit einem Dritten einen Kaufvertrag über den Gegenstand geschlossen hat.** Damit ist das Vorkaufsrecht der Rechtsnatur nach ein einseitiges **Gestaltungsrecht** (h. M.), mit dem der Vorkäufer einseitig einen Kaufvertrag mit dem Verkäufer herbeiführen kann, sobald dieser sich zum Kauf entschlossen und mit einem Dritten kontrahiert hat (Drittkaufvertrag).

Das Vorkaufsrecht gibt dem Vorkäufer damit eine Art **Optionsrecht** auf die Kaufsache, das er (nur dann) einlösen kann, wenn sich der Verkäufer mit einem Dritten über den Verkauf der Sache einigt, also **generell zum Verkauf entschlossen** ist. Der **Inhalt** des dann zustande gekommenen Kaufvertrags hängt vom Inhalt des Drittkaufvertrags ab. Ähnliche Konstruktionen werden in grundsätzlich analoger Anwendung von §§ 463 ff. BGB (vgl. BGHZ 102, 237, 240) auch bei Miet- und Pachtverträgen angewandt; dann spricht man von **Vormiet- bzw. Vorpachtrechten**.

Die Rechtsnatur eines einseitigen Gestaltungsrechts unterscheidet das Vorkaufsrecht von einem **Vorvertrag**; hier ist zum endgültigen Kaufvertragsschluss eine erneute vertragliche Übereinkunft der Vertragspartner erforderlich. Hingegen ist beim **Kauf auf Probe** oder **Wiederkaufsrecht** (s. u. Kap. 2 I 9 d, e) die Rechtsstellung des Käufers noch verbessert, denn in diesen Fällen kann er seine Kaufoption unabhängig von dem Abschluss eines Drittkaufvertrags ausüben.

cc) Unterrichtungspflicht und Ausübungsfrist, § 469 BGB

Um das Vorkaufsrecht überhaupt ausüben zu können, muss der Vorkaufsberechtigte **Kenntnis vom Abschluss des Drittkaufvertrags** erlangen können. Zu diesem Zweck verpflichtet § 469 BGB den Vorkaufsverpflichteten dazu, dem Vorkaufsberechtigten den Inhalt des mit dem Dritten geschlossenen Vertrags unverzüglich mitzuteilen; die Vorschrift gibt dem Vorkaufsberechtigten einen einklagbaren Anspruch allein gegen den Vorkaufsverpflichteten. Allerdings kann der Unterrichtungspflicht auch durch den Dritten mit Erfüllungswirkung nachgekommen werden. **Rechtsfolge** der ordnungsgemäßen, zutreffenden Unterrichtung ist der **Beginn der Ausübungsfrist** des § 469 II BGB: demnach kann das Vorkaufsrecht bei Grundstücken innerhalb von **zwei Monaten**, bei anderen Gegenständen nur innerhalb **einer Woche** nach dem Empfang der (inhaltlich zutreffenden und vollständigen) Mitteilung ausgeübt werden; die Frist ist gemäß § 469 II 2 BGB **vertragsdispositiv**. Fand die Unterrichtung nicht statt oder gab sie den Inhalt des Drittkaufvertrags unrichtig wieder, so **läuft die Ausübungsfrist nicht**; das Vorkaufsrecht kann also – bis zur Grenze der **Verwirkung** – unbefristet ausgeübt werden. Diese erhebliche Rechts-unsicherheit setzt dem Vorkaufsverpflichteten und auch dem Dritten einen **wirksamen Anreiz**, die Unterrichtung ordnungsgemäß durchzuführen.

dd) Rechtsfolgen

Die primäre **Rechtsfolge des ausgeübten Vorkaufsrechts** regelt § 464 II BGB: Mit der Ausübung des Vorkaufsrechts kommt der Kauf zwischen dem Vorkaufsbe-rechtigten und dem Vorkaufsverpflichteten (Verkäufer) **unter den Bestimmungen zustande**, die der Verpflichtete **mit dem Dritten vereinbart** hat. Insbesondere der **Kaufpreis** richtet sich folglich nach dem Kaufvertrag mit dem Dritten.

> **Hintergrund:** Freilich wird dem **Drittkaufvertrag** dadurch **nicht die Wirksamkeit genommen**, so dass der Verkäufer in der misslichen Situation ist, dass er aufgrund des wirksam abgeschlossenen Drittkaufvertrags gegen-über dem Dritten und zugleich aufgrund des Vorkaufsrechts gegenüber dem Vorkaufsberechtigten kaufvertraglich gebunden ist. Er kann grundsätzlich entscheiden, welchen von beiden Kaufverträgen er erfüllt; im Verhältnis zum nicht berücksichtigten Käufer macht er sich allerdings wegen zu vertreten-der Unmöglichkeit **schadensersatzpflichtig** (§§ 280 I, III, 283 BGB). Eine stärkere, im Hinblick auf das Erfüllungsgeschäft gegenüber anderen Käufern privilegierte Stellung hat der Vorkäufer nur bei **Grundstücken** (s. §§ 1098 II, 883 II, 888 BGB); dort wird das Vorkaufsrecht in gewisser Weise **ver-dinglicht**, indem ihm nach § 1098 II BGB die Wirkung einer Vormerkung zukommt.

Die eintretende **doppelte Bindung an zwei Kaufverträge** kann er nur dadurch ver-meiden, dass er den Drittkaufvertrag in Kenntnis des bestehenden Vorkaufsrechts entsprechend ausgestaltet, also durch die Ausübung des Vorkaufsrechts **auflösend bedingt** oder sich für diesen Fall ein **Rücktrittsrecht** vorbehält. Führt dann die auflösende Bedingung oder der Rücktritt zum Entfall des Drittkaufvertrags, könnte man meinen, dass dadurch auch die Tatbestandsvoraussetzungen (§ 464 I BGB) für die Ausübung des Vorkaufsrechts entfielen, da der Drittkaufvertrag ja nicht mehr in der Welt ist. Insofern regelt jedoch § 465 BGB, dass der **Wegfall des Drittkaufver-trags** infolge auflösender Bedingung oder Rücktritt (nur) im Verhältnis zwischen Vorkaufsberechtigtem und – verpflichtetem **unwirksam** ist: Während die Bedin-gung oder das Rücktrittsrecht im Verhältnis zum Dritten somit zum Tragen kommt und geeignet ist, die beschriebene Situation der Doppelverpflichtung abzuwenden, kann sich der Vorkaufsverpflichtete gegenüber dem Vorkaufsberechtigten nicht auf den Entfall des Drittkaufvertrags berufen. Im Ergebnis vermeidet der Verkäufer durch auflösende Bedingung oder Rücktrittsrecht zwar die Doppelverpflichtung, kann aber das Zustandekommen eines Kaufvertrags mit dem Vorkaufsberechtigten nicht unterlaufen.

ee) Schutz des Vorkaufsrechts

§ 465 BGB schützt damit die Wirksamkeit des Vorkaufsrechts effektiv vor **Umgehungsstrategien**, ermöglicht aber durch die Anordnung ihrer nur „relativen" Unwirksamkeit im Verhältnis zum Vorkaufsberechtigten zugleich eine verständige Ausgestaltung des Drittkaufvertrags in Ansehung des Vorkaufsrechts.

Ebenfalls vor Umgehungsgeschäften will § 466 BGB das Vorkaufsrecht schützen. Demnach wird das Vorkaufsrecht durch eine **höchstpersönliche Nebenleistung**, die der Dritte nach dem Inhalt des Drittkaufvertrags gleichsam als Kaufpreis erbringen muss, grundsätzlich nicht ausgeschlossen. Vielmehr darf der Vorkaufsberechtigte die höchstpersönliche Nebenleistung **in Geld abgelten**. Nur wenn dies nicht möglich ist, ist die Ausübung des Vorkaufsrechts ausgeschlossen; auch dann bleibt aber die Möglichkeit einer gerichtlichen **Missbrauchs- und Umgehungskontrolle**, bei der geprüft wird, ob die Parteien den Drittkaufvertrag auch ohne die höchstpersönliche Nebenleistung abgeschlossen hätten. Ist dies der Fall, bleibt die (dann nur zur Umgehung des Vorkaufsrechts vereinbarte) Nebenleistung beim Inhalt des infolge des ausgeübten Vorkaufsrechts ausgeübten Kaufvertrags außer Betracht.

§ 467 BGB beinhaltet eine praktikable Rechtsfolgenregelung für den Fall, dass die Ausübung des Vorkaufsrechts dadurch erschwert wird, dass **Gegenstand des Drittkaufvertrags** eine **Mehrheit von Sachen** zu einem Gesamtpreis ist; das Vorkaufsrecht sich aber nicht auf alle dieser Sachen bezieht: Der Vorkaufsberechtigte muss dann einen verhältnismäßigen Bruchteil des Gesamtpreises entrichten.

ff) Grenzen des Vorkaufsrechts

Teilweise dient die gesetzliche Regelung auch dazu, **berechtigte Interessen des Verkäufers** zu schützen: § 468 I BGB statuiert, dass eine im Rahmen des Drittkaufvertrags getroffene **Stundungsabrede** nur dann dem Vorkaufsberechtigten zugute kommt, wenn dieser dem Verkäufer für den gestundeten Betrag **Sicherheit leistet**. Dies trägt dem Umstand Rechnung, dass eine Stundungsabrede mit einem besonderen Vertrauen in die **Zuverlässigkeit und Solvenz des Vertragspartners** verbunden ist und bei einem anderen als dem selbst ausgesuchten Vertragspartner ein gesteigertes Sicherungsbedürfnis bestehen kann. § 468 II BGB trifft eine Sonderregelung für den Grundstücks- und Schiffskauf; in diesen Fällen kann eine Grundschuld oder Hypothek das Sicherungsbedürfnis des Verkäufers erfüllen.

Nach § 470 BGB wird das Vorkaufsrecht im Zweifel nicht durch einen Drittkaufvertrag ausgelöst, der mit Rücksicht auf ein künftiges Erbrecht an einen gesetzlichen Erben erfolgt. Eine **„vorweggenommene Erbfolge"** soll somit durch ein eingeräumtes Vorkaufsrecht nicht behindert werden. Allerdings handelt es sich nur um eine Zweifels- und Auslegungsregel. Eine abweichende Parteivereinbarung zwischen Vorbehaltskäufer und -verkäufer ist somit ohne weiteres möglich. **Zwingend ausgeschlossen** ist das Vorkaufsrecht gemäß § 471 BGB bei einem Verkauf in der **Zwangsvollstreckung** oder **Insolvenz**, weil es dann vorrangige Interessen Dritter (Zwangsvollstreckungs- und Insolvenzgläubiger) beeinträchtigen würde.

Das Vorkaufsrecht ist gemäß § 473 BGB **nicht übertragbar**, kann also nicht abgetreten (und damit auch nicht gepfändet) werden. Vorbehaltlich einer abweichenden Vereinbarung ist ein zeitlich unbegrenztes Vorkaufsrecht auch **nicht vererblich**, ein zeitlich begrenztes hingegen schon. Diese differenzierte Regelung dient dem Interessenausgleich: Der Vorkaufsverpflichtete will regelmäßig nicht „ewig" an das Vorkaufsrecht gebunden sein; wo es an einer expliziten vertraglichen Regelung einer zeitlichen Begrenzung fehlt, liegt es als Auslegungsregel nahe, eine Begrenzung immerhin durch den Tod des Berechtigten anzunehmen. Sind mehrere Personen zum Vorkauf einer Sache berechtigt, können diese gemäß § 472 BGB das Vorkaufsrecht nur im Ganzen – gemeinschaftlich – ausüben (Grundsatz der **Unteilbarkeit des Vorkaufsrechts**). Die Ausübungsfrist nach § 469 II BGB beginnt in diesem Fall erst dann für alle Vorkaufsberechtigten einheitlich zu laufen, wenn der letzte Vorkaufsberechtigte ordnungsgemäß unterrichtet worden ist.

gg) Zustandekommen eines Vorkaufsrechts

Noch nicht beantwortet ist die Frage, wie ein Vorkaufsrecht überhaupt zustande kommt. Es kann bereits aus einer **gesetzlichen Anordnung** resultieren, die zum Schutz bestimmter Personen getroffen wird. Beispiele für ein gesetzliches Vorkaufsrecht finden sich in § 577 BGB (**Vorkaufsrecht des Mieters** bei der Bildung von Wohnungseigentum, s. u. Kap. 3 I 3 a), §§ 2034–2037 BGB (**Vorkaufsrecht der Miterben** beim Verkauf eines Erbteils), § 27 Nr. 2 ArbNErfG sowie – im öffentlichen Recht – in §§ 24 ff. BauGB (**gemeindliches Vorkaufsrecht**).

Ebenso kann ein Vorkaufsrecht **durch Vertrag** eingeräumt werden. Relevant wird dies insbesondere, wenn der Verkäufer sich **nicht sofort zum Verkauf entschließen** kann, dem Käufer aber bereits bindend eine Kaufoption gesichert werden soll, die in dem Moment zum Zuge kommt, indem sich der Verkäufer zum Verkauf entschließt. Angesichts der starken Position, die dem Käufer damit eingeräumt wird, sollen nach h. M. bereits bei der vertraglichen Einräumung eines solchen vertraglichen Vorkaufsrechts die **für den Kaufvertrag geltenden Formerfordernisse** Anwendung finden. Bezieht sich somit das Vorkaufsrecht auf einen **Grundstückskauf**, folgt demnach aus § 311b I 1 BGB das Erfordernis der **notariellen Beurkundung** bereits für die Einräumung des Vorkaufsrechts.

Beispiel: V überträgt das Familienunternehmen auf seinen Sohn S, behält sich aber für den Fall des Weiterverkaufs ein Vorkaufsrecht vor, um eine Veräußerung an Dritte verhindern zu können.

e) Wiederkauf, § 456 BGB

Mit der Vereinbarung eines Wiederkaufsrechts wird dem **Verkäufer** eines Gegenstandes die Option eingeräumt, den Gegenstand später (nach der dispositiven Regelung in § 462 BGB bis zur Höchstfrist von drei bzw. dreißig Jahren bei Grundstücken) **zurückzuerwerben**. Das vertraglich eingeräumte Wiederkaufsrecht wird – ebenso wie das Vorkaufsrecht – durch einseitige empfangsbedürftige Willenserklärung, durch ein **Gestaltungsrecht**, ausgeübt (vgl. allerdings BGHZ 38, 369, 371: aufschiebend bedingter Kaufvertrag). Wie beim Vorkaufsrecht hat auch hier die Vereinbarung nach zutreffender überwiegender Auffassung **an der Formbedürftigkeit des Kaufvertrags teil**, etwa in Fällen des § 311b I 1 BGB. Die einseitige **Erklärung des Wiederkaufs** bedarf hingegen **nicht** der für den Kaufvertrag bestimmten **Form**, § 456 I 2 BGB. § 456 II BGB enthält eine **Auslegungsregel hinsichtlich der Kaufpreishöhe**: Der Preis, zu dem der Gegenstand zunächst verkauft worden ist, gilt demnach im Zweifel auch für den Wiederkauf. Oftmals interessengerechter scheint aber ein Wiederkauf zum **Schätzpreis**, der bei entsprechender vertraglicher Vereinbarung zum Zuge kommt (Details in § 460 BGB). Ebenso wie das Vorkaufsrecht kann auch das Wiederkaufsrecht von mehreren Wiederkaufsberechtigten **nur einheitlich** ausgeübt werden, § 461 BGB.

§ 457 II BGB trifft eine differenzierte Regelung der **Risikoverteilung** bei Verschlechterungen des Kaufgegenstandes in der „Schwebezeit" zwischen Kauf und Wiederkauf: Von erheblicher Bedeutung ist insofern, dass §§ 457, 458 BGB eine **abschließende Regelung der Mängelhaftung** des Wiederverkäufers beinhaltet. Die unbedingte Pflicht zu rechts- und sachmangelfreier Übertragung gemäß § 433 I 2 BGB findet also auf den Wiederkauf keine Anwendung; den Wiederverkäufer trifft **keine Mängelgewährleistung** nach §§ 434 ff. BGB. Er muss den Kaufgegenstand nur in seinem jeweiligen Zustand – einschließlich Zubehör (§ 457 I BGB) – dem Wiederkäufer übertragen. Für Mängel haftet er nur nach § 457 II BGB, also nur wenn diese auf eine von ihm zu vertretende Verschlechterung zwischen Kauf und Wiederkauf zurückzuführen sind. Das scheint angemessen: Infolge der vertraglichen Einräumung des Wiederkaufrechts muss der Käufer zwar damit rechnen, dass er den Gegenstand unter Umständen an den Verkäufer rücküberträgen muss; ihm ist daher ein sorgfältiger Umgang mit der Sache abzuverlangen. Andererseits ist ihm eine verschuldensunabhängige Mängelhaftung nicht zuzumuten, da er mit dem Gegenstand in der Schwebezeit umgehen darf, der Wiederkäufer einseitig über die Ausübung des Wiederkaufsrechts entscheiden kann und bis zur Ausübung erhebliche Zeit verstreichen kann (vgl. § 462 BGB). Daher erlegt ihm § 457 II BGB zu Recht eine nur **verschuldensabhängige** (§ 276 BGB) Haftung auf. Der **Wiederkäufer** trägt somit das **Risiko zufälliger Verschlechterungen**. Treten nach Ausübung des Wiederkaufrechts Verschlechterungen an der Sache ein, haftet der Wiederverkäufer nach allgemeinen Vorschriften (§§ 280 I, III, 283, §§ 437 ff. BGB).

Methodik: Bei § 457 II 1 BGB handelt es sich um eine eigenständige Anspruchsgrundlage, die im Verhältnis zu § 280 I BGB vorrangig ist. Entgegen dem Wortlaut des § 457 II 2 BGB ist Rechtsfolge keine Minderung im technischen Sinne, sondern ein Schadensersatzanspruch, der – nach Aufrechnung mit dem gegenläufigen Kaufpreisanspruch – faktisch zu einer Art Minderung führen kann.

Für zwischenzeitlich eingetretene **Rechtsmängel** (z. B. weil der Wiederverkäufer die Sache an einen Dritten veräußert oder sie belastet hat), erlegt ihm § 458 BGB eine **strengere Haftung** auf: Er muss den Rechtsmangel unbedingt beseitigen (Anspruchsgrundlage des Wiederkäufers auf Beseitigung); bei Unmöglichkeit oder Verzug mit der Beseitigung haftet er nach allgemeinen Vorschriften auf Schadensersatz (§§ 280, 281, 283 BGB). Ebenfalls kann der Wiederkäufer vom Wiederkauf gemäß § 323 BGB zurücktreten.

Im Gegenzug zu diesen begrenzten Mängelrechten des Wiederkäufers hat der Wiederverkäufer gemäß § 459 BGB **Anspruch auf Ersatz werterhöhender Verwendungen** in der Schwebezeit und ggf. ein **Wegnahmerecht**.

f) Kauf auf Probe, Kauf zur Probe, § 454 BGB

Eine gesetzliche Ausformung erfahren haben weiterhin der Kauf auf Probe und der Kauf zur Probe als weitere Sonderformen eines Kaufvertrags. Bei einem **Kauf auf Probe** oder auf Besichtigung hat der Käufer die Möglichkeit, den Kaufgegenstand zu erproben, gemäß § 454 II BGB zu **untersuchen**. Er kann dann nach **freiem Ermessen** den Gegenstand billigen oder die Billigung versagen; des Vorliegens von objektiv nachvollziehbaren Gründen, etwa der Mangelhaftigkeit, bedarf es dazu nicht (vgl. § 454 I BGB). Im Zweifel ist die rechtliche Konstruktion so ausgestaltet, dass der Kaufvertrag unter der **aufschiebenden Bedingung der Billigung** durch den Käufer steht, § 454 II BGB. Ebenso kann im Einzelfall aber der Kaufvertrag auch auflösend bedingt oder sogar unbedingt abgeschlossen und in der Verweigerung der Billigung die Ausübung eines vertraglichen Rücktrittsrechts gesehen werden.

Abzugrenzen ist der Kauf auf Probe vom sog. **Prüfungskauf**, bei dem eine **Prüfung anhand vertraglich definierter Kriterien** zu erfolgen hat und die Billigung nur bei Nichtvorliegen bestimmter Eigenschaften versagt werden darf. Ebenso ist er abzugrenzen vom gesetzlich nicht mehr ausdrücklich geregelten **Kauf zur Probe**, bei dem der Kaufvertrag **unbedingt** abgeschlossen wird. Die Kaufsache dient nur insofern der Erprobung, als sie für den Käufer die **Entscheidungsgrundlage** für weitere, ggf. **künftig abzuschließende Kaufverträge**, i. d. R. über gleichartige Sachen darstellt. Die Sollbeschaffenheit der später zu liefernden Ware wird dann durch die Eigenschaften der zunächst zur Probe gelieferten Sache und das darauf bezogene Einverständnis des Käufers festgelegt.

II. Tauschvertrag, § 480 BGB

Ein weiterer Vertrag zur dauernden Übertragung ist der **Tausch**. Bei ihm tritt an die Stelle des Kaufpreises die **Verschaffung von Besitz und Eigentum an einer anderen Sache**. Auch der Tauschvertrag ist ein gegenseitig verpflichtender Schuldvertrag; zur Erfüllung bedarf er der **wechselseitigen Übertragung** von Eigentum und Besitz an den getauschten Gegenständen. Ein Tauschvertrag kann sich wie der Kaufvertrag auf **Güter beliebiger Art**, insbesondere also auch auf Rechte etc. beziehen. Ebenso wenig wie Gegenstand eines Kaufvertrags können hingegen Dienstleistungen Gegenstand eines Tauschvertrags sein. Diese sind dem Dienst- und Werkvertragsrecht zugeordnet.

Regelmäßig **nicht** um einen Tauschvertrag handelt es sich bei den praxisrelevanten Fällen der **Inzahlungnahme** eines Gegenstandes durch den Verkäufer, z. B. beim Fahrzeugkauf. Der in Zahlung gegebene Gegenstand ersetzt vielmehr aufgrund einer vereinbarten **Ersetzungsbefugnis** gemäß § 364 BGB partiell den Kaufpreis, ohne dass dies am Vorliegen eines **reinen Kaufvertrags** etwas ändern würde (BGHZ 89, 126, 128).

Die praktische und wirtschaftliche **Bedeutung des Tauschs** ist in der modernen Gesellschaft vergleichsweise **gering**. Legen die Parteien Preise für die wechselseitigen Leistungen fest, steht das einer Charakterisierung als Tausch nicht im Wege, sofern die Preise nur als Abrechnungsgrößen und dazu dienen, eine nach dem erfolgten Tausch verbleibende Wertdifferenz durch eine Geldzahlung auszugleichen (BGHZ 49, 7, 9). Durch eine solche Ausgleichszahlung wird der Vertrag zu einem sog. typengemischten Vertrag (s. u. Kap. 7 I). **Abzugrenzen** ist der Tausch vom sog. **Doppelkauf mit Verrechnungsabrede**. Dabei schließen die Parteien zwei von einander getrennte, gegenläufige Kaufverträge, bei denen die Kaufpreise verrechnet werden. Wirtschaftlich ist das Ergebnis dasselbe wie bei einem Tausch. Die Trennlinie liegt darin, dass nach dem Parteiwillen auch die beiden Kaufverträge jeweils für sich abgeschlossen worden wären und so die Rückabwicklung des einen Kaufvertrags nicht notwendig die Rückabwicklung des anderen nach sich zieht.

§ 480 BGB **verweist** für die rechtliche Behandlung des Tauschs umfassend auf das **Kaufrecht**. Somit findet insbesondere hinsichtlich der wechselseitigen Tauschgegenstände jeweils das **Gewährleistungsrecht** Anwendung (s. o. Kap. 2 I 8). Dies kann allerdings **nicht absolut deckungsgleich** erfolgen: Im Fall der **Minderung** scheidet eine schlichte Kürzung der Gegenleistung aus, wie sie für den Kauf in § 441 III BGB vorgesehen ist (s. o. Kap. 2 I 8 f bb). Vielmehr muss der Vertragspartner, dessen Tauschgegenstand mangelhaft war, den nach Minderungsregeln zu berechnenden Minderwert **in Geld ausgleichen** (vgl. schon RGZ 73, 143, 152; 72, 299, 301).

Eine weitere Abweichung soll sich nach früherer BGH-Judikatur hinsichtlich eines etwa bestehenden **Vorkaufsrechts** (s. o. Kap. 2 I 9 c) ergeben: Vereinbart der Vorkaufsverpflichtete mit einem Dritten einen Tausch, so soll dies das **Vorkaufsrecht nicht auslösen**, wenn der Vorkaufsberechtigte außerstande ist, den als Gegenleistung geschuldeten Gegenstand zu übertragen (BGH NJW 1964, 540). Richtiger scheint, insofern zur Unterbindung einer sonst drohenden Aushöhlung des Vorkaufsrechts **§ 466 BGB analog** anzuwenden und dem Vorkaufsberechtigten einen Ausgleich der Gegenleistung in Geld zu ermöglichen.

III. Schenkungsvertrag, §§ 516 ff. BGB

Der dritte auf die **dauerhafte Übertragung von Gegenständen** gerichtete Vertragstyp ist der Schenkungsvertrag.

1. Vertragstypisches Pflichtenprogramm

Nach § 516 I BGB ist Schenkung eine Zuwendung, durch die jemand aus seinem Vermögen einen anderen bereichert, bei der beide Teile darüber einig sind, dass die Zuwendung unentgeltlich erfolgt. **Charakteristisch** in Abgrenzung zu Kauf- und Tauschvertrag ist also die **Unentgeltlichkeit**. Anders als Kauf und Tausch kann Gegenstand einer Schenkung **auch ein Geldbetrag** sein; es kommt nicht auf einen dinglichen Zuordnungswechsel, sondern auf die reine **Vermögensmehrung** an.

Die Formulierung des § 516 I BGB ist insofern missverständlich, als sie die **strikte Trennung zwischen schuldrechtlicher und dinglicher Ebene** zu verwischen scheint. Diese gilt allerdings auch bei der Schenkung. Der eigentliche Schenkungsvertrag ist **rein schuldrechtlicher**, obligatorischer Natur und bedarf eines **Erfüllungsgeschäfts**, das z. B. bei der Sachschenkung die Eigentumsübertragung nach §§ 929 ff. BGB und die Übertragung der tatsächlichen Sachherrschaft umfasst. Die missverständliche Formulierung des § 516 I BGB ist darauf zurückzuführen, dass der **häufigste Fall** der Schenkung die sog. **Realschenkung** ist (auch Hand- oder Barschenkung genannt), bei der Abschluss und Erfüllung des Schenkungsvertrags zeitlich zusammenfallen.

> **Beispiel:** Der Onkel schenkt seinem Neffen zum Abitur eine wertvolle Uhr, indem er sie ihm übergibt und damit ein konkludentes Angebot zur dinglichen Einigung i. S. v. § 929 S. 1 BGB macht. In der realen Übergabe liegt zugleich konkludent auf obligatorischer Ebene das Angebot zum Abschluss eines Schenkungsvertrags.

> **Methodik:** Insofern müssen Sie auch bei der Schenkung klar zwischen Verpflichtungsgeschäft und Erfüllungsgeschäft differenzieren; nur ersteres richtet sich nach den Regelungen in §§ 516 ff. BGB. Das **Trennungsprinzip** wird in Klausuren (vielleicht auch wegen der missverständlichen Formulierung in § 516 BGB) gerade bei Schenkungsfällen erschreckend häufig verkannt.

Da Schenkungen dem Beschenkten meistens willkommen sein werden, dennoch aber zu ihrer Rechtsbeständigkeit der **rechtsgeschäftlichen Übereinkunft** bedürfen, also nicht etwa auf einem einseitigen Gestaltungsrecht beruhen, gibt § 516 II BGB dem Schenker die Möglichkeit, Klarheit über das Bestehen einer solchen Einigung herbeizuführen; § 516 II 2 BGB fingiert unter Umständen die Einigung bei Schweigen des Beschenkten und stellt insofern eine **bedeutsame Abweichung** vom Grundsatz dar, dass **Schweigen im Rechtsverkehr kein Erklärungswert** zukommt.

Die Schenkung setzt eine **Vermögensmehrung** beim Beschenkten voraus; § 517 BGB stellt explizit klar, dass eine Schenkung daher nicht vorliegt, wenn jemand zum Vorteil eines anderen einen Vermögenserwerb unterlässt oder auf ein angefallenes, noch nicht endgültig erworbenes Recht verzichtet oder eine Erbschaft bzw. ein Vermächtnis ausschlägt: Insofern tritt keine Vermögensminderung des Schenkers ein, sondern es wird lediglich auf eine Vermögensmehrung verzichtet.

Angesichts der einschneidenden Bedeutung einer Schenkung für den Schenker, der ja keine Gegenleistung erhält, bestimmt § 518 I BGB ein **sehr strenges Formerfordernis**: Ein Schenkungsvertrag bedarf demnach zu seiner Wirksamkeit der **notariellen Beurkundung**. Der Schenker soll dadurch bei wirtschaftlich bedeutsamen Schenkungen vor einem **übereilten** Versprechen geschützt werden. Es ist freilich offenkundig, dass bei den allermeisten Schenkungen, insbesondere bei Gelegenheitsgeschenken (s. das obige Beispiel des Onkels), die von § 518 I BGB geforderte notarielle Form nicht gewahrt wird. Diese sind deswegen aber nicht unwirksam: Vielmehr bestimmt § 518 II BGB, dass ein Formmangel des schuldrechtlichen Schenkungsvertrags **durch den Vollzug der Schenkung** (also das dingliche Erfüllungsgeschäft) **geheilt** wird. Im häufigen Fall der **Realschenkung** bleibt das Formerfordernis des § 518 I BGB daher **folgenlos**, da in demselben Moment, in dem der (formbedürftige) Schenkungsvertrag geschlossen wird, dieser zugleich vollzogen und der Formmangel daher geheilt wird. In diesen Fällen wird das Anliegen des Übereilungsschutzes bereits dadurch gewahrt, dass der Schenker den Gegenstand unmittelbar aus der Hand gibt und ihm die Wirkung der Schenkung dadurch deutlich vor Augen geführt wird.

2. Schutz des Schenkers

Angesichts der charakteristischen Unentgeltlichkeit der Schenkung wird die **Bindungswirkung** des Schenkungsversprechens in verschiedener Hinsicht **relativiert**: Nach § 519 I BGB ist der Schenker berechtigt, die Erfüllung eines schenkweise erteilten Versprechens zu **verweigern** (vorübergehende Einrede), soweit (und solange) er bei Berücksichtigung seiner sonstigen Verpflichtungen **außerstande ist, das Versprechen zu erfüllen**, ohne dass sein angemessener Unterhalt oder die Erfüllung der ihm kraft Gesetzes obliegenden Unterhaltspflichten gefährdet wird. Gerät er also in eine **Notlage**, z. B. weil er arbeitslos wird, wird er von der Bindung an das Schenkungsversprechen befreit. § 519 II BGB bestimmt, dass der Schenker, wenn er an mehrere Schenkungsversprechen gebunden ist und z. B. nur eines aus den von § 519 I BGB erfassten Gründen nicht erfüllen kann, an die früher erteilten Schenkungsversprechen gebunden bleibt, die Einrede nach § 519 I BGB also zunächst hinsichtlich des zeitlich spätesten Schenkungsversprechen erheben kann. Es gilt also ein **Prioritätsprinzip**.

Während sich § 519 BGB allein auf die Situation bezieht, dass das Schenkungsversprechen zwar abgegeben, die Schenkung aber noch nicht vollzogen ist, regelt § 528 BGB in ganz ähnlicher Weise die **Rückforderung** einer bereits **vollzogenen Schenkung** wegen **Verarmung des Schenkers**: Die Herausgabe des übertragenen Gegenstandes erfolgt dann nach den Vorschriften über die **Herausgabe einer ungerechtfertigten Bereicherung** (Rechtsfolgenverweisung, §§ 818 ff. BGB). Den Schenker trifft somit insbesondere das Risiko, dass der Beschenkte nicht mehr bereichert ist; dann ist eine Rückforderung ausgeschlossen (§ 818 III BGB). Der Beschenkte kann die Herausgabe durch Zahlung des für den Unterhalt erforderlichen Betrags abwenden, § 528 I 2 BGB. Auch für die Rückforderung nach § 528 BGB ordnet § 528 II BGB das aus § 519 BGB bekannte Prioritätsprinzip an. Der Rückforderungsanspruch aus § 528 BGB ist gemäß § 529 BGB **ausgeschlossen**, wenn der Schenker seine Bedürftigkeit vorsätzlich oder durch grobe Fahrlässigkeit herbeigeführt hat oder wenn zur Zeit des Eintritts seiner Bedürftigkeit seit der Leistung des geschenkten Gegenstandes zehn Jahre verstrichen sind. Dann überwiegt das Behaltensinteresse des Beschenkten das Interesse des Schenkers. Dasselbe gilt gemäß § 529 II BGB, soweit der Beschenkte bei Berücksichtigung seiner sonstigen Verpflichtungen außerstande ist, das Geschenk herauszugeben: Könnte er seinerseits den Gegenstand nur unter Vernachlässigung anderer Verpflichtungen oder unter Gefahr für den eigenen Lebensstandard herausgeben, wird seinem Interesse Vorrang eingeräumt.

Speziell für das unentgeltliche, **schenkweise Versprechen einer wiederkehrenden Leistung** (sog. **Rentenversprechen**) bestimmt § 520 BGB, dass die Verbindlichkeit aus dem Schenkungsvertrag im Zweifel mit seinem Tode erlischt, sofern sich nicht aus dem Versprechen ein anderes ergibt. Die Erben müssen also nach dieser Zweifelsregel nicht mehr die Leistungen fortführen. Dies trägt der typischen persönlichen Prägung derartiger Versprechen Rechnung und führt zu einer häufig interessengerechten zeitlichen Begrenzung der Verpflichtung.

§§ 525–527 BGB treffen Sonderregelungen für die **Schenkung unter Auflage**: Der Schenker kann den Bestand der Schenkung also davon abhängig machen, dass der Beschenkte ein bestimmtes Verhalten an den Tag legt. Die Zulässigkeit einzelner, ohne legitimes Interesse des Schenkers in den höchstpersönlichen Bereich eingreifender Auflagen kann unter dem Gesichtspunkt der Sittenwidrigkeit (§ 138 I BGB) zweifelhaft sein.

Einen besonders effektiven **Schutz des Schenkers** vor künftigem Negativverhalten des Beschenkten bewirkt – auch ohne Festlegung einer Auflage – § 530 BGB: Demnach kann eine Schenkung – durch (formlose) Erklärung gegenüber dem Beschenkten, § 531 I BGB – **widerrufen** werden, wenn sich der Beschenkte durch eine schwere Verfehlung gegen den Schenker oder einen nahen Angehörigen des Schenkers „**groben Undanks**" schuldig macht". Ist die Schenkung wirksam widerrufen worden, kann der Schenker (bzw. im Fall von § 530 II BGB dessen Erben) die Herausgabe des Geschenks nach den Vorschriften über die **Herausgabe einer ungerechtfertigten Bereicherung** verlangen (Rechtsfolgenverweisung); auch hier trifft den Widerrufenden somit insbesondere das Entreicherungsrisiko (§ 818 III BGB). Hat der Schenker zu Lebzeiten bereits wirksam widerrufen, ist der Herausgabeanspruch aus § 531 II BGB – anders als das Widerrufsrecht als solches – **vererblich**.

Das Vorliegen groben Undanks muss im Streitfall der Schenker beweisen (BGH NJW 2000, 3201 f.). Ob **grober Undank** vorliegt, ist durch eine **Gesamtwürdigung der Umstände** zu ermitteln: Einzubeziehen sind einerseits Grund, Art, Wert und Umfang der Schenkung, andererseits Art und Grund der Verfehlung. In objektiver Hinsicht erfordert § 530 BGB ein **erhebliches moralisches Fehlverhalten**, in subjektiver Hinsicht eine **tadelnswerte Gesinnung** des Beschenkten: Es muss ein **Mangel an Dankbarkeit** ersichtlich sein (BGH NJW 2002, 1046). Rechtswidrigkeit des Verhaltens ist nicht erforderlich; maßgeblich ist die ethisch-moralische Vorwerfbarkeit.

> **Beispiele:** körperliche Misshandlung, Bedrohung, gravierende Beleidigung, unberechtigte Strafanzeige, unberechtigter Antrag auf Bestellung eines Betreuers; bei einer Schenkung unter Eheleuten: Ehebruch, Antrag auf Ehescheidung; ausreichen kann u. U. schon die Gründung eines Konkurrenzunternehmens (BGH NJW 2002, 1047).

Nach § 530 II BGB kann dieses Widerrufsrecht durch **Erben des Schenkers** nur dann ausgeübt werden, wenn der Beschenkte vorsätzlich und widerrechtlich den Schenker **getötet** oder ihn am lebzeitigen Widerruf gehindert hat; das Widerrufsrecht ist also als höchstpersönliches Recht **weder vererblich noch abtretbar**, sondern wird durch ein eigenständiges, wesentlich stärkeren Beschränkungen unterworfenes Widerrufsrecht der Erben ersetzt.

Der Widerruf ist gemäß § 532 S. 1 BGB **ausgeschlossen**, wenn der Schenker dem Beschenkten **verziehen** hat oder wenn seit dem Zeitpunkt, in welchem der Widerrufsberechtigte von dem Eintritt der Voraussetzungen seines Rechts Kenntnis erlangt hat, **ein Jahr verstrichen** ist; diese Verfristung stellt einen typisierten Verwirkungstatbestand dar. Nach dem Tode des Beschenkten ist der Widerruf gemäß § 532 S. 2 BGB nicht mehr zulässig – erneut Konsequenz des höchstpersönlichen Charakters des Widerrufsrechts.

Gemäß § 533 BGB ist ein (vertraglicher) **Vorab-Verzicht** auf das Widerrufsrecht **nicht möglich**, wohl aber ein späterer Verzicht, nachdem dem Schenker die Tatsachen bekannt geworden sind, auf die sich der Vorwurf des groben Undanks stützt.

Widerruf (§ 530 BGB) und Rückforderung (§ 528 BGB) sind gleichermaßen **ausgeschlossen** bei Schenkungen, durch die einer **sittlichen Pflicht** oder einer auf den Anstand zu nehmenden Rücksicht entsprochen wird (§ 534 BGB); auch insofern hat das Interesse des Beschenkten Vorrang.

3. Haftung des Schenkers

a) Arglisthaftung für Rechts- und Sachmängel, §§ 523 f. BGB

§§ 523 I, 524 I BGB beschränken die Haftung des Schenkers für **Rechts- und Sachmängel** des verschenkten Gegenstandes auf **Arglisthaftung**. Grund für die Privilegierung des Schenkers ist sein **altruistisches Verhalten**. Der Mangelbegriff entspricht §§ 434, 435 BGB (s. o. Kap. 2 I 8 a, b). Nur wenn der Schenker dem Beschenkten einen – bei Gefahrübergang bzw. Vertragsschluss vorliegenden (s. o. Kap. 2 I 8 a bb, b bb) – Mangel arglistig verschwiegen hat, haftet er dem Beschenkten auf Schadensersatz.

Arglist liegt dabei vor, wenn der Schenker im Zeitpunkt des Vertragsschlusses den Fehler **kannte** und zugleich wusste, dass der Beschenkte den **Schenkungsvertrag nicht abgeschlossen hätte**, wenn ihm der Fehler bekannt gewesen wäre. Arglist setzt damit **Vorsatz** hinsichtlich des Fehlers voraus, geht aber durch die **hypothetische Betrachtung des Vertragspartnerwillens** über bloßen Vorsatz noch hinaus. §§ 523 I, 524 I BGB stellen eigenständige Anspruchsgrundlagen dar und umfassen nach h. M. (BGH NJW 1982, 818 f.) nur den Ersatz des **Vertrauensschadens** – Umkehrschluss aus §§ 523 II, 524 II BGB *(vgl.* Palandt/*Weidenkaff* § 524 Rn. 4, 6), wo für einen Sonderfall voller Schadensersatz wegen Nichterfüllung geschuldet ist. Nach a.A. sollen **Integritätsverletzungen insgesamt ersatzfähig** sein (Jauernig/*Vollkommer* § 524 Rn. 1).

> **Beispiel:** Als „Vertrauensschaden" ersatzfähig ist nur ein Schaden, den der Beschenkte **im Vertrauen auf die Schenkung erlitten** hat, z. B. indem er den Erwerb einer anderen Sache unterlassen hat, sowie Verwendungen auf den Gegenstand oder Transaktionskosten, z. B. für die Abholung der Sache aufgewandte Transportkosten.

Kannte der Beschenkte den Mangel, entfällt die Haftung (analog § 442 BGB bzw. infolge § 242 BGB). Die **Zusicherung von Eigenschaften** wird dem arglistigen Verschweigen eines Fehlers hier nicht gleichgestellt. Vielmehr muss eine solche Haftung, wenn von den Parteien gewollt, vertraglich gesondert begründet werden.

Nach § 523 II BGB haftet der Schenker bei **Rechtsmängeln** in einem Sonderfall auch bei **Vorsatz und grober Fahrlässigkeit** auf vollen Schadensersatz wegen Nichterfüllung (gerichtet also auf das Erfüllungsinteresse): Musste der Schenker den verschenkten Gegenstand erst noch erwerben, haftet er für Rechtsmängel auf Schadensersatz wegen Nichterfüllung, wenn ihm der Mangel beim Erwerb der Sache bekannt gewesen oder infolge grober Fahrlässigkeit unbekannt geblieben ist. Grund für diese Verschärfung ist, dass jemand, der die **Schenkung einer fremden Sache** verspricht, **höheren Sorgfaltspflichten** unterliegt und sich insbesondere vor Abgabe des Schenkungsversprechens der Beschaffbarkeit der Sache versichern soll. Nach überwiegender Auffassung setzt die verschärfte Haftung über den Gesetzeswortlaut hinaus voraus, dass der **Mangel behebbar** ist: Der Schenker wolle die Sache nur so gewähren, wie er sie selbst erlangen kann (MünchKommBGB/*Kollhosser* § 523 Rn. 6; Staudinger/*Wimmer-Leonhardt* § 523 Rn. 13); diese Auffassung verengt die gesteigerten Sorgfaltsanforderungen contra legem auf die Ausräumung behebbarer Rechtsmängel beim Erwerbsvorgang und kann nicht überzeugen.

Eine ähnliche Regelung trifft § 524 II BGB für **Sachmängel:** Hier greift die erweiterte Haftung auf das Erfüllungsinteresse aber **nur bei Gattungsschulden.** Sie ist zunächst nicht auf Schadensersatz, sondern auf Nachlieferung gerichtet. Kommt der Schenker nach Fristsetzung dem Nacherfüllungsverlangen des Beschenkten nicht nach, können die allgemeinen Vorschriften (§§ 280 I, III, 281 BGB) auch zum Schadensersatz statt der Leistung führen. Wiederum nur im Fall arglistigen Verschweigens soll der Beschenkte statt der Lieferung einer fehlerfreien Sache (sofort) Schadensersatz wegen Nichterfüllung verlangen können, § 524 II 2 BGB.

b) Haftungsmilderung bei Integritätsverletzungen

§ 521 BGB enthält darüber hinaus eine **wichtige Modifikation des Verschuldensmaßstabs,** die bei **Integritätsverletzungen** bedeutsam wird: An sich würde der Schenker nach allgemeinen Vorschriften (§ 280 I BGB) für Integritätsverletzungen, die durch den Schenkungsgegenstand ausgelöst werden, schon dann haften, wenn er nur leicht fahrlässig handelt. Der Rückgriff auf diese allgemeinen Vorschriften wird, wie insbesondere das Vorhandensein von § 521 BGB zeigt, durch die Sonderregelungen in §§ 523, 524 BGB nicht gesperrt; diese befassen sich allein mit dem Ersatz des Erfüllungsinteresses sowie echter Vertrauensschäden. Das Gesetz hält aber auch bei Integritätsverletzungen des Beschenkten die **strenge Fahrlässigkeitshaftung** angesichts der **Unentgeltlichkeit** der Schenkung und angesichts des altruistischen Verhaltens des Schenkers für **unangebracht:** Der Schenker muss somit auch im Bereich der Integritätsverletzungen **nur Vorsatz und grobe Fahrlässigkeit** vertreten.

> **Fallbeispiel 2.13:** Landwirt A schenkt seinem Nachbarn B, der ebenfalls Landwirt ist, einige Ballen Heu, da er diese nicht benötigt. B verfüttert sie an seine Tiere. Ein wertvoller Zuchthengst des B geht daraufhin ein, weil ein Heuballen in der Sphäre des A mit giftigen Pflanzenschutzmitteln in Kontakt gekommen war, was weder A noch B bemerkt hatten.
>
> Nach allgemeinen Vorschriften müsste A dem B gemäß § 280 I BGB den Wert des Pferdes voll ersetzen, denn durch das In-Verkehr-Bringen von verseuchtem Futtermittel hat er jedenfalls gegen die im Verkehr erforderliche Sorgfalt verstoßen und damit fahrlässig i. S. v. § 276 BGB gehandelt. Bei der Schenkung muss hingegen infolge des erhöhten Verschuldensmaßstabs (§ 521 BGB) gefragt werden, ob A vorsätzlich oder grob fahrlässig gehandelt hat, also in **besonderem Maße pflichtwidrig gehandelt hat und dasjenige außer Acht gelassen hat, was jedem unmittelbar hätte einleuchten müssen.** In vorliegendem Fall bestehen für eine derart massive Sorgfaltswidrigkeit keine Anhaltspunkte.

Die Haftungsmilderung des § 521 BGB greift nach ganz überwiegender Auffassung nicht nur bei vertraglichen Schadensersatzansprüchen (§ 280 I BGB), sondern **auch im Rahmen konkurrierender deliktischer Anspruchsgrundlagen**, insbesondere also bei § 823 BGB (**„Theorie der einwirkenden Anspruchskonkurrenz"**). Dies ist auch zutreffend, da die Haftungsprivilegierung des § 521 BGB andernfalls leer liefe, da in Fällen wie dem vorstehenden typischerweise auch deliktische Anspruchsgrundlagen einschlägig sind.

Querverweis: Dieselbe Argumentation greift bei anderen Haftungsmilderungen, die das Gesetz bei „altruistischen" Verhaltensweisen vorsieht, insbesondere bei der Leihe (§ 599 BGB) sowie der Geschäftsführung ohne Auftrag zur Gefahrenabwehr (§ 680 BGB). Auch hier strahlen die vertraglichen Haftungsprivilegierungen auf konkurrierende deliktische Ansprüche aus. Die Haftungsmilderungen in §§ 523, 524 BGB werden hingegen im deliktischen Bereich regelmäßig nicht relevant, da sie sich allein auf den Ersatz des Erfüllungsinteresses und echter Vertrauensschäden, insgesamt also auf den Ersatz von Vermögensschäden, beziehen.

Sehr problematisch und klausurrelevant sind diese Haftungsprivilegierungen insbesondere in Mehr-Personen-Verhältnissen, also bei mehreren potentiell Haftenden. Insofern kann aus ihnen das Problem der „gestörten Gesamtschuld" resultieren (dazu *Schmieder* JZ 2009, 189; *Stamm* NJW 2004, 811; *Zerres* Jura 2008, 726).

c) Keine Verzugszinsen, § 522 BGB

§ 522 BGB bestimmt, dass – abweichend von §§ 288, 290 BGB, 352 HGB – der Schenker zur Entrichtung von Verzugszinsen nicht verpflichtet ist. Dies gilt zum einen, wenn er mit der Erfüllung des Schenkungsversprechens in **Schuldnerverzug** gerät. Richtigerweise ist diese Privilegierung auch auf **Sekundäransprüche**, also insbesondere Schadensersatzansprüche des Beschenkten gegen den Schenker, zu erstrecken. Die Geltendmachung eines **konkreten Verzögerungsschadens** wird dem Beschenkten freilich dadurch nicht abgeschnitten; diesen muss der Schenker unter den Voraussetzungen von § 286 BGB ersetzen.

Kapitel 3: Rechtsgeschäfte zur zeitweiligen Überlassung

I. Mietvertrag, §§ 535 ff. BGB

1. Einleitung

Gegenstand eines Mietvertrags können unterschiedlichste bewegliche oder unbewegliche Sachen sein; Rechte hingegen können nur verpachtet werden.

Zum Verständnis des Mietrechts ist wesentlich, sich die Grundstruktur der gesetzlichen Regelung zu verdeutlichen: §§ 535–548 BGB treffen **allgemeine Regelungen** für alle Arten von Mietverträgen. Diese werden, insbesondere aus sozialen Erwägungen des Mieterschutzes, durch Sondervorschriften in §§ 549–577a BGB für die **Wohnraummiete** überlagert und modifiziert. § 578 BGB trifft eine davon zu trennende Sonderregelung für Mietverhältnisse über **Grundstücke und Räume**, sofern nicht bereits die vorgenannten Bestimmungen für die Wohnraummiete einschlägig sind. §§ 578a–580a BGB enthalten besondere Regelungen, die nur auf Mietverhältnisse Anwendung finden, deren **Gegenstand nicht Wohnraum** ist. Im Folgenden werden zunächst die allgemeinen Regelungen der Miete dargestellt; dann wird auf die Besonderheiten bei bestimmten Typen von Mietverhältnissen eingegangen.

2. Allgemeine Bestimmungen

a) Pflichten des Vermieters

Die synallagmatische, mit der Mietzahlung im Gegenseitigkeitsverhältnis stehende Vermieterpflicht besteht gemäß § 535 I BGB darin, dem Mieter den **Gebrauch der Mietsache** während der Mietzeit zu gewähren. Der Vermieter hat die Mietsache dem Mieter in einem **zum vertragsgemäßen Gebrauch geeigneten Zustand** zu **überlassen** und sie während der Mietzeit in diesem Zustand zu **erhalten**. Er hat die auf der Mietsache ruhenden Lasten zu tragen. Die **Mangelfreiheit** hinsichtlich der Mietsache ist damit Gegenstand des primären Erfüllungsanspruchs des Mieters;

S. Greiner, *Schuldrecht Besonderer Teil*, Springer-Lehrbuch,
DOI 10.1007/978-3-642-17379-0_3, © Springer-Verlag Berlin Heidelberg 2011

er kann den Vermieter somit auf Herstellung des vertragsgemäßen Zustandes der Mietsache in Anspruch nehmen. Da es sich um eine im **Gegenseitigkeitsverhältnis** stehende Pflicht des Vermieters handelt, hat der Mieter als Druckmittel ein **Zurückbehaltungsrecht (§ 320 BGB)** an der Miete (rechtshemmende Einrede), wenn und solange die Mietsache Mängel aufweist (BGH NJW 1995, 254).

Das **Nutzungsrecht** des Mieters ist freilich **nicht unbegrenzt.** Überschreitet der Mieter den vertragsgemäßen Gebrauch (vgl. § 538 BGB) und wird die Mietsache dadurch abgenutzt oder beschädigt, so hat der Vermieter gegenüber dem Mieter einen **Unterlassungsanspruch**, der – nach erfolgter Abmahnung – selbständig, auch durch Klage, geltend gemacht werden kann (§ 541 BGB). Zudem haftet der Mieter dem Vermieter auf **Schadensersatz** (§ 280 I BGB) (s. u. Kap. 3 I 2 b). Da das Mietverhältnis oft auch von persönlichem Vertrauen geprägt ist – der Vermieter überlässt dem Mieter schließlich eine oft wertvolle Sache –, bestimmt § 540 BGB, dass der Mieter grundsätzlich ohne die Erlaubnis des Vermieters **nicht berechtigt** ist, den Gebrauch der Mietsache **einem Dritten zu überlassen.** Insbesondere zur Untervermietung ist er ohne Erlaubnis des Vermieters nicht berechtigt. Freilich räumt § 540 I 2 BGB dem Mieter ein außerordentliches (fristgebundenes) **Kündigungsrecht** ein, wenn der Vermieter die **Erlaubnis verweigert**, ohne dass dafür in der Person des potentiellen Untermieters ein wichtiger Grund besteht.

Hat der Mieter **Aufwendungen** auf die Mietsache gemacht, die im Interesse des Vermieters waren, und nicht bereits im Rahmen des Selbstvornahmerechts bei Mietmängeln nach § 536a II BGB (s. u. Kap. 3 I 2 c cc (2)) zu ersetzen sind, kann ihm ein Aufwendungsersatzanspruch gemäß § 539 I BGB zustehen, der auf das Recht der Geschäftsführung ohne Auftrag verweist (Rechtsgrundverweisung). Anspruchsgrundlage wäre demnach § 539 I i. V. m. §§ 670, 677, 683 BGB. § 539 II BGB gibt dem Mieter ein **Wegnahmerecht** bzgl. Einrichtungen, mit denen er die Mietsache versehen hat. Insoweit ist der Vermieter zur Duldung der Wegnahme verpflichtet.

Eine spezielle Anspruchsgrundlage für die **Abwicklung** am Ende des Mietverhältnisses enthält § 547 BGB: Ist die Miete für die Zeit nach Beendigung des Mietverhältnisses im Voraus entrichtet worden, so hat der Vermieter sie **zurückzuerstatten** und ab Empfang zu verzinsen. Hat er die Beendigung des Mietverhältnisses allerdings **nicht zu vertreten**, stammt die Ursache der Vertragsbeendigung also eher aus der Sphäre des Mieters, so hat der Vermieter das Erlangte (nur) nach den Vorschriften über die Herausgabe einer **ungerechtfertigten Bereicherung** zurückzuerstatten (Rechtsfolgenverweisung), kann sich also insbesondere auf den Wegfall der Bereicherung (§ 818 III BGB) berufen. Bei Beendigungstatbeständen, die kein Verschulden voraussetzen, genügt für das „Vertretenmüssen" i. S. v. § 547 BGB, dass die Ursache der Kündigung dem Verantwortungsbereich des Vermieters zuzurechnen ist.

b) Pflichten des Mieters

Synallagmatische Hauptpflicht des Mieters ist gemäß § 535 II BGB zunächst die Entrichtung der vertraglich vereinbarten **Mietzahlungen**.

Querverweis: Auf die Verknüpfung der wechselseitigen Hauptpflichten ist das allgemeine Leistungsstörungsrecht anwendbar. Ist dem Vermieter die Überlassung der Mietsache unmöglich (§ 275 I BGB), entfällt grundsätzlich die Verpflichtung des Mieters zur Mietzahlung (§ 326 I BGB); insoweit enthält § 537 II BGB eine (eigentlich überflüssige) Konkretisierung.

Eigentlich ebenfalls selbstverständlich ist die Klarstellung in § 537 I BGB, wonach der Mieter von seiner Pflicht zur Mietzahlung **nicht dadurch befreit** wird, dass er durch einen in seiner Person liegenden Grund an der **Ausübung seines Gebrauchsrechts gehindert** wird. Allerdings muss sich nach § 537 I 2 BGB der Vermieter auf seine Mietforderung den Wert der ersparten Aufwendungen sowie derjenigen Vorteile **anrechnen** lassen, die er während des Zeitraums der Nichtnutzung aus einer anderweitigen Verwertung des Gebrauchs erlangt.

Eine wichtige **Nebenpflicht** des Mieters während des Mietverhältnisses regelt § 536c I BGB: Sie trägt dem Umstand Rechnung, dass der Mieter die Sache während der Mietdauer **in seinem Besitz** hat und er deshalb hinsichtlich des Zustandes der Mietsache einen **Kenntnisvorsprung** gegenüber dem Vermieter hat. Daher ist es plausibel, dass § 536c I BGB dem Mieter die Pflicht auferlegt, **dem Vermieter unverzüglich anzuzeigen** (reine Tatsachenerklärung, keine Willenserklärung), wenn sich im Laufe der Mietzeit ein **Mangel** der Mietsache zeigt oder eine **Maßnahme zum Schutz der Mietsache** gegen eine nicht vorhergesehene Gefahr **erforderlich** wird. Ausschlaggebend für den Bestand der Nebenpflicht ist angesichts ihres tatsächlichen Hintergrundes nicht die Dauer des rechtlichen Mietverhältnisses, sondern maßgeblich ist der **tatsächliche Besitz** des Mieters an der Mietsache: Nur solange er tatsächlich die Sachherrschaft hat, besteht sein Kenntnisvorsprung. Eine entsprechende Anzeigepflicht gilt, wenn die Rechtsposition des Vermieters dadurch bedroht wird, dass ein **Dritter sich ein Recht an der Sache anmaßt** (§ 536c I 2 BGB), insbesondere also als Eigentümer der Sache auftritt.

Im Rahmen der Anzeigepflicht ist mit Rücksicht auf das Vermieterinteresse der **Begriff des Mangels weiter** zu verstehen als im Rahmen von §§ 536, 536a BGB (str.; so etwa BGH NJW 1977, 1236). Es kommt nicht darauf an, dass der Mangel bereits den vertragsgemäßen Gebrauch durch den Mieter beeinträchtigt. Vielmehr reicht aus, dass der Mangel ohne Beeinträchtigung der Brauchbarkeit den Vermieter sonst zu Abhilfemaßnahmen veranlassen kann, etwa um das **Entstehen größerer Schäden abzuwenden**. Erfasst werden dabei auch Schäden, die nicht unmittelbar die Mietsache betreffen, aber diese mittelbar betreffen können.

Beispiel: Feuchtigkeit in einer benachbarten Wand, die mit der Zeit auf die gemietete Wohnung einwirken und dort zu Schimmelbildung führen wird.

Die Anzeigepflicht besteht nur, wenn der Mieter den anzuzeigenden Umstand entweder **tatsächlich zur Kenntnis genommen** oder ihn **infolge grober Fahrlässig-**

keit nicht zur Kenntnis genommen hat (vgl. nur OLG Hamburg NJW-RR 1991, 1296); eine **Nachforschungspflicht** trifft ihn **nicht**. An den Inhalt der Anzeige sind keine hohen Anforderungen zu stellen; eine laienhafte Äußerung genügt. Kennt der Vermieter den Mangel bereits, dann besteht das § 536c I BGB legitimierende Informationsgefälle zwischen Mieter und Vermieter nicht; in diesem Fall ist § 536c I BGB teleologisch dahingehend zu reduzieren, dass die Anzeigepflicht nicht besteht (BGH NJW 1993, 1061).

Verletzt der Mieter eine bestehende Anzeigepflicht und entsteht deswegen kausal ein Schaden, der bei rechtzeitiger Anzeige hätte verhindert werden können, räumt **§ 536c II 1 BGB** dem Vermieter einen eigenständigen **Schadensersatzanspruch** gegen den Mieter ein. Da es sich um eine eigenständige Anspruchsgrundlage handelt, bedarf es des Rückgriffs auf §§ 280 ff. BGB nicht. Nach Rechtsprechung des BGH setzt die Schadensersatzpflicht nach § 536c II 1 BGB als ungeschriebenes Tatbestandsmerkmal ein **Vertretenmüssen** des Mieters i. S. d. §§ 276, 278 BGB hinsichtlich der unterbliebenen Anzeige voraus (BGH a. a. O.). Daran kann es fehlen, wenn der Mieter davon ausgehen durfte, dem Vermieter sei der anzeigepflichtige Umstand **bereits bekannt**.

Eine **weitere wichtige Rechtsfolge** einer Anzeigepflichtverletzung liegt darin, dass der Mieter sich seine **Mängelrechte abschneidet**, solange er einen Mangel nicht angezeigt hat, § 536c II 2 BGB (s. u. Kap. 3 I 2 c dd (2)).

Bei **Beendigung des Mietverhältnisses** (s. u. Kap. 3 I 2 e) ist der Mieter gemäß § 546 I BGB zur **Rückgabe der Mietsache** verpflichtet – eine nicht synallagmatische Mieterpflicht. § 546 II BGB räumt dem Vermieter einen eigenständigen vertraglichen Herausgabeanspruch gegen einen **Dritten** ein, dem der Mieter (berechtigt oder unberechtigt) den **Gebrauch der Mietsache überlassen** hat; der Dritte muss dafür Besitz an der Mietsache erlangt und nicht wieder (z. B. durch Rückgabe an den Mieter) verloren haben.

Verletzt der Mieter seine Rückgabepflicht, gewährt § 546a BGB dem Vermieter einen **pauschalierten Schadensersatzanspruch**: Gibt der Mieter die Mietsache nach Beendigung des Mietverhältnisses nicht zurück, kann der Vermieter demnach für die Dauer der Vorenthaltung als Entschädigung die vereinbarte Miete oder (nach seiner Wahl) die Miete verlangen, die für vergleichbare Sachen ortsüblich ist; die Geltendmachung eines darüber hinausgehenden Schadens nach allgemeinen Vorschriften (§§ 280 ff. BGB) ist nicht ausgeschlossen. Die spezielle Regelung trägt dem Umstand Rechnung, dass ein Schaden ansonsten für den Vermieter nicht immer leicht nachweisbar wäre und ein Ausgleich in Höhe der vereinbarten oder ortsüblichen Miete regelmäßig angemessen ist.

Die Verwendung einer Sache ist nahezu unausweichlich mit einer gewissen **Abnutzung** und oft mit Veränderungen und Beschädigungen der Sache verbunden. Es stellt sich die Frage, inwieweit der Mieter dem Vermieter wegen dieser Abnutzungen zum Schadensersatz nach § 280 I BGB verpflichtet ist. Eine typische Abnutzung wird der Vermieter einkalkuliert haben; dafür erhält er in Form der Mietzahlungen einen Ausgleich. Die Grenze zu einer **nicht einkalkulierbaren, atypischen Beschädigung** kann aber fließend sein. Entscheidend ist die **Vertragsgemäßheit der Sachnutzung**, durch welche es zu der Verschlechterung gekommen ist. § 538

BGB stellt daher klar, dass der Mieter Veränderungen oder Verschlechterungen der Mietsache **nicht** i. S. v. § 280 I 2 BGB **zu vertreten** hat, wenn diese durch ihren **vertragsgemäßen Gebrauch** herbeigeführt wurden. Damit konkretisiert und modifiziert § 538 BGB den allgemeinen Sorgfaltsmaßstab des § 276 BGB angesichts der Besonderheiten des Mietverhältnisses. Eine **Zurechnungsnorm** für Verschulden (§ 276 BGB) eines Dritten, dem der Mieter die Sache (berechtigt oder unberechtigt) zum Gebrauch überlassen hat, enthält § 540 II BGB.

c) Mängelrechte

Die Mangelfreiheit ist, wie bereits skizziert, Bestandteil des **primären Erfüllungsanspruchs** des Mieters. Ist ein Mangel i. S. v. § 536 BGB vorhanden, kann er also den Vermieter auf Beseitigung des Mangels und Herstellung eines vertragsgemäßen Zustandes in Anspruch nehmen. Daneben sehen §§ 536, 536a BGB sekundäre Mängelrechte des Mieters vor.

> **Querverweis:** Anders als im Kauf- und Werkvertragsrecht gibt es insofern generell **keinen Vorrang der Nacherfüllung.** Der Mieter kann also direkt (nach seiner Wahl) zu sekundären Mängelrechten übergehen, ohne dem Vermieter ein Recht zur zweiten Andienung einräumen zu müssen.
>
> Ebenso wie im Kaufrecht stellt sich die Frage, wie das **Konkurrenzverhältnis von Mängelrechten zu allgemeinen Vorschriften** zu lösen ist. Kann bei Vorliegen eines Mangels also gemäß § 119 II BGB wegen Eigenschaftsirrtums angefochten werden? Kann der Mieter einen Schadenersatzanspruch wegen anfänglicher Unmöglichkeit gemäß § 311a II 1 BGB oder einen Schadensersatzanspruch wegen fehlender Aufklärung über den Mangel (culpa in contrahendo, §§ 280 I, 311 II, 241 II BGB) geltend machen? Nach zutreffender Ansicht schließt das mietrechtliche Gewährleistungsrecht als abschließende Sonderregelung die genannten Rechte grundsätzlich ab Vertragsschluss aus, da ansonsten die differenzierten Voraussetzungen und Rechtsfolgen des Gewährleistungsrechts umgangen würden (vgl. für § 119 II BGB MünchKommBGB/*Kramer* § 119 Rn. 38 m. w. N.; für anfängliche Unmöglichkeit noch BGHZ 93, 142; BGHZ 99, 54, 57; *Diederichsen* JZ 1964, 24; für die culpa in contrahendo etwa BGHZ 136, 102, 106 f. (Anwendung nur bei Arglist des Vermieters); a. A. MünchKommBGB/*Emmerich* § 311 Rn. 147 m. w. N.). Durch Anwendung des **Spezialitätsprinzips** ergibt sich somit ein genereller Vorrang des Mietrechts gegenüber Rechten aus dem allgemeinen Schuldrecht bzw. dem Allgemeinen Teil.
>
> Nach neuerer Rechtsprechung des BGH greift dagegen der dargestellte Vorrang (im Hinblick auf § 311a II 1 BGB) erst **ab Überlassung der Mietsache** (BGHZ 136, 102). Zuvor könne der Mieter Rechte aus allgemeinen Vorschriften ableiten. Dies überzeugt für die Zeit zwischen Vertragsschluss und Überlassung nicht (dazu *Timme* NZM 2003, 703 m. w. N.)

Anders zu beurteilen ist der Zeitraum vor Abschluss des Mietvertrags: Insofern kommt bei **vorvertraglichen Pflichtverletzungen** eine Haftung aus culpa in contrahendo (§§ 280 I, 311 II, 241 II BGB) nach allgemeinen Grundsätzen zweifellos in Betracht, da sich das Konkurrenzproblem insofern nicht stellt. **Uneingeschränkt möglich** bleibt auch die **Anfechtung** des geschlossenen Vertrags nach **§§ 119 I, 120 BGB** sowie die Drohungs- oder Täuschungsanfechtung gemäß **§ 123 BGB**. Zur Vermeidung von Rückabwicklungsschwierigkeiten entfaltet diese – abweichend von § 142 I BGB – nach Überlassung der Mietsache aber nur **Ex-nunc-Wirkung** (zutr. AG Hamburg NJW-RR 1998, 809; offen BGHZ 137, 255, 266; a. A. Staudinger/*Emmerich* Einl. v. § 535 Rn. 70 ff. m. w. N.).

aa) Mangelbegriff

§ 536 BGB verzichtet auf eine eigenständige Mangeldefinition. Insofern kann auf die Ausführungen zum Kaufrecht verwiesen werden, wonach ein Mangel dann gegeben ist, wenn der **Istzustand** der Sache **vom vertraglich festgelegten oder zumindest stillschweigend vorausgesetzten Sollzustand negativ abweicht** (s. o. Kap. 2 I 8 a). Im Mietrecht gilt nichts anderes. Da dem Mieter aber, anders als beim Kauf, nicht die vollständige Nutzungsmöglichkeit eines Eigentümers eingeräumt werden soll, macht § 536 BGB eine bedeutsame **Einschränkung:** Auch die sekundären Mängelrechte stehen dem Mieter nur dann zur Verfügung, wenn der Mangel die **Tauglichkeit** der Mietsache **zum vertragsgemäßen Gebrauch** beeinträchtigt.

§ 536 II BGB stellt es einem Mangel gleich, wenn eine vertraglich **zugesicherte Eigenschaft fehlt** oder während der Mietdauer später wegfällt. Ebenfalls einem Mangel gleichgestellt wird die Situation, dass dem Mieter der **vertragsgemäße Gebrauch** der Mietsache durch das Recht eines Dritten ganz oder zum Teil **entzogen** wird, § 536 III BGB.

Hintergrund: Dies beschreibt eine Situation, die man auch treffend als „Rechtsmangel" charakterisieren könnte; da der Mieter aber – anders als Käufer und Werkbesteller – kein (dingliches) Recht an der Mietsache erwirbt, beschränkt sich das Mietrecht insofern auf die fiktionale Anordnung einer Gleichstellung zum Mängelbegriff.

bb) Mietminderung, § 536 BGB

Ebenfalls in § 536 BGB ist das wichtigste Mängelrecht des Mieters, die **Mietminderung**, geregelt: Bei **vollständiger Aufhebung** der Gebrauchstauglichkeit (z. B.

Ausfall der Heizung im Winter) entfällt der Vermieteranspruch auf Mietzahlung vollständig, bei einer **Minderung der Tauglichkeit** wird der Vermieteranspruch auf die Mietzahlung „angemessen" herabgesetzt. Die Höhe der Minderung hängt also davon ab, wie gravierend der Mangel ist. Bei einer **vollkommen unerheblichen Minderung** der Tauglichkeit bleibt der Mietanspruch des Vermieters in vollständiger Höhe aufrecht erhalten. Letztlich geht es darum, ein angemessenes Verhältnis von Leistung und Gegenleistung auch in der Situation der Schlechtleistung aufrecht zu erhalten.

Unerheblich ist, ob es sich um einen bereits anfänglich vorhandenen oder erst während der Mietzeit entstandenen Mangel handelt. Der Vermieter ist somit während der Mietdauer zur laufenden Unterhaltung und Mängelbeseitigung verpflichtet. § 536 BGB setzt lediglich ungeschrieben voraus, dass die Mietsache dem Mieter bereits übergeben ist; vor Übergabe kommt eine Mietminderung demnach nicht in Betracht (BGHZ 136, 102).

Unerheblich ist auch, ob der Vermieter die Mangelhaftigkeit zu **vertreten** oder überhaupt Einfluss auf die Beseitigung des Mangels hat. Eine Grenze ist erst in Fällen erreicht, in denen der **Mieter selbst den Mangel zu vertreten** hat i. S. d. §§ 276, 278 BGB (BGHZ 116, 334) oder er die Behebung des Mangels in zu vertretender Weise verhindert hat (LG Berlin NZM 1999, 1137).

Von großer Bedeutung ist die **Rechtsnatur** der Mietminderung nach § 536 BGB. Anders als bei der Minderung im Kauf- und Werkvertragsrecht handelt es sich **nicht** um ein **Gestaltungsrecht**, sondern um eine qua Gesetz (ipso iure) eintretende Rechtsfolge der Mangelhaftigkeit, um eine **rechtsvernichtende Einwendung**, die der erkennende Richter berücksichtigt, ohne dass der Mieter sich darauf berufen muss. Erforderlich ist also **keine Minderungserklärung** des Mieters (BGH WuM 1997, 488; *Eisenhardt* WuM 2000, 45), sondern die Herabsetzung der geschuldeten Miete findet ohne Zutun des Mieters kraft Gesetzes statt. Die Miete bleibt gemindert, solange der Mangel nicht behoben ist (str., so etwa BGHZ 127, 145). Ein aktives Handeln wird dem Mieter nur insofern abverlangt als er den **Mangel anzeigen** muss; andernfalls kann er die Berechtigung zur „Geltendmachung" einer Mietminderung verlieren (§ 536c II BGB, s. u. Kap. 3 I 2 c dd (2)).

Methodik: Beachten Sie den Unterschied zum Zurückbehaltungsrecht (§ 320 BGB), das dem Mieter daneben ebenfalls zusteht, wenn die Mietsache Mängel aufweist.

Der **Verjährung** unterliegt die Minderung **nicht** (vgl. nur OLG Köln NZM 1999, 73 m. w. N.), da es sich um keinen Anspruch handelt. Hingegen unterliegt ein **Rückforderungsanspruch** (§ 812 I 1 Alt. 1 BGB) der Regelverjährung, wenn der Mieter die Miete (mit Vorbehalt) ungemindert fortgezahlt hat, obwohl sie eigentlich qua Gesetz gemindert war.

Methodik: Beachten Sie das Zusammenspiel unterschiedlicher Vorschriften: Hat der Mieter vor Erstattung der Mängelanzeige gemäß § 536c BGB trotz Mangelhaftigkeit gezahlt, schneidet ihm § 536c II BGB insoweit die Mängelrechte einschließlich der Minderung ab. Hat er nach Anzeige ohne Vorbehalt geleistet, ist ihm die Rückforderung wegen Leistung in Kenntnis des fehlenden Rechtsgrundes gemäß § 814 BGB abgeschnitten (so BGH NJW 2003, 2601).

Von großer praktischer Bedeutung ist, dass die Regelung, insbesondere auch der Eintritt der Mietminderung kraft Gesetzes, **bei Wohnraummietverhältnissen unabdingbar** ist (§ 536 IV BGB).

cc) Schadens- und Aufwendungsersatzanspruch des Mieters wegen eines Mangels, § 536a BGB

(1) Schadensersatzanspruch, § 536a I BGB

Der Mieter kann bei Vorliegen eines Mangels vom Vermieter daneben (vgl. § 536a I a. E. BGB „unbeschadet der Rechte aus § 536") **Schadensersatz** verlangen. § 536a BGB gewährt sowohl einen Ersatzanspruch hinsichtlich des **Leistungsinteresses** des Mieters als auch seines **Integritätsinteresses**: § 536a BGB stellt gleichermaßen eine Anspruchsgrundlage für einen Schadensersatz „statt der Leistung" wie auch für einen Schadensersatz „neben der Leistung" dar.

§ 536a BGB enthält letztlich **drei unterschiedliche Anspruchsgrundlagen**, die klar auseinander gehalten werden müssen: Die Vorschrift differenziert hinsichtlich der Tatbestandsvoraussetzungen danach, ob der Mangel bereits **beim Vertragsschluss vorhanden** war oder **später entstanden** ist. Nur in letzterem Fall kommt es für den Schadensersatz auf ein Vertretenmüssen des Vermieters an. Bei einem **anfänglich** vorhandenen Mangel trifft den Vermieter eine **verschuldensunabhängige Garantiehaftung**. Gleiches gilt für später aufgetretene Mängel nur dann, wenn der Vermieter mit der Beseitigung des Mangels in **Verzug** (§ 286 BGB) ist; insbesondere bedarf es dazu der Mahnung durch den Mieter.

Methodik: Beachten Sie hierzu, dass es nach neuerer Rechtsprechung des BGH für das Vorliegen einer Mahnung genügt, wenn der Mahnende unmissverständlich, bestimmt und eindringlich zum Ausdruck bringt, dass er die Leistung erwartet. Ein Hinweis auf die bei Nichterbringung der Leistung trotz Mahnung eintretenden Folgen ist dagegen – entgegen früherer Sichtweise – nicht erforderlich (vgl. Staudinger/*Löwisch/Feldmann* § 286 Rn. 28 m. w. N.)

Nicht ausreichend als Mahnung ist die bloße Anzeige des Mangels gemäß § 536c I BGB (vgl. schon RGZ 100, 42). Ist der Mangel (z. B. aus technischen Gründen)

unbehebbar, kommt ein verschuldensunabhängiger Schadensersatzanspruch aufgrund Verzuges nicht in Betracht, sondern dann richten sich die Rechtsfolgen nach dem **Recht der Unmöglichkeit** (§§ 275, 280 I, III, 283, 326 BGB).

(2) Aufwendungsersatzanspruch, § 536a II BGB

Anders als das Kaufrecht gesteht das Mietrecht in § 536a II BGB dem Mieter einen Aufwendungsersatzanspruch nach einer Selbstvornahme hinsichtlich der Mängelbeseitigung zu. Demnach kann er den Mangel **selbst beseitigen** und Ersatz der dafür erforderlichen Aufwendungen verlangen, wenn entweder

- der Vermieter mit der Beseitigung des Mangels in **Verzug** ist (Nr. 1) oder
- die umgehende Beseitigung des Mangels zur Erhaltung oder Wiederherstellung des Bestands der Mietsache **notwendig** ist (Nr. 2).

Die Selbstvornahme darf der Mieter nur während der Vertragslaufzeit durchführen (BGH NJW 1984, 1552), denn nach Vertragsende steht dem Mieter der Primäranspruch aus § 535 BGB ja nicht mehr zu, dessen Absicherung das Selbstvornahmerecht dienen soll. Es handelt sich bei der Selbstvornahme um ein **Recht, nicht um eine Pflicht** des Mieters. Führt allerdings das Unterlassen der Selbstvornahme zu einer Vergrößerung des Schadens, kann den Mieter infolgedessen die Haftung aus § 536c II BGB treffen; auch muss er sich bei eigenen Schadensersatzansprüchen ein Mitverschulden (§ 254 BGB) anrechnen lassen (vgl. OLG Düsseldorf WuM 2003, 386).

Auch im Rahmen der Selbstvornahme muss der Mieter dem Vermieter eine **Möglichkeit zur Leistungsbestimmung einräumen**, wenn mehrere Varianten zur Mangelbeseitigung in Betracht kommen, etwa Neuanschaffung oder Reparatur der mangelhaften Sache; nur bei Verzug des Vermieters hinsichtlich der Leistungsbestimmung kann dann der Mieter (analog § 536a II BGB) selbst den Inhalt der Selbstvornahme festlegen. Dabei trifft ihn ein **Gebot zur wirtschaftlichen Ausführung**. Objektiv unnötige Kosten, die durch eine unwirtschaftliche Selbstvornahme entstehen, sind vom Ersatzanspruch nach § 536a II BGB (nur Ersatz der „erforderlichen Aufwendungen") nicht umfasst und treffen somit den Mieter.

> **Hintergrund: Verzug** i. S. v. § 536a II Nr. 1 BGB setzt auch hier grundsätzlich eine **Mahnung** durch den Mieter voraus. Der dadurch begründete Verzug wird nicht nur durch die Beseitigung des Mangels **beendet**, sondern auch z. B. durch die Weigerung gegenüber den mit der Mangelbeseitigung beauftragten Handwerkern, diesen den Zugang zum Mietobjekt zu gestatten; dadurch gerät der Mieter in Annahmeverzug (§§ 293 ff. BGB), der den Schuldnerverzug des Vermieters beendet.

§ 536a II Nr. 2 BGB erfasst zum einen **Notmaßnahmen**, die „zur Erhaltung oder Wiederherstellung des Bestands der Mietsache notwendig" sind. Die Maßnahme muss erforderlich sein, um Untergang oder Zerstörung, Verlust oder Beschädigung der Mietsache abzuwenden; die Maßnahme darf keinen Aufschub dulden (BGH NJW 1990, 447). Insofern ist ein **strenger Maßstab** anzulegen. Eine Mahnung des Vermieters ist in diesen Konstellationen nicht erforderlich. Analog wird § 536 II Nr. 2 BGB auf sog. **Eilmaßnahmen** angewandt, die zwar nicht zur Erhaltung der Mietsache unerlässlich sind, wohl aber, um **gravierende mangelbedingte Schäden von Rechtsgütern des Mieters abzuwenden.**

> **Beispiel:** Die Eingangstür zur Mietwohnung ist defekt. Der Mieter muss durch eine umgehende Reparatur sein Eigentum an den in der Wohnung befindlichen Gegenständen schützen.

dd) Ausschluss der Mängelrechte

(1) Kenntnis oder grob fahrlässige Unkenntnis bei Vertragsschluss und Übergabe, § 536b BGB

Die Mängelrechte können – ähnlich wie im Kauf- und Werkvertragsrecht (vgl. §§ 442, 640 II BGB) – insbesondere dann ausgeschlossen sein, wenn der Mieter beim Vertragsschluss bzw. bei der Übergabe der Kaufsache **Kenntnis vom Mangel** hatte. In diesem Fall ist er nicht schutzwürdig; er hätte ja auch den Vertragsschluss unterlassen können. Es handelt sich um einen **typisierten Verwirkungstatbestand.** Nach § 536b S. 1 BGB sind die Mängelrechte aus §§ 536, 536a BGB ausgeschlossen, wenn der Mieter bei Vertragsschluss den Mangel (positiv) kannte. War ihm der Mangel unbekannt, ist ihm aber insoweit **grobe Fahrlässigkeit** vorzuwerfen, hat er nach § 536b S. 2 BGB die Mängelrechte nur, wenn der Vermieter den Mangel **arglistig verschwiegen** hat. Nur in diesem Fall ist der Mieter trotz seiner groben Fahrlässigkeit schutzwürdiger als der – arglistig handelnde – Vermieter. Schließlich stellt § 536b S. 3 BGB der **positiven Kenntnis bei Vertragsschluss** die positive Kenntnis **bei Übergabe** der Sache gleich. Hat der Mieter in Kenntnis des Mangels die mangelhafte Sache angenommen, kann er sich auf die Mängelrechte der §§ 536, 536a BGB nur berufen, wenn er erklärt hat, sich die Geltendmachung dieser Rechte vorzubehalten. Über § 543 IV BGB wird in entsprechender Anwendung von § 536b BGB unter Umständen auch das außerordentliche **Kündigungsrecht** des Mieters wegen Hauptpflichtverletzung des Vermieters (§ 543 II Nr. 1 BGB) **ausgeschlossen.**

Eine **analoge Anwendung von § 536b BGB** auf die **nachträglich erlangte Kenntnis** scheidet nach heutiger Rechtslage – anders als bis zum 1.9.2001 – aus.

> **Beispiel:** Der Mieter schneidet sich seine Mängelrechte also nicht dadurch ab, dass er in Kenntnis des Mangels einer **Vertragsänderung zustimmt** oder

seine **Miete ungemindert zahlt** (vgl. aber zur Rückforderungsproblematik o. Kap. 3 I 2 c bb). Inwieweit die Mängelrechte durch eine nach Vertragsschluss bzw. Übergabe eintretende Kenntnis berührt werden, bestimmt sich allein nach der Anzeigepflicht gemäß § 536c BGB (und ggf. § 814 BGB bei vorbehaltloser Zahlung in Kenntnis der Nichtschuld).

1. Hat ein Wohnungsmieter, dessen Mietvertrag vor dem Inkrafttreten des Mietrechtsreformgesetzes am 1. September 2001 geschlossen worden ist, in entsprechender Anwendung des § 539 BGB a. F. sein Recht zur Minderung der Miete verloren, weil er den Mangel längere Zeit nicht gerügt und die Miete ungekürzt und vorbehaltlos weiter gezahlt hat, so verbleibt es hinsichtlich der bis zum 1. September 2001 fällig gewordenen Mieten bei diesem Rechtsverlust. Die Bestimmungen des Mietrechtsreformgesetzes und der hierzu ergangenen Übergangsvorschriften führen nicht zu einem Wiederaufleben des Minderungsrechts.
2. Für nach dem Inkrafttreten des Mietrechtsreformgesetzes fällig gewordene Mieten scheidet eine analoge Anwendung des § 536b BGB, der an die Stelle des § 539 BGB a. F. getreten ist, aus. Insoweit beurteilt sich die Frage, ob und in welchem Umfang ein Mieter wegen eines Mangels der Wohnung die Miete mindern kann, ausschließlich nach § 536c BGB. Dies gilt auch für Mietverträge, die vor dem 1. September 2001 abgeschlossen worden sind.
3. Soweit hiernach das Minderungsrecht des Mieters nach dem 1. September 2001 nicht entsprechend der bisherigen Rechtsprechung zur analogen Anwendung des § 539 BGB a. F. erloschen ist, bleibt jedoch zu prüfen, ob der Mieter dieses Recht unter den strengeren Voraussetzungen der Verwirkung (§ 242 BGB) oder des stillschweigenden Verzichts verloren hat.
BGH 16.7.2003 BGHZ 155, 380

(2) Nichtanzeige von Mängeln, § 536c BGB

Damit ist der zweite Ausschlusstatbestand hinsichtlich Mängelrechten bereits angesprochen. Bereits erörtert wurde (s. o. Kap. 3 I 2 c dd (2)), dass der Mieter gemäß § 536c I BGB verpflichtet ist, dem Vermieter einen Mangel **unverzüglich anzuzeigen**, der während der Laufzeit des Mietverhältnisses entsteht oder dem Mieter zur Kenntnis gelangt.

Soweit der Vermieter infolge der Unterlassung der Anzeige nicht Abhilfe schaffen, also den vertragsgemäßen Zustand i. S. v. § 535 I BGB wiederherstellen konnte, ist der Mieter gemäß § 536c II 2 BGB **nicht berechtigt, seine Rechte aus §§ 536, 536a I BGB geltend zu machen.** Ebenso verliert er das Recht zur Kündigung aus wichtigem Grund ohne Bestimmung einer angemessenen Frist zur Abhilfe gemäß § 543 III 1 BGB (s. u. Kap. 3 I 2 e bb).

Hintergrund: Insoweit weist § 536c I BGB eine **Doppelnatur** auf: Es handelt sich sowohl um eine **Pflicht**, deren Verletzung den Mieter zum Scha-

> densersatz verpflichtet, als auch um eine **Obliegenheit**, deren Verletzung zum Rechtsverlust des Mieters führt.

Nicht betroffen von dem Ausschlusstatbestand sind Ansprüche aus § 536a II BGB. Auch deliktische Ansprüche (§§ 823 ff. BGB) wegen einer infolge Verletzung der Verkehrspflichten des Vermieters erlittenen Rechtsgutsverletzung kann der Mieter geltend machen. Freilich kann auch in diesem Kontext, abhängig von den Umständen des Einzelfalls, den Mieter infolge der unterbliebenen Anzeige ein anspruchskürzender Vorwurf des **Mitverschuldens** (§ 254 BGB) treffen.

Ab dem Zeitpunkt, in dem der Mieter (verspätet) seiner Anzeigepflicht nachkommt, stehen ihm die nach § 536c BGB ausgeschlossenen Rechte wieder zu. § 536c BGB entfaltet dann nur noch vergangenheitsbezogene Wirkung (vgl. Staudinger/*Emmerich* § 536c Rn. 22).

(3) Vertragsdisponibilität

Die Mängelrechte der §§ 536, 536a BGB sind grundsätzlich **vertragsdispositiv**. § 536 IV BGB bestimmt lediglich, dass bei einem **Mietverhältnis über Wohnraum** eine zum Nachteil des Mieters abweichende Vereinbarung unwirksam ist. Hinsichtlich der in § 536a BGB geregelten Rechte fehlt eine entsprechende Einschränkung, so dass diese auch bei Wohnraummietverhältnissen abbedungen werden können. Bei Abbedingung in Formularverträgen gelten die Grenzen der **§§ 305 ff. BGB**. Jedenfalls die verschuldensunabhängige Garantiehaftung des Vermieters kann aber auch bei der Wohnraummiete in einem Formularvertrag abbedungen werden (BGH NJW 2002, 3232). Die formularmäßige Abbedingung der Mieteransprüche aus § 536a II BGB soll dagegen nach § 307 II Nr. 1 BGB unwirksam sein.

Eine wichtige **Grenze der Abdingbarkeit** ist in § 536d BGB geregelt: Demnach kann sich der Vermieter auf einen vertraglichen Ausschluss oder die Beschränkung von Mängelrechten nicht berufen, wenn er den Mangel **arglistig verschwiegen** hat. Ungeschriebene Voraussetzung dafür ist, dass es sich um einen offenbarungspflichtigen Mangel handelt; also um einen Mangel, der ohne Nachfragen des Mieters zu offenbaren war.

> **Definition:** Der Vermieter handelt dann arglistig, wenn er das Vorliegen eines offenbarungspflichtigen Mangels zumindest für möglich hält (**bedingter Vorsatz** genügt; vgl. BGH NZM 2001, 1002) und ebenfalls für möglich hält und billigend in Kauf nimmt, dass der Mieter den Mangel nicht kennt und in Kenntnis der wahren Umstände den Vertrag nicht oder nicht mit demselben Inhalt abgeschlossen hätte. Insofern entspricht die Definition dem **Arglistbegriff in § 123 BGB**.

Geht der Vermieter selbst **irrig davon aus, dass kein Mangel vorliegt**, handelt er selbst dann **nicht arglistig**, wenn ihn hinsichtlich seines Irrtums grobe Fahrlässigkeit trifft. Und ebenso ist Arglist zu verneinen, wenn der Vermieter irrig davon ausgeht, dass dem Mieter der Mangel bekannt ist. Die Anwendung von § 536d BGB ist auch dann ausgeschlossen, wenn dem Mieter der Mangel **tatsächlich bekannt** war; auch insofern ist kein Raum für Arglist (die bloß „versuchte" Arglist wird somit nicht sanktioniert). Gleichgestellt mit dem im Gesetz explizit genannten arglistigen Verschweigen wird die arglistige Eigenschaftszusicherung.

d) Vertiefungsproblem: Vertragliche Überwälzung von Schönheitsreparaturen

Auch **Reparaturen und Ausbesserungen**, die eine **beim vertragsgemäßen Gebrauch** unvermeidliche Abnutzung der Mietsache beheben sollen, fallen nach der Gesetzeskonzeption in die **Verantwortlichkeit des Vermieters**. Allerdings kann die Pflicht zu Schönheitsreparaturen auf den Mieter durch den Mietvertrag abgewälzt werden; die gesetzliche Konzeption ist **vertragsdispositiv**. Relevant wird dies insbesondere bei **Wohnraummietverhältnissen**. Hier ist die Überwälzung der Pflicht zu Schönheitsreparaturen, insbesondere bei Auszug des Mieters, eine **Standardklausel** in den Formularmietverträgen. Rechtlich handelt es sich gleichwohl um kein Spezifikum des Wohnraummietrechts, sondern das allgemeine Problem der partiellen vertraglichen Abdingbarkeit von § 535 I 2 BGB. Maßstab sind bei Formularmietverträgen insbesondere die **§§ 305 ff. BGB**.

Zu den Grenzen dieser vertraglichen Überwälzung hat der BGH in den letzten Jahren in einer **Vielzahl von Entscheidungen** Stellung genommen und der Gestaltungsfreiheit mit der Intention des Mieterschutzes recht enge Grenzen gesetzt. Dabei hat er insbesondere „starre" Renovierungsklauseln gemäß § 307 I BGB für unwirksam erachtet, die unabhängig vom Zustand der Wohnung und seiner Renovierungsbedürftigkeit eine Renovierungspflicht beim Auszug des Mieters oder innerhalb festgelegter Fristen anordnen. **Gebilligt** werden hingegen Klauseln, die Formulierungen enthalten wie **„je nach Grad der Abnutzung", „im Allgemeinen", „in der Regel",** weil diese die Renovierungspflicht letztlich vom objektiven Renovierungsbedarf der Wohnung anhängig machen.

> Vgl. BGH NZM 2004, 497; NZM 2004, 653; NZM 2004, 901; NZM 2004, 903; NZM 2005, 58; NZM 2005, 299; NZM 2005, 376; NZM 2005, 860; NJW 2006, 2113; NJW 2006, 2115; NJW 2006, 1728; NJW 2008, 2840.

Auch **Quotenabgeltungsklauseln**, nach denen der Mieter beim Auszug den Anteil der Renovierungskosten zahlen muss, die auf den zeitlichen Anteil am jeweiligen „Renovierungsintervall" entfallen, in dem er die Wohnung bewohnt hat, sind demnach jedenfalls **unwirksam**, wenn ihnen ein **starrer Fristenplan zugrunde liegt** (BGH NJW 2006, 3778; NZM 2007, 355), daneben aber auch, wenn das **Berechnungsverfahren** zur Quotenbildung **intransparent** ist (BGH NJW 2008, 1438).

Nach der Rechtsprechung des BGH ist der **Inhalt geschuldeter Schönheitsreparaturen** beschränkt. Klauseln, die dem Mieter eine bestimmte Farbgestaltung der Wände vorschreiben (**Farbwahlklauseln**) sind unwirksam, wenn sie sich (auch) auf die Farbgestaltung **während des laufenden Mietverhältnisses** beziehen. Der BGH meint, wie der Mieter während des Mietverhältnisses die Farben gestalte, sei allein seine Sache; der Vermieter habe kein anerkennenswertes Interesse, dies zu regeln. Für das **Mietende** kann der Vermieter hingegen den Mieter zur Wiederherstellung einer vertraglich vorgegebenen Farbgestaltung verpflichten, solange die Farbklausel nicht zu streng ist. Zulässig ist demnach, den Mieter zur Gestaltung mit „**hellen**" oder „**neutralen**" Farben zu verpflichten; die Vorgabe eines bestimmten Farbtons ginge hingegen zu weit.

Hintergrund: Da die **geltungserhaltende Reduktion** einer Klausel AGB-rechtlich nicht in Betracht kommt, wäre z. B. eine Klausel, die den Mieter zur neutralen Farbgestaltung **während und am Ende** des Mietverhältnisses verpflichtet, **insgesamt unwirksam**. Da das Verbot der geltungserhaltenden Reduktion durch eine formale Aufspaltung einer inhaltlich zusammenhängenden Regelung nicht umgangen werden soll, kann z. B. eine unwirksame Endrenovierungsklausel auch die Unwirksamkeit einer – für sich genommen – nicht zu beanstandenden Klausel bzgl. Renovierungen während des laufenden Mietverhältnisses auslösen. **Folge einer geringfügig „überschießenden" Klauselgestaltung ist daher eine massive Bevorteilung des Mieters.** Entfällt infolge dessen die Pflicht zu Schönheitsreparaturen vollständig, kann der Vermieter dafür noch nicht einmal Kompensation in Form einer erhöhten Miete oder eine Ausgleichszahlung verlangen (BGHZ 177, 186; BGH NJW 2009, 1410).

In der Summe tritt daher neben das gesetzliche Konzept eines bereits weit ausgedehnten Mieterschutzes im Wohnraummietrecht ein **weiteres richterrechtliches Schutzkonzept**, das der BGH für den Bereich des vertragsdispositiven Mietrechts entwickelt hat.

e) Ende des Mietverhältnisses und Kündigung

aa) Befristung und ordentliche Kündigung

Das häufig auf einen **andauernden** Leistungsaustausch angelegte Mietverhältnis bedarf **Regelungen zur Vertragsbeendigung**. Als Grundnorm zur Vertragsbeendigung unterscheidet § 542 BGB zwischen Mietverhältnissen mit festgelegter und solchen mit nicht festgelegter Mietdauer.

- Erstere enden gemäß § 542 II BGB **mit Ablauf der vereinbarten Zeit**; in diesem Fall ist eine ordentliche Kündigung (ebenso wie beim Dienstvertrag, vgl.

§ 620 II BGB, s. u. Kap. 4 I 2 c) nicht möglich. Möglich bleibt gemäß § 542 II
Nr. 1 BGB nur eine außerordentliche Kündigung „in den gesetzlich zugelassenen
Fällen" – also den Fällen des § 543 BGB; auch kann das Mietverhältnis ver-
längert werden.

- Ist **keine feste Mietdauer** bestimmt, kann jede Vertragspartei das Mietverhältnis
  nach den gesetzlichen Vorschriften **ordentlich** oder **außerordentlich kündigen**.
  Wie zu zeigen sein wird, ist die Entscheidung für eine ordentliche Kündigung im
  Grundfall des Mietverhältnisses **für beide Seiten frei**, unterliegt also nur einer
  Frist, nicht hingegen einer Bindung an sachliche Kündigungsgründe. Insbesondere bei **Wohnraummietverhältnissen** wird – ähnlich wie im Arbeitsrecht –
  die ordentliche Kündigung durch den Vermieter aber aus sozialen Gründen vom
  Vorliegen eines Kündigungsgrundes abhängig gemacht (s. u. Kap. 3 I 3 g aa
  (3)).

Für den Fall des **befristeten Mietverhältnisses** sieht § 545 BGB vor, dass sich
das Mietverhältnis **automatisch auf unbestimmte Zeit verlängert**, wenn der Mieter nach Ablauf der vereinbarten Mietzeit den **Gebrauch der Mietsache fortsetzt**.
Jede der beiden Vertragsparteien kann das abwenden, indem sie einen dem ent-
gegenstehenden Willen innerhalb von zwei Wochen gegenüber dem anderen Teil
erklärt.

bb) Außerordentliche fristlose Kündigung, § 543 BGB

§ 543 BGB trifft eine besondere Regelung zur **außerordentlichen fristlosen Kündigung aus wichtigem Grund**; diese ist gegenüber § 314 BGB lex specialis. § 543
I 2 BGB konkretisiert den Begriff des wichtigen Grundes. Ein wichtiger Grund
liegt danach vor, wenn dem Kündigenden unter Berücksichtigung aller Umstände
des Einzelfalls, insbesondere eines Verschuldens der Vertragsparteien, und unter
Abwägung der beiderseitigen Interessen die Fortsetzung des Mietverhältnisses **bis
zum Ablauf der Kündigungsfrist** oder bis zur sonstigen Beendigung des Mietverhältnisses **nicht zugemutet werden kann**. In aller Regel erforderlich ist eine
Pflichtverletzung im Mietverhältnis, die (zukunftsbezogen) die Grundlage für eine
Fortsetzung des Vertragsverhältnisses entfallen lässt. Insoweit gilt nichts anderes
als im Dienst- und Werkvertragsrecht (s. u. Kap. 4 I 2 c, II 3 c). Ebenso ist die
außerordentliche Kündigung auch hier (s. u. Kap. 3 I 2 e bb, cc) als besonders ein-
schneidendes Gestaltungsrecht **ultima ratio**; sie bedarf nach § 543 III BGB grundsätzlich „einer zur Abhilfe bestimmten angemessenen Frist" oder einer erfolglosen
Abmahnung. § 543 II BGB enthält eine beispielhafte, nicht abschließende Aufzählung besonders relevanter Fälle eines „wichtigen Grundes".

Hintergrund: Da es sich nicht um eine „Regelvermutung" handelt, sondern um eine „insbesondere"-Formulierung wird in den dort genannten Fällen eine **individuelle Interessenabwägung nicht erforderlich**; vielmehr ist

sie bereits **durch das Gesetz abstrakt vorgenommen**. Das Vorliegen eines „wichtigen Grundes" wird gewissermaßen fingiert, auch wenn eine individuelle Abwägung zu einem anderen Ergebnis führen würde. Es handelt sich also um gesetzlich privilegierte „wichtige Gründe".

Ein **wichtiger Grund** liegt demnach für die jeweils andere Partei bei besonders gravierenden Verletzungen der Haupt- und Nebenpflichten einer Vertragspartei vor, nämlich wenn

* der Vermieter seine Hauptpflicht nicht erfüllt, dem Mieter der vertragsgemäße Gebrauch der Mietsache also ganz oder zum Teil nicht rechtzeitig gewährt oder wieder entzogen wird (Nr. 1),
* der Mieter die Rechte des Vermieters durch Nebenpflichtverletzungen in erheblichem Maße beeinträchtigt, indem er die Mietsache durch Vernachlässigung der ihm obliegenden Sorgfalt erheblich gefährdet oder sie unbefugt einem Dritten überlässt (Nr. 2) oder
* der Mieter seine Hauptpflicht nicht erfüllt, indem er mit der Mietzahlung in erheblicherem Umfang in Verzug ist (Nr. 3).

In letzterem Fall regelt § 543 II 2 BGB, dass der Mieter der Kündigung ihre Wirksamkeit nehmen kann, indem er die Forderungen des Vermieters vor Ausspruch der Kündigung erfüllt; und auch rückwirkend kann er gemäß § 543 II 3 BGB der Kündigung die Wirksamkeit nehmen, allerdings dann nur noch durch unverzügliche Erklärung einer Aufrechnung (§ 387 BGB). Dies setzt das Bestehen einer Gegenforderung des Mieters gegen den Vermieter voraus. In diesem Fall ist die zunächst wirksame **Kündigung** gewissermaßen qua Gesetz durch die Aufrechnung des Mieters **auflösend bedingt**; sie ist in der Zwischenzeit „schwebend wirksam".

Nach § 543 IV BGB kann das privilegierte Kündigungsrecht des Mieters nach § 543 II Nr. 1 BGB **ausgeschlossen** sein, wenn der Mieter von der Pflichtverletzung des Vermieters bereits bei Vertragsschluss oder Überlassung der Sache Kenntnis hatte oder grob fahrlässig in Unkenntnis war. Aus dem Verweis auf § 536d BGB ergibt sich zudem, dass die privilegierte Kündigung nach § 543 II BGB außer im Fall der Arglist vertraglich ausgeschlossen werden kann.

Hintergrund: Das ist insofern ungewöhnlich, als die außerordentliche Kündigung aus wichtigem Grund ein elementares, vertraglich nicht abdingbares Recht in jedem Dauerschuldverhältnis darstellt. Der versteckte Hinweis auf die Vertragsdisponibilität des § 543 II BGB in § 543 IV BGB erklärt sich nur daraus, dass allein die Möglichkeit der privilegierten Kündigung nach § 543 II BGB ausgeschlossen sein soll. Nicht vertragsdispositiv ist hingegen die Möglichkeit der nicht privilegierten Kündigung aus wichtigem Grund gemäß § 543 I BGB.

cc) Außerordentliche fristgebundene Kündigung

§ 540 I 2 BGB räumt dem Mieter ein ebenfalls **außerordentliches, aber an die Fristen der ordentlichen Kündigung** (§ 573d II, § 575a III, § 580a IV BGB) **gebundenes** Kündigungsrecht ein, wenn der Vermieter die Erlaubnis zur Gebrauchsüberlassung an einen Dritten verweigert, ohne dass dafür in der Person des potentiellen Untermieters ein wichtiger Grund besteht (vgl. o. Kap. 3 I 2 a).

> **Hintergrund:** Es handelt sich um eine **interessante Mischform zwischen ordentlicher und außerordentlicher Kündigung**: Einerseits ist es eine außerordentliche Kündigung, weil sie eines genau konkretisierten Grundes (der Erlaubnisverweigerung durch den Vermieter) bedarf und insbesondere auch in einem befristeten Mietverhältnis, in dem die ordentliche Kündigung ja ausgeschlossen ist, erklärt werden kann. Andererseits handelt es sich mit Rücksicht auf die Interessen des Vertragspartners um eine **fristgebundene Kündigung**, die insofern Teilelemente der ordentlichen Kündigung enthält.

Ein die **Verweigerung legitimierender wichtiger Grund** kann z. B. eine bekannte **Unzuverlässigkeit des Dritten** oder die Art der von diesem beabsichtigten Sachnutzung sein. Ungeschriebene Voraussetzung ist, dass sich die Untervermietung sachlich im Rahmen der ursprünglichen vertraglichen Vereinbarung halten würde, also nicht z. B. eine als Gewerbeobjekt vermietete Räumlichkeit zu Wohnzwecken verwendet würde.

Ein außerordentliches fristgebundenes Kündigungsrecht sieht schließlich auch § 544 BGB für Verträge mit einer **festgelegten Vertragslaufzeit von mehr als 30 Jahren** vor. Wird ein Mietvertrag für eine längere Zeit als 30 Jahre geschlossen, kann demnach jede Vertragspartei nach Ablauf von 30 Jahren, gerechnet ab der Überlassung der Mietsache, das Mietverhältnis – auch ohne Vorliegen eines wichtigen Grundes (bei Mietverhältnissen über Wohnraum aber nur bei Vorliegen eines „berechtigten Interesses", § 573d BGB, s. u. Kap. 3 I 3 g aa (3)) – außerordentlich mit der gesetzlichen Frist einer ordentlichen Kündigung kündigen. Grund ist, dass sich die Vertragsparteien mit Rücksicht auf die **Vertragsfreiheit** (Art. 2 I, 12 I GG) nicht übermäßig lange binden sollen, ohne eine Kündigungsmöglichkeit zu haben.

§ 544 S. 2 BGB erklärt allerdings diese Kündigung für **unzulässig**, wenn der **Vertrag für die Lebenszeit** des Vermieters oder des Mieters geschlossen worden ist. Ein solcher Vertrag, der mit bewusstem Verzicht auf eine genaue Festlegung der Vertragslaufzeit, gewissermaßen als **„Risikogeschäft"** geschlossen wird, soll auch dann bindend bleiben, wenn er – vielleicht wider Erwarten – zu einer längeren Vertragslaufzeit als 30 Jahre führt.

Für den **Tod des Mieters** sieht schließlich § 580 BGB – unsystematisch außerhalb des allgemeinen Teils geregelt, obwohl er auf alle Mietverhältnisse außer Wohnraummietverhältnisse (dort gilt § 563a BGB) anwendbar ist – vor, dass der Vermieter berechtigt ist, das Mietverhältnis innerhalb eines Monats nach Kenntnis vom Tod des Mieters **außerordentlich fristgebunden zu kündigen**. Mit dem Tod treten ja die Erben des Mieters im Wege der Gesamtrechtsnachfolge (§ 1922 BGB) in das Mietverhältnis ein. Bei Mietverhältnissen ist häufig ein **starker persönlicher Einschlag** gegeben, da sich der Vermieter den Mieter im Vertrauen auf dessen Zuverlässigkeit ausgesucht hat. § 580 BGB bringt daher das Interesse des Vermieters zur Entfaltung, den Eintritt durch Gesamtrechtsnachfolge im Wege der außerordentlichen Kündigung zu beenden.

f) Verjährungsfragen

Die primären Erfüllungsansprüche beider Vertragsparteien unterliegen grundsätzlich der **dreijährigen Regelverjährung** (§§ 195, 199 I BGB); dies gilt auch für den mietvertraglichen Herausgabeanspruch des Vermieters aus § 546 I BGB.

> **Querverweis:** Daher kann von erheblichem praktischem Interesse sein, ob der Vermieter vom Mieter als **„nicht mehr berechtigtem Besitzer"** auch auf dinglichem Wege Herausgabe verlangen kann, § 985 BGB. Der dingliche Herausgabeanspruch unterläge gemäß § 197 I Nr. 1 BGB nämlich der **dreißigjährigen Verjährung**. Zu dieser streitigen Frage vgl. ausf. Staudinger/ *Gursky* Vorbem. zu §§ 987–993 Rn. 21 ff. m. w. N.).

Wie bereits erörtert, unterliegt die **Mietminderung keiner Verjährung**, da es sich um eine **ipso iure eintretende Mangelfolge**, nicht hingegen um einen Anspruch handelt.
    § 548 BGB trifft eine Regelung hinsichtlich der **Verjährung von Schadens- und Aufwendungsersatzansprüchen** beider Mietparteien sowie des Wegnahmerechts des Mieters (§ 539 II BGB). Demnach verjähren die Schadensersatzansprüche des Vermieters wegen Veränderungen oder Verschlechterungen der Mietsache aus § 280 I BGB bereits innerhalb von **sechs Monaten**; die Verjährung beginnt mit dem Zeitpunkt, in dem er die Mietsache zurückerhält, § 548 I 2 BGB. Nach § 548 II BGB verjähren Ansprüche des Mieters auf Ersatz von Aufwendungen (§§ 536a II, 539 I BGB) oder auf Gestattung der Wegnahme einer Einrichtung (§ 539 II BGB) ebenfalls in **sechs Monaten**, gerechnet ab der Beendigung des Mietverhältnisses.

> **Hintergrund:** Insofern ist die **rechtliche** Beendigung, nicht die **tatsächliche** Herausgabe maßgeblich, da es anders als bei den von § 548 I BGB erfassten Ansprüchen nicht darauf ankommt, dass der Anspruchsinhaber erst noch die Mietsache prüfen können muss.

In beiden Fällen dient die sehr kurze Verjährung dem Interesse, schnell **Rechtsfrieden** eintreten zu lassen. Erhält der Vermieter die Mietsache nicht zurück, dann verjähren gemäß § 548 S. 3 BGB mit der Verjährung des Rückgabeanspruchs auch seine Schadensersatzansprüche.

3. Mietverhältnisse über Wohnraum

a) Allgemeines

Der mit weitem Abstand **sozialpolitisch bedeutsamste Ausschnitt** von Mietverträgen sind Mietverhältnisse über Wohnraum. Diese haben, vor allem mit Rücksicht auf ihre soziale Bedeutung, daneben aber auch mit Blick auf eine angesichts des Mietgegenstandes veränderte und mitunter sehr diffizile Interessenlage, eine **ausführliche separate Regelung in den §§ 549–577a BGB** erfahren. Die gesetzliche Regelung zeichnet sich durch ihre **Detailfülle** aus und lässt im Rahmen dieses Lehrbuchs nur einen groben Überblick zu.

Viele **vertragsdispositive Schutzvorschriften** des allgemeinen Mietrechts werden hier für **zwingend** erklärt, so dass eine vertragliche Abweichung vom gesetzlichen Regelungsmodell nicht möglich ist.

> **Methodik:** Bereits in den allgemeinen Vorschriften sind (etwas unsystematisch) einzelne Sonderregelungen für Wohnraummietverhältnisse verstreut (z. B. § 547 II BGB); auch diese betreffen meist die fehlende vertragliche Abdingbarkeit einzelner Mieterrechte im Wohnraummietrecht.

Als Einleitungsnorm bestimmt **§ 549 I BGB**, dass auch für Mietverhältnisse über Wohnraum die **allgemeinen Vorschriften** der §§ 535–548 BGB **subsidiär gelten**, soweit sich nicht aus den §§ 549–577a BGB etwas anderes ergibt.

> **Methodik:** Handelt es sich um einen Mietvertrag über Wohnraum, müssen Sie in der Klausur somit zunächst die Existenz einer Sonderregelung hinsichtlich der betreffenden Regelungsfrage in §§ 549–577a BGB ausschließen, bevor Sie eine allgemeine Vorschrift (§§ 535–548 BGB) anwenden.

Innerhalb der Mietverhältnisse über Wohnraum wird **weiter unterschieden** nach der **sozialen Schutzbedürftigkeit** des Mieters: So erklärt bereits § 549 II, III BGB bestimmte Schutzvorschriften in Sonderfällen für unanwendbar, in denen das Vermieterinteresse höher zu gewichten ist als im Normalfall einer dauerhaften Wohnraummiete. Ebenfalls Sonderregelungen für sog. **Werkmiet- und Werkdienstwohnungen**, die im Zusammenhang mit einem Arbeitsverhältnis dem Arbeitnehmer zur Verfügung gestellt werden, enthalten die §§ 576 ff. BGB; diese sollen im Folgenden nicht näher dargestellt werden. Nur hingewiesen sei auf die besonderen Regelungen, die bei **Umwandlung von Mietwohnungen in Eigentumswohnungen** gelten (§§ 577 f. BGB).

b) Vertragsschluss

Gemäß § 550 BGB bedarf ein Mietvertrag für längere Zeit als ein Jahr der **Schriftform** i. S. v. § 126 BGB. Da es sich um eine Schutznorm zugunsten des Mieters handelt, liegt die **Rechtsfolge** eines Formverstoßes nicht in der Unwirksamkeit des Vertrags, sondern allein in der **Unwirksamkeit der Mietdauervereinbarung**; der Mietvertrag gilt für unbestimmte Zeit. Eine Kündigung ist dann nach § 550 S. 2 BGB frühestens zum Ablauf eines Jahres nach Überlassung des Wohnraums zulässig; sie setzt freilich auf Seiten des Vermieters einen Kündigungsgrund voraus (s. u. Kap. 3 I 3 g aa (3)).

Obwohl es an einer **Heilungsvorschrift fehlt**, gesteht der BGH den Parteien des Mietvertrags dennoch ohne große Problematisierungen die Rechtsmacht zu, den Mietvertrag durch Unterzeichnung des schriftlichen Mietvertrags **nachträglich formwirksam zu befristen**.

> Die Parteien können die Beurkundung eines zunächst formlos geschlossenen Vertrages jederzeit nachholen; der Vertrag gilt dann von Anfang an als in der gesetzlich vorgeschriebenen Form abgeschlossen.
> BGH v. 14.7.2004 BGHZ 160, 97

Eine **spezielle Unwirksamkeitsnorm** enthält § 555 BGB. Demnach ist eine Vereinbarung unwirksam, durch die sich der Vermieter, etwa für den Fall von Pflichtverletzungen im Mietverhältnis, eine **Vertragsstrafe** vom Mieter versprechen lässt. Damit soll der Mieter vor sozialen Härten bewahrt werden.

Ebenfalls dem Mieterschutz dient § 551 BGB, der zwingende Vorgaben zur Anlage und der zulässigen Höhe von Mietsicherheiten (**Kautionen**) macht.

c) Modifikation der beiderseitigen Rechte und Pflichten

Unter anderem mit dem Anliegen des sozialen Mieterschutzes, noch stärker aber aufgrund der schlichten Besonderheit, dass ein Mietverhältnis über Wohnraum in vielen Fällen besonders lange andauert, oft sogar über Jahrzehnte, werden die Haupt- und Nebenpflichten im Wohnraummietverhältnis gegenüber den allgemeinen Vorschriften **modifiziert**.

aa) Höhe und Modalitäten der Mietzahlung

Aus Gründen des Mieterschutzes werden der freien Vereinbarung der Miethöhe enge Grenzen gesetzt: Gemäß **§ 5 I WiStG** handelt ordnungswidrig, wer vorsätzlich oder leichtfertig (grob fahrlässig) für die Vermietung von Wohnräumen **unange-**

messen hohe Entgelte fordert, sich versprechen lässt oder annimmt. § 5 II WiStG definiert als unangemessen hoch solche Mieten, die **20 % über den ortsüblichen Mieten** für vergleichbare Wohnräume liegen. Kumulativ erforderlich ist, dass die überhöhte Miete „infolge der Ausnutzung eines geringen Angebots an vergleichbaren Räumen" – also aufgrund einer **Angebotsknappheit** – durchgesetzt wurde.

> **Methodik:** Eine dagegen verstoßende Mietabrede ist gemäß **§ 134 BGB i. V. m. § 5 I WiStG nichtig.** Im Übrigen bleibt der Mietvertrag wirksam (BGH NZM 2006, 291). Damit tritt die Vorschrift ergänzend neben § 138 BGB.

Eher zugunsten des Vermieters geht dabei die in § 556b I BGB statuierte **Vorleistungpflicht des Mieters:** Die Miete ist demnach zu Beginn, spätestens bis zum dritten Werktag der einzelnen Zeitabschnitte zu entrichten, nach denen sie bemessen ist.

§ 556b II BGB gibt dem Mieter das Recht, auch entgegen einer vertraglichen Bestimmung gegen eine Mietforderung mit einer Forderung aufgrund von Mietmängeln (§§ 536a, 539 BGB) oder aus ungerechtfertigter Bereicherung wegen zu viel gezahlter Miete **aufzurechnen.** Ebenso kann er demnach ein **Zurückbehaltungsrecht** bezüglich seiner Mietzahlung ausüben. Ein vertraglicher Ausschluss von Aufrechnung oder Zurückbehaltungsrechten bleibt somit wirkungslos. Der Mieter muss seine Absicht allerdings einen Monat vor der Fälligkeit der Miete in Textform dem Vermieter **anzeigen**; dieses formale Erfordernis ist Wirksamkeitsvoraussetzung für Aufrechnung bzw. Zurückbehaltungsrecht.

bb) Mieterhöhungen

Angesichts der **typischen langen Dauer** von Wohnraummietverhältnissen, die sich mitunter über mehrere Jahrzehnte erstreckt, hat hier die Frage erhebliche Relevanz, wie eine **Anpassung der Miete an Marktveränderungen oder die Inflation** erfolgen kann.

§ 557 I BGB regelt zunächst die Selbstverständlichkeit, dass die Mietparteien während des Mietverhältnisses eine Erhöhung der Miete kraft ihrer Vertragsfreiheit durch **Änderungsvertrag** vereinbaren können. Dies ist wenig relevant, denn der Mieter wird selten Veranlassung haben, einer solchen Erhöhung zuzustimmen.

Wesentlich bedeutsamer sind daher Möglichkeiten des Vermieters, künftige Anpassungen bereits **im ursprünglichen Mietvertrag** vorwegzunehmen. Möglichkeiten dazu sind in § 557 II BGB mit **Staffelmiete** und **Indexmiete** vorgesehen. Erstere hat eine Detailregelung in § 557a BGB, letztere in § 557b BGB erfahren. Bei der Staffelmiete ist im Mietvertrag eine Erhöhung um festgelegte Beträge in bestimmten Zeitabständen geregelt. Im Falle einer Indexmiete vereinbaren die Vertragsparteien, dass die Miete durch den vom Statistischen Bundesamt ermittelten

Preisindex für die Lebenshaltung aller privaten Haushalte in Deutschland bestimmt wird (§ 557b I BGB). Beide Vereinbarungen müssen – insbesondere im Interesse der Warnfunktion – schriftlich getroffen werden.

Nach § 557 III BGB sind Mieterhöhungen ansonsten – also **einseitig durch den Vermieter**, ohne vertragliche Übereinkunft – nur nach den Regelungen in §§ 558–560 BGB möglich; es sei denn, einseitige Mieterhöhungen sind vertraglich oder „den Umständen" nach – also konkludent – **ausgeschlossen**.

> **Querverweis:** § 557 III BGB schneidet freilich Mietanpassungen nach dem allgemeinen Notbehelf der **Störung der Geschäftsgrundlage (§ 313 BGB)** nicht gänzlich ab. Dieser ist immer, auch im Falle einer entgegenstehenden vertraglichen Vereinbarung, anwendbar, unterliegt freilich äußerst strengen Voraussetzungen (vgl. dazu *Riesenhuber/Domröse* JuS 2006, 208; *Feldhahn* NJW 2005, 3381).

Auch die Möglichkeit einer Mieterhöhung im Sonderfall des § 553 II BGB (s. u. Kap. 3 I 3 c dd) wird – entgegen dem insoweit missverständlichen Wortlaut von § 557 III – nicht ausgeschlossen.

Nach §§ 558–560 BGB sind **einseitige Mieterhöhungen** durch den Vermieter **nur zulässig**, wenn

- sie der **Anpassung an die ortsübliche Vergleichsmiete** dient; Maßstab ist insofern z. B. ein amtlicher Mietspiegel. Details regeln §§ 558–558e BGB.
- der Vermieter **bauliche Maßnahmen** durchgeführt hat, die den Gebrauchswert der Mietsache nachhaltig erhöhen, die allgemeinen Wohnverhältnisse auf Dauer verbessern oder nachhaltig Einsparungen von Energie oder Wasser bewirken. Details regeln §§ 559–559b BGB.
- Ist eine **Betriebskostenpauschale** vereinbart, kann der Vermieter schließlich Erhöhungen der Betriebskosten anteilig auf den Mieter umlegen, soweit er sich dies im Mietvertrag vorbehalten hat; Details regelt § 560 BGB.

Hat der Vermieter eine Mieterhöhung nach §§ 558, 559 BGB vorgenommen, steht dem Mieter ein **außerordentliches fristgebundenes Kündigungsrecht** zu (§ 561 BGB), so dass er sich auch aus einem befristet abgeschlossenen Mietverhältnis lösen kann.

cc) Betriebskostenabrechnung

Grundsätzlich gilt gemäß § 535 I 3 BGB, dass der Vermieter die **Lasten der Mietsache**, insbesondere also die Instandhaltungskosten, tragen muss. Abweichend von diesem Grundsatz kann bei Wohnungsmietverträgen dem Mieter die Tragung der **Betriebskosten** gemäß § 556 BGB **vertraglich auferlegt** werden.

Definition: Betriebskosten sind gemäß **§ 556 I 2 BGB** die Kosten, die dem Eigentümer oder Erbbauberechtigten durch das Eigentum oder das Erbbaurecht am Grundstück oder durch den bestimmungsmäßigen Gebrauch des Gebäudes, der Nebengebäude, Anlagen, Einrichtungen und des Grundstücks laufend entstehen. Was im Einzelnen unter den Begriff der Betriebskosten fällt, ist in **§ 2 Betriebskostenverordnung** (BGBl. I S. 2346) ausführlich geregelt. Erfasst werden z. B. Grundsteuer, Kosten der Wasserversorgung, Kosten der Entwässerung, Heizungskosten, Kosten der Straßenreinigung und Müllbeseitigung u. ä.

Nach § 556 II BGB können die Mietparteien die Zahlung einer **Betriebskostenpauschale** oder einer **Vorauszahlung in angemessener Höhe** vereinbaren. § 556 III BGB verpflichtet den Vermieter zur **jährlichen Abrechnung.** § 556 III 3 BGB regelt dabei die wichtige Rechtsfolge einer nicht rechtzeitigen Abrechnung: Die Geltendmachung einer Nachforderung durch den Vermieter ist dann ausgeschlossen, es sei denn, der Vermieter hat die verspätete Geltendmachung nicht zu vertreten.

§ 556a BGB regelt den **Abrechnungsmaßstab** für Betriebskosten; demnach sind die Betriebskosten vorbehaltlich einer anderen vertraglichen Absprache oder einer anderweitigen gesetzlichen Regelung nach dem **Anteil der Wohnfläche** umzulegen. In diesem Fall trifft das **Leerstandsrisiko** den Vermieter (BGH NJW 2003, 2902).

Beispiel: Steht also von acht Wohnungen in einem Mietshaus eine leer, muss bei der anteiligen Berechnung der Betriebskosten die leer stehende Wohnung einbezogen und der darauf entfallende Anteil dem Vermieter angelastet werden.

Für den Fall, dass – was § 556 II BGB zulässt – eine **Betriebskostenpauschale** vereinbart ist, kann der Vermieter bei einem entsprechenden Vorbehalt **Erhöhungen** der Betriebskosten durch Erklärung in Textform anteilig auf den Mieter umlegen. Diese Erhöhung ist gemäß § 560 I 2 BGB nur wirksam, wenn der Vermieter dabei den Grund für die Umlage bezeichnet und erläutert.

dd) Erweiterte Gebrauchsüberlassung an Dritte, § 553 I BGB

Abweichend von § 540 BGB, nach dem der Mieter zur Gebrauchsüberlassung an Dritte grundsätzlich nicht berechtigt ist, bestimmt § 553 I BGB bei Wohnraummietverhältnissen, dass der Mieter von dem Vermieter die **Erlaubnis zur Gebrauchsüberlassung an Dritte verlangen** kann, wenn nach Abschluss des Mietvertrags ein

„berechtigtes Interesse" des Mieters entsteht, einen Teil des Wohnraums einem Dritten zum Gebrauch zu überlassen.

Dies bezieht sich wohlgemerkt immer nur auf einen Teil des Wohnraumes; **nicht hingegen auf die gesamte Wohnung.** Es muss trotz der Gebrauchsüberlassung sichergestellt bleiben, dass der Mieter auch künftig die Sachherrschaft über die Wohnung ausübt (BGH NZM 2006, 220). Insofern kommt trotz § 553 I BGB der Aspekt zum Tragen, dass das Mietverhältnis vom besonderen persönlichen Vertrauen des Vermieters geprägt ist, der sich einen Mieter ja im Vertrauen auf dessen Integrität und Zuverlässigkeit ausgesucht hat. Freilich setzt § 553 I BGB nicht voraus, dass der Mieter dort seinen Lebensmittelpunkt aufrechterhält. Das Erfordernis wird in Rechtsprechung und Literatur dahingehend konkretisiert, dass der Mieter zumindest die Hälfte des Wohnraums zur Eigennutzung behalten muss (LG Berlin ZMR 2002, 49).

Die Anforderungen an das Vorliegen eines **„berechtigten Interesses"** sind dagegen nicht hoch: Es genügt jedes vernünftige und nachvollziehbare Interesse aus der Sphäre des Mieters (BGH NJW 1985, 130).

> **Beispiel:** Ein berechtigtes Interesse liegt beispielsweise vor, wenn sich der Wohnraumbedarf des Mieters reduziert hat, weil seine Kinder inzwischen erwachsen sind und eine eigene Wohnung bezogen haben. Es genügt auch ein finanzielles Interesse: Will oder kann der Mieter, z. B. wegen Arbeitslosigkeit, die Miete nicht mehr alleine aufbringen, liegt auch darin ein berechtigtes Interesse. Eine gerichtliche Detailprüfung der Vermögensverhältnisse des Mieters ist dazu nicht erforderlich: Wie der Mieter sein Geld verwenden möchte, ist seine Sache.

Er hat dann einen (im Streitfall einzuklagenden) **Anspruch auf Erlaubniserteilung** gegen den Vermieter. Ein Selbsthilferecht gibt § 553 I BGB dem Mieter hingegen nicht. Vermietet er den Wohnraum ohne Erlaubnis, handelt er auch dann vertragswidrig, wenn er einen Anspruch auf Erlaubniserteilung hätte. Unter Umständen kann der Vermieter die Erteilung der Erlaubnis gemäß § 553 II BGB davon abhängig machen, dass die vereinbarte **Miete** (einvernehmlich) **angemessen erhöht** wird, z. B. wenn die Weitervermietung zu einer erhöhten Beanspruchung der Mietsache führt.

ee) Duldung von Erhaltungs- und Modernisierungsmaßnahmen

Erneut mit Blick auf die **typische lange Mietdauer** bei Wohnraummietverhältnissen bestimmt § 554 I BGB, dass der Mieter auch während der Überlassungszeit **Maßnahmen zu dulden** hat, die zur **Erhaltung der Mietsache** erforderlich sind. Auf die Durchführung derartiger Maßnahmen kann ein **Mietminderungsverlangen** deshalb grundsätzlich nicht gestützt werden. Der Vermieter soll Gelegenheit haben, seine in §§ 535, 536 BGB zum Ausdruck kommende Vertragspflicht zur Erhaltung der Mietsache in vertragsgemäßem Zustand zu erfüllen. Gleiches gilt gemäß § 554 II BGB für **Maßnahmen zur Verbesserung der Mietsache**, zur Einsparung von Energie oder Wasser oder zur Schaffung neuen Wohnraums; dies aber – anders als die Duldungspflicht nach § 554 I BGB – nur mit dem Vorbehalt einer **Härteklausel** (§ 554 II 2 BGB), die bei den nicht ganz so unerlässlichen Verbesserungsmaßnahmen nach § 554 II BGB die Mieterinteressen höher gewichtet als bei den Erhaltungsmaßnahmen nach § 554 I BGB.

§ 554 III BGB erlegt dem Vermieter eine **Ankündigungspflicht** auf und gibt dem Mieter ein **außerordentliches Kündigungsrecht** aus Anlass der Maßnahme. Dies trägt dem Umstand Rechnung, dass Modernisierungsmaßnahmen häufig mit mehr oder weniger schwerwiegenden Beeinträchtigungen der Nutzbarkeit der Mietsache verbunden sind. Auch ist der Zusammenhang zu § 559 BGB zu sehen: Oft wird nach einer erfolgten Modernisierung demnach eine **Mieterhöhung** drohen (s. o. Kap. 3 I 3 c bb). § 554 IV BGB gibt dem Mieter eine Anspruchsgrundlage für die Erstattung von Aufwendungen, die er infolge einer Erhaltungsmaßnahme machen musste, z. B. Kosten für Hotelübernachtungen.

Umgekehrt kann auch der Mieter vom Vermieter gemäß § 554a BGB – vorbehaltlich einer Interessenabwägung und der Stellung einer zusätzlichen Kaution zwecks Rückbau der Veränderungen (§ 554a II BGB) – die **Zustimmung zu baulichen Veränderungen** am gemieteten Wohnraum **verlangen**, die der Mieter (auf seine Kosten) durchführen will, um die Wohnung behindertengerecht (barrierefrei) zu gestalten.

ff) Modifikationen beim Wegnahmerecht des Mieters

Wie bereits dargestellt, gibt § 539 II BGB dem Mieter ein Wegnahmerecht für Gegenstände, die er mit der Mietsache verbunden hat. Für Wohnraummietverhältnisse enthält § 552 BGB eine Modifikation dieses Rechts dahingehend, dass der Vermieter seine Ausübung **durch Zahlung einer angemessenen Entschädigung abwenden** kann, wenn nicht der Mieter ein berechtigtes Interesse an der Wegnahme hat. Die Regelung will eine pragmatische Lösung für Fälle aufzeigen, in denen durch die Verbindung eine Wertsteigerung der Mietsache eingetreten ist und eine Trennung unwirtschaftlich wäre.

> **Beispiel:** Der Mieter hat einen Parkettboden verlegt. Während er nach § 539 II BGB beim Auszug nur ein Wegnahmerecht hätte, also den Boden – wirtschaftlich sinnlos – entfernen und mitnehmen könnte, kann nach § 552 BGB der Vermieter dem Mieter eine angemessene Abfindung zahlen.

d) **Vermieterpfandrecht**

Ebenfalls ein Sonderphänomen des Wohnraummietrechts ist das **Vermieterpfandrecht** nach § 562 BGB; ein verwandtes Phänomen wird uns auch noch im Werk-

vertragsrecht mit dem Werkunternehmerpfandrecht (§ 647, s. u. Kap. 4 II 1 c) begegnen. Das Pfandrecht dient der **Absicherung der Miet- und sonstiger Geldfor-
derungen** des Vermieters gegen den Mieter aus dem Mietverhältnis.

Erfüllt der Mieter seine Zahlungspflichten nicht (sog. Pfandreife), kann der Vermieter die vom Pfandrecht erfassten Sachen nach §§ 1204 ff. i. V. m. § 1257 I BGB
verwerten und daraus seine Forderungen befriedigen; hierzu kann er vom Mieter gemäß § 1231 BGB **Herausgabe der Pfandgegenstände verlangen** und diese
dann durch öffentliche Versteigerung verwerten (§ 1235 I BGB).

Hintergrund: Das Pfandrecht ist ein **akzessorisches Sicherungsrecht**, das
vom Bestand der gesicherten Forderung abhängig ist. Es handelt sich um eine
sog. **Realsicherheit**, d. h. der Gläubiger kann die verpfändete Sache verwerten, um aus dem Verwertungserlös seine Forderung zu befriedigen. Die
gesicherte Forderung muss aufgrund der Akzessorietät des Pfandrechts ein-
gegrenzt und **bestimmbar** sein; allerdings kann ein Pfandrecht gemäß § 1204
II BGB auch für künftig entstehende Forderungen bestellt werden. Gerade für
das Vermieterpfandrecht ist das von Bedeutung, denn dieses sichert – in den
Grenzen von § 562 II BGB – **alle gegenwärtigen und künftigen Geldforde-
rungen aus dem Mietverhältnis**.

Generell unterscheidet man **vertragliche und gesetzliche Pfandrechte**.
Vertragliche Pfandrechte entstehen aufgrund autonomer Parteivereinbarung
(§ 1205 I BGB). Gesetzliche Pfandrechte entstehen ohne besondere vertragliche Absprache qua Gesetz, wenn bestimmte Voraussetzungen erfüllt sind.
Beim Vermieterpfandrecht handelt es sich demnach um ein **gesetzliches
Pfandrecht**. Die Rechtslage bei Pfandrechten richtet sich nach den allgemeinen Vorschriften in §§ 1204 ff. BGB. Diese Regelungen beziehen sich
unmittelbar nur auf vertragliche Pfandrechte, sind aber nach § 1257 BGB auf
gesetzliche Pfandrechte entsprechend anwendbar.

Gemäß § 562 I BGB entsteht das Vermieterpfandrecht **an den eingebrachten Sachen des Mieters**, also z. B. an **Möbeln** und anderem **Inventar**. Nach § 562 I 2 BGB
erstreckt es sich allerdings nicht auf Sachen, die nach den Vorschriften der ZPO (vgl.
§ 811 I ZPO) der Pfändung nicht unterliegen, namentlich Sachen, die für elementare
Bedürfnisse der Lebensführung unerlässlich sind. Das Pfandrecht sichert die (gegenwärtigen und künftigen) Forderungen des Vermieters aus dem Mietverhältnis.

Allerdings **beschränkt** § 562 II BGB das Pfandrecht insofern, als es demnach –
aus Perspektive des Zeitpunkts seiner Geltendmachung (vgl. OLG Düsseldorf NZM
1998, 237; also insbesondere dem Zeitpunkt des Herausgabeverlangens gegenüber
dem Mieter) – nicht zur Befriedigung für künftig entstehende Entschädigungsfor-
derungen verwendet werden kann und auch künftige Mietforderungen nur insofern
sichert, als diese im **laufenden oder dem folgenden Mietjahr** entstehen; das Mietjahr stimmt nicht mit dem Kalenderjahr überein, sondern beginnt mit Abschluss des
Mietvertrags.

> **Beispiel:** Wurde der Mietvertrag zum 1.4.2000 abgeschlossen und zahlt der Mieter nun seit dem 1.1.2009 seine monatlich i. H. v. 1.000 € am Monatsanfang zu entrichtende Miete nicht, kann der Vermieter, wenn er am 10.10.2009 sein Pfandrecht geltend macht, Herausgabe von Sachen verlangen, die eine hinreichende Sicherheit für eine Forderung i. H. v. insgesamt 27.000 € darstellen: Gesichert sind die bereits entstandenen, nicht erfüllten Forderungen im Zeitraum 1.1.2009 bis 10.10.2009 (10.000 €), zusätzlich künftige Mietforderungen für das laufende und das folgende Mietjahr, also bis zum 31.3.2011; insofern verbleiben noch 17 zu sichernde Monatsmieten.

Nach § 562a BGB **erlischt** das Vermieterpfandrecht, wenn die erfassten Sachen mit Kenntnis des Vermieters vom Grundstück entfernt werden, und zwar mit dem Ablauf eines Monats, nachdem der Vermieter von der Entfernung der Sachen Kenntnis erlangt hat (§ 562b II 2 BGB). Der Vermieter hat also **grundsätzlich nur Zugriff, solange sich die Sachen auf dem Grundstück der Mietsache befinden.** Erfährt der Vermieter von der Entfernung, kann er dieser **widersprechen** (§ 562a I 1 BGB) und so sein Pfandrecht erhalten. Der Vermieter kann hingegen gemäß § 562a I 2 BGB **nicht widersprechen**, wenn die Entfernung den **gewöhnlichen Lebensverhältnissen** entspricht oder wenn offensichtlich ist, dass die zurückbleibenden Sachen zur Sicherung des Vermieters **ausreichen.** Um die Entfernung gegen seinen Willen zu verhindern (und so die Erschwerung der Durchsetzung des bei einem Widerspruch ja fortbestehenden Pfandrechts zu verhindern) gibt § 562b BGB dem Vermieter ein **Selbsthilferecht**: Er darf danach insbesondere bei einem Auszug des Mieters die Sachen **in seinen Besitz nehmen**. Sind die Sachen schließlich ohne Wissen oder unter Widerspruch des Vermieters entfernt worden, gibt § 562b II BGB dem Vermieter einen **Herausgabeanspruch**.

Schließlich kann der Mieter die ihn stark belastende Geltendmachung des Pfandrechts **abwenden**, indem er dem Vermieter hinreichende **andere Sicherheiten** für dessen Forderungen zur Verfügung stellt, § 562c BGB.

e) Eintrittsrecht bei Tod des Mieters

Sind **mehrere Personen Mieter** des Wohnraums (z. B. wenn beide Ehepartner den Mietvertrag abgeschlossen haben), bedarf es einer Regelung für den Fall, dass einer der Mieter stirbt. § 563a BGB trifft für diesen Fall die plausible und nahe liegende Regelung, dass das Mietverhältnis (ausschließlich) **mit den überlebenden Mietern fortgesetzt** wird.

> **Hintergrund:** Selbstverständlich ist dies nicht: Die eigentliche Bedeutung des § 563a BGB liegt darin, dass zugleich der **Eintritt der Erben** in die

> Mieterstellung, die sich eigentlich nach § 1922 BGB ergeben würde, **ausgeschlossen** ist.

§ 563a II BGB gewährt den **überlebenden Mietern** (nicht hingegen dem Vermieter) ein **außerordentliches fristgebundenes Sonderkündigungsrecht** innerhalb eines Monats ab Kenntnis vom Tod des Mitmieters. Das trägt insbesondere dem Interesse Rechnung, dass die verbleibenden Mieter sich auch aus einem befristeten Mietverhältnis lösen können müssen, weil sich z. B. ihr Raumbedarf infolge des Todes verringert hat oder sie die Miete nicht mehr tragen können.

Aus sozialen Erwägungen sieht § 563 BGB zudem vor, dass Personen, die mit dem (alleinigen) Mieter einen **auf Dauer angelegten gemeinsamen Haushalt** führen, beim Tod des Mieters qua Gesetz **in das Mietverhältnis eintreten**.

> **Querverweis:** Die Vorschrift stellt eine der wenigen Regelungen eines Vertragsübergangs qua Gesetz dar (vgl. im Dienstvertragsrecht § 613a BGB).

Gegenüber § 563a BGB ist die Vorschrift **subsidiär**: War der verbleibende Bewohner **ohnehin schon Vertragspartner**, richtet sich der Eintritt allein nach § 563a BGB. § 563 BGB erfasst also nur den Fall, dass der verbleibende Bewohner des Wohnraums nicht bereits zuvor (Mit)Mieter war.

§ 563 I BGB regelt den Eintritt zunächst – vorrangig – für **Ehepartner und Lebenspartner** i. S. d. LPartG. § 536 II BGB erweitert das Eintrittsrecht auf **Verwandte** und **andere Personen**, mit denen der verstorbene Mieter einen gemeinsamen Haushalt geführt hat. Darunter fallen insbesondere **nichteheliche Lebensgemeinschaften**, ebenso aber auch auf Dauer angelegte **Wohngemeinschaften**. Die Vorschrift soll sicherstellen, dass die anderen Bewohner der Wohnung nicht wegen des Todes des Mieters ausziehen müssen. Treten (in Fällen des § 563 II BGB) mehrere Personen ein, erfolgt eine **Vervielfältigung der Vertragspartei** auf Mieterseite; die Eintretenden werden **Gesamtschuldner und -gläubiger** (vgl. etwa *Brox/Walker* AT § 37 Rn. 1 ff.).

§ 563 III BGB gewährt den eintretenden Personen eine Art **Widerspruchsrecht**: Innerhalb eines Monats nach Kenntnis vom Tod des Mieters können die eintretenden Personen erklären, dass sie das Mietverhältnis nicht fortsetzen wollen. In diesem Fall gilt der Eintritt als nicht erfolgt. Die Erklärung hat Rückwirkung. Ist es zum Eintritt mehrerer Personen in das Mietverhältnis gekommen, kann jeder für sich die Erklärung abgeben; der Eintritt der anderen bleibt dadurch unberührt.

§ 563 IV BGB gewährt – anders als in Fällen des vorrangigen § 563a BGB – **auch dem Vermieter eine Lösungsmöglichkeit**: Er kann das Mietverhältnis innerhalb eines Monats nach (Tatsachen-)Kenntnis von dem endgültigen Eintritt in das Mietverhältnis **außerordentlich fristgebunden kündigen**, allerdings nur, wenn in der Person des Eingetretenen ein **wichtiger Grund** (insbes. mangelnde Solvenz oder ein gestörtes Vertrauensverhältnis, vgl. o. Kap. 3 I 2 e bb) vorliegt.

> **Querverweis:** Der Unterschied zu § 563a BGB, bei dem (nur) der verblei-
> bende Mieter ein Sonderkündigungsrecht hat, ist plausibel: Anders als im Fall
> des § 563a BGB hat sich der Vermieter die eintretende Vertragspartei ja **nicht
> selbst als Vertragspartner ausgesucht**. Ihm ist daher zur Wahrung seiner
> Vertragsfreiheit ein erleichtertes Lösungsrecht zuzugestehen.

Der Eintritt bzw. die Fortsetzung nach §§ 563, 563a BGB hat gemäß § 563b BGB
zur Folge, dass die Vertragspartei gewordenen Personen neben den Erben des Verstorbenen – auf welche auch die Verbindlichkeiten des Verstorbenen im Wege der
Universalsukzession gemäß § 1922 BGB übergehen – für die bis zum Tod des
Mieters **entstandenen Verbindlichkeiten** als **Gesamtschuldner** (§ 426 BGB) haften. Für das **Innenverhältnis** der Gesamtschuldner bestimmt allerdings § 563b I 2
BGB, dass die Erben grundsätzlich **allein haften**.

> **Beispiel:** Nimmt der Vermieter also die nach §§ 563, 563a BGB eingetre-
> tenen bzw. fortsetzenden Mieter in Anspruch, können diese bei den Erben
> **vollständigen Regress** nehmen.

Im Gegenzug regelt § 563b II BGB einen Herausgabeanspruch des Erben gegen die
Fortsetzenden hinsichtlich der Vorteile, die diese dadurch haben, dass der Erblasser
im Voraus Miete entrichtet hat.

In dem Fall, dass niemand vorhanden ist, der das Mietverhältnis gemäß §§ 563,
563a BGB fortsetzen bzw. in das Mietverhältnis eintreten könnte oder aber dem
Übergang gemäß § 563 III BGB widersprochen wurde, kommt es **subsidiär** dann
doch zur eigentlich schon nach § 1922 BGB eintretenden **Fortsetzung des Mietverhältnisses mit den Erben**; § 564 I 1 BGB stellt dies ausdrücklich klar. In diesem
Fall sind gemäß § 564 I 2 BGB der Erbe und der Vermieter gleichermaßen berechtigt, das Mietverhältnis innerhalb eines Monats nach Kenntnis vom Tod des Mieters
und (kumulativ) Kenntnis von Nichteintritt und Nichtfortsetzung nach §§ 563, 563a
BGB **außerordentlich fristgebunden zu kündigen**.

f) „Kauf bricht nicht Miete", § 566 BGB

Ebenfalls regelungsbedürftig ist die Konstellation, dass es zu einer **Veräußerung
der Mietsache an einen Dritten** kommt.

> **Hintergrund:** Im Grundfall eines Mietvertrags – außerhalb des Wohnraum-
> mietrechts – ist in diesem Fall **allgemeines Schuldrecht** anwendbar. Der ver-
> äußernde Vermieter muss beim Verkauf an einen Dritten durch **vertragliche
> Absprachen** sicherstellen, dass die Gebrauchsüberlassung an den Mieter
> weiterhin stattfinden kann. Unterlässt er dies, macht er sich entweder **dem**

Käufer gegenüber gewährleistungspflichtig, weil er diesem den Besitz entgegen § 433 I 1 BGB nicht verschaffen kann, oder aber **dem Mieter gegenüber schadensersatzpflichtig** wegen Unmöglichkeit (§§ 275, 280 I, III, 283 BGB), weil er diesem den Sachgebrauch nicht mehr gewähren kann. Ein **Eintritt** des neuen Eigentümers in das Mietverhältnis findet dagegen **nicht** statt; es bleibt bei reinen Zwei-Personen-Beziehungen einerseits zwischen Vermieter und Mieter, andererseits zwischen Käufer und Verkäufer.

Erneut aus **sozialen Erwägungen** trifft § 566 I BGB für Wohnraummietverhältnisse eine stark abweichende Sonderregelung: **„Kauf bricht nicht Miete".** Die Übertragung des Eigentums (§ 929 BGB) an dem Mietobjekt nach Überlassung des Wohnraums an den Mieter (zu anderen Konstellationen s. § 567a BGB) führt daher, ähnlich den soeben beleuchteten Konstellationen, zu einem **Wechsel des Vertragspartners**, diesmal aber auf Vermieterseite: Der Erwerber **tritt** qua Gesetzes anstelle des Vermieters **in die aus dem Mietverhältnis resultierenden Rechte und Pflichten ein.** Dem Mieter wird somit das Risiko einer Verschlechterung seiner rechtlichen Situation abgenommen.

Methodik: Beachten Sie, dass es für den Wechsel des Vertragspartners auf das dingliche Verfügungsgeschäft über das Eigentum (§§ 929 ff. BGB) ankommt, nicht hingegen auf das Verpflichtungsgeschäft (§ 433 BGB). Insoweit ist die Überschrift des § 566 BGB („Kauf") missverständlich. Eigentlich müsste es „Veräußerung" heißen. Somit sind nicht nur Fälle erfasst, in denen das der Übereignung zugrunde liegende Verpflichtungsgeschäft ein Kaufvertrag ist, sondern ebenfalls z. B. Fälle der Schenkung.

Verhält sich der Erwerber gegenüber dem Mieter vertragswidrig, macht er sich diesem gegenüber **schadensersatzpflichtig** (§§ 280 ff. BGB). § 566 II 1 BGB gewährt hinsichtlich dieses Schadensersatzanspruchs dem Mieter zudem einen **eigenen Anspruch gegen den veräußernden ursprünglichen Vermieter**; dieser haftet wie ein selbstschuldnerischer Bürge (Rechtsfolgenverweisung auf §§ 765 ff., 773 BGB). Auch dies dient dem Gedanken, dass durch die Veräußerung die Stellung des Mieters nicht verschlechtert werden soll. Das Risiko, dass z. B. der Erwerber weniger solvent ist als der Veräußerer (den sich der Mieter ja eigentlich als Vertragspartner ausgesucht hat) wird durch § 566 II BGB wirkungsvoll eingedämmt. Allerdings wird gemäß § 566 II 2 BGB die **Weiterhaftung des Veräußerers beendet**, sobald der Mieter den neuen Vertragspartner **akzeptiert**, indem er nicht zum ersten Termin kündigt, zu dem die Kündigung (regulär) zulässig ist. Ein Sonderkündigungsrecht wird dem Mieter dagegen hier nicht gegeben.

§§ 566a–566e BGB regeln Detailfragen der Rechtsverhältnisse zwischen Veräußerer, Erwerber und Mieter. § 567 BGB erklärt §§ 566–566e BGB für entsprechend anwendbar, wenn der Wohnraum nicht veräußert, sondern in einer Weise **mit Rech-**

ten Dritter belastet wird, dass dem Mieter durch die Ausübung des Rechts der vertragsgemäße Gebrauch entzogen wird. Gleiches gilt gemäß § 567b BGB, wenn der Erwerber den Wohnraum erneut weiterveräußert, also bei einer „Veräußerungskette".

g) Vertragsbeendigung

Wie bereits angesprochen, ist die **Vertragsbeendigung durch den Vermieter** recht **strikt reglementiert.** Während die Vertragsbeendigung durch Befristung oder ordentliche Kündigung im Grundfall des Mietverhältnisses für beide Seiten frei, nicht sachgrundgebunden ist, bedarf der Vermieter von Wohnraum **sowohl für Befristung als auch ordentliche Kündigung** stets eines **sachlichen Grundes**, der das Bestandsschutzinteresse des Mieters überwiegt.

> **Querverweis:** Insofern ähnelt die Struktur dem arbeitsrechtlichen Kündigungs- und Befristungsrecht im Verhältnis zum freien Dienstvertrag.

aa) Kündigung

Die allgemeinen Vorschriften zur Kündigung des Mietverhältnisses werden für Wohnraummietverhältnisse **stark modifiziert**.

(1) Schriftform und Unterrichtungsobliegenheit

§ 568 BGB legt zunächst fest, dass die Kündigung des Mietverhältnisses – sowohl durch Mieter als auch Vermieter – der **Schriftform** bedarf. Der Vermieter hat bei einer von ihm ausgesprochenen Kündigung gemäß § 568 II BGB den Mieter auf die Möglichkeit, die Form und die Frist des ihm zustehenden Widerspruchsrechts (§§ 574–574b BGB, s. u. Kap. 3 I 3 g aa) hinzuweisen.

> **Hintergrund:** Ein Verstoß gegen diese Sollvorschrift macht die Kündigung allerdings nicht unwirksam. Der Mieter kann dann jedoch gemäß § 574b II 2 BGB den Widerspruch noch im ersten Termin eines Räumungsrechtsstreits erklären. Bei der Unterrichtung über das Widerspruchsrecht handelt es sich also um eine reine **Obliegenheit**, keine Rechtspflicht des Vermieters.

(2) Kündigungsfristen

§ 573c BGB bestimmt (einseitig zwingend) die bei der Wohnraummiete geltenden **Kündigungsfristen** einer ordentlichen Kündigung. Die Kündigungsfristen sind aus sozialen Gründen **für Mieter und Vermieter unterschiedlich ausgestaltet**: Der

Mieter kann stets spätestens am dritten Werktag eines Kalendermonats zum Ablauf des übernächsten Monats kündigen. Die Kündigungsfrist für den Vermieter verlängert sich hingegen gemäß § 573c I 2 BGB nach fünf und acht Jahren seit der Überlassung des Wohnraums um jeweils drei Monate. Diese Regelung ist gegenwärtig stark in der **politischen Diskussion**: Die seit 2009 amtierende Bundesregierung aus CDU/CSU und FDP hat es sich zum Ziel gesetzt, die Kündigungsfristen für Vermieter und Mieter **anzugleichen**. § 573c II, III BGB enthalten Sonderregelungen für besondere Formen des Mietverhältnisses.

(3) Kündigungsgrund bei ordentlicher Vermieterkündigung

Die längere Kündigungsfrist ist nicht die einzige Verschärfung zulasten des Vermieters. Noch entscheidender ist, dass § 573 I BGB die ordentliche Kündigung durch den Vermieter von einem **„berechtigten Interesse an der Beendigung des Mietverhältnisses"** abhängig macht; das gilt gemäß § 573d I BGB auch bei einer gesetzlich zugelassenen außerordentlichen fristgebundenen Kündigung. Während es sich beim ordentlichen Kündigungsrecht des Mieters um ein „freies", grundloses Kündigungsrecht handelt, bedarf der Vermieter auch für die ordentliche Kündigung grundsätzlich eines rechtfertigenden Grundes.

§ 573 I 2 BGB stellt exemplarisch klar, dass die Kündigung zum Zwecke der **Mieterhöhung kein berechtigtes Interesse** des Vermieters darstellen kann. Dagegen umschreibt § 573 II BGB **beispielhaft**, nicht abschließend, Konstellationen, in denen ein berechtigtes Interesse des Vermieters „insbesondere" anzunehmen ist:

- **nicht unerhebliche schuldhafte Vertragspflichtverletzung** durch den Mieter (Nr. 1),
- **Eigenbedarf** (Nr. 2),
- Hinderung des Vermieters durch die Fortsetzung des Mietverhältnisses an einer **angemessenen wirtschaftlichen Verwertung** des Grundstücks und Eintritt erheblicher Nachteile (Nr. 3).

Die **Gründe** für ein berechtigtes Interesse des Vermieters sind **im Kündigungsschreiben anzugeben**, § 573 III 1 BGB. Auf andere Gründe als die dort angegebenen kann sich der Vermieter (etwa in einem Kündigungsrechtsstreit oder auch bei einem Widerspruch des Mieters, vgl. § 574 III BGB) nur berufen, wenn sie nach Zugang der Kündigung entstanden sind, § 573 III 2 BGB.

Ohne besonderes berechtigtes Interesse, dafür aber mit einer um drei Monate verlängerten Kündigungsfrist, ist die ordentliche Kündigung durch den Vermieter ausnahmsweise zulässig, wenn es sich um eine Wohnung in einem vom Vermieter ebenfalls bewohnten **Zweifamilienhaus** oder um Zimmer in der vom Vermieter **selbst bewohnten Wohnung** handelt, § 573a BGB. Grund ist, dass aufgrund des engen Zusammenlebens dem Vermieter zugestanden wird, dass er sich auch aus sonstigen, nicht objektiv nachvollziehbaren Gründen (z. B. schlichte Antipathie) vom Mieter trennen können soll.

§ 573d BGB stellt klar, dass die Systematik der §§ 573, 573a BGB – regelmäßig ist ein berechtigtes Interesse erforderlich – grundsätzlich auch auf die Fälle der

außerordentlichen fristgebundenen Kündigung (insbes. § 544 BGB bei Verträgen mit einer festgelegten Vertragslaufzeit von mehr als 30 Jahren, s. o. Kap. 3 I 2
e cc) Anwendung findet.

§ 573b I BGB privilegiert eine **Teilkündigung** von bislang nicht zum Wohnen
bestimmten Nebenräumen oder Grundstücksteilen, wenn diese dazu dienen soll,
neuen Wohnraum zum Zwecke der Vermietung **zu schaffen**. Auch dann bedarf
es keines (weiteren, individuell zu prüfenden) berechtigten Interesses. Das Gesetz
erkennt sozusagen dieses Interesse immer als berechtigt an, da es dem sozialpoliti-
schen Wunsch nach der Schaffung neuen Wohnraums nutzt.

(4) Modifikationen bei der außerordentlichen Kündigung

Modifiziert werden auch die Regelungen zur außerordentlichen fristlosen Kündigung aus wichtigem Grund durch den Vermieter.

In formaler Hinsicht ist der **Grund für die Kündigung** in dem Kündigungsschreiben **anzugeben**, § 569 IV BGB. Dabei handelt es sich um eine **Wirksamkeitsvoraussetzung** (BGH NJW 2009, 1491).

In materieller Hinsicht bestimmt § 569 I BGB, dass ein wichtiger Grund für den
Mieter auch dann vorliegt, wenn die Nutzung des gemieteten Wohnraums mit einer
erheblichen Gefährdung der Gesundheit verbunden ist. Kenntnis des Mieters
bei Vertragsschluss oder ein erklärter Rechtsverzicht ändert daran – abweichend
von der allgemeinen Regelung in § 543 IV BGB i. V. m. § 536b II BGB – nichts.
Der Mieter soll sich aus der Miete massiv gesundheitsschädlicher Räume in jedem
Fall lösen können. Der Gesundheitsschutz verdrängt die Verwirkungsargumentation
(vgl. o. Kap. 3 I 2 e bb).

Ebenfalls mit den Eigenarten der Mietsache bei der Wohnraummiete, mit der oft
ein Zusammenleben unterschiedlicher Mieter oder auch beider Mietparteien unter
einem Dach verbunden ist, hängt zusammen, dass § 569 II BGB statuiert, dass ein
wichtiger Grund i. S. v. § 543 I BGB ebenfalls bei einer **nachhaltigen Störung des
Hausfriedens** durch eine Vertragspartei bestehen kann.

Und schließlich modifiziert § 569 III BGB die **Kündigung wegen Haupt-
pflichtverletzungen des Mieters** im Falle rückständiger Mietzahlung zugunsten
des Mieters, indem der Mietrückstand eine **besondere Erheblichkeitsschwelle** überschreiten muss und dem Mieter ein **erweitertes Abwendungsrecht** durch
Nachzahlung zugestanden wird.

(5) Widerspruchsrecht des Mieters, § 574 BGB

§§ 574 ff. BGB verstärken den Mieterschutz zusätzlich, indem dem Mieter ein **Widerspruchsrecht gegen eine Vermieterkündigung** eingeräumt wird. Demnach
kann er der Kündigung schriftlich (§ 574b I 1 BGB) und auf Verlangen des Vermieters unter Angabe von Gründen (§ 574b I 2 BGB) widersprechen und die **Fortsetzung des Mietverhältnisses verlangen**, wenn die Beendigung des Mietverhältnisses für den Mieter, seine Familie oder einen anderen Angehörigen seines Haushalts eine **Härte** bedeuten würde, die auch bei Berücksichtigung der berechtigten
Interessen des Vermieters nicht zu rechtfertigen ist.

> **Beispiel:** Eine solche Härte kann z. B. darin bestehen, dass angesichts des Alters oder Gesundheitszustandes von Haushaltsangehörigen ein Umzug mit **erheblichen Gesundheitsgefahren** verbunden wäre. Nach § 574 II BGB liegt eine Härte auch vor, wenn **Obdachlosigkeit** droht.

Auch hier kommt es also auf eine **Abwägung von Bestandsschutz- und Auflösungsinteresse** an. Die Regelung wirkt zusammen mit den **prozessualen Rechtsbehelfen** der §§ 765a, 721 ZPO und der **öffentlich-rechtlichen Obdachlosenfürsorge** und begründet ein wirkungsvolles Schutzkonzept. Das Widerspruchsrecht ist **fristgebunden**, da der Vermieter die Fortsetzung des Mietverhältnisses ablehnen kann, wenn der Mieter ihm den Widerspruch nicht spätestens zwei Monate vor der Beendigung des Mietverhältnisses erklärt hat (§ 574b II 1 BGB).

Nach § 574 I 2 BGB **besteht kein Widerspruchsrecht**, wenn ein Grund vorliegt, der den Vermieter zur **außerordentlichen fristlosen Kündigung** berechtigt – ob er dann tatsächlich eine fristlose Kündigung ausgesprochen oder stattdessen das mildere Mittel einer ordentlichen Kündigung gewählt hat, ist insofern unerheblich. Ist also der Mieter z. B. erheblich mit der Zahlung der Miete in Verzug, kann ihm auch § 574 I BGB gegen eine Vermieterkündigung nicht helfen.

§ 574a I BGB gewährt dem Mieter einen Anspruch auf **Fortsetzung** des Mietverhältnisses **für angemessene Zeit**, regelmäßig solange die soziale Härte fortbesteht; ggf. sind die Bedingungen des Mietverhältnisses anzupassen (§ 574a I 2 BGB). Will der Vermieter diesen Anspruch nicht erfüllen, etwa weil er die Voraussetzungen eines Härtefalls verneint, muss der Mieter diesen Anspruch gerichtlich geltend machen; näheres regelt insofern § 574a II BGB. Fehlt es an einem Härtefall, so endet trotz erklärten Widerspruchs das Mietverhältnis mit dem Ablauf der Kündigungsfrist.

bb) Befristung

Ebenso wie das Kündigungsrecht ist auch die **Befristung** strikt reglementiert. Andernfalls könnte durch den Abschluss eines befristeten Vertrags der Kündigungsschutz leicht **umgangen** werden. Ein befristeter Zeitmietvertrag über Wohnraum kann daher gemäß § 575 BGB nur dann abgeschlossen werden, wenn einer der folgenden **Sachgründe** vorliegt:

- Der Vermieter will nach Ablauf der Mietzeit die Räume als Wohnung für sich, seine Familienangehörigen oder Angehörige seines Haushalts nutzen (Eigenbedarf) (Nr. 1).
- Er will in zulässiger Weise die Räume beseitigen oder so wesentlich verändern oder instand setzen, dass die Maßnahmen durch eine Fortsetzung des Mietverhältnisses erheblich erschwert würden (Nr. 2).
- Er will die Räume an einen zur Dienstleistung Verpflichteten vermieten (Nr. 3).

Die Aufzählung ist **abschließend**. In formaler Hinsicht muss der Vermieter den Grund der Befristung bei Vertragsschluss **schriftlich mitgeteilt** haben (§ 575 I 1

Halbs. 2 BGB). Der Mieter soll vor dem Abschluss eines nur befristeten Mietverhältnisses **gewarnt werden**. Liegt entweder kein legitimer Sachgrund vor oder fehlt
es an der Mitteilung des Grundes, gilt das Mietverhältnis gemäß § 575 I 2 BGB als
auf unbestimmte Zeit abgeschlossen.

§ 575 II, III BGB sehen besondere Rechte des Mieters bei Ablauf der vereinbarten Befristung vor; insbesondere werden Fälle geregelt, in denen der tatsächliche
Eintritt des Sachgrundes und der vereinbarte Befristungsablauf differieren.

cc) Partieller Ausschluss von Rücktrittsvorbehalt und auflösender Bedingung

Gemäß § 572 BGB kann der Vermieter sich auf eine Vereinbarung, nach der er
berechtigt sein soll, nach Überlassung des Wohnraums an den Mieter vom Vertrag **zurückzutreten, nicht berufen**; gleiches gilt für eine **auflösende Bedingung**
des Mietverhältnisses. Diese Regelung will eine **Umgehung** der gesetzlichen Beschränkungen des Kündigungsrechts verhindern. Der Schutz greift erst nach Überlassung des Wohnraums ein. Hat sich der Vermieter unbeschränkt – ohne Differenzierung zwischen Ausübungszeitpunkten – ein Rücktrittsrecht vorbehalten, kann er
dieses bis zur Überlassung also ausüben. Die etwas ungewöhnliche Normfassung
(„kann sich ... nicht berufen") führt also dazu, dass ein insoweit uneingeschränkter
Rücktrittsvorbehalt nicht unwirksam ist; faktisch wird er geltungserhaltend auf den
(zulässigen) Rücktritt vor Überlassung reduziert.

dd) Sonstige Modifikationen der Beendigungsregeln

Ausnahmsweise eine **Stärkung der Vermieterrechte** mit Rücksicht auf Besonderheiten der Wohnraummiete enthält dagegen § 570 BGB. Demnach sind Zurückbe-
haltungsrechte (§§ 273, 320 BGB) des Mieters gegenüber dem Rückgabeanspruch
des Vermieters aus § 546 I BGB ausgeschlossen. Damit wird dem Umstand Rechnung getragen, dass der Mietgegenstand bei der Wohnraummiete typischerweise
von erheblichem Wert ist, die Gegenansprüche des Mieters hingegen meist von
deutlich geringerem Gewicht. Daher wäre eine Anwendung von Zurückbehaltungsrechten **unverhältnismäßig**.

Bei **verspäteter Rückgabe** ist ein über die Abgeltung durch die fortzuzahlen-
de Miete hinausgehender **Schadensersatzanspruch** des Vermieters abweichend
von § 546a II BGB grundsätzlich – außer in Fällen einer vorangegangenen Mieter-
kündigung (§ 571 I 3 BGB) – **nur bei Vertretenmüssen des Mieters** und in den
Grenzen der Billigkeit zulässig, § 571 I BGB. Ganz ausgeschlossen ist ein weiterer
Schadensersatz nach § 546a II BGB, wenn dem Mieter nach §§ 721, 794a ZPO aus
sozialen Gründen eine Räumungsfrist gewährt wurde, § 571 II BGB.

4. Mietverhältnisse über andere Sachen, §§ 578–580a BGB

§ 578 BGB regelt komprimiert die Rechtslage für Mietverträge über **Grundstücke
und Räume, die keine Wohnräume** sind. Ist ein Grundstück mit darauf errich-

tetem Wohnraum vermietet, so gelten die bereits erörterten Vorschriften über die Wohnraummiete ohne Einschränkungen.

Hinsichtlich der Miete von Grundstücken und Räumen, die keine Wohnräume sind, sind **selbstverständlich die allgemeinen Vorschriften für Mietverhältnisse** (§§ 535–548 BGB) **anzuwenden**. Daneben erklärt § 578 BGB einige der Modifikationen für Wohnraummietverhältnisse für entsprechend anwendbar.

Hintergrund: In diesen Konstellationen ist das Bedürfnis des sozialen Mieterschutzes gegenüber der Wohnraummiete deutlich herabgesetzt. Andererseits steht die Eigenart des Mietobjekts der Wohnraummiete denkbar nahe, insbesondere was die Werthaltigkeit des Mietobjekts und die regelmäßige Dauerhaftigkeit der Vertragsbeziehung betrifft. Im Ergebnis scheint es daher sachgerecht, dass § 578 BGB ein **Kompositum aus allgemeinen Vorschriften und einzelnen – insbesondere den nicht spezifisch mieterschützenden – Sonderregelungen des Wohnraummietrechts** für anwendbar erklärt.

Dieselbe Regelungstechnik findet sich in § 578a BGB für Mietverhältnisse über im Schiffsregister **eingetragene Schiffe**.

§ 579 I BGB enthält eine Sonderregelung zur Fälligkeit der Miete bei Mietverhältnissen über Grundstücke und Schiffe; insofern ist der **Vermieter grundsätzlich vorleistungspflichtig**; die Regelung ist allerdings **vertragsdispositiv**. Für Mietverhältnisse über **Räume**, die keine Wohnräume sind, gilt hingegen die Fälligkeitsregelung für Wohnräume (§ 556b I BGB, Vorleistungspflicht des Mieters) entsprechend.

§ 580a BGB beinhaltet schließlich eine **Sonderregelung der Kündigungsfristen** bei Mietverhältnissen über Grundstücke, über Räume, die keine Geschäftsräume sind, oder über im Schiffsregister eingetragene Schiffe.

II. Pachtvertrag, §§ 581 ff. BGB

1. Einführung und Abgrenzung

Wie der Mietvertrag hat auch der Pachtvertrag die **entgeltliche zeitweilige Überlassung** an einen anderen zum Gegenstand. Den charakteristischen Unterschied zum Mietvertrag umreißt § 581 I BGB dahingehend, dass dem Pächter während der Pachtzeit **nicht nur der Gebrauch** des verpachteten Gegenstands zu gewähren ist, sondern daneben auch der „**Genuss der Früchte**, soweit sie nach den Regeln einer ordnungsmäßigen Wirtschaft als Ertrag anzusehen sind". Als **Früchte** einer Sache i. S. v. § 581 I BGB definiert § 99 I BGB allgemein die „Erzeugnisse der Sache und die sonstige Ausbeute, welche aus der Sache ihrer Bestimmung gemäß gewonnen wird". § 99 II BGB definiert die Früchte eines Rechts als die Erträge, die das Recht seiner Bestimmung gemäß gewährt. § 99 III BGB stellt klar, dass zu Früchten auch

die Erträge gehören, welche die Sache oder das Recht infolge eines abgeschlossenen Rechtsverhältnisses gewährt.

Beispiele: Früchte i. S. v. § 99 I BGB sind daher die Erträge einer verpachteten landwirtschaftlichen Fläche, z. B. Getreide, Früchte im umgangssprach-
lichen Sinne etc. Früchte eines verpachteten Mietshauses sind gemäß § 99 III
BGB auch die Mieten, die der Pächter aus der Weitervermietung einnimmt.
Früchte einer gepachteten Tankstelle sind gemäß § 99 III BGB die Einnahmen, die der Pächter aus dem Abschluss von Kaufverträgen mit den Kunden erzielt. Früchte eines verpachteten Patents sind gemäß § 99 II BGB die
Gewinne, die durch die Nutzung des Patents erwirtschaftet werden.

Ein Pachtvertrag zielt somit typischerweise auf die **erwerbswirtschaftliche Verwendung** des Pachtgegenstandes ab; der Pächter will damit eigene **wirtschaftliche
Erträge** erzielen, die bei ihm verbleiben sollen.

Gegenstand eines Pachtvertrags können **Sachen** sein, **Sachgesamtheiten** (z. B.
Unternehmen), ebenso aber auch **Rechte** und andere nicht körperliche Gegenstände. Entscheidend ist, dass aus dem Pachtgegenstand Früchte i. S. v. § 99 BGB gezogen werden können.

Die rechtliche Normierung gliedert sich in Regelungen des **Pachtvertrags im
Allgemeinen** (§§ 581–584b BGB) und **spezielle Regelungen zur Landpacht**
(§§ 585–597 BGB); diese beziehen sich speziell auf die Pacht landwirtschaftlich
genutzter Grundstücke.

2. Allgemeines Pachtrecht

§ 581 II BGB statuiert für das allgemeine Pachtrecht, dass **grundsätzlich die Regelungen des Mietrechts** entsprechend gelten, soweit die §§ 581 ff. BGB keine
abweichende Sonderregelung enthalten. Dabei sind die Vorschriften des Mietrechts nur anzuwenden, soweit sie **mit dem Wesen des Pachtvertrags vereinbar**
sind. Insbesondere die sozialen Schutzvorschriften des Wohnraummietrechts (s. o.
Kap. 3 I 3) finden daher generell keine Anwendung auf Pachtverträge.

Methodik: Sie müssen also nicht Einzelfälle auswendig lernen, sondern bei
einem Pachtrechtsfall nach Prüfung der Modifikationen in §§ 581 ff. BGB
verständig problematisieren, inwieweit die Anwendung einer einschlägigen
mietrechtlichen Vorschrift mit dem Wesen des Pachtvertrags vereinbar ist.

Von Bedeutung ist, dass für einzelne typische Fälle von Pachtverhältnissen **Sondergesetze** existieren, so für Jagdpacht: (BJagdG), Fischereipacht (landesrechtliche
Vorschriften), Apothekenpacht (ApoG), Kleingartenpacht (BKleingG).

a) Vertragsschluss und Pflichtenprogramm

Beim Vertragsschluss gilt gemäß § 581 II BGB die **Formvorschrift** des § 578 I i. V. m. § 550 BGB, wenn Gegenstand des Pachtvertrags (auch) ein Grundstück ist (BGH WM 1982, 431).

Gemäß § 581 I 1 BGB ist der Verpächter verpflichtet, dem Pächter den **Gebrauch des verpachteten Gegenstands zu gewähren** sowie die **Fruchtziehung zu ermöglichen**, soweit sie nach den Regeln einer ordnungsmäßigen Wirtschaft als Ertrag anzusehen sind. In der vertraglich vom Verpächter geschuldeten Gestattung der Fruchtziehung liegt regelmäßig zugleich die – sachenrechtliche – **Aneignungsgestattung i. S. v. § 956 BGB**.

In welchem **Umfang** der Pächter Früchte ziehen darf, ist gemäß § 581 I 1 BGB generell durch die **Grundsätze einer ordnungsgemäßen Wirtschaft** begrenzt, daneben ist eine Detailregelung im Pachtvertrag möglich. Eine übermäßige Fruchtziehung i. S. v. § 1039 BGB ist dem Pächter in der Regel nicht gestattet. Gemäß § 541 BGB kann der Verpächter bei **vertragswidrigem Gebrauch** Unterlassung verlangen und gemäß § 543 BGB ggf. **fristlos kündigen**.

In der Regel nur aufgrund vertraglicher Vereinbarung, in Extremfällen als Ausprägung einer ungeschriebenen Rücksichtnahmepflicht, kann den Verpächter zugunsten des Pächters ein **Wettbewerbsverbot** treffen.

> **Beispiel:** Wer eine Tankstelle an einen anderen verpachtet hat, kann dazu verpflichtet sein, die Eröffnung einer eigenen Tankstelle auf dem Nachbargrundstück zu unterlassen.

Nach § 581 I 2 BGB ist der Pächter im Gegenzug verpflichtet, die **vereinbarte Pacht zu entrichten**. Diese kann **pauschal** oder auch **erfolgsabhängig** ausgestaltet sein (sog. Umsatzpacht). Außerdem kann der Pächter nach §§ 582, 582a BGB verpflichtet sein, das **Inventar zu erhalten** (s. u. Kap. 3 II 2 b).

Je nach den Umständen des Einzelfalls kann sich auch eine (ggf. durch Auslegung des Pachtvertrags zu ermittelnde) **Pflicht zur tatsächlichen Nutzung** des Pachtgegenstandes ergeben, wenn schutzwürdige Interessen des Verpächters die Nutzung durch den Pächter erfordern, insbesondere die tatsächliche Nutzung zur Werterhaltung des Gegenstandes erforderlich ist.

b) Haftung

Der Verpächter haftet entsprechend den **mietrechtlichen Vorschriften** (§§ 536, 536a BGB) für Sach- und Rechtsmängel. Dem Pächter stehen als Rechtsbehelfe **Pachtminderung, Schadensersatz** und **Kündigung** zur Verfügung.

Ein **Sachmangel** liegt vor allem auch dann vor, wenn die Fruchtziehung infolge defizitärer Sacheigenschaften nur eingeschränkt möglich ist. Es muss – wie im

Kauf- und Mietrecht – eine Abweichung der Ist- und der vertraglich vereinbarten oder vorausgesetzten Solleigenschaft des Pachtgegenstandes vorliegen.

> **Beispiel:** Die verpachtete Kiesgrube ist bereits (anders als vertraglich voraugesetzt) weitgehend ausgebeutet. Bei der verpachteten Tankstelle sind von sechs Tanksäulen drei defekt.

Abgesehen von einem vertraglich geregelten oder vorausgesetzten Sachzustand haftet der Verpächter jedoch nur dafür, dass der verpachtete Gegenstand **generell zur Fruchtziehung geeignet** ist, **nicht** dagegen für die **Rentabilität** der Fruchtziehung (BGH NJW 1982, 2062). Ob ein Pachtvertrag für den Pächter profitabel ist, ist daher grundsätzlich sein **Vertragsrisiko**.

> **Querverweis:** Im Falle von unerwarteten Störungen der Fruchtziehung ist angesichts dieser Risikoverteilung bei Anwendung der Regelungen zur Störung der Geschäftsgrundlage (§ 313 BGB) große Zurückhaltung geboten.

Die **Haftung für eine gewöhnliche Abnutzung mitverpachteten Inventars** trifft gemäß § 582 BGB den **Pächter,** dem somit die Erhaltung der einzelnen Inventarstücke obliegt. Die Regelung stellt eine (allerdings vertragsdispositive) Modifikation von § 538 BGB dar, der somit bei Pachtverträgen über Grundstücke mit Verpachtung von Inventar nicht anwendbar ist. Zugleich werden dadurch die mietrechtlichen Vorschriften zu Verwendungsersatz und Wegnahmerecht (§§ 539, 552 BGB) modifiziert; auch diese sind demnach nicht anwendbar.

> **Definition:** Inventar sind alle beweglichen Sachen, die – unabhängig ihrer eigentumsrechtlichen Zuordnung – räumlich dem verpachteten Grundstück zugeordnet und zu seiner zweckgemäßen Bewirtschaftung bestimmt sind. Umfasst ist neben Geräten und Maschinen insbesondere auch das sog. **lebende Inventar** (Wirtschafts- und Zuchtvieh).

Den Pächter trifft daher – ganz anders als den Mieter – nach der gesetzlichen Regelung die **Haftung für eine gewöhnliche Abnutzung des Inventars** der Pachtsache. Verschlissene Inventarstücke muss der Pächter u. U. ersetzen. Er muss Wartungs- und **Instandhaltungsarbeiten** ebenso **auf eigene Rechnung durchführen** wie die Fütterung von Tieren. Eine **Grenze** zieht allerdings § 582 II BGB: Gehen Inventarstücke verloren, ohne dass der Pächter dies zu vertreten hat (z. B. durch Diebstahl) oder sind Inventarstücke defekt oder technisch veraltet, ohne dass es sich um bloßen Verschleiß handelt, muss der Verpächter diese ersetzen (§ 582 II 1 BGB): Das Verlustrisiko ist letztlich Risiko des Sacheigentümers und nicht kausal durch den Gebrauch der Pachtsache seitens des Pächters verursacht. Verletzungen dieser **Ergänzungspflicht des Verpächters** begründen einen **Sachmangel** mit den Rechtsfolgen der §§ 536, 536a BGB. Eine andere Regelung gilt für den Verlust (durch Schlachtung oder Versterben) von mitverpachteten Tieren, § 582 II 2 BGB.

§ 582a BGB sieht eine praktikable **abweichende Möglichkeit der vertraglichen Behandlung von Inventar** vor: die Übernahme des Inventars durch den Pächter zum Schätzwert, verbunden mit der Verpflichtung, das Inventar bei Beendigung des Pachtverhältnisses zum Schätzwert zurückzugewähren. In diesem Fall trägt er – abweichend von § 582 BGB – die **volle Gefahr des zufälligen Untergangs** und der zufälligen Verschlechterung des Inventars.

Die mitverpachteten Inventarstücke verbleiben im **Eigentum des Verpächters** – u. U. in Fällen des § 582a BGB sogar vom Pächter angeschaffte Inventarstücke (vgl. § 582a II 2 BGB). Daher steht dem **Pächter** gemäß § 583 BGB für Forderungen gegen den Verpächter, die sich auf das mitgepachtete Inventar beziehen – insbesondere also die Zahlung des Schätzwerts bei Pachtende in Fällen des § 582a BGB –, spiegelbildlich zum Vermieterpfandrecht (§ 562 BGB) ein **Pfandrecht** an den in seinen Besitz gelangten Inventarstücken zu.

Mit Inventarstücken, die im Eigentum des Pächters stehen, befasst sich dagegen § 583a BGB: Die Vorschrift **verbietet bestimmte vertragliche Beschränkungen der Verfügungsbefugnis** hinsichtlich derartiger Inventarstücke. Dadurch soll dem Pächter ein hinreichender Spielraum zur wirtschaftlich sinnvollen Verwertung von Inventarstücken offen gehalten werden. Eine gegen § 583a BGB verstoßende Vertragsbestimmung ist gemäß § 134 BGB nichtig.

c) Vertragsbeendigung

Vertragsbeendigung kann – wie bei prinzipiell allen Dauerschuldverhältnissen – durch **Befristung** oder **Kündigung** eintreten.

Die mietrechtlichen Vorschriften zur Kündigungsfrist sind nur auf die Pacht beweglicher Sachen anwendbar, da § 584 I BGB für die **Grundstücks- und Rechtspacht** eine Sonderregelung trifft: Die **Kündigungsfristen** werden **gegenüber dem Mietrecht deutlich verschärft**. Dies ist angesichts der typischen **erwerbswirtschaftlichen Bedeutung** eines Pachtvertrags und dem Fehlen eines besonderen sozialen Kündigungsschutzes auch sinnvoll. Demnach kann ein (unbefristetes) Pachtverhältnis über ein Grundstück oder ein Recht **nur zum Schluss eines Pachtjahrs** ordentlich gekündigt werden. Es gilt eine **lange Kündigungsfrist**: Die Kündigung muss spätestens am dritten Werktag des Halbjahres erfolgen, mit dessen Ablauf die Pacht enden soll. Dies gilt gemäß Abs. 2 auch für die außerordentliche fristgemäße Kündigung. Die **außerordentliche fristlose Kündigung** aus wichtigem Grund richtet sich dagegen nach den **mietrechtlichen Bestimmungen**.

§ 584a BGB **schließt** darüber hinaus bestimmte **mietrechtliche Kündigungstatbestände aus**, da es an der Einschlägigkeit des jeweiligen Schutzzwecks bei

Pachtverträgen fehlt: Dies gilt für das Recht des Mieters, außerordentlich fristgemäß zu kündigen, wenn der Vermieter die Einwilligung in die Gebrauchsüberlassung an einen Dritten verweigert (§ 540 BGB), sowie das Kündigungsrecht des Vermieters beim Tod des Mieters (§ 580 BGB).

Die (grundsätzlich anwendbare) mietrechtliche Regelung zur **Rückgabepflicht** nach Vertragsbeendigung (§ 546 BGB) erfährt mit Blick auf das mitverpachtete Inventar eine Vervollständigung durch § 582a III BGB (nur anwendbar in Fällen der Inventarübernahme zum Schätzwert).

Für Fälle der **verspäteten Rückgabe** trifft § 584b BGB eine Sonderregelung zu § 546a BGB; demnach kann der Verpächter – als pauschalierten Mindestschadensersatz – vom Pächter einen bestimmten Anteil der vereinbarten jährlichen Pacht für die Zeit verlangen, in der der Pächter vertragswidrig im Besitz der Pachtsache geblieben ist. Komplizierte Auseinandersetzungen über die Höhe eines etwaigen Schadensersatz- oder Bereicherungsanspruchs sollen dem Verpächter insoweit erspart bleiben; allerdings ist die Geltendmachung eines weiteren Schadens gemäß § 584b S. 2 BGB nicht ausgeschlossen.

3. Landpachtrecht

Das Landpachtrecht zeichnet sich in Abgrenzung zum allgemeinen Pachtrecht vor allem dadurch aus, dass es **keine umfassende Verweisung auf das Mietrecht** (vgl. § 581 II BGB) kennt, sondern nur auf die §§ 581 I, 582–583a BGB aus dem allgemeinen Pachtrecht Bezug nimmt (§ 585 II BGB), partiell auf einschlägige Vorschriften des Mietrechts verweist (z. B. in § 586 II BGB für die Sach- und Rechtsmängelgewährleistung) und im Übrigen **einschlägige Vorschriften aus Miet- und allgemeinem Pachtrecht zusammenfassend wiederholt**.

> **Hintergrund:** Diese etwas redundante und sich vom allgemeinen Pachtrecht auffallend unterscheidende Regelungstechnik erklärt sich daraus, dass dem Landpachtrecht **erhebliche wirtschaftliche und agrarpolitische Bedeutung** zukommt und dem Gesetzgeber offenbar an einer **besonders transparenten** und leicht verständlichen Regelung gelegen war.

Eine Besonderheit der Landpacht liegt darin, dass der Pächter zur **ordnungsgemäßen Nutzung** regelmäßig nicht nur berechtigt, sondern sogar **verpflichtet** ist (§ 586 I 3 BGB). Beim allgemeinen Pachtrecht kann sich das nur aus einer besonderen Interessenlage durch Vertragsauslegung ergeben. Im Landpachtrecht erklärt sich die Nutzungspflicht daraus, dass zur **Erhaltung der Nutzbarkeit** und des wirtschaftlichen Werts die Bestellung der Felder etc. in aller Regel erforderlich ist.

III. Leihvertrag, §§ 598 ff. BGB

1. Pflichtenprogramm

Durch den Leihvertrag wird der Verleiher einer Sache verpflichtet, dem Entleiher den **Gebrauch der Sache unentgeltlich zu gestatten**, § 598 BGB. Der entscheidende Unterschied zu Miete und Pacht ist damit die **Unentgeltlichkeit** der Gebrauchsüberlassung. Wie bei der Schenkung unterscheidet man Hand- oder Realleihe und Vertragsleihe.

> **Querverweis:** Umgangssprachlich wird mitunter auch bei entgeltlicher Gebrauchsüberlassung von „Leihe" gesprochen, etwa beim Kfz-„Verleih". Rechtlich handelt es sich in diesen Fällen dagegen um Miete (oder Pacht).

Die Leihe reiht sich damit ein in die Reihe der anderen unentgeltlichen Vertragstypen (Schenkung und Auftrag). Manche Grundgedanken, die dort eine Rolle spielen, tragen auch die rechtliche Ausgestaltung des Leihvertrags.

Der Entleiher ist hingegen gemäß § 604 BGB nur dazu verpflichtet, die Sache nach Ende des vereinbarten Überlassungszeitraums, Rückforderung des Verleihers (§ 604 II 2 – IV BGB, s. u. Kap. 3 III 2 b) bzw. nach Kündigung (§ 605 BGB, s. u. Kap. 3 III 4) **zurückzugeben**. Ohne abweichende Vereinbarung muss der Entleiher dem Verleiher hierzu unmittelbaren Besitz i. S. v. § 854 BGB verschaffen (i. d. R. **Bringschuld**). Da die Leihe, anders als die Pacht, **kein Recht zur Fruchtziehung** beinhaltet (s. o. Kap. 3 II 2 a), erstreckt sich der Rückgabeanspruch des Verleihers regelmäßig auch auf gezogene Früchte. Hat der Entleiher die Sache (berechtigt oder unberechtigt) einem Dritten überlassen, richtet sich der Herausgabeanspruch auch gegen diesen (§ 604 IV BGB).

Über den Wortlaut des § 604 BGB hat der Verleiher dabei einen auf § 604 BGB gestützten Anspruch darauf, dass die Sache in **ordnungsgemäßem, vertragsgemäßem Zustand zurückgegeben** wird; der Anspruch aus § 604 I 1 BGB umfasst somit u. U. auch einen **Instandsetzungsanspruch**. Welcher Zustand dabei die Rückgabepflicht des Entleihers erfüllt, bestimmt sich nach den Regelungen zum vertragsgemäßen Gebrauch, §§ 602, 603 BGB (dazu sogleich u. 2 b) bzw. den vertraglichen Absprachen der Parteien.

2. Haftungsfragen

a) Haftung des Verleihers

So kommt auch dem Verleiher – wie bei §§ 521, 680 BGB – infolge der Uneigennützigkeit seines Handelns eine **umfassende Haftungsmilderung** zugute: § 599

BGB bezieht sich dabei auf durch den Leihgegenstand verursachte Integritätsverletzungen, § 600 BGB auf das Erfüllungsinteresse, ist also auf reine Mangelschäden begrenzt (Staudinger/*Reuter* § 600 Rn. 3; MünchKommBGB/*Kollhosser* § 600 Rn. 3). Sowohl § 599 BGB als auch § 600 BGB sind **vertragsdispositiv**.

Hinsichtlich des **Integritätsinteresses** ergibt sich der Anspruch aus den allgemeinen Vorschriften. **Anspruchsgrundlage** ist **§ 280 I BGB**. § 599 BGB enthält lediglich eine **Modifikation des Vertretenmüssens**: Der Verleiher hat demnach abweichend von § 276 BGB nur Vorsatz und grobe Fahrlässigkeit zu vertreten. Die Haftungsprivilegierung gilt (wie generell) auch im Rahmen konkurrierender deliktischer Ansprüche.

Sehr begrenzt ist auch die in § 600 BGB geregelte **Mängelhaftung des Verleihers**. Hierbei handelt es sich um eine eigenständige Anspruchsgrundlage, die gegenüber der allgemeinen Regelung des Schadensersatzes statt der Leistung (§§ 280 I, III, 281 BGB) **lex specialis** ist: Nur im Falle des **arglistigen Verschweigens** eines Sach- oder Rechtsmangels ist der Verleiher verpflichtet, dem Entleiher den daraus entstehenden (Erfüllungs-)Schaden zu ersetzen; die Regelung ähnelt damit §§ 523 I, 524 I BGB im Schenkungsrecht. Für Fälle, in denen der Verleiher den Leihgegenstand erst noch beschaffen muss, sollten §§ 523 II, 524 II BGB analog anwendbar sein. Analog §§ 442 I 1, 536b S. 1 BGB ist der **Anspruch ausgeschlossen**, wenn der Entleiher beim Vertragsschluss den Mangel **kannte**.

b) Haftung des Entleihers

§ 602 BGB beinhaltet eine wichtige Weichenstellung für die Haftung des Entleihers: Dieser hat Veränderungen oder Verschlechterungen der geliehenen Sache, die durch den **vertragsmäßigen Gebrauch** herbeigeführt werden, **nicht zu vertreten**. Die Vorschrift entspricht damit § 538 BGB im Mietrecht. Wie bei der Miete muss der Entleiher Abnutzungen infolge des gewöhnlichen, vertragsgemäßen Sachgebrauchs nicht ersetzen. Auf **gewöhnliche Abnutzungen** kann ein Schadensersatzanspruch des Verleihers (§§ 280 I, 823 I BGB) nicht gestützt werden. Zugleich wird dadurch das **Pflichtenprogramm der Rückgabepflicht** (§ 604 BGB) konkretisiert: Der Entleiher muss nach Ablauf der Leihdauer die Sache zwar in **ordnungsgemäßem Zustand** zurückgeben, „ordnungsgemäß" ist der Zustand aber auch dann noch, wenn die Sache die bei vertragsgemäßem Gebrauch entstehenden Abnutzungen aufweist. Dabei umfasst die Vorschrift nur die Abnutzung, **nicht den vollständigen Untergang** der Sache; dieser ist nach allgemeinen Vorschriften (§§ 275, 280 ff. BGB bzgl. der – unmöglich gewordenen – Rückgabepflicht aus § 604 BGB) zu beurteilen.

Dagegen stellt § 603 BGB klar, dass der Entleiher von der geliehenen Sache **keinen anderen als den vertragsmäßigen Gebrauch** machen darf. Ohne Erlaubnis des Verleihers ist er insbesondere nicht berechtigt, den Gebrauch der Sache einem **Dritten** zu überlassen. Ein Verstoß dagegen beinhaltet eine Nebenpflichtverletzung, die zu Schadensersatzansprüchen, insbesondere gemäß § 280 I BGB, führen kann. Außerdem steht dem Verleiher ein **Unterlassungsanspruch** zu; ggf. kann er den Leihvertrag **fristlos kündigen** (§ 605 Nr. 2 BGB).

3. Verwendungsersatz, Wegnahmerecht

§ 601 BGB regelt **Verwendungsersatz** und **Wegnahmerecht**. Der Entleiher hat demnach die gewöhnlichen Verwendungen zur Erhaltung der geliehenen Sache, bei der Leihe eines Tieres insbesondere die Fütterungskosten, zu tragen. Umfasst sind alle Verwendungen, deren es bedarf, um die Sache in ihrem bisherigen Zustand zu erhalten, so dass er seiner **Pflicht zur Rückgabe in ordnungsgemäßem Zustand** (§ 604 BGB) **genügen** kann (Bamberger/Roth/*Wagner* § 601 Rn. 1).

Andere Verwendungen, insbesondere solche, die dazu dienen, die Sache zu verbessern, kann er gemäß § 601 II 1 BGB (nur) nach den **Vorschriften über die Geschäftsführung ohne Auftrag** herausverlangen (Rechtsgrundverweisung); § 601 II 1 BGB verweist also auf das **differenzierte Aufwendungsersatzsystem** der Geschäftsführung ohne Auftrag (§§ 677 ff. BGB) und bildet den Startpunkt für eine Anspruchsgrundlagen-Kette (Anspruch aus **§§ 601 II 1, 677, 683 S. 1, 670 BGB**). Dieser Anspruch setzt voraus, dass die Verwendungen dem Willen oder – bei Fehlen einer Willensbildung – dem objektiven Interesse des Verleihers entsprachen (§ 683 S. 1 BGB). Liegt diese Voraussetzung nicht vor, kommt nur eine **Bereicherungsherausgabe** (§§ 601 II 1, 677, 684 S. 1, 812 ff. BGB) in Betracht. Den Entleiher trifft also das Risiko einer Entreicherung (§ 818 III BGB) bzw. einer aufgedrängten Bereicherung (vgl. dazu MünchKommBGB/*Schwab* § 818 Rn. 194 ff.). Diese differenzierte Verwendungsersatzregelung **privilegiert** den Verleiher z. B. gegenüber dem Vermieter und ist gleichfalls der Unentgeltlichkeit der Leihe geschuldet.

Daneben tritt das (wirtschaftlich oft wenig interessante) **Wegnahmerecht** nach § 601 II 2 BGB: Der Entleiher ist berechtigt, eine Einrichtung, mit der er die Sache versehen hat, wegzunehmen. Ein **Ablösungsrecht** des Verleihers, wie es im Wohnraummietrecht geregelt ist (§ 552 BGB), ist nicht gesetzlich vorgesehen, kann aber aus Treu und Glauben folgen (Bamberger/Roth/*Wagner* § 601 Rn. 5). War die Verbindung mit der Sache **vertragswidrig**, kann der Entleiher zugleich im Wege eines Schadensersatzanspruchs des Verleihers gemäß § 280 I BGB **zur Wegnahme verpflichtet** sein (Naturalrestitution).

4. Vertragsbeendigung

Die Leihdauer kann vertraglich festgelegt werden (§ 604 I BGB). Anders als im Wohnraummietrecht muss für diese Befristung **kein Sachgrund** vorhanden sein. Eine Befristung kann sich auch aus dem mit der Leihe verfolgten Zweck ergeben (§ 604 II BGB). Ist die Dauer der Leihe weder bestimmt noch aus dem Zweck zu entnehmen, so kann der Verleiher die Sache **jederzeit zurückfordern** (§ 604 III BGB); diese Regelung ist Konsequenz der **Unentgeltlichkeit** des Leihverhältnisses: Wenn der Verleiher kein Entgelt bekommt, soll auch er nicht übermäßig stark gebunden sein. Mit Befristungsablauf bzw. Rückforderung durch den Verleiher entsteht dessen Rückgabeanspruch.

Daneben konkretisiert § 605 BGB als **lex specialis** die allgemeine Vorschrift des § 314 BGB zur fristlosen Kündigung aus wichtigem Grund (vgl. BGH NJW

1994, 3156, 3157), allerdings bleibt die allgemeine Vorschrift daneben anwendbar (vgl. BGH NJW 1985, 313, 315), so dass auch in anderen Fällen eine Kündigung in Betracht kommt. Nach § 605 BGB kann der Verleiher die Leihe **insbesondere kündigen**:

- wenn er infolge eines nicht vorhergesehenen Umstandes der verliehenen Sache bedarf (Eigenbedarf, Nr. 1),
- wenn der Entleiher einen vertragswidrigen Gebrauch von der Sache macht, insbesondere unbefugt den Gebrauch einem Dritten überlässt, oder die Sache durch Vernachlässigung der ihm obliegenden Sorgfalt erheblich gefährdet (Nr. 2), und
- wenn der Entleiher stirbt (Nr. 3 – Ausdruck des typischerweise der unentgeltlichen Gebrauchsüberlassung zugrunde liegenden persönlichen Nähe- und Vertrauensverhältnisses).

In Fällen von § 605 Nr. 2 BGB ist – als Konsequenz der allgemeinen Regelung in § 314 II BGB – grundsätzlich eine **vorherige Abmahnung** erforderlich (str., vgl. Staudinger/*Reuter* § 605 Rn, 6 m. w. N.).

Obwohl ein **Kündigungs- oder Rückgaberecht des Entleihers** nicht gesetzlich geregelt ist, folgt nach allgemeiner Ansicht aus dem vergleichsweise „unverbindlichen" Charakter der Gebrauchsüberlassung im Rahmen eines Leihvertrags, dass der Entleiher die Sache **grundsätzlich jederzeit** dem Verleiher zurückgeben kann. Anderes kann sich aus einer (konkludenten) **vertraglichen Vereinbarung** ergeben, insbesondere wenn eine besondere Interessenlage des Verleihers es erfordert, sich auf eine bestimmte Überlassungsdauer verlassen zu können.

5. Verjährung

Das Recht der Leihe kennt eine **kurze Verjährung**. Gemäß § 606 S. 1 BGB verjähren die Schadensersatzansprüche des Verleihers wegen Veränderungen oder Verschlechterungen der verliehenen Sache ebenso wie die Ansprüche des Entleihers auf Ersatz von Verwendungen oder auf Gestattung der Wegnahme einer Einrichtung (§ 601 BGB) in **sechs Monaten**. § 548 I 2, 3, II BGB findet dabei entsprechende Anwendung. Die Regelung dient dazu, **Streitigkeiten um den Zustand der Sache schnell abzuschließen**; Beweisschwierigkeiten soll vorgebeugt werden (vgl. BGHZ 119, 35, 39).

IV. Darlehensvertrag und entgeltliche Finanzierungshilfen, §§ 488 ff., 607 ff. BGB

Auch der Darlehensvertrag ist auf zeitweilige Überlassung gerichtet. Zu unterscheiden ist zwischen **Gelddarlehen** (§§ 488 ff. BGB) und **Sachdarlehen** (§§ 607 ff. BGB). Gegenstand des Gelddarlehens ist die **zeitweilige Überlassung eines Geldbetrages**, Gegenstand des Sachdarlehens die **zeitweilige Überlassung von Sachen**.

Der gravierende Unterschied zu Miete, Pacht und Leihe ist insofern, dass nach Ablauf des Überlassungszeitraums **nicht dieselbe Sache zurückzugewähren** ist, sondern nur die **Rückerstattung von Sachen gleicher Art, Güte und Menge** geschuldet ist. Gleiches gilt auch für das Gelddarlehen: Hier ist lediglich der Geldbetrag zurückzugewähren, nicht hingegen die ggf. überlassenen Zahlungsmittel. Das Darlehen ist damit die typische Vertragsgestaltung für die Überlassung von Sachen, die beim Darlehensnehmer **verbraucht oder weiterveräußert** werden sollen.

1. Sachdarlehen

Eine knappe Regelung hat das Sachdarlehen erfahren: Gemäß § 607 I 1 BGB wird durch den Sachdarlehensvertrag der Darlehensgeber verpflichtet, dem Darlehensnehmer eine vereinbarte „**vertretbare Sache**" zu **überlassen**. Der Darlehensnehmer ist gemäß § 607 I 2 Halbs. 1 BGB zur Zahlung eines „**Darlehensentgelts**" und zudem gemäß § 607 I 2 Halbs. 2 BGB bei Fälligkeit zur **Rückerstattung** von Sachen gleicher Art, Güte und Menge verpflichtet.

> **Methodik:** § 607 I BGB enthält damit drei unterschiedliche Anspruchsgrundlagen, zwischen denen Sie differenzieren müssen!

Voraussetzung dafür, dass ein Darlehensvertrag abgeschlossen werden kann, ist das Vorliegen „**vertretbarer Sachen**". Gemäß **§ 91 BGB** handelt es sich dabei um bewegliche Sachen (§ 90 BGB), die im Verkehr **nach Zahl, Maß oder Gewicht bestimmt** zu werden pflegen, also **nicht durch individuelle Merkmale** geprägt sind, sondern allein durch **Gattungsmerkmale**. Die überlassene Sache kann somit durch eine gleichartige Sache „vertreten" werden. Nur wenn es sich um einen derartigen Überlassungsgegenstand handelt, ist eine Rückgewähr von „Sachen gleicher Art, Güte und Menge" überhaupt logisch vorstellbar.

> **Beispiel:** Gegenstand eines Sachdarlehens kann daher z. B. sein, dass sich A bei ihrer Nachbarin ein Pfund Mehl zum Backen „leiht" und nach der Absprache der Parteien später ein Pfund Mehl zurückgewährt. Trotz umgangssprachlicher Bezeichnung als „Leihe" handelt es sich um ein (unentgeltliches) Sachdarlehen, da nicht dieselbe Sache, sondern eine „Sache gleicher Art, Güte und Menge" zurückzugewähren ist. Praktisch wichtig ist auch die Überlassung von Wertpapieren im Wege des Sachdarlehens (angesichts der typischen Sammelverwahrung gemäß § 5 DepotG).

Vertretbare, da nur nach Gattungsmerkmalen bestimmte Sachen sind auch **Zahlungsmittel** (Geldscheine und Münzen). Insofern trifft § 607 II BGB aber die klarstellende Regelung, dass sich die zeitweilige Überlassung von Geld **ausschließlich** nach den Vorschriften über das **Gelddarlehen** (§§ 488 ff. BGB) als leges speciales richtet. Aus Sicht des Gesetzgebers sind die Unterschiede zwischen Geld- und Sachdarlehen so gravierend, dass eine getrennte Regelung erforderlich war (BT-Drucks. 14/6040 S. 258).

Da nicht dieselbe Sache zurückgewährt wird, sondern diese typischerweise beim Darlehensnehmer verbleibt, ist sowohl mit der Überlassung der Darlehenssache als auch der Rückgewähr einer vergleichbaren Sache in aller Regel die **Übertragung des Eigentums** (§§ 929 ff. BGB) geschuldet. Da es an einer eigenständigen Regelung zur Gewährleistung fehlt und das Darlehen infolge der regelmäßig geschuldeten Übereignung und Übergabe **kaufähnlich** ist, werden bei einem mangelhaften Darlehensgegenstand **§§ 434 ff. BGB entsprechend** angewandt (Palandt/*Putzo* § 607 Rn. 9).

Die synallagmatische Hauptpflicht des Darlehensnehmers besteht gemäß § 607 I 2 Halbs. 1 BGB in der **Entrichtung des vereinbarten Entgelts**. Haben die Parteien (wie typischerweise in obigem Beispiel) vereinbart, das kein Entgelt geschuldet sein soll, steht das dem Vorliegen eines Darlehensvertrags nicht entgegen (**„zinsloses", unentgeltliches Darlehen**). Die Höhe des Entgelts wird durch Parteivereinbarung festgelegt; eine Grenze setzt § 138 II BGB (Wucher). Als **spätesten Zeitpunkt der Entgeltzahlung** legt § 609 BGB den Zeitpunkt der Rückgewähr der Darlehenssache fest; die Vorschrift ist freilich vertragsdispositiv.

Nicht im Gegenseitigkeitsverhältnis steht die weitere Hauptpflicht des Darlehensnehmers zur **Rückgewähr** gleichartiger Sachen gemäß § 607 I 2 Halbs. 2 BGB. Fällig wird die Pflicht zur Rückgewähr gemäß § 608 BGB entweder nach Ablauf der von den Parteien vertraglich **festgelegten Überlassungsdauer** oder aber, wenn es an einer solchen Befristungsvereinbarung fehlt, nach **Kündigung**, die – vorbehaltlich einer abweichenden Vereinbarung – sowohl Darlehensnehmer als auch -geber jederzeit möglich sein soll (§ 608 II BGB). Der **Kündigungsfreiheit** wird dann nur durch Treu und Glauben (§ 242 BGB) und das Schikaneverbot (§ 226 BGB) eine Grenze gezogen. Auch bei Vorliegen einer von § 608 II BGB abweichenden vertraglichen Erschwerung der ordentlichen Kündigung bleibt eine **außerordentliche Kündigung aus wichtigem Grund gemäß § 314 BGB** möglich.

2. Gelddarlehen

a) Vertragsschluss und Hauptpflichten

Wesentlich ausführlicher ist die Regelung zum Gelddarlehen geraten. Die **besondere Schutzbedürftigkeit** insbesondere des Darlehensnehmers erfordert eine ausführlichere Regelung. Zudem war es dem Gesetzgeber – anders als beim Sachdarlehen – aufgrund des genau festgelegten Überlassungsgegenstandes überhaupt möglich, detaillierte Regelungen zu treffen.

Gemäß § 488 I 1 BGB verpflichtet der Darlehensvertrag den Darlehensgeber, dem Darlehensnehmer einen **Geldbetrag** in der vereinbarten Höhe zur Verfügung zu stellen. Der Darlehensnehmer ist gemäß § 488 I 2 Halbs. 1 BGB im Gegenzug zur Zinszahlung verpflichtet. Nicht im Gegenseitigkeitsverhältnis steht die aus § 488 I 2 Halbs. 2 BGB folgende Pflicht zur Darlehensrückzahlung bei Fälligkeit.

> **Methodik:** Auch § 488 I BGB enthält damit – in der Struktur entsprechend § 607 BGB – drei unterschiedliche Anspruchsgrundlagen, zwischen denen Sie klar differenzieren müssen!

§ 488 II BGB konkretisiert die Zinszahlungspflicht: Die vereinbarten Zinsen sind demnach – vorbehaltlich einer abweichenden vertraglichen Regelung – nach dem Ablauf jedes Jahres der Darlehenslaufzeit bzw. – bei Rückzahlung des Darlehens vor Ablauf eines Jahres – bei der Rückerstattung zu entrichten. Der Zins kann **fest** oder **variabel**, etwa in Abhängigkeit von dem seitens der EZB festgelegten Basiszinssatz, ausgestaltet werden.

Für ein Darlehen können bestimmte **Sicherheiten** vereinbart werden. Typisch ist eine Absicherung durch **Grundpfandrechte** (Hypothek, Grundschuld), andere **Realsicherheiten** (Pfandrecht) oder **Personalsicherheiten** (Bürgschaft u. ä.). Auch kann grundsätzlich ein Wechsel oder Scheck als Sicherheit ausgestellt werden (nicht hingegen gemäß § 496 III BGB beim Verbraucherdarlehensvertrag).

b) Beendigung des Darlehens

aa) Ausschluss der ordentlichen Kündigung bei Befristungsabrede und Ausnahmen
    gemäß § 489 BGB

Der am häufigsten vorkommende und meist für beide Seiten interessengerechte Fall ist, dass die Parteien eine **Darlehenslaufzeit** vereinbaren (Befristungsabrede). In diesem Fall ist grundsätzlich die **ordentliche Kündigung** für beide Seiten **ausgeschlossen**. Nur der **Darlehensnehmer** kann **ordentlich** in den in § 489 BGB geregelten **Sonderfällen** kündigen. Soll ein darüber hinausgehendes ordentliches Kündigungsrecht, etwa zugunsten des Darlehensgebers, vereinbart werden, bedarf das einer (grundsätzlich zulässigen) vertraglichen Vereinbarung.

> **Querverweis:** Diese Beschränkung des Kündigungsrechts unterscheidet das Geld- massiv vom Sachdarlehen.

Nach § 489 BGB besteht eine **ordentliche Kündigungsmöglichkeit** des Darlehensnehmers immer bei Darlehensverträgen mit **variablem Zinssatz**: Diesen kann der Darlehensnehmer jederzeit mit einer **Frist von drei Monaten kündigen**, § 489 II

BGB. Das Gesetz trägt damit der Unsicherheit über die Zinsentwicklung Rechnung. Ein Darlehensvertrag mit **Festzinsabrede** („gebundener Sollzinssatz"; vgl. die Definition in § 489 V BGB) kann nach § 489 I BGB hingegen nur nach Verstreichen einer festgelegten Laufzeitdauer ordentlich gekündigt werden, insbesondere grundsätzlich **nach Ablauf von zehn Jahren** ab Erhalt der Darlehenssumme (jederzeit) unter Einhaltung einer Kündigungsfrist von sechs Monaten (§ 489 I Nr. 2 BGB). Die Kündigungsrechte nach § 489 BGB sind vertraglich **nicht abdingbar**, § 489 IV BGB.

Interessant ist die Regelung in § 489 III BGB: Eine Kündigung des Darlehensnehmers **gilt als nicht erfolgt**, wenn er den geschuldeten Betrag nicht binnen zwei Wochen nach Wirksamwerden der Kündigung zurückzahlt. Sanktion einer **Verletzung** der (durch eigene Kündigung ausgelösten) **Rückzahlungspflicht** ist damit der Fortbestand des Darlehensvertrags zu den vereinbarten Bedingungen; die Wirksamkeit der ausgesprochenen Kündigung entfällt infolge dieser **Vertragsfortsetzungsfiktion** ex tunc.

bb) Ordentliches Kündigungsrecht gemäß § 488 III BGB

Fehlt es dagegen an einer **Laufzeitbestimmung**, ist beiden Parteien die ordentliche Kündigung ohne weitere Voraussetzungen möglich. Die Rückerstattung des Darlehens wird mit Kündigung des Darlehensvertrags durch eine der beiden Vertragsparteien fällig. § 488 III 2 BGB statuiert dafür eine **ordentliche Kündigungsfrist** von **drei Monaten**. Diese Frist dient bei der Kündigung durch den Darlehensgeber dazu, dass der Darlehensnehmer hinreichend Zeit hat, den rückzahlbaren Geldbetrag aufzubringen; im Falle der Kündigung durch den Darlehensnehmer dazu, dass der Darlehensgeber über die künftige Verwendung der Darlehenssumme disponieren und sich auf den Entfall der Zinseinkünfte einstellen kann. Mit dem letztgenannten Aspekt hängt zusammen, dass § 488 III 3 BGB dem Darlehensgeber beim **zinslosen** Darlehen die **jederzeitige Rückzahlung** – auch ohne vorausgehende Kündigung gestattet.

cc) Außerordentliches Kündigungsrecht gemäß § 490 BGB

Sowohl auf Fälle der vereinbarten Laufzeitdauer als auch auf Darlehen ohne Befristungsabrede ist § 490 I BGB anwendbar: § 490 I BGB sieht ein **außerordentliches fristloses Kündigungsrecht des Darlehensgebers** vor, wenn in den Vermögensverhältnissen des Darlehensnehmers oder in der Werthaltigkeit einer für das Darlehen gestellten Sicherheit eine **wesentliche Verschlechterung** eintritt oder einzutreten droht, durch die die **Rückerstattung des Darlehens** bzw. die Verwertung der Sicherheit **gefährdet** wird. Dies trägt dem Interesse des Darlehensgebers an der Sicherung der Rückzahlung Rechnung. Vor Auszahlung des Darlehens ist dieses Kündigungsrecht in den genannten Fällen – vorbehaltlich einer anderen vertraglichen Regelung – im Zweifel stets, nach der Auszahlung „in der Regel" gegeben; dann bedarf es also einer einzelfallbezogenen **Interessenabwägung**.

§ 490 II BGB bezieht sich auf Darlehen mit festem Zinssatz und festgelegter Laufzeit, die durch Grund- oder Schiffspfandrechte gesichert sind. Hier kann der **Darlehensnehmer außerordentlich fristgebunden kündigen**, wenn er die zur Sicherung des Darlehens belastete Sache z. B. verwerten will oder seine „berechtigten Interessen" dies aus anderen Gründen gebieten. § 490 II 2 BGB gewährt dem Darlehensgeber als Ausgleich dann **Anspruch auf Ersatz des Vorfälligkeitsschadens**, insbesondere in Höhe eines bestimmten Prozentsatzes der **entgangenen Zinsen**.

> **Beispiel:** A hat ein Haus gekauft und dafür ein durch Grundschuld gesichertes Darlehen mit festgelegtem Zinssatz und auf zehn Jahre festgelegter Dauer aufgenommen. Nach fünf Jahren will er umziehen und zu diesem Zweck das Haus verkaufen. Ihm steht ein außerordentliches Kündigungsrecht nach § 490 II BGB zu.

Nach § 490 III BGB ist die außerordentliche Kündigung darüber hinaus **„aus wichtigem Grund"** gemäß § 314 BGB möglich – insbesondere z. B. wegen gravierender **Pflichtverletzungen** einer Partei: So ist eine außerordentliche Kündigung nach § 314 BGB regelmäßig möglich, wenn der Darlehensnehmer mit einer geschuldeten Rückzahlungspflicht in einzelnen Raten in **Verzug** kommt. Durch die Kündigung löst der Darlehensgeber dann die Rückzahlungspflicht gemäß § 488 I 2 Halbs. 2 BGB hinsichtlich der gesamten Darlehenssumme aus (vgl. aber die Einschränkung für Verbraucherdarlehensverträge in § 498 BGB). Auch kommt eine Kündigung wegen Störung der Geschäftsgrundlage, § 313 BGB, in Betracht. Kurz gesagt: § 490 BGB ist **nicht abschließend**.

c) Insbesondere: Verbraucherdarlehen, §§ 491 ff. BGB

Eine Sonderregelung hat angesichts der **besonderen Schutzbedürftigkeit von Verbrauchern**, gerade bei wirtschaftlich bedeutsamen Geschäften, der Verbraucher(geld)darlehensvertrag gefunden.

Die Regelungen wurden mehrfach geändert. Eine **grundlegende Umgestaltung** haben sie zuletzt infolge europarechtlicher Einflüsse mit Wirkung **zum 11.6.2010** erfahren; damit hat der Gesetzgeber die Zahlungsdiensterichtlinie 2007/64/EG und die Verbraucherkreditrichtlinie 2008/48/EG in deutsches Recht umgesetzt (BGBl. I S. 2355).

> **Hintergrund:** Die komplexe und detailverliebte Ausgestaltung der §§ 491 ff. BGB ist ein Musterbeispiel für einen neuen Gesetzgebungsstil, der unter dem Einfluss europarechtlicher Vorgaben den Wert kodifikatorischer „Schlankheit" und Klarheit zunehmend aus dem Blick verliert. Derartige Regelungskomplexe wirken wie Fremdkörper in der knappen und prägnanten Struktur

des BGB. Aufgeblähte und kaum lesbare Details treten an die Stelle einer klaren und übersichtlichen Regelung. Dies resultiert daraus, dass der deutsche Gesetzgeber unter dem Druck einer strengen EuGH-Rechtsprechung meint, Richtlinienvorgaben möglichst wortgetreu umsetzen zu müssen. Die Verantwortung für diese bedenkliche Tendenz liegt in der Tat auf europäischer Ebene: Europäische Gesetzgebung und Rechtsprechung müssen sich fragen lassen, ob dem Transparenzgebot und der Realisierung des Verbraucherschutzes nicht viel eher durch schlanke, verständliche und nachvollziehbare Grundregeln gedient wäre als durch ein Regelwerk, das „alles und jedes" regulatorisch erfassen will.

aa) Begriff und Anwendungsbereich

Als Verbraucherdarlehensvertrag definiert § 491 I BGB **entgeltliche** Darlehensverträge zwischen einem **Unternehmer** (§ 14 BGB) als Darlehensgeber und einem **Verbraucher** (§ 13 BGB) als Darlehensnehmer. Typischer Fall eines Verbraucherdarlehens ist ein Bankdarlehen, das eine Bank einem Verbraucher einräumt. **Ausgeschlossen** sind damit **zinslose** Darlehen; ebenso Darlehen, die ein Verbraucher einem Unternehmer gewährt.

Obwohl begrifflich erfasst, schließt § 491 II BGB mangels Schutzbedürftigkeit solche Darlehensverträge von den besonderen Verbraucherschutzbestimmungen aus,

- bei denen das auszuzahlende Darlehen (Nettodarlehensbetrag) **200 € nicht übersteigt** (Nr. 1).
- bei denen sich die Haftung des Darlehensnehmers auf eine dem Darlehensgeber **zum Pfand übergebene Sache** beschränkt (Nr. 2). Erfasst sind also insbesondere Pfandleihkredite.
- bei denen der Darlehensnehmer das Darlehen **innerhalb von drei Monaten zurückzuzahlen** hat und nur **geringe Kosten** vereinbart sind (Nr. 3).
- die von **Arbeitgebern** exklusiv mit ihren Arbeitnehmern als **Nebenleistung zum Arbeitsvertrag** zu einem niedrigeren als dem marktüblichen Zins abgeschlossen werden (Nr. 4). Die **besonders günstigen Konditionen** reduzieren hier die Schutzbedürftigkeit.
- die nur mit einem eingegrenzten Personenkreis auf Grund von **Rechtsvorschriften in öffentlichem Interesse** zu günstigeren Bedingungen als marktüblich abgeschlossen werden (Nr. 5). Das erfasst z. B. die Vergabe von besonders günstigen Darlehen zur Energiesanierung von Wohnhäusern durch die Kreditanstalt für Wiederaufbau, KfW).

§ 491 III BGB schließt überdies bei einem **gerichtlich protokollierten Darlehensvertrag** einzelne Schutzvorschriften aus, insbesondere die Rechtsfolgen des Widerrufsrechts bei verbundenen Geschäften gemäß § 495 i. V. m. § 358 II–IV BGB, weil für einen Übereilungsschutz angesichts der Mitwirkung des Richters weniger Bedürfnis besteht.

Unübersichtlich in **§ 512 BGB** versteckt ist eine wichtige **Erweiterung des Anwendungsbereichs**: Demnach finden die §§ 491–511 BGB auch Anwendung, wenn Darlehensnehmer ein **Existenzgründer** ist, es sich also um eine natürliche Person handelt, *„ die sich ein Darlehen [...] für die Aufnahme einer gewerblichen oder selbständigen beruflichen Tätigkeit gewähren"* lässt. Obwohl es sich bei diesen Personen eigentlich um **Unternehmer** (§ 14 BGB) handelt, sind **geschäftlich unerfahrene** Existenzgründer ähnlich einem Verbraucher schutzbedürftig. Daher stellt der Gesetzgeber diese Personengruppe den Verbrauchern gleich. Eine Ausnahme enthält insofern § 507 Halbs. 2 BGB: Demnach unterbleibt die Anwendung der verbraucherschützenden Normen, wenn der **Nettodarlehensbetrag 75.000 € übersteigt**; dann überwiegen die Interessen des Darlehensgebers und hat die Existenzgründung ein derartiges wirtschaftliches Volumen, dass von einer verbrauchertypischen Unerfahrenheit des Existenzgründers nicht mehr ausgegangen werden kann.

Einer weiteren Ausdehnung des Anwendungsbereichs widmet sich die Frage, ob auch ein **Schuldbeitritt** (vgl. allg. *Brox/Walker* AT, § 35 Rn. 19 ff.) als Verbraucherdarlehen i. S. d. §§ 491 ff. BGB qualifiziert werden kann. Unmittelbar anwendbar sind die Vorschriften nicht, denn der Beitretende übernimmt nur die **Mithaftung** für die Verpflichtungen des Darlehensnehmers, erlangt aber selbst keine Ansprüche gegen den Darlehensgeber. Zu Recht bejaht der BGH aber eine **analoge Anwendung**: Das Schutzbedürfnis des Beitretenden ist noch größer als dasjenige des Darlehensnehmers, da ihn dessen Pflichten treffen, ohne dass ihm zugleich seine Rechte zuteil werden (BGH NJW 1996, 2156; BGH NJW 2006, 431). Voraussetzung ist, dass der Vertrag, dem beigetreten wird, ein Verbraucherdarlehen im dargestellten Sinne ist. Ferner muss der Beitretende selbst Verbraucher sein.

bb) Vorvertragliche Pflichten, Vertragsschluss und -inhalt

Um das typische Informationsgefälle zwischen Darlehensgeber und Verbraucher auszugleichen, statuiert § 491a BGB nun seit dem 11.6.2010 **Informationspflichten** des Darlehensgebers im vorvertraglichen Bereich, also **vor Vertragsabschluss**. So kann der Verbraucher verlangen, dass der Darlehensgeber ihm einen (schriftlichen) Entwurf des Darlehensvertrags überlässt (§ 491a II 1 BGB).

§ 492 I 1 BGB sieht vor, dass ein Verbraucherdarlehensvertrag **nur schriftlich** abgeschlossen werden kann (mit gewissen Erleichterungen gegenüber § 126 BGB aus Praktikabilitätsgründen im Massengeschäft, vgl. § 492 I 2, 3 BGB). Das Formerfordernis bezieht sich dabei (wie auch sonst) auf den **gesamten Vertragsinhalt** (Vollständigkeitsprinzip; vgl. BGHZ 40, 255, 262).

§ 492 II BGB verweist darüber hinaus auf einen **Katalog von Pflichtangaben in** Art. 247 §§ 6–13 EGBGB, die in dem Darlehensvertrag enthalten sein müssen, um dem Verbraucher die Bedeutung des Geschäfts und die Rechtsfolgen deutlich vor Augen zu halten. Formerfordernis und Pflichtangaben gelten gemäß § 492 IV BGB auch für die **Vollmacht**, die ein Darlehensnehmer einem Stellvertreter (§ 164

BGB) **zum Abschluss eines Verbraucherdarlehensvertrags** erteilt, nicht aber bei Prozessvollmacht und notariell beurkundeter Vollmacht.

Welche Rechtsfolgen ein Verstoß gegen die Schriftform des § 492 I 1 BGB sowie ein Unterbleiben von Pflichtangaben nach § 492 II BGB hat, regelt § 494 I BGB: Demnach tritt **grundsätzlich Nichtigkeit** ein, wenn die Schriftform insgesamt nicht eingehalten ist oder besonders wichtige Angaben nicht schriftlich niedergelegt wurden. Die Nichtigkeit wird aber gemäß § 494 II BGB **geheilt**, soweit der Darlehensnehmer das Darlehen **(tatsächlich) empfängt** oder in Anspruch nimmt, er also einen Anspruch auf Auszahlung des Darlehens geltend macht. Fehlende Angaben gehen allerdings in Form einer **Modifikation des Vertragsinhalts** zulasten des Darlehensgebers, vgl. die detaillierte Regelung in § 494 II 2, III–VI BGB. **Umstritten** ist, ob die Heilungsvorschrift auch zulasten des **Schuldbeitretenden** wirkt (zu Recht verneinend BGHZ 134, 94, 98 m. w. N.). § 492 VI BGB sieht nunmehr eine **Nachholung von Angaben** nach Vertragsschluss in Textform vor.

Der Darlehensgeber hat dem Darlehensnehmer gemäß § 492 III 1 BGB eine **Abschrift der Vertragserklärungen** und auf Verlangen gemäß § 492 III 2 BGB einen Tilgungsplan zur Verfügung zu stellen. Kommt es zu einer Vertragsmodifikation nach § 494 II–VI BGB, gibt § 494 VII BGB dem Darlehensnehmer Anspruch auf Aushändigung einer korrigierten Vertragsausfertigung. Dabei handelt es sich jeweils um (einklagbare) Ansprüche des Darlehensnehmers, **nicht** hingegen um **Wirksamkeitsvoraussetzungen** für das Darlehen.

cc) Vertragsinhalt und Pflichten

Bestimmte **Vereinbarungen**, die den Verbraucher gefährden oder sonst benachteiligen würden, werden in § 496 BGB **ausgeschlossen**: So darf dem Verbraucher nicht abverlangt werden, als Sicherheit einen **Scheck** auszustellen oder eine **Wechselverbindlichkeit** einzugehen (§ 496 III BGB). Ein **Einwendungsverzicht** (vgl. §§ 404 ff. BGB) für den Fall, dass der bisherige Gläubiger die Rückzahlungsforderung an einen Dritten abtritt, kann gleichfalls nicht wirksam vereinbart werden (§ 496 I BGB). Für den Fall der Abtretung stellt § 496 II BGB überdies einen **Informationsanspruch** des Darlehensnehmers bereit.

§ 493 BGB statuiert **Unterrichtungspflichten** des Darlehensgebers bei Ende des Darlehensvertrags bzw. einer Zinsfestschreibung: Er muss den Darlehensnehmer rechtzeitig in Kenntnis setzen, ob und zu welchen Bedingungen er zu einer Anschlussvereinbarung bereit ist, so dass der Darlehensnehmer Gelegenheit hat, entsprechend zu disponieren. Nach dem 2010 neu eingefügten Abs. 3 muss er auch bei Anpassung eines variablen Zinssatzes über die Berechnungsgrundlagen der Anpassung informieren. Für derartige Mitteilungen des Darlehensgebers nach Vertragsschluss statuiert nunmehr § 492 V BGB ein Formgebot: Sie müssen die **Textform** (§ 126b BGB) wahren.

§ 497 BGB trifft ergänzend zu § 288 BGB eine Regelung zur Handhabung von **Verzugszinsen** bei Verzug des Darlehensnehmers mit Zins- und Darlehensrückzahlung. Ergänzend ist auf § 503 II BGB hinzuweisen, der bei Immobiliendarlehen den

Verzugszinssatz abweichend von § 288 I BGB zugunsten des Darlehensnehmers festlegt. § 497 III BGB regelt – abweichend von § 367 BGB – die Anrechnung von Teilleistungen, die zur vollen Befriedigung der Ansprüche des Darlehensgebers nicht ausreichen.

Neu ist zum 11.6.2010 § 499 II BGB aufgenommen worden, wonach der Darlehensgeber bei entsprechender vertraglicher Vereinbarung berechtigt ist, die **Auszahlung** eines Darlehens ohne festgelegte Laufzeit aus einem **sachlichen Grund zu verweigern.** Erforderlich ist hierzu eine Interessenabwägung. Ein sachlicher Grund kann insbesondere in einer **Verschlechterung der Vermögensverhältnisse** des Darlehensnehmers liegen, ferner wenn der Darlehensnehmer eine (belegbar) missbräuchliche Verwendung des Darlehens beabsichtigt – etwa für kriminelle oder gar terroristische Zwecke (vgl. BT-Drucks. 16/11643, S. 85).

dd) Widerrufsrecht, § 495 BGB

Von **größter Bedeutung** für Praxis und Klausur ist das **Widerrufsrecht** gemäß § 495 BGB. Demnach kann der Verbraucher seine auf Abschluss des Darlehensvertrags gerichtete Willenserklärung nach § 355 BGB widerrufen.

Hintergrund: Neben Haustürgeschäften (§ 312 BGB) und Fernabsatzgeschäften (§ 312b BGB) ist dies ein weiterer Fall eines verbraucherschützenden Widerrufsrechts. Der Verbraucher soll angesichts der wirtschaftlichen Konsequenzen eines Darlehensvertrags **vor Übereilung geschützt** werden. Er soll sich auch nach Vertragsschluss die Sache noch einmal überlegen können und innerhalb begrenzter Zeit den Vertrag einseitig und ohne weitere Voraussetzungen aus der Welt schaffen können.

Die Ausübungsvoraussetzungen haben ebenso wie die Rechtsfolgen des Widerrufs für alle Widerrufskonstellationen eine **einheitliche Regelung im allgemeinen Schuldrecht** erfahren (§§ 355 ff. BGB; dazu etwa *Brox/Walker* AT, § 19). § 495 II BGB enthält nunmehr gewisse, eher **technische Modifikationen** gegenüber der allgemeinen Regelung. **Sonderkonstellationen des Darlehensvertrags** sind gemäß § 495 III BGB **vom Widerrufsrecht ausgenommen**, insbesondere bestimmte Überziehungskredite (Nr. 3) sowie notariell beurkundete Darlehensverträge, wenn der Notar die Einhaltung der vorvertraglichen und vertraglichen Informationspflichten bestätigt.

ee) Vertragsbeendigung

Mit dem Anliegen des Verbraucherschutzes erfahren auch die **Kündigungsvorschriften** erhebliche Modifikationen.

(1) Kündigung durch den Darlehensgeber

Mit der Kündigung durch den Darlehensgeber befasst sich § 499 BGB: Das allgemeine Prinzip, dass bei einem **befristet gewährten Darlehen** mit fester Laufzeitvereinbarung grundsätzlich **keine ordentliche Kündigung** möglich ist (vgl. § 489 BGB, s. o. Kap. 3 IV 2 b aa), wird durch § 499 I Alt. 1 BGB bei Verbraucherdarlehen zu **einseitig zwingendem Recht** verstärkt: Eine Vereinbarung über ein Kündigungsrecht des Darlehensgebers ist stets unwirksam, wenn eine bestimmte Vertragslaufzeit vereinbart wurde.

Fehlt es hingegen an einer Laufzeitvereinbarung, kann für die – dann mögliche – ordentliche Kündigung des Darlehensgebers **keine kürzere Kündigungsfrist als zwei Monate** vereinbart werden, § 499 I Alt. 2 BGB: Der Darlehensnehmer soll wenigstens hinreichend Zeit haben, um sich auf die Beendigung des Darlehensvertrags einzustellen.

Abweichend von den allgemeinen Vorschriften zur Kündigung des Gelddarlehens (s. o. Kap. 3 IV 2 b) kann der Darlehensgeber gemäß § 498 BGB den Verbraucherdarlehensvertrag auch im Falle des Zahlungsverzugs des Darlehensnehmers bei einem Teilzahlungsdarlehen nur kündigen, wenn eine **hohe Zumutbarkeitsschwelle** überschritten ist. Im Einzelnen muss (kumulativ)

- der Darlehensnehmer mit mindestens **zwei aufeinander folgenden** Teilzahlungen ganz oder teilweise in Verzug sein. Der Zahlungsrückstand muss dabei **mindestens zehn Prozent**, bei einer Laufzeit des Verbraucherdarlehensvertrags von mehr als drei Jahren mindestens fünf Prozent des Nennbetrags des Darlehens ausmachen und
- der Darlehensgeber dem Darlehensnehmer erfolglos eine **zweiwöchige Frist** zur Zahlung des rückständigen Betrags mit der Erklärung gesetzt haben, dass er bei Nichtzahlung innerhalb der Frist die gesamte Restschuld verlange.

Für **Immobiliendarlehen** senkt § 503 III BGB die Anforderungen ab: Hier muss der Darlehensnehmer mit **mindestens 2,5 %** des Nennbetrags des Darlehens in Verzug sein. Damit wird dem Umstand Rechnung getragen, dass Immobiliendarlehen in der Regel besonders umfangreich sind und daher schon 2,5 % regelmäßig einen **erheblichen Betrag** ausmachen

(2) Kündigung und vorzeitige Rückzahlung durch den Darlehensnehmer

§ 500 BGB regelt die Kündigung durch den Darlehensnehmer: Auch hier wird an das Grundprinzip des § 489 II BGB angeknüpft, dass bei einem **Darlehen ohne Laufzeitvereinbarung jederzeit ordentlich gekündigt** werden kann, und auch dies wird zugunsten des Verbrauchers modifiziert: Von der in § 489 II BGB enthaltenen Drei-Monats-Kündigungsfrist wird abgesehen; der Verbraucher kann **jederzeit fristlos kündigen**. Vertraglich kann maximal eine Kündigungsfrist von einem Monat vorgesehen werden, § 500 I 2 BGB.

Die in § 489 I, II BGB geregelten Fälle der ordentlichen Kündigung des Darlehensnehmers bei Darlehensverträgen mit Laufzeitvereinbarung werden bei Verbraucherdarlehensverträgen in **§ 500 II BGB** um die Möglichkeit ergänzt, jederzeit die **Verbindlichkeiten** ganz oder teilweise **vorzeitig zu erfüllen**; rechtlich wird der Vertrag dadurch, anders als durch eine Kündigung, nicht beendet. Allerdings endet der Leistungsaustausch ganz oder teilweise. Es kommt dann jedoch zu den in §§ 501, 502 BGB geregelten Folgen.

Bei jeder vorzeitigen Beendigung – gleich ob nach § 500 II BGB oder infolge einer wirksamen Kündigung – **reduziert** sich gemäß **§ 501 BGB** die Belastung des Verbrauchers mit **laufzeitabhängigen Kosten**, insbesondere also die Belastung mit Zinsen, um den Betrag, der rechnerisch auf die Zeit nach der vorzeitigen Rückzahlung entfallen wäre. Im Gegenzug schuldet der Darlehensnehmer dem Darlehensgeber aber gemäß § 502 BGB eine Vorfälligkeitsentschädigung, die den entgangenen Gewinn des Darlehensgebers kompensieren soll. Dies geschieht allerdings nur in Fällen vorzeitiger Rückzahlung (§ 500 II BGB), nicht aber bei Nutzung eines bestehenden Kündigungsrechts – also nur bei gewissermaßen „irregulärer" vorzeitiger Beendigung.

ff) Sonderregelung für Immobiliendarlehen

Für Immobiliendarlehensverträge trifft § 503 BGB eine Sonderregelung: Die dargestellten besonderen Kündigungsregelungen (§§ 499, 500, 502 BGB) sind hier nicht anzuwenden; es bleibt insoweit bei den allgemeinen Vorschriften (§§ 489, 490 BGB), die als interessengerechter angesehen werden.

gg) Sonderregelung für Überziehungskredite und geduldete Überziehungen

§§ 504, 505 BGB treffen detaillierte Sonderregelungen für **Überziehungskredite** und **geduldete Überziehungen**, etwa bei Girokonten. Sie sehen **besondere Informations- und Unterrichtungspflichten** vor, die neben und teilweise an die Stelle der allgemeinen Regelung (insbes. § 492 II BGB) treten. Auch das Pflichtenprogramm wird gegenüber dem Normalfall modifiziert, etwa durch Ausschluss der Vorfälligkeitsentschädigung (§ 504 I 2 BGB).

d) Finanzierungshilfen zwischen einem Unternehmer und einem Verbraucher, §§ 506 ff. BGB

aa) Einführung

Eng an die Regelung zum Verbraucherdarlehen angelehnt sind die Regelungen über sonstige Finanzierungshilfen zwischen einem Unternehmer und einem Verbraucher in §§ 506 ff. BGB. Erfasst sind z. B. **Teilzahlungsgeschäfte**.

> **Beispiel:** A kauft beim M-Markt einen Kaffee-Vollautomaten für 1.000 €. M bietet die Stundung des Kaufpreises und dessen Zahlung in zehn Monatsraten zu 100 € an. Der gestundete Betrag ist mit 5 % zu verzinsen. Dabei handelt es sich nicht etwa um eine selbständige Darlehensabrede, sondern lediglich um einen zeitlichen Aufschub des Kaufpreisanspruchs (§ 433 II BGB). Dass die Interessenlage und Schutzwürdigkeit des A ähnlich ist wie beim Abschluss eines Darlehensvertrags, liegt auf der Hand.

Derartige Hilfen, die **vielfach in Verbindung mit dem Abschluss eines Kaufvertrags** angeboten werden, allerdings auch in Verbindung mit anderen Vertragstypen (z. B. Werkverträgen) angeboten werden können, sind zunächst für den Käufer attraktiv, weil sie ihm die Anschaffung eines Produkts erleichtern, das er ansonsten vielleicht nicht finanzieren könnte. Andererseits bestehen gerade deshalb auch **Gefahren**. Insbesondere erfordern die vergleichsweise hohe Komplexität derartiger Geschäfte sowie die typische Langfristigkeit der eingegangenen wirtschaftlichen Belastungen einen besonderen Käuferschutz, der sich – wie beim Verbraucherdarlehen – in **Unterrichtungspflichten** des Verkäufers und einem **Widerrufsrecht** des Käufers niederschlägt. Dem Käufer soll beim Vertragsschluss vor Augen gehalten werden, welche zusätzlichen Kosten auf ihn durch den Abschluss eines derartigen Geschäfts zukommen. Zudem soll er sich durch Widerruf innerhalb einer „Überlegungszeit" von dem abgeschlossenen Vertrag wieder lösen können.

bb) Begriff der Finanzierungshilfe, Anwendungsbereich

Der sachliche Anwendungsbereich der §§ 506 ff. BGB erfasst gemäß § 499 I BGB einen **entgeltlichen Zahlungsaufschub** sowie sonstige entgeltliche Finanzierungshilfen.

> **Definition:** Zahlungsaufschub ist eine Vereinbarung zwischen Unternehmer und Verbraucher als Gläubiger und Schuldner einer Geldforderung, durch welche die Forderung zu einem späteren Zeitpunkt fällig oder durchsetzbar wird, als nach allgemeinen Regeln (insbes. § 320 BGB) vorgesehen (BGH NJW 1996, 457, 458).
>
> **Methodik:** Es handelt sich somit **nicht um einen selbständigen Vertragstyp**, sondern nur um eine ergänzende Abrede hinsichtlich der Hauptpflicht zur Zahlung der Gegenleistung, z. B. im Rahmen eines Kaufvertrags. Insofern modifizieren die in §§ 499 ff. BGB aufgeführten besonderen Rechtsfolgen auch das allgemeine Leistungsstörungsrecht bei dem jeweiligen Vertragstyp.

So verschärft beispielsweise §§ 508 II 1 i. V. m. 498 I BGB im Vergleich
zur allgemeinen Regelung in § 323 I BGB die Anforderungen, die für einen
Rücktritt wegen Zahlungsverzugs des Käufers zu stellen sind.

Sonstige entgeltliche Finanzierungshilfen sind andere, nicht als Zahlungsaufschub oder Darlehen erfasste Fälle der zeitweiligen Überlassung von Kaufkraft
für konsumtive oder investive Zwecke (so MünchKommBGB/*Habersack* § 499
Rn. 23; Bamberger/Roth/*Möller* § 499 Rn. 7). Dies können z. B. unterschiedliche
Formen des **Finanzierungsleasings** (s. u. Kap. 7 III) sein, die – je nach Ausgestaltung des Leasingvertrags – regelmäßig unter § 506 II Nr. 2 oder 3 BGB fallen, sowie
andere Gebrauchsüberlassungsverträge, mit denen ein Finanzierungseffekt einher-
geht – z. B. ein **Mietkauf.**

Querverweis: Letzterer unterscheidet sich vom Leasing dadurch, dass der
„Mieter" nach einer bestimmten Nutzungsdauer ohne weiteres Rechtsgeschäft Eigentümer der Mietsache wird.

Nicht erfasst werden reine Mietverträge und das Operating-Leasing, weil es mangels Sacherwerbs am Finanzierungselement fehlt.

Zentrale Voraussetzung ist die **Entgeltlichkeit** der Finanzierungshilfe. Eine
zinslose, unentgeltliche Finanzierungshilfe löst – ebenso wie ein zinsloses Darlehen
– keine gesteigerte Schutzbedürftigkeit des Verbrauchers aus: Er wird lediglich den
wirtschaftlichen Belastungen ausgesetzt, die ohnehin mit dem Abschluss des (Kauf)
Vertrags für ihn verbunden sind.

Der Anwendungsbereich der §§ 506 ff. BGB nimmt gemäß § 506 IV BGB an den
Beschränkungen teil, die § 491 II, III BGB für die Anwendung der Verbraucherdar-
lehensvorschriften macht – bestimmte Schutzvorschriften sind also bei bestimmten
Arten von Geschäften mangels Schutzbedürftigkeit bzw. wegen eines nicht interessengerechten Inhalts gemäß § 506 IV i. V. m. § 491 II, III BGB von der Verweisung
in § 506 I BGB ausgenommen (im Einzelnen o. Kap. 3 V 2 c aa).

cc) Rechtsfolgen

§ 506 I BGB erklärt im Grundsatz für alle Finanzierungshilfen die Vorschriften
der §§ 358 bis 359a sowie der §§ 491a–502 BGB (mit Ausnahme von § 492 IV
BGB) für entsprechend anwendbar. Die zur Umsetzung der europäischen Verbraucherkreditrichtlinie (RL 2008/48/EG) geschaffenen Regelungen gelten also **einheitlich für alle denkbaren Arten von Finanzierungen**; dies erfordert bereits
die weite Definition des Kreditvertrags in Art. 3 lit. c RL 2008/48/EG der Verbraucherkreditrichtlinie (so BT-Drucks. 16/11643, S. 91). Nicht aufgenommen in

die Verweisungsnorm wurden die §§ 503–505 BGB, da diese besondere Arten des Darlehensvertrags regeln – etwa Überziehungskredite –, die es bei Finanzierungshilfen nicht gibt.

> **Methodik:** Bei § 506 I BGB handelt es sich um eine Rechtsgrundverweisung, so dass die Voraussetzungen der in Bezug genommenen Normen jeweils geprüft werden müssen. Dass die Normen „entsprechend" anwendbar sind, bedeutet, dass Raum für Abweichungen und Besonderheiten ist, wenn diese auf Besonderheiten des jeweiligen Vertrags beruhen (vgl. BT-Drucks. 16/11643, S. 91).

Insbesondere gelten also:

* **Vorvertragliche Informationspflichten** (§ 491a BGB).
* **Schriftformgebot** und Regelungen zum **Mindestinhalt** des Vertrags (§ 492 I–II BGB) einschließlich Rechtsfolgenbestimmungen bei Verstößen (§ 494 BGB).
* Anspruch auf **Überlassung einer Vertragsausfertigung** (§ 492 III BGB).
* **Textformgebot** für Erklärungen des Darlehensgebers gegenüber dem Darlehensnehmer nach Vertragsabschluss (§ 492 V BGB).
* Eigenständiges **Widerrufsrecht** hinsichtlich der Finanzierungshilfe (§ 495 BGB i. V. m. § 355 BGB).
* Wechselseitige **Erstreckung** der Rechtsfolgen eines Widerrufs auf den Vertrag, der mit dem vom Widerruf unmittelbar erfassten Vertrag **verbunden** ist (§ 358 BGB).
* **Einwendungserstreckung** bei verbundenen Verträgen (§ 359 BGB).
* Regelungen zum Verbot eines vertraglichen **Einwendungsverzichts** sowie zum **Wechsel- und Scheckverbot** (§ 496 BGB).
* Behandlung der Verzugszinsen, Anrechnung von Teilleistungen (§ 497 BGB).
* **Verschärfte Anforderungen an den Rücktritt** (vom Kauf- oder Werkvertrag) bei Zahlungsverzug des Verbrauchers (§ 498 BGB).
* Sonderregelungen zur **Kündigung (§§ 499, 500 BGB).**
* Regelungen zu **Kostenermäßigung** und **Vorfälligkeitsentschädigung** (§§ 501, 502 BGB).

Interessant ist, dass § 509 BGB den Darlehensgeber nunmehr verpflichtet, vor dem Abschluss eines Vertrags über eine entgeltliche Finanzierungshilfe die **Kreditwürdigkeit des Verbrauchers zu bewerten**, etwa durch Selbstauskunft des Verbrauchers oder Anfrage bei einer Auskunftei (Schufa u. ä.). Die Regierungsbegründung verweist etwas vage auf „öffentliche Interessen", die hierdurch geschützt werden sollen (BT-Drucks. 16/11643, S. 96). Tatsächlich dürfte es primär darum gehen, einen zahlungsschwachen Schuldner vor weiterer Verschuldung zu bewahren; mittelbar wird damit auch einer Belastung der sozialen Sicherungssysteme vorgebeugt. Versäumt der Darlehensgeber die Bewertung der Kreditwürdigkeit, liegt darin eine **vorvertragliche Pflichtverletzung**, die **Schadensersatzansprüche** des Verbrauchers begründen kann.

dd) Sonderregelung für Teilzahlungsgeschäfte

Gemäß § 506 III BGB gelten für **Teilzahlungsgeschäfte**, obwohl diese an sich von § 506 I BGB tatbestandlich erfasst sind, **graduell andere Rechtsfolgen**:

> **Hintergrund:** Bei **Teilzahlungsgeschäften** handelt es sich letztlich um einen Sonderfall des entgeltlichen Zahlungsaufschubs, der sich dadurch auszeichnet, dass die aufgeschobene Zahlung in wiederkehrenden Zeitabständen, in Raten fällig wird. Es handelt sich nach der Legaldefinition in § 506 III BGB um „Verträge, die die Lieferung einer bestimmten Sache oder die Erbringung einer bestimmten anderen Leistung gegen Teilzahlungen zum Gegenstand haben".

Insoweit verweist § 506 III BGB vorrangig auf die in **§§ 507, 508 BGB** geregelten **Besonderheiten**. Hier finden sich wiederum besondere Vorschriften zum **Vertragsmindestinhalt** und zu Rechtsfolgen bei **Formmängeln** (§ 507 BGB) und zur alternativen vertraglichen Einräumung eines Rückgaberechts (§ 508 I BGB).

Insofern trifft auch § 508 II BGB eine wichtige Regelung: In **Modifikation von § 323 I BGB** kann der Unternehmer von einem Teilzahlungsgeschäft wegen Zahlungsverzugs des Verbrauchers nur unter den in § 498 I BGB bezeichneten Voraussetzungen – also bei **Überschreiten der Erheblichkeitsschwelle** (s. o. Kap. 3 IV 2 c dd) zurücktreten. Eine (unternehmerfreundliche) Modifikation der allgemeinen Vorschriften (§§ 346 ff. BGB) ist in § 508 BGB auch hinsichtlich der **Rechtsfolgen eines Rücktritts** vorgesehen: Der Verbraucher hat dem Unternehmer gemäß § 508 II 2 BGB auch die infolge des Vertrags gemachten Aufwendungen, insbesondere die sog. Vertragskosten, zu ersetzen. Bei der Bemessung der Vergütung von Nutzungen einer zurück zu gewährenden Sache ist zudem gemäß § 508 II 3 BGB die inzwischen eingetretene Wertminderung zu berücksichtigen.

Der **Rücktritt** hat wegen der wechselseitigen Rückgewährpflicht (§ 346 I BGB) zwangsläufig zur Folge, dass der Verkäufer den **Gewinn**, den er sich aus dem Geschäft versprochen hat, **nicht realisieren** kann. Aus seiner Perspektive könnte daher eine vorzugswürdige Alternative darin liegen, im bei Teilzahlungsgeschäften häufigen Fall eines **Eigentumsvorbehalts** (s. o. Kap. 2 I 9 c) die Sache nach § 985 BGB herauszuverlangen, ohne zuvor den Rücktritt zu erklären. So könnte er durch Vorenthaltung der Kaufsache bei Fortbestand des Vertrags wirksam **Druck auf den Käufer** ausüben und ihn zur Zahlung der rückständigen Raten veranlassen. Bereits § 449 II BGB versperrt ihm diese Möglichkeit. Er kann demnach die Sache nur herausverlangen, wenn er vom Vertrag zurückgetreten ist (s. o. Kap. 2 I 9 c bb). **§ 508 II 5 BGB** verstärkt für den Anwendungsbereich der §§ 499 ff. BGB diese Bestimmung, indem er eine **Rücktrittsfiktion** aufstellt: Es gilt als Ausübung des Rücktrittsrechts, wenn der Unternehmer die Sache wieder an sich nimmt. Der Verbraucher soll an dem Vertrag also nicht festgehalten werden, wenn der Unternehmer ihm die Möglichkeit der Sachnutzung entzogen hat. Entsprechend diesem Schutzzweck erfährt das Tatbestandsmerkmal der „Wiederansichnahme" eine **weite Auslegung**: Es ist immer dann zu bejahen, wenn der Unternehmer den **unmittelbaren oder mittelbaren Besitz** an der Sache erlangt. Darüber hinaus reicht es aus, dass er durch Vollstreckung in die Kaufsache den Sachwert erlangt. Entscheidend kommt es darauf an, dass der Verbraucher **Besitz und Nutzungsmöglichkeit an der Sache verloren** hat.

Die Rechtsfolgen der §§ 499 ff. BGB werden zusätzlich dadurch abgesichert, dass § 511 BGB ein **Umgehungsverbot** statuiert.

e) Ratenlieferungsverträge, § 510 BGB

Eine verwandte Regelung trifft schließlich noch § 510 BGB für **Ratenlieferungsverträge**. Dabei handelt es sich um Verträge, die

- entweder die Lieferung **mehrerer als zusammengehörend verkaufter Sachen** in **Teilleistungen** zum Gegenstand haben und bei denen das Entgelt für die Gesamtheit der Sachen in Teilzahlungen zu entrichten ist,
- die **regelmäßige Lieferung** von Sachen gleicher Art zum Gegenstand haben oder
- eine Verpflichtung zum **wiederkehrenden Erwerb** oder Bezug von Sachen beinhalten.

Beispiel: Abonnement von Sammelstücken.

Die Interessenlage ist ähnlich wie bei einem Teilzahlungsgeschäft. Auch hier geht der Verbraucher unter Umständen eine **lange Bindung** mit kontinuierlichen wirtschaftlichen Belastungen ein. Der Unterschied liegt darin, dass der Verbraucher beim Teilzahlungsgeschäft sofort die volle Gegenleistung des Vertragspartners erhält, beim Ratenlieferungsvertrag hingegen **mehrere Teilleistungen**. Das Gesetz meint daher, dass er in ähnlicher Weise schutzbedürftig ist, gesteht ihm daher ebenfalls ein Widerrufsrecht gemäß § 355 BGB zu (§ 510 I BGB) und statuiert grundsätzlich ein Schriftformerfordernis (§ 510 II 1 BGB) sowie eine Mitteilungspflicht des Unternehmers (§ 510 II 3 BGB).

Kapitel 4: Rechtsgeschäfte über das Tätigwerden für einen anderen

I. Dienstvertrag, §§ 611 ff. BGB

Gemäß § 611 I BGB verpflichtet sich in einem Dienstvertrag der eine Vertragspartner „zur **Leistung der versprochenen Dienste**", der andere Vertragspartner im Gegenzug „zur Gewährung der vereinbarten **Vergütung**". Gegenstand eines Dienstvertrags können „Dienste jeder Art" sein, § 611 II BGB. Somit kann in ganz unterschiedlichen Lebenssachverhalten von einem Dienstvertrag auszugehen sein. Irrelevant für die Einordnung als Dienstvertrag ist, ob es sich um einen **einmalig** und kurzzeitig zu erbringenden Dienst handelt oder um einen **dauerhaften** Leistungsaustausch. Freilich sieht das Gesetz in §§ 617, 629, 630 BGB für „dauernde Dienstverhältnisse" teilweise Sonderregelungen vor.

1. Wechselseitige Pflichten

a) Dienstleistungspflicht

aa) Allgemeines, Abgrenzung zum Werkvertrag

Hauptpflicht des Dienstschuldners ist (lediglich) die Pflicht, die vertraglich versprochenen Dienste zu leisten. Geschuldet ist – in Abgrenzung zum Werkvertrag – **nicht** die Herbeiführung eines bestimmten **Erfolges**, sondern nur das **Bemühen um einen Erfolg**. Der Dienstverpflichtete kann seine Verpflichtung auch dann erfüllen, wenn der vom Dienstberechtigten wirtschaftlich erhoffte Erfolg nicht eintritt. Genau hier liegt die – oft höchst problematische – Trennlinie zwischen Dienst- und Werkvertrag.

Fallbeispiel 4.1:

(1) Das Pharmaunternehmen X schließt mit dem Forscher Y einen auf zwei Jahre befristeten Forschungsvertrag, nach dem dieser in seinem eigenen Labor gegen ein monatliches Honorar von 10.000 € einen bestimmten chemischen Stoff auf seine Wirkungsweise untersuchen soll. X erhofft sich, den Stoff zur Behandlung einer bestimmten Krankheit einsetzen zu können. Y erfüllt seinen Dienstvertrag auch dann, wenn am Ende herauskommt, dass der Stoff vollkommen wirkungslos ist. Darüber hinaus hat er den Dienstvertrag auch dann erfüllt, wenn es ihm nach zweijährigen Forschungen trotz korrekter wissenschaftlicher Herangehensweise nicht gelungen ist, die Wirkungsweise des chemischen Stoffs zu ermitteln. Eine Pflichtverletzung wäre nur dann feststellbar, wenn Y nicht wissenschaftlich korrekt gearbeitet hätte.

(2) Vereinbart X mit Y dagegen, dass dieser für X ein markttaugliches Medikament mit bestimmten Wirkeigenschaften herstellt und dafür 100.000 € erhält, handelt es sich um einen Werkvertrag (s. u. Kap. 4 II). Y schuldet den „Erfolg" der Herstellung eines markttauglichen Medikaments. Erreicht er mit seinen Forschungen diesen Erfolg nicht, hat er seine vertragliche Hauptpflicht nicht erfüllt und somit auch keinen Anspruch auf die Vergütung.

Ob ein Dienst- oder Werkvertrag vorliegt, hängt damit primär von der Ausgestaltung des **Vertrags** ab. Dasselbe wirtschaftliche oder unternehmerische Ziel kann unter Umständen durch Abschluss eines Dienstvertrags oder Werkvertrags angestrebt werden. Kernfrage für die Abgrenzung ist letztlich, wen das **Risiko eines Fehlschlags** der Leistungsbemühungen treffen soll: den Berechtigten (dann Dienstvertrag) oder den Verpflichten (dann Werkvertrag).

Freilich wird diese auf den ersten Blick einleuchtende und einfache Abgrenzung dadurch erheblich komplizierter, dass es einerseits **Mischformen** gibt (s. u. Kap. 7 I). Und andererseits können **bestimmte Verträge**, bei denen die Übertragung des Erfolgsrisikos auf den Leistungsverpflichteten als unbillig angesehen wird, **ausschließlich in Form eines Dienstvertrags** abgeschlossen werden; insoweit ist die vertragliche Gestaltungs- und Wahlfreiheit massiv beschränkt. Dies ist insbesondere beim **Arbeitsvertrag** der Fall. Sind die Merkmale eines Arbeitsverhältnisses erfüllt (dazu sogleich), folgt daraus zwingend die Einordnung als Sonderfall des Dienstvertrags i. S. v. §§ 611 ff. BGB. Auch ein erfolgsbezogen formulierter Vertrag würde dann nicht dem Werkvertragsrecht unterworfen (Problem der sog. „Scheinselbständigkeit").

Prominentester Anwendungsfall von §§ 611 ff. BGB ist damit der **Arbeitsvertrag**. Erfüllt der Dienstverpflichtete die Begriffsmerkmale des Arbeitnehmerbegriffs (näher *Preis*, Arbeitsrecht Bd. 1, 3. Aufl. 2009, § 8 II), ist er also insbesondere dem Dienstberechtigten gegenüber **umfassend weisungsabhängig** und in eine Betriebsorganisation eingebunden, handelt es sich um einen **abhängigen Dienstvertrag**, der als **Arbeitsvertrag** bezeichnet wird. Auch auf diesen sind die §§ 611 ff. BGB anwendbar; §§ 611 ff. BGB sind damit auch **Kernvorschriften des Arbeitsrechts**. Sie werden allerdings durch die **Sondergesetze des Arbeitsrechts** entscheidend modifiziert. Teilweise sind auch die in §§ 611 ff. BGB enthaltenen Regelungen explizit nur auf „Arbeitnehmer" und „Arbeitgeber" oder auf „Arbeitsverhältnisse" anwendbar (z. B. §§ 612a, 613a, 615 S. 3, 619a, 622, 623 BGB). Insoweit handelt es sich um rein arbeitsrechtliche Vorschriften, für deren Studium auf Lehrbücher zum Individualarbeitsrecht verwiesen sein soll.

Werden hingegen Dienste i. S. v. § 611 BGB geschuldet, ohne dass die zusätzlichen Merkmale eines Arbeitsverhältnisses gegeben wären, handelt es sich um einen sog. **freien Dienstvertrag**. Dieser richtet sich allein nach §§ 611 ff. BGB; die gesetzlichen Sonderregelungen des Arbeitsrechts sind nicht anwendbar.

> **Beispiel:** In obigem **Fallbeispiel 4.1** (1) handelt es sich um einen solchen freien Dienstvertrag. Y ist nicht umfassend – etwa in zeitlicher Hinsicht – vorgegeben, wie er seine Forschungen innerhalb des Zweijahreszeitraums zu organisieren hat. Ebenso arbeitet er in seinem eigenen Labor und ist nicht in die Betriebsorganisation bei X eingebunden. Er ist also kein Arbeitnehmer, sondern freier Dienstverpflichteter.
>
> Typische **Beispiele** für freie Dienstverträge sind ferner: Behandlungsverträge zwischen Arzt und Patient, Rechtsanwalts-, Steuerberater-, Wirtschaftsprüferverträge, Unterrichtsverträge (vgl. aber auch u. Kap. 4 II 1 b).

In all diesen Fällen ist **wegen der Natur des Leistungsgegenstandes** – vorbehaltlich einer abweichenden vertraglichen Ausgestaltung – regelmäßig **kein Erfolg geschuldet**, sondern das bloße Bemühen um einen Erfolg.

bb) Im Zweifel höchstpersönliche Leistungspflicht

Gemäß § 613 S. 1 BGB ist die Dienstleistung **im Zweifel höchstpersönlich** zu erbringen. Da der „Dienst" als solcher geschuldet ist, wird es dem Dienstberechtigten regelmäßig auf die **Person des Leistungserbringers** ankommen, den er ja ausgesucht hat und auf dessen Fähigkeiten er demnach vertraut. Bei § 613 S. 1 BGB handelt es sich nur um eine **Zweifelsregelung**; die Parteien können also auch Abweichendes vereinbaren.

Andererseits ist aber auch ohne abweichende vertragliche Vereinbarung der höchstpersönliche Charakter **nicht grenzenlos**. § 613 S. 1 BGB will nicht die Vorteile des arbeitsteiligen Wirtschaftens ausschließen. Ist die **Beschäftigung von Hilfspersonen** also **üblich**, wird § 613 S. 1 BGB in der Regel **stillschweigend abbedungen** bzw. eingeschränkt sein.

> **Beispiel:** Beim ärztlichen Behandlungsvertrag ist die Hinzuziehung von Hilfspersonal (medizinisch-technische Assistenten) für einzelne Aufgaben nahezu selbstverständlich.

Spiegelbild von § 613 S. 1 BGB ist § 613 S. 2 BGB, wonach der Dienstberechtigte seinen Anspruch auf die Dienste **grundsätzlich nicht an einen Dritten abtreten** darf (vgl. § 399 BGB). Ebenso wenig wie der Dienstberechtigte ohne weiteres einen anderen Dienstverpflichteten akzeptieren muss, muss der Dienstverpflichtete sich einen anderen Dienstberechtigten aufdrängen lassen. Auch diese Vorschrift wird aber relativiert, insbesondere beim Arbeitsvertrag durch die Möglichkeit der **Arbeitnehmerüberlassung** (vgl. AÜG) oder des **Betriebsübergangs** (§ 613a BGB).

Konsequenz der höchstpersönlichen Leistungspflicht ist, dass das Dienstverhältnis gemäß § 613 S. 1 BGB mit dem **Tod des Dienstverpflichteten** endet. Hingegen ist trotz § 613 S. 2 BGB nach überwiegender Auffassung der Anspruch auf die Dienste beim **Tod des Dienstberechtigten** vererbbar. Waren die vertraglich vereinbarten Dienste allerdings auf die Person des Dienstberechtigten bezogen, tritt mit dessen Tod in der Regel Unmöglichkeit ein.

> **Beispiel:** Pflegedienste, Privatsekretär.

Ebenfalls mit dem grundsätzlich höchstpersönlichen Charakter der Leistungspflicht hängt es schließlich zusammen, dass gemäß **§ 888 III ZPO** eine Erzwingung der geschuldeten Dienste durch Mittel der **Zwangsvollstreckung nicht in Betracht** kommt. Niemand soll durch Zwangsgeld oder Zwangshaft, die ansonsten bei nicht vertretbaren Handlungen gemäß § 888 I ZPO Anwendung finden, zu höchstpersönlichen Diensten gezwungen werden. Das ändert aber nichts daran, dass materiellrechtlich der Dienstberechtigte einen Anspruch auf die Dienste hat. Es handelt sich bei § 888 III ZPO allein um eine prozessuale Regelung, um eine **Vollstreckungssperre**.

b) Vergütungspflicht des Dienstberechtigten

Als synallagmatische Gegenleistung schuldet der Dienstberechtigte dem Dienstverpflichteten gemäß § 611 I BGB **Zahlung der vereinbarten Vergütung**. Ist keine Vergütung vereinbart, gilt eine solche gemäß § 612 I BGB als **stillschweigend vereinbart**, wenn die Dienstleistung den Umständen nach nur gegen eine Vergütung zu erwarten ist. Diese Vorschrift bewirkt einen elementaren Schutz des Dienstverpflichteten.

§ 612 II BGB trifft ergänzend eine Regelung hinsichtlich der **Vergütungshöhe**, wenn eine Vereinbarung hinsichtlich der Vergütungshöhe **unterblieben** ist: Demnach kommt „die **taxmäßige Vergütung**" zum Zuge, wenn für die geschuldeten Dienste eine „Taxe", ein staatlich festgesetzter Vergütungssatz, existiert, insbesondere in Form einer Gebührenordnung (RVG, GOÄ/GOZ, HOAI). Ansonsten gilt „die **übliche Vergütung**" als vereinbart.

> **Hintergrund:** Da es andernfalls an einem wirksamen Vertragsschluss fehlen würde (Fehlen eines essentiale negotii), beinhaltet § 612 I BGB mit der Vergütungs- auch eine Vertragsfiktion.

c) Sonstige Pflichten des Dienstberechtigten

Beide Parteien des Dienstvertrags können **zahlreiche Nebenpflichten** treffen, die stark von der konkreten Ausgestaltung des Dienstverhältnisses abhängen. Einige Schutz- und Fürsorgepflichten des Dienstberechtigten gegenüber dem Dienstverpflichteten haben eine gesetzliche Ausformung erfahren:

- Nach §§ 617, 619 BGB muss der Dienstberechtigte einem in die häusliche Gemeinschaft aufgenommenen Dienstverpflichteten die erforderliche Verpflegung und ärztliche Versorgung gewähren (sog. **Krankenfürsorge**). Primär ist aber gemäß § 617 II BGB durch eine Versicherung Vorsorge zu treffen.
- Nach §§ 618, 619 BGB muss der Dienstberechtigte eine Reihe von **Fürsorgemaßnahmen** zum Schutz des Dienstverpflichteten treffen. Insoweit bestimmt § 618 III BGB auch einen eigenen Schadensersatzanspruch, für dessen Konkretisierung auf §§ 842–846 BGB, also auf Regelungen des Deliktsrechts verwiesen wird.
- Nach § 629 BGB muss dem Dienstverpflichteten nach der Kündigung eines dauernden Dienstverhältnisses auf Verlangen **angemessene Zeit für die Stellensuche** gewährt werden.
- Nach § 630 S. 1 BGB kann der Dienstverpflichtete bei der Beendigung eines dauernden Dienstverhältnisses vom Dienstberechtigten ein **schriftliches Zeugnis** über das Dienstverhältnis und dessen Dauer (**einfaches** Zeugnis) fordern. Auf Verlangen ist das Zeugnis gemäß § 630 S. 2 BGB auch „auf die Leistungen und die Führung im Dienste" (**qualifiziertes** Zeugnis) zu erstrecken.

2. Leistungsstörungen

a) Modifikationen beim Gegenleistungsrisiko

> **Querverweis:** Auf den Dienstvertrag findet im Ausgangspunkt selbstverständlich das allgemeine Leistungsstörungsrecht Anwendung. Allerdings wird dieses durch Besonderheiten des Dienstvertrags entscheidend modifiziert.

Da Gegenstand der Leistungspflichten allein das „Bemühen" um einen Leistungserfolg ist, tritt **Unmöglichkeit** (§ 275 BGB) nicht bereits deshalb ein, weil der wirtschaftlich erhoffte Erfolg nicht erreicht werden kann. Vielmehr muss bereits die geschuldete Leistungshandlung, das **„Bemühen" als solches, unmöglich** sein. Das ist etwa der Fall, wenn der die Leistung höchstpersönlich schuldende (vgl. § 613 S. 1 BGB) Dienstverpflichtete **erkrankt**. Ist eine Leistungshandlung in regelmäßig wiederkehrenden Zeitabschnitten geschuldet (wie insbesondere beim Arbeitsvertrag), weist die Leistungshandlung **absoluten Fixschuldcharakter** auf. In diesem Fall tritt Unmöglichkeit (§ 275 I BGB) ein, sobald die zu einem bestimmten Zeitpunkt geschuldete Leistungshandlung – egal aus welchem Grund – ausbleibt.

Entsprechend den Regelungen des allgemeinen Leistungsstörungsrechts **entfällt** dann gemäß **§ 326 I BGB** spiegelbildlich auch der **Vergütungsanspruch** des Dienstverpflichteten. Eine Ausnahme kennt § 326 II BGB nur für den Fall, dass der Gläubiger – hier also Dienstberechtigte – für den Umstand, aufgrund dessen Unmöglichkeit eingetreten ist, allein oder weit überwiegend verantwortlich ist oder diese zu einem Zeitpunkt eingetreten ist, in dem der Gläubiger im Annahmeverzug war. Insbesondere Fälle der von **niemandem zu vertretenden (zufälligen) Unmöglichkeit** treffen folglich nach allgemeinem Leistungsstörungsrecht den Schuldner.

Das Dienstvertragsrecht macht davon aus sozialen Gründen **zwei wichtige Ausnahmen**:

- **§ 615 BGB** bestimmt als weitere Ausnahmevorschrift zu § 326 I BGB – zunächst übereinstimmend mit § 326 II 1 Alt. 2 BGB –, dass eine Vergütung gezahlt werden muss, wenn sich der Dienstgläubiger im **Annahmeverzug** befindet. § 615 S. 1 BGB modifiziert die allgemeine Regelung in § 326 II 1 Alt. 2 BGB aber insofern zugunsten des Dienstverpflichteten als er bestimmt, dass der Dienstverpflichtete **nicht zur Nachleistung verpflichtet** ist. Damit trägt § 615 BGB dem sozialen Schutzanliegen Rechnung, dass der Dienstverpflichtete nicht mit einer Nachleistung belastet werden soll, obwohl er die Leistung ohne den Annahmeverzug des Leistungsgläubigers bereits vereinbarungsgemäß erbracht hätte. § 615 S. 2 BGB enthält eine **Anrechnungsregelung**: Der Dienstverpflichtete muss sich auf seinen Annahmeverzugsanspruch anrechnen lassen, was er infolge des Annahmeverzugs, z. B. durch anderweitige Verwertung seiner Arbeitskraft, eingenommen hat oder an Aufwendungen erspart hat.

- **§ 616 BGB** regelt – als **frühe Vorläuferregelung zur Entgeltfortzahlungsregelung** bei Erkrankungen in Arbeitsverhältnissen (§ 3 EFZG) –, dass der Dienstverpflichtete seinen Vergütungsanspruch nicht verlieren soll, wenn er „für eine verhältnismäßig nicht erhebliche Zeit durch einen **in seiner Person liegenden Grund** ohne sein Verschulden **an der Dienstleistung verhindert** ist". Der Dienstverpflichtete soll seine Vergütung und damit seine materielle Lebensgrundlage nicht verlieren, weil er kurzfristig aus persönlichen Gründen außerstande ist, die Dienste zu verrichten. Entscheidend ist, dass die Verhinderung des Dienstverpflichteten im Verhältnis zur Dauer des Vertrags nur von **kurzer Dauer** ist. Bei Leistungshindernissen, die **nicht der Sphäre des Dienstverpflichteten** entstammen, bleibt es hingegen bei der Grundregel des § 326 I BGB, nach der das Gegenleistungsrisiko den Dienstverpflichteten trifft.

Beispiele: Von § 616 BGB erfasst werden Fälle wie die Personensorge für erkrankte Angehörige, Betreuung eigener Kinder, die eigene Trauung, nach der Rechtsprechung auch familiäre Feiern wie die goldene Hochzeit der Eltern (zweifelhaft). Nicht erfasst werden objektive Leistungshindernisse wie Verkehrsstau, Streik oder Unwetter.

Hintergrund: In §§ 615, 616 BGB zeigt sich deutlich, dass sich schon das „freie Dienstvertragsrecht" des BGB mitunter an den Schutzbedürfnissen des Arbeitsverhältnisses orientiert, da spezifisch arbeitsrechtliche Schutzgesetze erst später geschaffen wurden. §§ 615, 616 BGB stellen nach dem berühmten Diktum *v.Gierkes* „Tropfen sozialen Öls" in der liberalen Zivilrechtsordnung des BGB dar. Inwieweit der zugrunde liegende Schutzgedanke auch im freien Dienstvertrag immer angemessen ist, mag bezweifelt werden; insofern wird mitunter von einer stillschweigenden Abbedingung auszugehen sein.

b) Keine Regelungen zur Gewährleistung

§§ 611 ff. BGB enthalten, anders als etwa Kauf- oder Werkvertragsrecht, keine Regelungen zur Gewährleistung wegen **Rechts- oder Sachmängeln**. Dies hängt damit zusammen, dass im Rahmen eines Dienstvertrags eben **kein Erfolg geschuldet** ist.

Hintergrund: Auch der Kaufvertrag ist gewissermaßen erfolgsbezogen formuliert, indem er dem Verkäufer die sach- und rechtsmangelfreie Leistung abverlangt, § 433 I 2 BGB.

Bei (vollständiger) **Nichtleistung** erlangt der regelmäßig vorleistungspflichtige (§ 614 BGB) Dienstverpflichtete keinen fälligen Vergütungsanspruch. Bei **verzögerter Leistung** haftet der Dienstverpflichtete nach §§ 280 I, II, 286 BGB für den Verzugsschaden. Kommt es hingegen im Zuge der Vertragserfüllung zu **Integritätsverletzungen** an Gütern des Dienstberechtigten, die der Dienstverpflichtete zu vertreten hat, so haftet dieser dem Dienstberechtigten gemäß § 280 I BGB (zu Haftungserleichterungen im Arbeitsverhältnis *Preis*, Arbeitsrecht Bd. 1, 3. Aufl. 2009, § 52 I).

Bei bloßer **Schlechtleistung,** also Verletzung des Erfüllungsinteresses, liegt die primäre Reaktionsmöglichkeit des Dienstberechtigten in der **Kündigung** des Dienstverhältnisses; vorrangiges milderes Mittel ist insofern bei willentlich beeinflussbarer Schlechtleistung die **Abmahnung** (vgl. allgemein für Dauerschuldverhältnisse § 314 BGB). Ob daneben bei Schlechtleistungen auch ein auf Ersatz des Erfüllungsinteresses gerichteter **Schadensersatzanspruch statt der Leistung** (unter den Voraussetzungen der §§ 280 I, III, 281 BGB) anzuerkennen ist, ist umstritten und hängt von der – hier nicht zu vertiefenden – Grundlagenfrage ab, ob als „Leistung" im Rahmen eines Dienstvertrags nur das „Bemühen" oder darüber hinaus auch ein objektives Leistungs- und Qualitätsminimum geschuldet ist.

c) Kündigung des Dienstverhältnisses

Ein (unbefristet abgeschlossener) Dienstvertrag kann durch Kündigung beendet werden. **Rechtsfolge** einer wirksamen Kündigung ist die **Beendigung des Dienstvertrags ex nunc**, also mit **Wirkung für die Zukunft**.

> **Methodik:** Anders als beim Rücktritt erfolgt **keine Rückgewähr bereits ausgetauschter Leistungen**; für die Vergangenheit bleibt der Vertrag als Rechtsgrund existent. Nur sofern auch für künftige, nach dem Kündigungszeitpunkt liegende Leistungsabschnitte bereits Leistungen gewährt wurden, sind diese im Wege des Bereicherungsausgleichs (§ 812 I 1 Alt. 1 BGB) zurückzugewähren, da mit der wirksamen Kündigung der Rechtsgrund für die Zukunft entfällt.

Zum einen kann die Kündigung eine **Reaktion auf Leistungsstörungen** sein. Insoweit modifiziert die Kündigung erneut die Vorschriften des allgemeinen Leistungsstörungsrechts, indem sie **im Dauerschuldverhältnis an die Stelle des Rücktritts** tritt.

Andererseits ist aber auch **ohne Vorliegen einer Pflichtverletzung** im **unbefristeten freien Dienstvertrag** eine **ordentliche Kündigung** jederzeit und sowohl für den Dienstverpflichteten als auch den Dienstberechtigten möglich. Der Kündigende muss lediglich die jeweils einschlägige **Frist** (§ 621 BGB) einhalten, deren Länge sich entscheidend nach der Ausgestaltung des Vertragsverhältnisses, insbesondere den Modalitäten der Entgeltzahlung, richtet. Die Entscheidung, sich aus dem Vertragsverhältnis zu lösen, steht den Parteien des unbefristeten Dienstvertrags somit offen. Die Interessen des Kündigungsadressaten werden dabei gewahrt, indem ihm durch die **Kündigungsfrist** Gelegenheit gegeben ist, sich rechtzeitig auf das Ende des Vertragsverhältnisses einzustellen.

Ist ein Dienstvertrag (zeit- oder zweck-)**befristet**, scheidet gemäß § 620 II BGB ohne gegenteilige vertragliche Vereinbarung eine **ordentliche Kündigung aus:** Bei einem befristeten Dienstvertrag sollen die Parteien sich darauf verlassen können, dass der Vertrag auch **mit der ursprünglich vorgesehenen Dauer durchgeführt** wird. Eine **Ausnahme** macht § 624 BGB für Dienstverträge, die für eine Dauer von mehr als fünf Jahren abgeschlossen sind: Diese können **nach Ablauf von fünf Jahren** stets mit einer Kündigungsfrist von sechs Monaten ordentlich gekündigt werden. Diese Regelung ist vertraglich **nicht abdingbar**; sie soll die Vertragsparteien, insbesondere den Dienstverpflichteten, vor allzu lang andauernden Beschränkungen seiner Freiheit bewahren. Zu beachten sind in diesem Zusammenhang auch die Einschränkungen, die **§ 309 Nr. 9a BGB** hinsichtlich Laufzeitvereinbarungen durch Allgemeine Geschäftsbedingungen macht.

Deutlich **verschärft** wird die ordentliche Kündigung im **abhängigen Dienstvertrag**, dem Arbeitsvertrag. Hier bedarf die ordentliche Kündigung **durch den Arbeitgeber** stets eines **Kündigungsgrundes** i. S. v. § 1 KSchG. Für die ordentliche Kündigung **durch den Arbeitnehmer** bleibt es hingegen bei dem dargestellten Grundprinzip der Kündigungsfreiheit bei Einhaltung der Kündigungsfristen; diese sind für Arbeitsverträge in § 622 BGB als Sonderregelung zu § 621 BGB speziell geregelt.

Jeder Dienstvertrag – ob frei oder abhängig, befristet oder unbefristet – kann darüber hinaus gemäß **§ 626 BGB** „aus **wichtigem Grund**" fristlos gekündigt werden, sog. **außerordentliche Kündigung**.

> **Methodik:** § 626 BGB ist eine spezielle dienstvertragliche Regelung, die gegenüber der allgemeinen Regelung eines außerordentlichen Kündigungsrechts bei Dauerschuldverhältnissen (§ 314 I 1 BGB) vorrangig ist. Freilich kann in Einzelfragen, die § 626 BGB nicht regelt, insbesondere hinsichtlich des Abmahnungserfordernisses (§ 314 II 1 BGB), auf die allgemeine Regelung zurückgegriffen werden.

Die **tatbestandlichen Voraussetzungen** sind wegen der einschneidenden Wirkung einer solchen Kündigung **ausgesprochen hoch**: Es muss – objektiv – ein „wichtiger Grund" vorhanden sein, der es dem Kündigenden **unzumutbar** macht, das Dienstverhältnis wie vereinbart fortzusetzen. Damit zeigt sich, dass die Kündigung **stets zukunftsbezogen** ist: Sie ist nicht Sanktion für zurückliegendes Fehlverhalten, sondern soll den Kündigenden lediglich davor bewahren, künftig an einer für ihn unzumutbaren Vertragsbeziehung festgehalten zu werden. Die Frage, ob ein „wichtiger Grund" gegeben ist, erfordert damit immer eine Prognose, wie sich die Vertragsbeziehung künftig darstellen würde, wenn die Kündigung unterbliebe (sog. **Prognoseprinzip**). Die „Unzumutbarkeit" ist dabei durch eine **Interessenabwägung** zwischen dem **Bestandsschutzinteresse** des Kündigungsadressaten und dem **Beendigungsinteresse** des Kündigenden zu ermitteln. Die außerordentliche, fristlose Kündigung kommt nur als letztes Mittel, als ultima ratio in Betracht (sog. **Ultima-ratio-Prinzip**). Damit ist insbesondere in Betracht zu ziehen, ob dem Beendigungsinteresse des Kündigenden nicht auch durch eine **ordentliche Kündigung** (sofern diese mangels Befristung zulässig ist, vgl. § 620 II BGB) oder durch eine **Abmahnung** (§ 314 II 1 BGB) als Vorstufe zur Kündigung Rechnung getragen werden kann. Beide Instrumente wirken milder als eine außerordentliche Kündigung und sind damit vorrangig.

> **Beispiele:** Relativ klare Gründe für eine fristlose Kündigung sind z. B. Straftaten einer Vertragspartei gegenüber der anderen. Hat etwa der Dienstverpflichtete den Dienstberechtigten bestohlen oder schwer beleidigt, wird auch eine außerordentliche Kündigung häufig gerechtfertigt sein. Aber auch bei weniger gravierenden Pflichtverletzungen wird – sogar im Arbeitsrecht – die Möglichkeit einer außerordentlichen Kündigung anerkannt, insbesondere wenn eine ordentliche Kündigung ausgeschlossen ist.

Wichtig ist, dass § 626 II 1, 2 BGB eine **Ausschlussfrist** festlegt: Demnach kann die fristlose Kündigung **nur innerhalb von zwei Wochen** ab Kenntnis von dem Kündigungsgrund ausgesprochen werden.

Hintergrund: Dies ist ein **typisierter Verwirkungstatbestand**: Hat der Kündigende nicht innerhalb dieser Frist mit einer Kündigung auf die Pflichtverletzung reagiert, hat er gezeigt, dass der Vorfall dann doch keinen ganz so „wichtigen Grund" darzustellen scheint.

Eine **fristlose Kündigung ohne „wichtigen Grund"** sieht schließlich § 627 BGB vor für **Dienstverträge „höherer Art"**, die durch eine **besondere Vertrauensstellung** des Dienstverpflichteten gekennzeichnet sind. Solche Dienste höherer Art erfordern ein überdurchschnittliches Maß an Fachkenntnissen, Kunstfertigkeit, wissenschaftlicher Bildung, geistiger Phantasie oder Flexibilität (MünchKommBGB/*Henssler* § 627 Rn. 14 m. w. N.). Insbesondere Tätigkeiten, die den **persönlichen Lebensbereich** betreffen, werden hierzu gerechnet (BGH NJW 1989, 1479; MünchKommBGB/*Henssler* § 627 Rn. 15, jeweils m. w. N).

Beispiele: So etwa Dienstverträge mit Rechtsanwälten, Ärzten oder auch Ehe-/Partnervermittlern.

Insofern sollen die Vertragsparteien auch ohne Vorliegen eines objektiv „wichtigen Grundes" nicht gezwungen sein, das Dienstverhältnis fortzusetzen, wenn sie daran (aus welchen Gründen auch immer) nicht festhalten wollen. Die erleichterte Kündigungsmöglichkeit nach § 627 BGB kann vertraglich **abbedungen** werden – anders als § 626 BGB. Ein Ausschluss durch Allgemeine Geschäftsbedingungen des Gekündigten würde allerdings gegen § 307 II Nr. 1 BGB verstoßen.

Nach einer außerordentlichen Kündigung gemäß §§ 626, 627 BGB stehen den Vertragsparteien die in § 628 BGB geregelten Rechte zu: Der Dienstverpflichtete kann nach § 628 I BGB **Vergütung der schon geleisteten Dienste** verlangen; es sei denn, es liegt einer der in § 628 I 2 BGB (etwas kompliziert) geregelten Ausnahmefälle vor.

§§ 628 II, 627 II 2 BGB enthalten **spezielle Schadensersatzregelungen** bei außerordentlichen Kündigungen: Insbesondere wer in zu vertretender Weise vertragswidrig die Kündigung des anderen Teils veranlasst hat, soll diesem gemäß § 628 II BGB zum Schadensersatz verpflichtet sein.

II. Werkvertrag, §§ 631 ff. BGB

Durch den Werkvertrag wird der Unternehmer zur **Herstellung des versprochenen Werkes**, der Besteller zur **Entrichtung der vereinbarten Vergütung** verpflichtet, § 631 I BGB. Als weitere Hauptpflicht statuiert § 640 I 1 BGB, dass der Besteller verpflichtet ist, das vertragsgemäß hergestellte Werk **abzunehmen** (s. u. Kap. 4 II 1 e); dabei handelt es sich auch um eine **Hauptpflicht**, die allerdings nicht im Gegenseitigkeitsverhältnis steht.

> **Querverweis:** Pflichtenstruktur und auch Gewährleistungsrecht ähneln dabei in ihren Grundzügen dem Kaufvertrag. Erhebliche Unterschiede bestehen freilich insbesondere hinsichtlich des Leistungsgegenstandes (dazu unter 1., 2.), der Struktur der Gegenleistung (dazu unter 3.) und der Bedeutung der Abnahme (dazu unter 4.).

Die gesetzlichen Regelungen der §§ 631 ff. BGB sind weitgehend **vertragsdispositiv**. Von erheblicher Bedeutung ist, dass insbesondere auf dem Gebiet des **privaten Baurechts** die gesetzlichen Regelungen **durch Vertragsmuster überlagert** und verdrängt werden. Diese tragen den besonderen Regelungsbedürfnissen bei Bauverträgen weitaus besser Rechnung als das gesetzliche Grundmodell. Sie werden als **Allgemeine Geschäftsbedingungen** durch **Verweisungsklauseln** in die Bauverträge einbezogen. Das allgemein angewandte Vertragsmuster für den Baubereich, die Verdingungsordnung für Bauleistungen (**VOB**), ist in drei Abschnitte – die Teile A, B und C – aufgeteilt. Vor allem Teil B modifiziert die §§ 631 ff. BGB, indem u. a. für Abnahme, Mängelrechte und Schlussrechnung vom Gesetz abweichende Regelungen getroffen werden.

1. Vertragliche Pflichten von Werkunternehmer und Besteller

a) Leistungsgegenstand, das „Werk"

§ 631 II BGB umschreibt sehr offen, was als „Werk" i. S. v. § 631 I BGB in Betracht kommt: Gegenstand des Werkvertrags kann demnach sowohl die **Herstellung oder Veränderung einer Sache** als auch ein **anderer durch Arbeit oder Dienstleistung herbeizuführender Erfolg** sein. Das Werk kann **verkörpert** sein, kann aber auch **ideeller, geistiger** Natur sein.

Wie Gegenstand des Dienstvertrags „Dienste aller Art" sein können, gilt somit Gleiches auch für den Werkvertrag: In Betracht kommen z. B. Handwerksarbeiten, künstlerische Darbietungen, Beförderungsleistungen, Architektenleistungen, Forschungsarbeiten oder die Erstellung von wissenschaftlichen Gutachten. Wie bereits dargestellt, kann derselbe wirtschaftliche Erfolg vielfach **alternativ durch Dienst- oder Werkvertrag** angestrebt werden. Entscheidend ist, welcher Vertragspartei das Risiko erfolgloser Leistungsbemühungen auferlegt wird (s. o. Kap. 4 I 1 a aa). Eine echte Abgrenzungsproblematik stellt sich, wenn – wie in der Praxis häufig – eine klare Absprache hinsichtlich der Risikotragung fehlt.

Methodik: Welcher Erfolg konkret geschuldet ist, lässt sich häufig nur durch eine **Auslegung** des Vertrags ermitteln. Im Rahmen eines Architektenvertrags kann etwa, abhängig von der Ausgestaltung im Einzelfall, nur die Erstellung eines Bauplans geschuldet sein, möglicherweise aber auch die fachgerechte Koordinierung und Überwachung der einzelnen Bauleistungen (vgl. BGHZ 82, 100, 105 f.).

Eine andere Abgrenzung ist klarer durch das Gesetz entschieden, nämlich diejenige zum **Kaufvertrag**. Insofern ordnet **§ 651 BGB** an, dass auf die vertraglich vereinbarte Lieferung **herzustellender oder zu erzeugender beweglicher Sachen allein die Vorschriften über den Kauf** Anwendung finden (früher sog. Werklieferungsvertrag). Grund für diese Gleichstellung ist die **VGKRL** (RL 1999/44/EG; s. o. Kap. 2 I 4): Diese erfasst auch Verträge über die Lieferung herzustellender oder zu erzeugender beweglicher Sachen, so dass eine Anwendung des Kaufrechts schon aus Gründen einer angemessenen Richtlinienumsetzung geboten schien. Freilich geht die Regelung in § 651 BGB darüber hinaus, indem auch Verträge **ohne Beteiligung eines Verbrauchers** nun ausschließlich nach Kaufrecht behandelt werden. Die Bedeutung des Werkvertragrechts wird dadurch in einem ganz entscheidenden Punkt eingeschränkt. Als Domäne des Werkvertragrechts verbleiben damit vor allem **nicht-körperliche Werke** sowie **Reparaturen** an körperlichen Gegenständen.

Handelt es sich freilich um **nicht vertretbare Sachen**, findet gemäß § 651 S. 3 BGB ein **Kompositum aus Kauf- und Werkvertragsrecht** Anwendung.

Definition: Nicht vertretbare Sachen sind gemäß § 91 BGB „bewegliche Sachen, die im Verkehr nach Zahl, Maß oder Gewicht bestimmt zu werden pflegen". Um eine nicht vertretbare Sache handelt es sich, wenn sie durch vom Besteller vorgegebene **individuelle Merkmale** gekennzeichnet ist und deshalb nicht allgemein marktgängig ist (BGH, NJW 1971, 1793, 1794).

Für § 651 BGB ist somit maßgeblich, ob es sich um eine nur durch allgemeine, nicht individuelle Merkmale gekennzeichnete, marktgängige Sache oder um eine **individuelle Sonderanfertigung für den Besteller** (nicht vertretbare Sache) handelt. In letzterem Fall bestehen häufig Mitwirkungspflichten und Mitwirkungsobliegenheiten des Bestellers sowie spezifische Unsicherheiten über Vertragsdurchführung und -kosten, für die das **Kaufrecht keine Regelungen** enthält. § 651 BGB trägt diesem Aspekt dadurch Rechnung, dass es auch in diesem Fall grundsätzlich bei der Anwendung von Kaufrecht bleibt, aber ergänzend die werkvertraglichen Regelungen zur **Mitwirkung des Bestellers** (§§ 642, 643, 645 BGB) sowie die Regelungen zu **Kosten(vor)anschlag** und **Kündigungsrecht** des Bestellers (§§ 649, 650 BGB) Anwendung finden.

Fallbeispiel 4.2:

(1) B vereinbart mit U, dass dieser einen Einbauschrank nach den Vorgaben des B herstellt und in die Wohnung des B einbaut. Der von U hergestellte Schrank ist mangelhaft. Kann B Nachbesserung verlangen?

(2) Wie ist die Rechtslage, wenn der Mangel dadurch entsteht, dass das von B selbst gelieferte Holz von schlechter Qualität ist?

In **Variante 1** könnte sich der Nachbesserungsanspruch aus §§ 437 Nr. 1, 439, 434 I 2 Nr. 2, 651 BGB ergeben. Die kaufrechtliche Anspruchsgrundlage ist gemäß § 651 BGB anwendbar, denn es handelt sich um einen Vertrag über die Herstellung des Schranks, also die Herstellung einer beweglichen Sache. Da der Schrank i. S. d. § 434 BGB mangelhaft ist, steht B der Nachbesserungsanspruch gegen U zu.

In **Variante 2** stellt sich zunächst die Frage, ob der Nachbesserungsanspruch gemäß §§ 651 S. 2, 442 I 1 BGB ausgeschlossen ist. Dies wäre nur dann zu bejahen, wenn B den Mangel des Holzes gekannt oder nur infolge grober Fahrlässigkeit nicht gekannt hätte. Für beides gibt es keine Anhaltspunkte. Hinsichtlich des Vergütungsanspruchs des B ist jedoch zu beachten, dass es sich um eine nicht vertretbare Sache handelt, bei der nach § 651 S. 3 BGB auch die spezielle Gefahrtragungsregel des § 645 BGB anwendbar ist. Somit kann U für die nutzlos aufgewendete Arbeitsleistung „einen der geleisteten Arbeit entsprechenden Teil der Vergütung und Ersatz der in der Vergütung nicht inbegriffenen Auslagen verlangen".

b) Hauptpflicht des Werkunternehmers: (erfolgsbezogene) Herstellung des Werks

Als Faustformel kann man die Hauptpflicht des Unternehmers beim Werkvertrag in Abgrenzung zum Dienstvertrag dahingehend fassen, dass beim Dienstvertrag eine Tätigkeit geschuldet wird, wohingegen die Verpflichtung des Unternehmers beim Werkvertrag auf die **Herbeiführung eines Erfolgs** gerichtet ist. § 631 I Halbs. 1 BGB unterscheidet das „versprochene Werk" deutlich von dem Prozess seiner Herstellung. Als **„Werk"** ist daher nach dem gesetzlichen Regelungskonzept nur dasjenige zu verstehen, was i. S. v. § 631 I BGB **hergestellt wird**, also der körperliche oder nicht körperliche Gegenstand, der das **Ergebnis der Leistungsbemühungen** des Werkunternehmers ist und dem Besteller nach § 633 I BGB zu „verschaffen" ist. Der **prozesshafte Vorgang der Werkerstellung** kann im Einzelfall mit diesem „Werk" (teil)identisch sein.

Beispiel: So etwa bei einer musikalischen oder schauspielerischen Darbietung: Während hier der Prozess der Werkleistung abläuft, wird das „Werk"
zugleich der Wahrnehmung durch den Besteller zugänglich gemacht und ihm
damit „verschafft" (vgl. MünchKommBGB/*Busche* § 631 Rn. 59; RGRK/
Glanzmann § 631 Rn. 14).

Insbesondere bei **verkörperten „Werken"** bleibt es aber dabei, dass „Werk" nicht
der Prozess der Werkerstellung als solcher ist, sondern allein das **abzuliefernde Ergebnis** (Staudinger/*Peters/Jacoby* § 633 Rn. 158). Während im Rahmen des Dienstvertrags also ein „Wirken" geschuldet ist, ist im Rahmen eines Werkvertrags das
Ergebnis des „Wirkens", das „Werk", geschuldet.

Der damit geschuldete „Erfolg" ist aber **nicht so zu verstehen**, dass der Werkunternehmer eine **Erfolgsgarantie** übernimmt. Er will insbesondere nicht etwa – im
Sinne eines verschuldensunabhängigen Schadensersatzes – dafür einstehen, wenn
er die Leistung infolge **Unmöglichkeit oder Unzumutbarkeit** (§ 275 I-III BGB)
nicht erbringen kann. Vielmehr besteht der „Erfolgsbezug" lediglich darin, dass der
Werkunternehmer **keine Vergütung** für seine Leistungsbemühungen erhält, wenn
er den Erfolg nicht schlussendlich herbeiführt. Anspruch auf Vergütung hat der
Werkunternehmer nur **ausnahmsweise trotz ausgebliebenen Erfolgs**, wenn der
Besteller den Werkvertrag gekündigt hat (§ 649 BGB) oder der Misserfolg auf die
Fehlerhaftigkeit des vom Besteller gelieferten Materials zurückzuführen ist (§ 645
BGB, s. o. Fallbeispiel 4.2).

Fehlt eine klare vertragliche Risikozuweisung, muss man den Vertrag dahingehend
auslegen, ob der Werkunternehmer oder der Besteller das Scheiternsrisiko tragen soll.
Dabei kann man davon ausgehen, dass der Parteiwille umso eher auf die Vereinbarung eines **Dienst- statt eines Werkvertrags** gerichtet ist, je stärker der Erfolgsein-
tritt von Umständen abhängt, die vom Werkunternehmer **nicht beeinflussbar** sind.

Beispiele: So ist im Rahmen der **ärztlichen Tätigkeit** der Heilungserfolg
nicht allein vom Tätigwerden des Arztes, sondern daneben von zahlreichen
weiteren Faktoren (sonstige körperliche Disposition, Alter des Patienten)
abhängig. Dies spricht dafür, einen Behandlungsvertrag **im Zweifel als
Dienstvertrag** einzuordnen. Ebenso wird ein **Rechtsanwalt** regelmäßig nicht
das Entstehen seines Honoraranspruchs vom Prozesserfolg abhängig machen
wollen. Das spricht dafür, die Mandatierung zur Prozessführung als Dienstvertrag einzuordnen. Ein **anwaltliches Rechtsgutachten** ist dagegen ein
verkörpertes „Werk": Der Vergütungsanspruch soll davon abhängen, dass
es dem Anwalt gelingt, das Gutachten fertig zu stellen. Die Beispiele zeigen
aber, wie problematisch die Abgrenzung sein kann: So könnte sich auch die
Prozessvertretung als eine Abfolge von jeweils erfolgsbezogenen einzelnen
Schritten deuten lassen, die der Vorlage eines Gutachtens durchaus vergleichbar sind: Erstellung einer Klageschrift, Terminsvertretung etc.

Die **Art der vereinbarten Vergütung** ist teilweise von **erheblicher Aussage-kraft**: So wird es keine klarere Zuweisung des Scheiternsrisikos an den Werk-unternehmer geben als die Vereinbarung eines **Erfolgshonorars**. Andererseits kann trotz Vereinbarung eines **Zeithonorars** ein **Werkvertrag** vorliegen: Der Werkunternehmer erwirbt seinen Anspruch auf das Honorar auch in diesem Fall nur dann, wenn der **Erfolg letztlich herbeigeführt** wird. Das **Risiko zwischen-zeitlicher Erfolglosigkeit** ist dann allerdings infolge der Zeithonorarabrede auf den **Besteller** übertragen.

> **Beispiel:** Gelingt dem Werkunternehmer die vertraglich geschuldete Abdich-tung eines Wasserrohres erst im dritten Versuch, muss der Besteller ihm im Falle eines vereinbarten Zeithonorars auch die für die ersten beiden Versuche aufgewendete Arbeitszeit grundsätzlich vergüten (zu den Grenzen *Greiner* ZGS 2010, 58).

Für den „Erfolgsbezug" des Werkvertrags kommt es damit immer nur auf die Ri-sikoverteilung hinsichtlich des **schlussendlichen Scheiterns oder Gelingens** der Werkleistung an. Die Risikoverteilung hinsichtlich des zwischenzeitlichen Schei-terns ist nicht von Bedeutung.

Ein Vertrag kann zudem **teilweise dienst- und teilweise werkvertraglicher Natur** sein. Ein Beispiel ist der **Architektenvertrag**: Dieser ist sowohl auf die (klar erfolgsbezogene) Erstellung der Baupläne gerichtet, daneben aber auch auf die Durchführung der Bauleitung. Etwas vergröbernd ordnet der BGH gleich-wohl den Architektenvertrag meistens vollständig als Werkvertrag ein (BGHZ 31, 224).

Die Hauptpflicht des Unternehmers liegt somit in der Herstellung des Werks; da-rüber hinaus ist er gemäß § 631 I 1 BGB verpflichtet, dieses dem Besteller zu **„ver-schaffen"**, ihm also so zur Verfügung zu stellen, dass dieser es abnehmen (§ 640 BGB) kann. Der Inhalt der Hauptleistungspflicht des Werkunternehmers ist im Üb-rigen in enger Anlehnung an den Kaufvertrag ausgestaltet: Wie § 433 I 2 BGB dem Verkäufer die sach- und rechtsmangelfreie Leistung abverlangt, verlangt auch § 633 BGB vom Werkunternehmer, das Werk so herzustellen, dass „es die **zugesicherten Eigenschaften** hat und **nicht mit Fehlern behaftet ist**, die den Wert oder die Taug-lichkeit zu dem gewöhnlichen oder dem nach dem Vertrag vorausgesetzten Ge-brauch aufheben oder mindern". Bestandteil der Hauptleistungspflicht ist damit die **Mangelfreiheit**; mit einem mangelhaften Werk erfüllt der Werkunternehmer nicht (sog. **Nichterfüllungstheorie**, s. o. Kap. 2 I 5 a cc).

Eine weitere Konsequenz des Umstandes, dass geschuldete Leistung nur das Werk, nicht hingegen das „Wirken" ist, liegt darin, dass der Werkunternehmer – anders als der Dienstverpflichtete (§ 613 S. 1 BGB) – **im Zweifel nicht höchstper-sönlich** leistungsverpflichtet ist. Er kann daher weisungsgebundene Beschäftigte und selbständige Subunternehmer zur Werkerstellung heranziehen. Er kann auch die gesamte Werkerstellung auf diese übertragen.

Hintergrund: Ein trennscharfer Unterschied zum Dienstvertrag liegt allerdings auch darin nicht: Ebenso wie beim (freien) Dienstvertrag im Einzelfall die Vertragsauslegung ein Abrücken von der Grundregel des § 613 S. 1 BGB erfordert, wird spiegelbildlich beim Werkvertrag die **Vertragsauslegung** nicht selten dazu führen, dass die Parteien eine **höchstpersönliche Leistungspflicht** begründen wollten (besonders deutliches Beispiel: Verpflichtung von darstellenden Künstlern, z. B. einer Opernsängerin).

Da nur ein Erfolg geschuldet ist, besteht für den Werkunternehmer bei der Erstellung des Werkes darüber hinaus **Methodenfreiheit**. Während im Dienstvertrag häufig ein umfassendes Weisungsrecht besteht, kann der Werkunternehmer grundsätzlich selbst entscheiden, **wie** er den **versprochenen Erfolg herbeiführt**, welche (Produktions-)Mittel er z. B. dafür einsetzt oder zu welchen Zeiten er am Werk arbeitet. Mit dem Erfolgsbezug des Werkvertrags ist daher stets notwendig verbunden, dass es sich um einen **„selbständigen"**, **„freien"** Vertrag handelt (zur Abgrenzung zwischen „freiem" und „abhängigem" Dienstvertrag dagegen o. Kap. 4 I 1 a aa). Freilich kann sich der Besteller ein eng eingegrenztes, ausschließlich auf die Gestaltung des Werks bezogenes **Weisungsrecht** vorbehalten (arg. e § 645 I 1 BGB, wo derartige werkbezogene Anweisungen angesprochen werden).

c) Hauptpflicht des Bestellers: Vergütung

Gemäß § 631 I BGB ist der Besteller zur Zahlung der vereinbarten **Vergütung** verpflichtet. Wird der Unternehmer **unentgeltlich** tätig, handelt es sich nicht um einen Werkvertrag, sondern um einen Auftrag (s. u. Kap. 4 IV) oder eine Schenkung. § 632 I, II BGB regelt, ganz ähnlich wie § 612 BGB im Dienstvertragsrecht (s. o. Kap. 4 I 1 b), welche Folgen das **Fehlen einer Vergütungsvereinbarung** auslöst: Eine Vergütung gilt als **stillschweigend vereinbart**, wenn die Herstellung des Werkes den Umständen nach nur gegen eine Vergütung zu erwarten ist; ist die Höhe der Vergütung nicht bestimmt, so ist die **übliche oder taxmäßige** Vergütung als vereinbart anzusehen.

Für die Bemessung der Vergütung des Sachverständigen ist der Inhalt der zwischen den Parteien getroffenen Vereinbarung maßgeblich, wobei nach § 632 BGB – in dieser Reihenfolge – ihre tatsächliche Absprache, eine eventuell vorliegende Taxe oder die übliche Vergütung den Inhalt der Vereinbarung bestimmen. Andernfalls ist eine verbleibende Vertragslücke nach den Grundsätzen über die ergänzende Vertragsauslegung zu schließen, für die Gegenstand und Schwierigkeit der Werkleistung und insbesondere die mit dem Vertrag verfolgten Interessen der Parteien von Bedeutung sein können. Nur wenn sich auf diese Weise eine vertraglich festgelegte Vergütung nicht ermitteln lässt, kann zur Ergänzung des Vertrages auf die Vorschriften der §§ 315, 316 BGB zurückgegriffen werden.
BGH 4.4.2006 NJW 2006, 2472

§ 632 III BGB stellt klar, dass ein **Kosten(vor)anschlag** im Zweifel **nicht zu vergüten** ist. Ein solcher Kostenvoranschlag wird häufig bei Werken ohne Fixpreisvereinbarung, insbesondere also bei Vereinbarung eines Zeithonorars, gemacht (zu Folgen einer Überschreitung der veranschlagten Kosten s. u. Kap. 4 II 3 b).

Die **Art der Vergütung** ist nicht gesetzlich festgelegt. Insbesondere kann ein **Festpreis- oder Pauschalhonorar**, daneben aber auch ein **Zeithonorar** vereinbart werden. Bei Vereinbarung eines Zeithonorars (z. B. 100 €/Stunde) trifft das Risiko, dass der Werkunternehmer längere Zeit braucht als vom Besteller erwartet, grundsätzlich den Besteller. § 632 I, II BGB sind auf diesen Fall nicht anwendbar, da die Höhe der Vergütung bestimmt ist, wenn auch unter Einbeziehung eines bewusst variabel gehaltenen Zeitfaktors. Nur das (für den Vertrag charakteristische) Risiko endgültigen Scheiterns verbleibt auch in diesem Fall beim Werkunternehmer. Überschreitet der vom Werkunternehmer benötigte Zeitaufwand (infolge „Bummelns" oder Unfähigkeit) erheblich den durchschnittlich für die Werkleistung zu veranschlagenden Zeitaufwand, so kann eine Störung der Geschäftsgrundlage zu bejahen sein (*Greiner* ZGS 2010, 58). Genauere Vorgaben hinsichtlich zulässiger Höhe und zulässiger Art der zu vereinbarenden Vergütung machen **HOAI, VOB** und andere Vergütungsordnungen.

Der Werkunternehmer ist grundsätzlich **vorleistungspflichtig**; sein Vergütungsanspruch wird gemäß § 641 I BGB grundsätzlich erst mit der **Abnahme** des Werkes (s. u. Kap. 4 II 1 e aa) **fällig**. Unabhängig von einer Abnahme kann der Unternehmer gemäß § 632a BGB vom Besteller „für in sich abgeschlossene Teile des Werkes" **Abschlagszahlungen** für die vertragsgemäß erbrachten Leistungen verlangen; ergeben sich dabei **Überzahlungen**, muss der Werkunternehmer diese dem Besteller infolge einer auf Ausgleich gerichteten Nebenpflicht (**§ 667 BGB analog**) zurückgewähren (BGHZ 140, 365, 374).

> **Methodik:** Die Rechtsprechung greift nicht nur hier, sondern in zahlreichen Zusammenhängen, auf eine analoge Anwendung von Auftragsrecht, insbesondere von §§ 667, 670 BGB zurück, wenn jemand im Interesse eines anderen tätig geworden ist, dadurch entweder etwas erlangt hat, was dem anderen gebührt, oder aber Aufwendungen gemacht hat, die billigerweise den Geschäftsherrn treffen müssen. §§ 667, 670 BGB finden entsprechende Anwendung, wenn der tatsächlich einschlägige Vertragstyp (Dienst- oder Werkvertrag) keine Anspruchsgrundlage für einen Ausgleich enthält. Denken Sie in solchen Konstellationen stets an §§ 667, 670 BGB als analogiefähiges Regelungsmodell!

Angesichts der Vorleistungspflicht hat der Werkunternehmer insbesondere bei umfangreicheren Werken ein eminentes Interesse daran, dass sein **Vergütungsanspruch abgesichert** wird. Diesem wird durch §§ 647, 648, 648a BGB Rechnung getragen.

§ 647 BGB gewährt dem Werkunternehmer daher ein **gesetzliches Pfandrecht** an den von ihm hergestellten oder ausgebesserten beweglichen Sachen des Bestellers, sofern diese bei der Herstellung oder zum Zwecke der Ausbesserung in seinen Besitz gelangt sind.

Querverweis: Beachten Sie die Parallele zum Vermieterpfandrecht (§ 562 BGB)!

Damit das Pfandrecht an einer Sache entsteht, muss der **Besteller Eigentümer der Sache** sein. Für den Werkunternehmer ist das **nicht immer erkennbar**, insbesondere in Konstellationen des Eigentumsvorbehaltskaufs kann die Eigentumslage unübersichtlich sein (s. o. Kap. 2 I 9 c). Der BGH hat die Möglichkeit eines **gutgläubigen Ersterwerbs** eines gesetzlichen Pfandrechts vom Nicht-Eigentümer **verneint** (vgl. BGHZ 34, 153). Freilich kann auch dann, wenn der Nichteigentümer etwa die Reparatur einer Sache in Auftrag gibt, der Werkunternehmer durch **Vereinbarung eines vertraglichen Pfandrechts** gesichert werden; dieses entsteht bei **Gutgläubigkeit** des Werkunternehmers hinsichtlich der Eigentümerstellung des Bestellers unproblematisch **auch an schuldnerfremden Sachen** (§ 1207 BGB).

Das gesetzliche Pfandrecht des § 647 BGB sichert **alle Forderungen „aus dem Vertrag"**, also neben dem Vergütungsanspruch auch etwa den Entschädigungsanspruch gemäß § 642 BGB oder Schadensersatzansprüche. Ist das gesetzliche Pfandrecht entstanden, sind gemäß § 1257 BGB die Vorschriften über vertragliche Pfandrechte (§§ 1204 ff. BGB) entsprechend anwendbar; insbesondere kann der Pfandgläubiger bei Ausbleiben der Forderungserfüllung durch Verkauf des Pfandgegenstandes Befriedigung erlangen (§§ 1228 ff. BGB).

Da sich **§ 647 BGB** nur auf **bewegliche Sachen** bezieht, ein **Sicherungsbedürfnis** bei **unbeweglichen Sachen** (Immobilien) aber angesichts des wirtschaftlichen Aufwandes **noch größer** ist, gewähren §§ 648, 648a BGB dem **Bauunternehmer** und dem **Bauhandwerker** spezielle Sicherungsrechte. Gemäß § 648 BGB kann der Bauunternehmer verlangen, dass ihm zur Sicherung seiner Forderungen aus dem Werkvertrag eine **Sicherungshypothek** eingeräumt wird. Der Bauhandwerker kann dagegen gemäß § 648a BGB verlangen, dass ihm bis zur Höhe seines voraussichtlich entstehenden Vergütungsanspruchs und entstehender Nebenforderungen eine Sicherheit – insbesondere in Form einer **Bankbürgschaft oder -garantie** – eingeräumt wird.

d) Verknüpfung der synallagmatischen Hauptleistungspflichten; Leistungs- und Gegenleistungsrisiko

Wie im Kaufrecht stellt sich die Frage, ab wann das **Risiko des Untergangs oder der Verschlechterung des Werks** abweichend von der Grundregel des § 326 I BGB den Besteller und nicht mehr den Unternehmer trifft. Ab welchem Zeitpunkt muss der Besteller also die vereinbarte Vergütung zahlen, auch wenn das Werk untergeht oder verschlechtert wurde und dem Werkunternehmer die Erfüllung des Vertrags daher unmöglich wird?

Das Kaufrecht stellt dafür in § 446 BGB auf den Übergang des Besitzes ab. Ganz ähnlich ist nach **§ 644 S. 1 BGB** für den Übergang der Preisgefahr grundsätzlich die **Abnahme des Werkes** maßgeblich, die regelmäßig die **tatsächliche Entgegennahme** des Werks voraussetzt. Wie im Kaufrecht werden der **Annahmeverzug** des Bestellers (§ 644 S. 2 BGB) und die **Versendung** im Fall einer **Schickschuld** (§ 644 II BGB) dem gleichgestellt.

In einer wichtigen Sonderkonstellation verlagert **§ 645 BGB** den Übergang der Preisgefahr zeitlich vor: Hat der Besteller einen **mangelhaften Stoff** geliefert oder eine (fehlerhafte) Anweisung erteilt und ist infolgedessen das Werk untergegangen oder seine Ausführung unmöglich geworden, ohne dass den Werkunternehmer daran ein eigenes Verschulden trifft, so kann der Unternehmer einen der geleisteten Arbeit entsprechenden Teil der Vergütung und Ersatz der in der Vergütung nicht inbegriffenen Auslagen verlangen (§ 645 I BGB). Da die Ursache für das Unmöglichwerden beim Besteller liegt, schiene es unbillig, in dieser Situation den Besteller vom Vergütungsanspruch zu entlasten. **Analog** wird die Vorschrift angewandt, wenn zwar keiner der beiden in § 645 I 1 BGB genannten Sachverhalte gegeben ist, aber ein **vergleichbares Leistungshindernis aus der „Sphäre" des Bestellers** herrührt und dem Werkunternehmer die Erfüllung seiner Hauptpflicht unmöglich macht (sog. „Sphärentheorie", vgl. etwa BGHZ 40, 71, 75; BGHZ 136, 303, 309; BGHZ 137, 35, 38; BGHZ 83, 197, 203 ff.).

> **Beispiel:** Der Besteller lagert vor Fertigstellung einer Scheune in diese leicht entzündliches Heu ein; infolge eines Brandes wird das Werk noch vor Abnahme zerstört.

Deutlich abzugrenzen ist **§ 642 BGB**, der keine im Rahmen des Vergütungsanspruchs zu prüfende Ausnahmevorschrift zu § 326 I BGB darstellt, sondern eine **eigenständige Anspruchsgrundlage**. Danach kann der Werkunternehmer eine **angemessene Entschädigung** verlangen, wenn bei der Herstellung des Werkes eine **Mitwirkungshandlung des Bestellers** erforderlich ist und dieser infolge des Unterlassens der Mitwirkungshandlung in Annahmeverzug gerät. In dieser Konstellation kann er dem Besteller gemäß § 643 BGB auch eine **Nachfrist für die Mitwirkungshandlung** setzen und nach erfolglosem Ablauf den Werkvertrag kündigen; in diesem Fall erhält § 645 I 2 BGB den **Vergütungsanspruch** wiederum partiell aufrecht.

> **Beispiel:** A verpflichtet sich, vom 1.6.2010 bis 8.6.2010 die Terrasse des B mit von B zu beschaffenden Platten zu pflastern. Infolge Lieferschwierigkeiten sind die Platten am 1.6. nicht vorhanden, sondern werden erst am 6.6. geliefert. Für die Zeit vom 1.6. bis 6.6. hat A Anspruch auf angemessene Entschädigung der u. U. nutzlos für A reservierten Arbeitszeit.

Dagegen betrifft § 644 I 3 BGB trotz seiner irreführenden systematischen Stellung nicht die Preisgefahr, sondern die sog. **Sachgefahr**. Er regelt die Frage, wen das Risiko trifft, dass ein vom Besteller **zur Ausführung des Werks gelieferter Stoff in der Sphäre des Werkunternehmers untergeht** oder verschlechtert wird. § 644 I 3 BGB stellt (eigentlich überflüssig) klar, dass den Werkunternehmer insofern keine verschuldensunabhängige Haftung trifft. Wirtschaftlich ist dies sinnvoll, denn ansonsten würde die Reparatur wertvoller Sachen zu einem untragbaren Risiko für den Unternehmer. Freilich haftet er auf Schadensersatz gemäß §§ 280 I, 241 II BGB, wenn er die ihm obliegenden, angesichts Art und Wert der eingebrachten Sachen jeweils **angemessenen Obhutspflichten in zu vertretender Weise verletzt** hat.

e) Hauptpflicht des Bestellers: Abnahme, § 640 BGB

aa) Bedeutung und Rechtsfolgen der Abnahme

Ein gravierender Unterschied zum Kaufrecht liegt in der **zentralen Bedeutung der Abnahme**. Zwar schuldet auch der Käufer Abnahme des Kaufgegenstandes im Sinne der Entgegennahme (s. o. Kap. 2 I 6). Die **rechtlichen Wirkungen** der Entgegennahme durch den Käufer sind aber sehr begrenzt: Insbesondere ist mit der Abnahme **keine Billigung des Kaufgegenstandes** als vertragsgemäße, mangelfreie Leistung verbunden.

> **Querverweis:** Letztlich ist die Abnahme im Kaufrecht nichts anderes als die zur Erfüllung der Verkäuferpflicht Besitzverschaffung erforderliche Mitwirkungshandlung des Käufers. Rechtliche Konsequenz ist (auch) im Kaufrecht immerhin der Übergang der Preisgefahr (§ 446 BGB), der Übergang vom Erfüllungs- zum Nacherfüllungsstadium (s. o. Kap. 2 I 8 a bb) sowie das Fälligwerden des Kaufpreisanspruchs.

Die Abnahme im Werkvertragsrecht (§ 640 BGB) hat hingegen **deutlich darüber hinausgehende rechtliche Wirkungen**: Sie ist nicht nur die körperliche Entgegennahme der Leistung, sondern zugleich deren **Billigung als im Wesentlichen vertragsgemäß** (sog. **zweigliedriger Abnahmebegriff**, vgl. exemplarisch BGHZ 48, 257, 262; BGHZ 132, 96, 100).

> **Hintergrund:** Dass eine solche Billigung hier notwendig ist, erklärt sich daraus, dass es sich – anders als vielfach im Kaufrecht – um eine **individuelle, auf den Besteller zugeschnittene** und von dessen Vorstellungen mitgeprägte Leistung handelt, die dieser erst noch als vertragsgemäße Leistung anerkennen muss.

Die Abnahme soll daher für den Werkunternehmer **Klarheit** hinsichtlich der Frage herbeiführen, ob der Besteller das Werk als im Wesentlichen vertragsgemäß akzeptiert oder nicht. Mit der Abnahme erklärt der Besteller (konkludent), dass er das Werk **im Grundsatz als vertragsgemäße Leistung akzeptiert**, auch wenn vielleicht noch einzelne Mängel vorhanden und zu beheben sind.

> **Definition:** Abnahme i. S. d. § 640 BGB ist die körperliche Entgegennahme des Werkes, verbunden mit seiner Billigung als im Wesentlichen vertragsgemäße Leistung.

Die **Rechtsstellung des Werkunternehmers** wird mit erfolgter **Abnahme** in mehrfacher Hinsicht **deutlich verbessert**:

- Die Abnahme kennzeichnet auch hier den **Übergang vom Erfüllungsstadium zum Nacherfüllungs- bzw. Gewährleistungsstadium**.
- Der Anspruch auf die **Vergütung** wird **fällig** (§ 641 BGB).
- Die Abnahme kennzeichnet den Zeitpunkt, zu dem die **Preisgefahr** auf den Besteller übergeht (§ 644 BGB).
- **Mängel**, die der Besteller bei Abnahme kannte, aber **akzeptiert hat**, können keine Mängelrechte mehr auslösen (§ 640 II BGB). Gewährleistungsrechte (§ 633 BGB) können nach Abnahme also nur noch auf Mängel gestützt werden, die der Besteller bei Abnahme entweder **nicht kannte** oder hinsichtlich derer er sich bei der Abnahme die Geltendmachung von Mängelrechten **vorbehalten** hat.
- Zudem hat die erfolgte Abnahme deutliche Auswirkungen auf die **Darlegungs- und Beweislast**: Vor Abnahme muss der Werkunternehmer das Werk vereinbarungsgemäß herstellen und ggf. nachweisen, dass es keine Mängel aufweist. Hat die Abnahme stattgefunden, muss der Besteller einen Mangel beweisen, wenn er daraus Rechte ableiten möchte.

Zwar schuldet der Unternehmer ein mangelfreies Werk und hat vor der Abnahme (§ 640 BGB a. F.) die mangelfreie und vollständige Erbringung der geschuldeten Werkleistung darzulegen und zu beweisen, wenn der Besteller das Vorhandensein eines Mangels substantiiert vorträgt. [...] Mit Abnahme des Werks und Fehlen eines Vorbehalts trifft die Darlegungs- und Beweislast für die Mangelhaftigkeit des Werks und die Ursächlichkeit des Mangels für den Schaden jedoch den Besteller [...]. An der Darlegung der Mangelhaftigkeit des Werks und ihrer Ursächlichkeit für den Schaden fehlt es, wenn der Schaden nicht auf eine fehlerhafte Leistung des in Anspruch genommenen Auftragnehmers zurückzuführen ist, sondern ausschließlich in den Verantwortungsbereich des Auftraggebers fällt [...].
BGH 8.6.2004 BGHReport 2004, 1603

- Schließlich hat der Besteller ab diesem Zeitpunkt grundsätzlich nicht mehr den Anspruch, dass der Werkunternehmer das Werk u. U. komplett neu herstellen muss, sondern **nur noch einen Nachbesserungsanspruch** (§ 635 I BGB). Ob der Werkunternehmer das Werk lieber neu herstellt, unterliegt – ganz anders als im Kaufrecht – der Entscheidung des Werkunternehmers, nicht des Bestellers.

- Schließlich löst die Abnahme gemäß § 634a II BGB die **Verjährungsfrist** für Gewährleistungsansprüche aus, die trotz Abnahme bestehen.

In Sonderfällen soll nach der Formulierung des Gesetzes die Abnahme im Sinne einer **körperlichen Entgegennahme** wegen der Natur des Werks **ausgeschlossen** sein. Gemäß **§ 646 BGB** greifen die Rechtsfolgen der Abnahme dann bereits mit **Vollendung des Werks**. Da das eine einschneidende Folge für den Besteller ist (ihm wird letztlich die Chance genommen, eine Meinung zu dem Werk abzugeben, dieses also zu billigen oder abzulehnen), ist die Regelung **eng auszulegen:** **Körperliche Werke** werden **stets als abnahmefähig** betrachtet, auch wenn die Abnahme mit erheblichen praktischen Schwierigkeiten verbunden sein sollte. Und auch **geistige Werke** werden als abnahmefähig betrachtet, wenn sie sich **in einer Verkörperung niedergeschlagen** haben (Gutachten, Plan, Schriftstück). Selbst bei einer künstlerischen Darbietung ist die Abnahmefähigkeit letztlich nicht „der Natur nach" ausgeschlossen, vielmehr kann von Entgegennahme dann ausgegangen werden, wenn das Werk für den Besteller optisch/akustisch wahrnehmbar wird.

Nach zutreffender Auffassung verbleibt daher für eine unmittelbare Anwendung von § 646 BGB **kein Anwendungsbereich,** da jedes Werk prinzipiell abnahmefähig ist (vgl. Erman/*Schwenker* § 640 Rn. 9). In Betracht kommt nur eine entsprechende Anwendung des § 646 BGB als **Auslegungsregel,** wenn die Abnahme nach Parteivereinbarung oder Verkehrssitte verzichtbar sein soll. Es geht bei § 646 BGB also nicht um die fehlende Abnahmefähigkeit, sondern um die mangelnde Abnahmebedürftigkeit.

Der Unternehmer hat gemäß § 640 I BGB einen vollwertigen, **einklagbaren Anspruch auf Abnahme** gegen den Besteller, sobald das Werk (vollständig; näher Bamberger/Roth/*Voit* § 633 Rn. 16) hergestellt ist. Insbesondere bei technisch komplexeren Werken entsteht der Anspruch auf Abnahme regelmäßig – abhängig von den vertraglichen Absprachen – erst dann, wenn der Werkunternehmer den Besteller **in die Bedienung eingewiesen** oder ihm eine **Bedienungsanleitung** ausgehändigt und ihm zudem eine **Möglichkeit zur Erprobung**, etwa einem Testlauf, gegeben hat.

Nur bei **wesentlichen Mängeln** ist der Besteller zur Verweigerung der Abnahme berechtigt, § 640 I 2 BGB. Ist das Werk zwar mangelhaft, sind die Mängel aber **unwesentlich**, ist der Besteller **zur Abnahme** hinsichtlich der mangelfreien Teile **verpflichtet** und kann hinsichtlich der mangelhaften Teile einen **Vorbehalt** der Gewährleistungsrechte (§ 640 II BGB) erklären. Die **Abgrenzung** wesentlicher und unwesentlicher Mängel ist unbestimmt und problematisch. Da Grundregel ist, dass der Besteller ein mangelhaftes Werk nicht abnehmen muss, ist § 640 I 2 BGB als Ausnahmeregelung **eng auszulegen** (*Peters* NZBau 2000, 169, 171); maßgeblich kann dabei das **Verhältnis der Kosten für die Mangelbehebung zum wirtschaftlichen Wert** der Werkleistung insgesamt sein.

Verweigert der Besteller die Abnahme, liegt es am Werkunternehmer, das **Fehlen wesentlicher Mängel zu beweisen** – mangels erfolgter Abnahme greift die Beweislastumkehr ja zu diesem Zeitpunkt noch nicht. Erfüllt ist der Anspruch erst, wenn der Besteller vorbehaltlos abgenommen hat. Der Werkunternehmer kann diesen Anspruch einklagen; bei stattgebendem Urteil erfolgt die Vollstreckung nach § 894 ZPO (str., näher *Jakobs* AcP 183, 145, 175). Zugleich erlaubt ihm die **Fiktionsregelung des § 640 I 3 BGB** alternativ (vgl. Staudinger/*Peters* § 640 Rn. 44) auch die **Selbsthilfe**: Er kann dem Besteller eine **angemessene Frist zur Abnahme** setzen. Verstreicht diese ohne Abnahme, obwohl eine Verpflichtung zur Abnahme gemäß § 640 I 1 BGB bestand, insbesondere das Werk also mangelfrei war, wird die Abnahme fingiert.

> **Methodik:** Sie müssen also auch im Rahmen der Abnahmefiktion des § 640 I 3 BGB inzidenter die Freiheit von wesentlichen Mängeln prüfen. Nur wenn diese zu bejahen ist, kommt es zur Fiktionswirkung.

Angemessen ist die Frist, wenn sie dem Besteller hinreichende Gelegenheit belässt, das Werk auf seine Mangelfreiheit zu überprüfen. Eine **zu kurze Frist** wird auch hier **in eine angemessen lange Frist umgedeutet**. An das Erfordernis der Fristsetzung sind auch im Übrigen **keine übertriebenen Anforderungen** zu stellen. Nachdem der BGH zum Fristsetzungserfordernis in § 281 BGB entschieden hat, dass auch unbestimmte Formulierungen wie „unverzüglich", „sofort" u. ä. eine wirksame Fristsetzung beinhalten (BGH NJW 2009, 3153; dazu *Greiner/Hossenfelder* JA 2010, 412), wird man gleiches auch für § 640 I 3 BGB annehmen können. Die Fiktion löst grundsätzlich **dieselben Rechtsfolgen** aus wie die erklärte Abnahme nach § 640 I 1 BGB. Hinsichtlich des Abnahmeanspruchs des Werkunternehmers tritt Erfüllung (§ 362 BGB) ein. Ein **Unterschied** zur erklärten Abnahme nach § 640 I 1 BGB liegt allerdings darin, dass der **partielle Ausschluss der Mängelrechte** bereits nach dem eindeutigen Wortlaut des § 640 II BGB nur bei einer Abnahme nach § 640 I 1 BGB, nicht hingegen infolge der Fiktionswirkung des § 640 I 3 BGB, eintritt.

Mit § 640 I 3 BGB ist zugleich klargestellt, dass der Werkunternehmer nicht ohne Abnahme sofort **Klage auf Vergütung** erheben kann, sondern **nur nach Ablauf der angemessenen Frist** des § 640 I 3 BGB (*Henkel* MDR 2003, 913, 916) oder bei ernstlicher, endgültiger Abnahmeverweigerung des Bestellers. In diesem Fall wäre ein zusätzliches Fristerfordernis eine reine Förmelei (*Hartung* NJW 2007, 1099, 1101).

Verweigert der Besteller unberechtigt die Abnahme, gerät er in **Annahmeverzug** (§§ 293 ff. BGB mit den dort geregelten Rechtsfolgen) und – bei Vorliegen der weiteren Voraussetzungen, insbesondere eines Vertretenmüssens und einer Mahnung – auch in **Schuldnerverzug** mit der Folge eines Schadensersatzanspruchs (§§ 280 I, II, 286 BGB).

bb) Tatbestand der Abnahme

Die Abnahme ist ein zweigliedriger Tatbestand, der sowohl die **körperliche Entgegennahme des Werks** als auch die **Billigung als im Wesentlichen vertragsgemäß** voraussetzt.

Querverweis: Anders als im Kaufrecht beschränkt sich die Abnahme somit nicht auf den reinen Realakt der Besitzerlangung.

Die mit der Abnahme verbundene Billigung des Werks ist keine Willenserklärung, aber eine **rechtsgeschäftsähnliche Handlung**, auf welche die Vorschriften über Willenserklärungen entsprechend anwendbar sind. Möglich ist demnach eine **ausdrückliche Billigungserklärung**. Akzeptiert der Besteller das Werk grundsätzlich, weist aber zugleich auf einen Mangel hin und erklärt die Minderung, liegt auch darin eine Abnahme, verbunden mit einer Minderung. Zur Erfüllung seiner Abnahmepflicht kann der Besteller auch Hilfspersonen (§ 278 BGB) einschalten; im Rahmen von § 640 II BGB wird ihm dann die Kenntnis der Hilfspersonen zugerechnet (vgl. den in § 166 I BGB zum Ausdruck gebrachten Rechtsgedanken).

Praktisch häufiger als eine ausdrückliche ist eine **konkludente Abnahme**. Erforderlich dafür ist, dass der Besteller ein **tatsächliches Verhalten** an den Tag legt, das der Werkunternehmer entsprechend Treu und Glauben und der Verkehrssitte so verstehen kann, dass der Besteller **die Leistung als im Wesentlichen vertragsgemäß billigt**. Beispiele für eine solche konkludente Abnahme liegen vor allem in der **Zahlung der Vergütung** ohne Vorbehalt oder auch bereits in der einverständlichen Erörterung der Schlussrechnung. Die Anforderungen an eine konkludente Abnahme hängen von der **Art des Werks** ab: Bei ganz einfachen, auf den ersten Blick prüffähigen Werken kann bereits die **widerspruchslose Entgegennahme** für eine konkludente Abnahme genügen. Bei einem **komplexeren Werk**, dessen Vertragsgemäßheit nur mit größerem Aufwand feststellbar ist, reicht die reine Entgegennahme jedenfalls nicht aus; anders wiederum, wenn der Werkunternehmer dem Besteller das Werk vorführt und die Vorführung nach der Art des Werks ausreicht, um die Mangelfreiheit beurteilen zu können. Die **Inbetriebnahme** eines Werks durch den Besteller kann ebenfalls eine konkludente Billigung als vertragsgemäß beinhalten. Allerdings wird bei komplexeren technischen Werken mit der Inbetriebnahme eine **Testphase** beginnen. Eine konkludente Abnahme lässt sich dann erst nach problemlosem Ablauf der Testphase bejahen.

cc) Insbesondere: Auswirkungen auf die Gewährleistungsrechte

Die Abnahme hat erhebliche Auswirkungen auf die dem Besteller zustehenden **Gewährleistungsrechte**. Nicht nur muss er nach erfolgter Abnahme die Mangelhaftigkeit **beweisen**; vielmehr **verliert** er infolge einer vorbehaltlosen Abnahme gemäß **§ 640 II BGB** die Gewährleistungsrechte aus § 634 Nr. 1–3 BGB (s. u. Kap. 4 II 2 a) bezüglich Mängeln, die er bei der Abnahme kannte. Es handelt sich dabei um eine **dauernde Einrede**, die der Werkunternehmer einem Gewährleistungsbegehren des Bestellers entgegenhalten kann. Leistet er trotzdem Gewährleistung, hat er allerdings keinen Ausgleichsanspruch.

Letztlich ist diese Regelung eine Konkretisierung des Grundsatzes *venire contra factum proprium*: Wenn der Besteller in Kenntnis eines Mangels vorbehaltlos abnimmt, verhält er sich **widersprüchlich**, wenn er hinterher wegen dieses akzeptierten Mangels noch Gewährleistungsrechte geltend machen will.

Querverweis: Eng verwandt ist die Regelung mit § 377 HGB beim Handelskauf; in beiden Fällen muss der Empfänger der Leistung Mängel rügen, wenn er seine Gewährleistungsrechte nicht verlieren will. Es handelt sich damit in beiden Fällen um **Obliegenheiten**, deren Nichtbeachtung für den Besteller bzw. Handelskäufer – wie stets bei Obliegenheiten – mit dem Verlust eigener Ansprüche verbunden ist.

Die Vorschrift ähnelt auch der kaufrechtlichen Regelung des § 442 BGB; allerdings stellt § 442 BGB auf den Zeitpunkt des Vertragsschlusses ab, § 640 II BGB hingegen auf den Zeitpunkt der Abnahme. Damit ist die Regelung für den Besteller zwar weniger günstig als § 442 BGB für den Käufer, diese Divergenz ist aber bereits dem Umstand geschuldet, dass eine Kenntnis des Mangels bei einem (erst noch zu erstellenden Werk) im Zeitpunkt des Vertragsschlusses schlechthin nicht in Betracht kommt (vgl. *Kohler* JZ 2003, 1081).

Dieser Nachteil gegenüber dem Kaufrecht wird dadurch ein Stück weit kompensiert, dass § 640 II BGB **grob fahrlässige Unkenntnis**, anders als § 442 BGB, **nicht genügen lässt**. Die Anforderungen für das Eingreifen von § 640 II BGB sind damit hoch. Zu beachten ist, dass die Rechtsfolge des § 640 II BGB **nur durch die echte Abnahme** nach § 640 I 1 BGB, nicht hingegen durch die Abnahmefiktion des § 640 I 3 BGB, ausgelöst wird.

Die Wirkung des § 640 II BGB kann nur **ausgeschlossen** werden, wenn der Besteller entweder die Abnahme **verweigert** oder, insbesondere wenn dies wegen der Geringfügigkeit der Mängel rechtlich nicht zulässig ist, hinsichtlich der ihm bekannten Mängel einen **Vorbehalt** der Gewährleistungsrechte erklärt.

Hintergrund: Der **Vorbehalt** wirkt – entgegen einer in der Literatur vertretenen Auffassung – grundsätzlich **nicht** so, als hätte der Besteller nur eine **Teilabnahme** hinsichtlich der mangelfreien Teile erklärt. Trotz erklärten Vorbehalts werden also mit der Abnahme die **sonstigen Rechtsfolgen der Abnahme** bis auf § 640 II BGB **in vollem Umfang ausgelöst**: Insbesondere wird die Vergütung fällig, muss der Besteller nun das Vorliegen der Mängel beweisen und läuft die Verjährungsfrist der Gewährleistungsrechte. Will der Besteller dies vermeiden, muss er konsequent die **Abnahme verweigern**, bis die Mängel behoben sind. Eine Ausnahme davon wird man allein für den Fall machen müssen, dass dem Besteller eine Verweigerung der Abnahme wegen Geringfügigkeit der Mängel rechtlich abgeschnitten war (§ 640 I 2 BGB); in diesem Fall schiene es unbillig, den Besteller rechtlich zur Abnahme zu zwingen, ihn aber trotz Mängeln mit den vollen Wirkungen einer Abnahme zu belasten. Jedenfalls die Beweislast für das Vorliegen von Mängeln muss in diesem Fall beim Werkunternehmer verbleiben.

Nicht erfasst von § 640 II BGB werden **Schadensersatzansprüche** nach § 634 Nr. 4 BGB. Das beruht auf der Erwägung, dass Schadensersatzansprüche ebenso wie im Kaufrecht generell nur dann in Betracht kommen, wenn der Werkunternehmer den Mangel **zu vertreten** hat, also bei schuldhaft hervorgerufenen Mängeln sowie im Fall einer unselbständigen Garantieübernahme (vgl. § 276 BGB). In diesen Konstellationen scheint es in der Abwägung zwischen Unternehmer- und Bestellerinteressen angemessener, den Werkunternehmer trotz vorbehaltloser Abnahme nicht aus der Gewährleistung zu entlassen.

2. Mängelhaftung des Werkunternehmers

a) Überblick

In enger Anlehnung an das kaufvertragliche Gewährleistungsrecht sind die Mängelrechte des Bestellers geregelt. Der **Mangelbegriff** (§ 633 II, III BGB) entspricht strukturell dem **kaufrechtlichen Mangelbegriff** (s. o. Kap. 2 I 8 a, b). Auch hier ist zwischen **Sach- und Rechtsmangel** zu differenzieren; im Bereich des **Sachmangels** ist – entsprechend der Regelung in § 434 BGB – ein **dreifacher Definitionsansatz** zu beachten (s. o. Kap. 2 I 8 a aa). Ebenfalls wie im Kaufrecht stellt § 633 II 3 BGB die Herstellung eines anderen Werks (**aliud-Lieferung**) und die Herstellung des Werks **in zu geringer Menge** einem Sachmangel gleich (vgl. o. Kap. 2 I 8 a cc (3)).

Die Rechte des Bestellers bei Vorliegen von Sach- und Rechtsmängeln sind in **§ 634 BGB** zusammengefasst. Demnach kann der Besteller

*   nach § 635 BGB **Nacherfüllung** verlangen (Nr. 1),
*   nach § 637 BGB den **Mangel selbst beseitigen** und Ersatz der erforderlichen Aufwendungen verlangen (Nr. 2),
*   nach den §§ 636, 323, 326 V BGB von dem Vertrag **zurücktreten** oder nach § 638 BGB die Vergütung **mindern** (Nr. 3) und
*   nach den §§ 636, 280, 281, 283, 311a BGB **Schadensersatz** oder nach § 284 BGB **Aufwendungsersatz** verlangen (Nr. 4).

Methodik: Wie im Kaufrecht ist § 634 BGB lediglich **Startpunkt** einer Normenkette, welche die Anspruchsgrundlage darstellt. Die für Ihre Fallbearbeitung einschlägige Anspruchsgrundlage ermitteln Sie, indem Sie vom verfolgten **Anspruchsziel** ausgehen: Will der Besteller Nacherfüllung, Aufwendungsersatz nach Selbstvornahme, Rückgewähr der ausgetauschten

Leistungen, Minderung, Schadensersatz statt oder neben der Leistung oder (sonstigen) Aufwendungsersatz? Die Tatbestandsvoraussetzungen des jeweiligen Anspruchs ergeben sich aus dem Zusammenspiel von Normen des Gewährleistungsrechts (§§ 633 ff. BGB) und den dort in Bezug genommenen Normen des allgemeinen Leistungsstörungsrechts (§§ 280 ff., 323 ff. BGB).

Vorrangig ist auch im Werkvertragsrecht der **Anspruch auf Nacherfüllung**; zu sekundären Gewährleistungsrechten (Rücktritt, Minderung, Schadensersatz statt der Leistung, Aufwendungsersatz sowie hier – anders als im Kaufrecht – auch Selbstvornahme, § 637 BGB) kann er regelmäßig nur übergehen, nachdem er dem Werkunternehmer erfolglos eine **angemessene Frist zur Nacherfüllung** gesetzt hat. Wie im Kaufrecht ist der Nacherfüllungsanspruch des Bestellers zugleich aus Perspektive des Werkunternehmers ein **„Recht zur zweiten Andienung"**.

b) Nacherfüllung

§ 635 BGB trifft eine nähere Regelung zur Nacherfüllung. Der deutliche Unterschied zum Kaufrecht liegt insofern darin, dass hier der **Werkunternehmer** das **Wahlrecht** zwischen den beiden in Betracht kommenden Varianten, **Nachbesserung und Neuherstellung** des Werkes, hat („nach seiner Wahl"). Insofern setzt sich der Grundsatz der **Methodenfreiheit** des Werkunternehmers auch im Nacherfüllungsstadium fort.

Dies setzt freilich voraus, dass die Nacherfüllung überhaupt (in beiden Varianten) **möglich** ist; mitunter wird lediglich eine Variante in Betracht kommen oder sogar wegen Unmöglichkeit beider Varianten nur der sofortige Übergang zu sekundären Gewährleistungsrechten verbleiben.

Wählt der Werkunternehmer die Variante der **Neuherstellung**, hat er gemäß § 635 IV BGB einen Anspruch gegen den Besteller auf **Rückgewähr** des zuvor gelieferten mangelhaften Werkes, mit dem nach überwiegender Ansicht ein Rücknahmeanspruch des Bestellers korreliert (s. o. Kap. 2 I 8 e cc) (4) im Kaufrecht). Wie im Kaufrecht muss der Werkunternehmer die zum Zwecke der Nacherfüllung **erforderlichen Aufwendungen tragen**, § 635 II BGB. Dies ist freilich erneut nur eine Kostentragungsregel, **keine Anspruchsgrundlage** für die Erstattung von Aufwendungen, die der Besteller getragen hat (s. o. Kap. 2 I 8 e cc (1)).

Ist die Nacherfüllung mit **unverhältnismäßigen Kosten** verbunden, steht dem Werkunternehmer ein Leistungsverweigerungsrecht zu, § 635 III BGB, das neben den strengeren § 275 II BGB tritt. Da die Wahl der Nacherfüllungsmethode ohnehin dem Werkunternehmer zusteht, kann es – anders als im Kaufrecht – nur um Fälle der **absoluten Unzumutbarkeit** gehen (s. o. Kap. 2 I 8 e bb). Da das Werkvertragsrecht – abgesehen von Werklieferungsverträgen, für die das Kaufrecht gilt (§ 651 BGB, s. o. Kap. 4 II 1 a) – keinen europarechtlichen Hintergrund aufweist, ist diese im Kaufrecht hoch umstrittene Frage hier unproblematisch. Zur Ermittlung der Unverhältnismäßigkeit ist eine **Interessenabwägung** zwischen **Unternehmer- und Bestellerinteressen** anzustellen.

Querverweis: Anders als im Kaufrecht macht der Besteller somit in seinem Klageantrag allgemein seinen Anspruch auf Nacherfüllung geltend. In welcher Variante der Werkunternehmer diesen Anspruch erfüllt, ist seine Sache und wird somit auch nicht im Klageantrag durch den Besteller benannt.

Ungeschriebene Voraussetzung des Nacherfüllungsanspruchs (wie auch der sekundären Gewährleistungsrechte) ist, dass bereits die **Abnahme** erfolgt ist. Zuvor stehen dem Besteller der unmodifizierte Erfüllungsanspruch und bei Leistungsstörungen die Ansprüche des allgemeinen Leistungsstörungsrechts (§§ 280 ff., 320 ff. BGB ohne Rückgriff auf die Verweisungsnorm § 634 BGB) zu.

c) Selbstvornahme

Der auffälligste Unterschied zum Kaufrecht besteht darin, dass der Besteller gemäß §§ 634 Nr. 2, 637 BGB ein **Recht zur Selbstvornahme** hat. Das Werkvertragsrecht gewährt dem Gläubiger somit ähnlich dem Mietrecht (§ 536a II BGB, s. o. Kap. 3 I 2 c cc (2)) das Recht, den Mangel **selbst zu beseitigen** und vom Vertragspartner **Ersatz der dafür gemachten Aufwendungen** zu verlangen. Grund für diese Besserstellung im Vergleich zum Kaufrecht ist, dass es im Werkvertragsrecht häufig um die Reparatur von Sachen des Bestellers geht und die Selbstvornahme damit zur Interessenwahrung des Bestellers erforderlicher scheint als im Kaufrecht. Voraussetzung ist das **Bestehen eines (durchsetzbaren) Nacherfüllungsanspruchs**: Gemäß § 637 I letzter Halbs. BGB entfällt das Selbstvornahmerecht insbesondere, wenn der Werkunternehmer die Nacherfüllung berechtigt verweigert hat. Gemäß § 637 III BGB kann der Besteller für erforderliche Aufwendungen sogar einen **Vorschuss** verlangen (zur ggf. geschuldeten Rückzahlung des Vorschusses vgl. BGHZ 183, 366).

Grundsätzlich erforderlich ist, dass der Besteller dem Werkunternehmer zuvor eine **angemessene Frist zur Nacherfüllung** gesetzt hat und diese erfolglos abgelaufen ist. Die Fristsetzung ist in den von § 637 II BGB erfassten Konstellationen entbehrlich; dieser verweist unter anderem auf die in § 323 II BGB geregelten Fälle. Ohne Fristsetzung scheidet ein Aufwendungsersatzanspruch auch auf Grundlage von §§ 677 ff. BGB, §§ 812 ff. BGB oder §§ 823 ff. BGB aus. § 637 BGB ist insoweit abschließend.

Fallbeispiel 4.3: U führt am Pkw des B eine Reparatur mangelhaft aus. B fordert ihn daraufhin auf, den Mangel innerhalb einer Woche zu beheben. Zwischenzeitlich erkrankt U, der in seinem Betrieb keine Mitarbeiter beschäftigt, so gravierend, dass er erst acht Wochen später wieder arbeitsfähig sein wird. B beauftragt nach Ablauf der Frist C mit der Reparatur und fordert Ersatz des an C gezahlten Werklohns.

Lösung: Der Anspruch könnte sich ergeben aus §§ 634 Nr. 2, 637 I, 633 II 2 Nr. 2 BGB. Es handelt sich um einen Werkvertrag i. S. d. § 631 BGB. Auch ist die Werkleistung mangelhaft i. S. d. § 633 I, II BGB. Unter den Voraussetzungen des § 637 BGB kann somit B den Mangel selbst beseitigen und Aufwendungsersatz verlangen. B hat U eine Frist zur Nacherfüllung gesetzt. Gegen die Angemessenheit bestehen keine Bedenken. Diese Frist ist erfolglos verstrichen. Unerheblich ist, dass U infolge seiner Erkrankung das Unterbleiben der Nacherfüllung nicht zu vertreten hatte. Die Selbstvornahme ist von einem Vertretenmüssen unabhängig. B hat somit gemäß § 637 I BGB gegen U einen Anspruch auf Aufwendungsersatz.

d) Rücktritt, Minderung, Schadens- und Aufwendungsersatz

Für die sekundären Gewährleistungsrechte Rücktritt (§§ 634 Nr. 3, 636 BGB) und Minderung (§§ 634 Nr. 3, 638 BGB) kann auf die Ausführungen zum Kaufrecht verwiesen werden (s. o. Kap. 2 I 8 f). Hat der Werkunternehmer den Mangel bzw. die unterbliebene Nacherfüllung **zu vertreten**, kommt darüber hinaus ebenso wie im Kaufrecht ein Anspruch auf **Schadensersatz statt der Leistung** (§§ 634 Nr. 4, 280 I, III, 281, 283 BGB) als weiteres sekundäres Mängelrecht in Betracht; auch insofern kann auf die Ausführungen zum Kaufvertrag verwiesen werden (s. o. Kap. 2 I 8 g dd). Auch hier kommen die Varianten des kleinen Schadensersatzes und des großen Schadensersatzes „statt der ganzen Leistung" in Betracht; letzteres freilich gemäß § 281 I 3, V BGB nur, sofern der Mangel nicht unerheblich ist (s. o. Kap. 2 I 8 g dd (1)). Ferner kann er anstelle des Schadensersatzes statt der Leistung auch **Ersatz** für die im Vertrauen auf die ordnungsgemäße Leistung gemachten **Aufwendungen** verlangen.

Unabhängig von einer Fristsetzung und damit bereits neben dem Nacherfüllungsanspruch besteht bei Vertretenmüssen des Werkunternehmers darüber hinaus ein **Schadensersatzanspruch neben der Leistung** (§§ 634 Nr. 4, 280 I BGB), wenn die Leistung des Werkunternehmers zu **Integritätsverletzungen** an anderen Rechtsgütern des Bestellers geführt hat. Zur Einordnung von **Verzögerungsschäden** s. o. Kap. 2 I 8 g ff zur Parallelproblematik im Kaufrecht.

Beispiel: Die nicht fachgerechte Abdichtung eines Flachdachs führt zu Feuchtigkeitsschäden am Mobiliar der darunter liegenden Wohnung. Die Abdichtung als solche kann Gegenstand eines Schadensersatzanspruchs statt der Leistung (§§ 634 Nr. 4, 280 I, III, 281 BGB) sein, ist also von einer Fristsetzung zur Nacherfüllung abhängig. Die Integritätsschäden an den Möbeln sind Gegenstand eines Schadensersatzanspruchs neben der Leistung (§§ 634 Nr. 4, 280 I BGB), der vom Verstreichen einer Nacherfüllungsfrist nicht abhängt.

Bei der für jeden Schadensersatzanspruch entscheidenden Frage, ob der Werkunternehmer die Pflichtverletzung **zu vertreten** hat (§ 280 I 2 BGB), ist hinsichtlich der **Fahrlässigkeit** objektiv-typisierend auf die **branchenüblichen Kenntnisse und Fähigkeiten** als Sorgfaltsmaßstab abzustellen (BGHZ 92, 308, 311 f.).

e) Verjährung der Mängelrechte

Die Verjährung der Gewährleistungsrechte des Bestellers nach § 634 BGB ist in **§ 634a BGB** differenziert nach der **Art des Werks** geregelt. Es existieren **drei unterschiedliche Verjährungsfristen.** Zu beachten ist dabei, dass die Verjährung jeweils auch zu unterschiedlichen Zeitpunkten beginnt.

Gewährleistungsansprüche verjähren

- in **zwei Jahren** bei einem Werk, dessen Erfolg in der **Herstellung, Wartung oder Veränderung einer Sache** oder in der **Erbringung von Planungs- oder Überwachungsleistungen** hierfür besteht,
- hingegen in **fünf Jahren** bei einem **Bauwerk** und einem **Werk, dessen Erfolg in der Erbringung von Planungs- oder Überwachungsleistungen** hierfür besteht, und
- bei anderen Werken schließlich in der **regelmäßigen Verjährungsfrist** von drei Jahren (§ 195 BGB).

In den beiden speziell geregelten Fällen beginnt die Verjährung **mit Abnahme**, § 634a II BGB; die **regelmäßige Verjährung** beginnt hingegen mit dem **Schluss des Jahres**, in dem

- der **Anspruch** objektiv **entstanden** ist und
- der Gläubiger subjektiv von den anspruchsbegründenden Umständen und der Person des Schuldners **Kenntnis** erlangt oder ohne grobe Fahrlässigkeit erlangen müsste (§ 199 I BGB).

Methodik: Die Regelverjährung endet damit immer am 31.12., 24 Uhr; die Verjährung nach § 634a I Nr. 1, 2 BGB dagegen mit Ablauf des Tages, der seiner Bezeichnung nach dem Tag entspricht, an dem die Abnahme stattgefunden hat (vgl. § 188 II BGB). Fand die Abnahme also am 5.1.2010 statt, so endet die Verjährungsfrist nach § 634 I Nr. 1 BGB am 5.1.2012, 24 Uhr.

Von den (abgekürzten) Verjährungsfristen des § 634a BGB werden **alle Ansprüche des Bestellers aus dem Werkvertrag** erfasst. Nach h. M. erstrecken sich die abgekürzten Verjährungsfristen aber **nicht** auf Ansprüche aus **anderen Rechtsgründen**, insbesondere also nicht auf Ansprüche deliktsrechtlicher Art. Vor allem ist diese Diskrepanz in der Länge der Verjährungsfristen bei sog. **„Weiterfresserschäden"** von Bedeutung. Für diese kann nach § 823 I BGB ggf. auch dann Ersatz verlangt werden, wenn die darauf gerichteten vertragsrechtlichen Ansprüche bereits verjährt sind (zur Problematik grundlegend BGHZ 67, 359, BGHZ 86, 256).

3. Kündigung des Werkvertrags

Während das werkvertragliche Gewährleistungsrecht stark dem kaufrechtlichen Gewährleistungsrecht angenähert ist, werden die Rechte der Vertragsparteien ergänzt um **Kündigungsrechte**. Dafür besteht – ähnlich wie beim Dienstvertrag – ein besonderes Bedürfnis, da sich die Herstellung des Werkes häufig als ein **länger andauernder Prozess** darstellt. Während dieses länger andauernden Ablaufs kann das Vertrauen in den Vertragspartner erschüttert werden und so eine Lösung aus dem Vertragsverhältnis erforderlich werden.

a) Jederzeitige Kündigung durch den Besteller, § 649 BGB

Gemäß § 649 BGB kann zunächst der **Besteller** bis zur Vollendung des Werkes **jederzeit den Vertrag kündigen.** Da es beim – notwendig freien – Werkunternehmer an einem sozialen Schutzbedürfnis wie im Dienstvertrag fehlt, kann die Kündigung nach der (dispositiven) Konzeption des Gesetzes **ohne Einhaltung einer Kündigungsfrist** erfolgen. Eines **Kündigungsgrundes** bedarf es **nicht**. Im Gegenzug ist der Unternehmer allerdings berechtigt, die **vereinbarte Vergütung zu verlangen.** Dabei muss er sich aber dasjenige **anrechnen** lassen, was er infolge der Aufhebung des Vertrags an Aufwendungen erspart oder durch anderweitige Verwendung seiner Arbeitskraft erwirbt oder zu erwerben böswillig unterlässt. Dem wirtschaftlichen Bestandsinteresse des Werkunternehmers wird damit Rechnung getragen: Der Besteller wird aus dem Vertrag nur entlassen, wenn er zu einer entsprechenden Kompensationszahlung bereit ist. Der Besteller kann also die Fertigstellung des Werkes verhindern, wenn er dieses nicht mehr wünscht; er muss aber nach § 649 S. 2 BGB dafür sorgen, dass die vorzeitige Beendigung des Vertrags für den Unternehmer unschädlich bleibt.

Nach dem **Forderungssicherungsgesetz** (FoSiG) vom 23.10.2008 wurde § 649 S. 3 BGB eingefügt, nach dem (widerleglich) vermutet wird, dass dem Unternehmer im Fall der Kündigung 5 % der auf den noch nicht erbrachten Teil der Werkleistung entfallenden vereinbarten Vergütung zustehen. Diese Regelung nimmt dem Werkunternehmer die komplizierte Darlegung und Berechnung der ihm nach Satz 2 zustehenden Restforderung ab. Eine genaue Berechnung muss der Werkunternehmer nur dann darlegen und beweisen, wenn er eine höhere Forderung als 5 % geltend machen will. Auch der Besteller kann geltend machen, dass die verbleibende Forderung niedriger sei, muss dies dann freilich seinerseits darlegen und beweisen.

b) Kündigung durch den Besteller bei Überschreitung eines Kostenanschlags, § 650 BGB

Daneben sieht § 650 BGB vor, dass der Besteller kündigen darf, wenn absehbar wird, dass ein (unverbindlicher) **Kostenvoranschlag**, den der Werkunternehmer gemacht hat, **wesentlich überschritten** würde. Maßgeblich ist die Gesamtvergütung, nicht hingegen eine Überschreitung hinsichtlich einzelner Abrechnungspositionen. Diskutiert wird eine Wesentlichkeitsschwelle zwischen 10 und 25 % der Gesamtvergütung; darin kann allerdings nur eine Richtschnur liegen, die eine Einzelfallbetrachtung nicht ersetzt (zutr. Staudinger/*Peters* § 650 Rn. 22; *Köhler* NJW 1983, 1633, 1634).

Die Kündigung nach § 650 BGB ist insofern für den Besteller **gegenüber** dem immer gegebenen Kündigungsrecht nach **§ 649 BGB vorteilhaft**, als die vom Besteller zu leistende Zahlung sich bei § 650 BGB nicht an der vereinbarten Vergütung für das gesamte Werk orientiert, sondern lediglich – nach § 645 I BGB – den „der **geleisteten Arbeit entsprechenden Teil der Vergütung** und Ersatz der der in der Vergütung nicht inbegriffenen Auslagen" des Werkunternehmers umfasst. Damit der Besteller sein Kündigungsrecht überhaupt ausüben kann, trifft gemäß § 650 II BGB den Unternehmer eine auf die Überschreitung bezogene Anzeigepflicht.

c) Kündigung durch den Besteller aus wichtigem Grund, § 314 BGB

Ohne dass es zur Ausgleichspflicht nach §§ 649 S. 2, 3, 650 BGB kommt, kann der Besteller aus **wichtigem Grund** gemäß § 314 BGB kündigen. Die Maßstäbe für das Vorliegen eines wichtigen Grundes müssen, gerade angesichts des Vorhandenseins des milderen Mittels einer sofortigen Kündigung nach § 649 BGB, **streng** sein (vgl. im Einzelnen o. Kap. 4 I 2 c zum gleichen Begriff des „wichtigen Grundes" in § 626 BGB).

> 1. Maßgeblicher Zeitpunkt für das Vorliegen eines wichtigen Grundes für die Kündigung eines Werkvertrages (hier: über die Herstellung von Werbevideospots zur Ausstrahlung über ein Videoboard an einem Bahnhofsvorplatz) ist der Zeitpunkt der Kündigung.
> 2. Besteht der Grund für die Kündigung in einer Vertragsverletzung (hier: Verstoß gegen ein Konkurrenzverbot durch gleichzeitige Ausstrahlung von Werbung für einen Konkurrenten) ist gemäß § 314 Abs. 2 BGB zudem eine erfolglose Abmahnung Voraussetzung für die Kündigung.
> BGH 26.3.2008 NJW-RR 2008, 1155

d) Kündigung durch den Werkunternehmer

Der Unternehmer kann den Werkvertrag zum einen nach **§ 643 BGB** kündigen, wenn der Besteller eine **erforderliche Mitwirkungshandlung** nach erfolgloser Fristsetzung nicht vornimmt. Zum anderen steht auch dem Werkunternehmer das allgemeine Kündigungsrecht aus wichtigem Grund gemäß **§ 314 I 1 BGB** zu.

III. Reisevertrag als besonderer Werkvertrag, §§ 651a ff. BGB

Ein **Unterfall des Werkvertrags** (vgl. BGHZ 85, 50, 55 f.; a. A. etwa Münch-KommBGB/*Tonner* Vor § 651a Rn 19 m. w. N.), der eine ausführliche eigenständige gesetzliche Regelung erfahren hat, ist der Reisevertrag. Werkleistung ist hier die Erbringung einer **Gesamtheit an Reiseleistungen** (Pauschalreise). **Erfolgsbezogen** ist der Reisevertrag, da als Erfolg im erörterten Sinne die Durchführung der Reise geschuldet ist (vgl. BGH NJW 1995, 2629). **Einzeln gebuchte Reiseleistungen** – z. B. Flug, Bahn- oder Busfahrt – richten sich dagegen nicht nach Reisevertragsrecht, sondern unmittelbar nach **allgemeinem Werkvertragsrecht** (§§ 631 ff. BGB), sofern die Leistung unmittelbar durch den Vertragspartner erbracht wird. Die direkt beim Hotel gebuchte Beherbergung in einem Hotel stellt sich regelmäßig als typengemischter Vertrag (s. u. Kap. 7 I 2) mit einer starken Dominanz des mietvertraglichen Elements dar. Für **Gastschulaufenthalte** im Ausland findet sich eine Sonderregelung in § 651 l BGB.

Die gesetzliche Regelung zum Reisevertrag dient dem **Lückenschluss** sowie dem **Verbraucherschutz** (vgl. MünchKommBGB/*Tonner* Vor § 651a Rn. 26). Sie wurde vergleichsweise spät, 1979, in das BGB aufgenommen, um der früheren Vertragspraxis der Pauschalreiseanbieter zu begegnen. Diese waren lediglich als „Vermittler", nicht hingegen als Veranstalter von Reiseleistungen aufgetreten, um der Haftung für Reisemängel zu entgehen. Die gesetzgeberische Intention des Verbraucherschutzes wurde durch die **europäische Richtlinie über Pauschalreisen** vom 13.6.1990 (ABl EG Nr. L 158 S. 59) weiter gestärkt. Die Richtlinienvorgaben haben in der heutigen Fassung der §§ 651a ff. BGB Niederschlag gefunden. Aufgrund des verbraucherschützenden Charakters sind die Regelungen der §§ 651a ff. BGB grundsätzlich **einseitig zwingend** ausgestaltet (§ 651m BGB). Angesichts der Verortung des Reisevertrags als Sonderfall des Werkvertrags kann **Werkvertragsrecht ergänzend** Anwendung finden, soweit das Reisevertragsrecht keine Sonderregelung bereithält.

1. Vertragstypische Pflichten

Nach § 651a I 1 BGB wird durch den Reisevertrag der Reiseveranstalter verpflichtet, dem Reisenden eine **Gesamtheit von Reiseleistungen** (Reise) zu **erbringen**.

Der Reiseveranstalter ist damit vom Erbringer einer Einzelleistung (Hotel etc.) ebenso zu unterscheiden wie vom bloßen Vermittler (Reisebüro). Grundsätzlich geschuldet ist eine Leistung, die nach den Maßstäben eines durchschnittlichen deutschen Reisenden **mittlerem Standard** genügt – freilich wird die geschuldete Leistung durch die **vertraglichen Vereinbarungen** sowie durch **Werbe- und Katalogangaben** des Veranstalters entscheidend **konkretisiert**. Zur Hauptpflicht gehört es, die Reise so zu erbringen, dass sie die zugesicherten Eigenschaften hat und nicht mit Fehlern behaftet ist, die den Wert oder die Tauglichkeit zu dem gewöhnlichen oder nach dem Vertrag vorausgesetzten Nutzen aufheben oder mindern, § 651c I BGB.

Der Reisende ist gemäß § 651a I 2 BGB im Gegenzug verpflichtet, dem Reiseveranstalter den vereinbarten **Reisepreis** zu zahlen. „**Reisender**" i. S. d. Gesetzes ist der Vertragspartner, nicht derjenige, der tatsächlich reist (vgl. BGH NJW 2002, 2238).

> **Methodik:** In einer Klausur kann es notwendig werden, die Parteistellung durch **Auslegung** zu ermitteln, etwa hinsichtlich der Frage, ob ein Dritter, der tatsächlich die Reiseleistung (mit) in Anspruch nimmt, beim Vertragsschluss vertreten wurde. Bei Reisen, die z. B. die Ehefrau für ihre Familie bucht, wird i. d. R. nur die Ehefrau Vertragspartnerin (OLG Düsseldorf NJW-RR 1988, 636; NJW-RR 1990, 186); ggf. haftet der Ehegatte nach § 1357 BGB mit (str.). Bei Buchungen für eine Reisegruppe (auch nichteheliche Lebenspartner) richtet sich die Rechtslage hingegen nach Vertretungsrecht (§ 164 BGB, ggf. § 179 BGB; vgl. etwa OLG Frankfurt/Main NJW-RR 2004, 1285).

In den **Allgemeinen Reisebedingungen** (ARB) der Veranstalter wird in der Regel eine **Vorleistungspflicht** des Reisenden vorgesehen (Bamberger/Roth/*Geib* § 651a Rn. 1). Dies führt zu der Frage nach Konsequenzen der **Zahlungsunfähigkeit** bzw. Insolvenz des Reiseveranstalters: § 651k BGB verpflichtete den Veranstalter dazu, für den Fall der Zahlungsunfähigkeit oder Insolvenz sicherzustellen, dass Reisepreis und Aufwendungen für die Rückreise erstattet werden. Dies hat durch Abschluss einer Versicherung oder durch das Zahlungsversprechen eines Geldinstituts zu geschehen. Hierüber ist dem Reisenden gemäß § 651k BGB eine Bestätigung auszustellen (sog. **Reisepreis-Sicherungsschein**).

Eine abweichende Parteivereinbarung in dem Sinne, dass nur die „**Vermittlung**" von Reiseleistungen geschuldet ist, wird von § 651a II BGB als **missbräuchliches Umgehungsgeschäft** gekennzeichnet, wenn nach dem Erscheinungsbild des Vertragsverhältnisses und seiner tatsächlichen Ausgestaltung der Veranstalter tatsächlich die verantwortliche Bündelung und Abstimmung von Einzelleistungen vornimmt. Die Vertragstypenzuordnung ist mithin insoweit **zwingender Natur** – ebenfalls Konsequenz des Verbraucherschutzgedankens.

Der Reisende hat gemäß § 651a III BGB Anspruch darauf, dass ihm bei oder unverzüglich nach Vertragsschluss eine Urkunde über den Reisevertrag, die sog. **Reisebestätigung**, ausgehändigt wird. Den Mindestumfang dieser Bestätigung regelt eine Rechtsverordnung, auf die § 651a III BGB verweist: §§ 4–11 der Verordnung über Informationspflichten nach bürgerlichem Recht (BGB-Informationspflichten-Verordnung – BGB-InfoV) vom 2.1.2002 (BGBl. I S. 342). Dies dient der Klarstellung, dem Nachweis und der Dokumentation der getroffenen Abreden.

> **Querverweis:** Hier finden sich im Übrigen auch Details zu anderen Informationspflichten, nämlich zu Informationspflichten bei Verbraucherverträgen (§§ 1–2), Informationspflichten im elektronischen Geschäftsverkehr (§ 3) sowie zur Belehrung über Widerrufs- und Rückgaberechte (§ 14).

§ 651a IV, V BGB befassen sich mit **einseitigen Änderungen der Reiseleistung** durch den Reiseveranstalter. Jede Änderung bedarf eines entsprechenden **Vorbehalts im Vertrag**, der sich insbesondere an den Vorgaben des AGB-Rechts (§§ 305 ff. BGB, insbes. § 308 Nr. 4 BGB) messen lassen muss. Insofern statuiert § 651a IV, V BGB **keine gesetzlichen Leistungsänderungsrechte**, sondern beinhaltet im Gegenteil im Interesse des Verbraucherschutzes **zusätzliche Voraussetzungen** für vertragliche Änderungsvorbehalte.

§ 651a IV BGB gestattet dem Reiseveranstalter nur in engen Grenzen, **Preiserhöhungen** an den Reisenden weiterzugeben; hierzu bedarf es einer genauen Darlegung und Berechnung der Reisepreiskalkulation. Die Vorschrift dient dem Interessenausgleich zwischen Reisendem und Reiseveranstalter, der seinerseits darauf angewiesen ist, Reiseleistungen bei Dritten (Hotels, Beförderungsunternehmen etc.) einzukaufen.

> **Beispiele:** Gründe für eine Reisepreisänderung können z. B. in einer Erhöhung der Transport- oder Treibstoffkosten sowie in Wechselkursschwankungen liegen.

Ebenso ergibt sich aus § 651a V BGB, dass der Reiseveranstalter sogar wesentliche **Reiseleistungen ändern** oder die **Reise ganz absagen** kann, wenn dafür ein hinreichend gewichtiger Grund besteht (z. B. Verschlechterungen der Sicherheitslage). § 651a V BGB regelt, dass der Reisende davon unverzüglich **unterrichtet** werden muss. Nach Satz 2 hat der Reisende dann bei Überschreitung einer **Erheblichkeitsschwelle** ein **gesetzliches Rücktrittsrecht**, das von diesem gleichfalls „unverzüglich" nach Unterrichtung ausgeübt werden muss (Satz 5) und die Rechtsfolgen der §§ 346 ff. BGB auslöst. Ebenso kann er nach Satz 3 verlangen (Anspruchsgrundlage), dass der Reiseveranstalter ihm die **Teilnahme an einer mindestens gleichwertigen anderen Reise ermöglicht**, sofern dieser „in der Lage ist", „eine solche Reise ohne Mehrpreis für den Reisenden aus seinem Angebot anzubieten". Die Formulierung schließt den Anspruch auf eine mindestens gleichwertige Ersatzreise richtigerweise nur aus, wenn die Erbringung einer solchen Leistung aus dem bestehenden Reiseangebot des Veranstalters naturgesetzlich unmöglich i. S. v. § 275 I BGB ist, etwa weil alles ausgebucht ist. Eine Ausweitung des Reiseangebots ist hingegen nicht geschuldet, und ebenso wenig haftet der Veranstalter im Fall der Unmöglichkeit auf Schadensersatz statt der Leistung.

2. Rücktritts- und Eintrittsrecht

Da der Reisende an der persönlichen Wahrnehmung der Reiseleistung leicht verhindert sein kann, ist die Verbindlichkeit der vertraglichen Abrede für ihn einseitig herabgesetzt: Nach § 651i I BGB kann **vor Reisebeginn** der Reisende **jederzeit** vom Vertrag **zurücktreten**. In diesem Fall verliert der Reiseveranstalter den Anspruch auf den vereinbarten Reisepreis, kann aber eine **angemessene Entschädigung** verlangen. Diese wird grundsätzlich gemäß § 651i II BGB ermittelt, indem vom vereinbarten Reisepreis die Aufwendungen abgezogen werden, die der Veranstalter erspart hat, und ferner ein Gewinn aus einer anderweitigen Verwendung der Reiseleistungen abgezogen wird. Nach § 651i III BGB kann – wie regelmäßig in den ARB geregelt – die Berechnung nach Erfahrungs- und Durchschnittswerten vertraglich pauschaliert werden.

Nach § 651b I BGB kann der Reisende bis zum Reisebeginn verlangen, dass **statt seiner ein Dritter** in die Rechte und Pflichten aus dem Reisevertrag eintritt. Ermöglicht wird also ein Parteiwechsel auf Seiten des Reisenden, was dessen Interesse im Falle persönlicher Verhinderung angemessen Rechnung trägt. In der Regel wird der Veranstalter auch kein Interesse an einem bestimmten Vertragspartner haben. Der Reiseveranstalter kann dem Eintritt des Dritten nur dann widersprechen, wenn dieser den besonderen **Reiseerfordernissen nicht genügt** – etwa im Fall einer Mountainbiking-Tour nicht Fahrrad fahren kann – oder seiner Teilnahme gesetzliche Vorschriften oder behördliche Anordnungen entgegenstehen – etwa ein **Einreiseverbot** besteht. **Mehrkosten** durch die erforderliche Umbuchung von Flügen u. ä. können dem Vertragspartner bzw. dem Eintretenden auferlegt werden (arg. e § 651b II BGB). eine für den Veranstalter vorteilhafte Rechtsfolge des Eintritts ist, dass ursprünglicher Vertragspartner und Eingetretener gemäß § 651b II BGB dem Reiseveranstalter als **Gesamtschuldner** für den Reisepreis und die durch den Eintritt des Dritten entstehenden Mehrkosten haften.

3. Mängelrechte des Reisenden

Weist die Reise einen Mangel i. S. v. § 651c I BGB auf, stehen dem Reisenden verschiedene **Mängelrechte** zu. Voraussetzung ist das Vorliegen eines Mangels, der von bloßen **Unannehmlichkeiten** (z. B. landestypisch scharf gewürzte Speisen) und **allgemeinen Lebensrisiken** abzugrenzen ist. Auch hier gilt ein **subjektiver Fehlerbegriff**: Vorrangig maßgeblich ist das, was die Parteien vertraglich vereinbart oder vorausgesetzt haben. Nur wenn es an subjektiven Anhaltspunkten fehlt, ist auf die objektive Perspektive eines Durchschnittsreisenden abzustellen (im Einzelnen Bamberger/Roth/*Geib* § 651c Rn. 5 f.).

a) Abhilfe und Minderung

In erster Linie kann der Reisende bei Vorliegen eines Mangels „**Abhilfe**" – Nacherfüllung – verlangen, § 651c II 1 BGB. § 651 c II 2 BGB erlaubt es dem Veranstalter, die Abhilfe zu **verweigern**, wenn sie einen **unverhältnismäßigen Aufwand** erfordert. Dabei ist das Interesse des Reisenden an der Abhilfe, auch z. B. unter Berücksichtigung des von ihm angestrebten Erholungseffekts und der Schwere des Mangels, mit dem für die Abhilfe erforderlichen Aufwand abzuwägen.

Für den Fall, dass der Reiseveranstalter innerhalb einer **angemessenen Frist** nicht abgeholfen hat, gewährt § 651c III BGB dem Reisenden ein **Selbstvornahmerecht**: Er kann selbst Abhilfe schaffen, z. B. durch Wechsel des Hotels, und von dem Veranstalter **Ersatz der erforderlichen Aufwendungen** verlangen. Bei Verweigerung der Abhilfe oder besonderem Interesse des Reisenden an sofortiger Abhilfe (z. B. gravierender Ungezieferbefall im Hotelzimmer) bedarf es gemäß § 651c III 2 BGB keiner Fristsetzung.

Solange dem Mangel nicht abgeholfen ist, **mindert** sich überdies gemäß § 651d BGB der Reisepreis. Für die Berechnung des Minderungsbetrags verweist die Norm auf das Werkvertragsrecht (§ 638 III, IV BGB). Die Minderung tritt (wie im Mietrecht) ipso iure bei Vorliegen eines Reisemangels ein und bedarf **keiner gestaltenden Erklärung** durch den Reisenden. Keine Minderung tritt hinsichtlich eines Zeitraums ein, in dem der Reisende es **schuldhaft unterlassen** hat, den Mangel **anzuzeigen** (§ 651d II BGB). Die Anzeige ist in einem Abhilfeverlangen stets (als „minus") enthalten.

b) Kündigung und Schadensersatz

Nur bei **besonders gravierenden Mängeln** stehen dem Reisenden überdies die Mängelrechte **Kündigung** (§ 651e BGB) und **Schadensersatz** (§ 651 f BGB) zu.

aa) Kündigung

Die Kündigung setzt eine mangelbedingte „**erhebliche Beeinträchtigung**" voraus. Als Faustformel wird man dies regelmäßig bejahen können, wenn infolge der Mängel eine Minderung des Reisepreises um **50 %** oder mehr gerechtfertigt ist (vgl. LG Hannover NJW-RR 1986, 213, 214; i. E. dazu Bamberger/Roth/*Geib* § 651e Rn. 5). Sie führt zur **Vertragsbeendigung ex nunc**; für **bereits erbrachte Leistungen** kann der Veranstalter aber grundsätzlich – abzüglich der Minderung – eine **Entschädigung** verlangen (§ 651e III BGB). Von großer praktischer Bedeutung ist, dass der Reisende gemäß § 651e IV BGB im Falle einer wirksamen Kündigung regelmäßig **Anspruch auf vorzeitige Rückbeförderung** durch den Veranstalter – und zwar auf dessen Kosten – hat.

> **Querverweis:** Beachten Sie den gravierenden Unterschied zum **Werkvertragsrecht**, bei dem die Kündigung durch den Besteller jederzeit und grundlos möglich ist (§ 649 BGB). Für die Kündigung des Reisevertrags ist dagegen ein erheblicher Reisemangel Wirksamkeitsvoraussetzung, da der Reiseveranstalter wegen der nach einer Kündigung erforderlichen Rückbeförderung des Reisenden schutzbedürftiger ist.

Eine Sonderregelung zur Kündigung enthält auch § 651j BGB. Demnach ist sowohl dem Reisenden als auch dem Veranstalter die Kündigung möglich, wenn die Reise infolge bei Vertragsabschluss nicht voraussehbarer **höherer Gewalt** erheblich erschwert, gefährdet oder beeinträchtigt wird. Beispiele sind Naturkatastrophen oder kriegerische Auseinandersetzungen. Für die Rechtsfolgen verweist § 651j II BGB – mit Modifikationen – auf § 651e III, IV BGB.

bb) Schadensersatz

Nur unter der zusätzlichen Voraussetzung des **Vertretenmüssens** des Veranstalters kann der Reisende gemäß § 651 f BGB Schadensersatz wegen Nichterfüllung verlangen. Es handelt sich um einen **Schadensersatzanspruch „statt der Leistung"**, der das Erfüllungsinteresse des Reisenden umfasst. Schadensersatz für **Integritätsverletzungen** an anderen Rechtsgütern kann der Reisende hingegen auf Grundlage des § 280 I BGB verlangen. Unstreitig kann ein Schadensersatz wegen Verletzung deliktisch geschützter Rechtsgüter daneben auch auf **§§ 823 ff. BGB** gestützt werden.

> **Hintergrund:** Insofern ist von großer (auch praktischer) Bedeutung, dass § 651 f II BGB einen der seltenen gesetzlich geregelten Fälle **immaterieller Schadenspositionen** für ersatzfähig erklärt (vgl. § 253 BGB): Wird die Reise vereitelt oder (im skizzierten Sinne) erheblich beeinträchtigt (diese Merkmale implizieren bereits Mangelhaftigkeit und Schaden, vgl. BGH NJW 2005, 1047, 1048 f.), kann der Reisende demnach auch wegen nutzlos aufgewendeter Urlaubszeit – anders gesagt: wegen „entgangener Urlaubsfreude" – eine angemessene Entschädigung in Geld verlangen.

1. Kann der Reiseveranstalter infolge einer Überbuchung den Kunden nicht an dem gebuchten Urlaubsort unterbringen und tritt der Kunde deshalb die Reise nicht an, so steht dem Kunden wegen Vereitelung der Reise ein Entschädigungsanspruch nach § 651 f II BGB zu.

2. Wenn der Kunde ein Ersatzangebot des Reiseveranstalters ablehnt, das, gemessen an den subjektiven Urlaubswünschen des Kunden, der gebuchten Reise nicht gleichwertig ist, kann der Veranstalter dem Entschädigungsanspruch des Kunden nicht den Einwand der unzulässigen Rechtsausübung (§ 242 BGB) entgegenhalten.

3. Arbeitet ein erwerbstätiger Kunde während der Urlaubszeit weiter oder führt er eine ihm nicht vom Reiseveranstalter angebotene Ersatzreise durch, so steht dies seinem Entschädigungsanspruch nicht entgegen.

4. Für die Höhe der Entschädigung wegen nutzlos aufgewendeter Urlaubszeit darf das Arbeitseinkommen nicht zum Maßstab genommen werden, wohl aber der Reisepreis […].

BGH 11.1.2005 NJW 2005, 1047

Unter den Voraussetzungen des § 651h I BGB kann der Reiseveranstalter seine **Schadensersatzhaftung** durch **vertragliche Vereinbarung** (auch in ARB) auf den **dreifachen Reisepreis beschränken**. Dies gilt allerdings nicht für Verletzungen der körperlichen Integrität. Eine entsprechende vertragliche Regelung wirkt sich auch auf deliktische Ansprüche aus. § 651h II BGB erklärt **Haftungsmilderungen**, die sich aus **internationalen Abkommen** ergeben, auch im Innenverhältnis der Vertragsparteien für anwendbar.

> **Beispiele** dafür sind das Montrealer Abkommen vom 28.6.2004 über die Ansprüche von Fluggästen bei Verspätungen und dem Verlust oder der Beschädigung von Gepäck, das Warschauer Abkommen über den grenzüberschreitenden Luftverkehr oder das Berner Übereinkommen über den Internationalen Eisenbahnverkehr.

c) Ausschlussfrist und Verjährung

§ 651g I BGB sieht eine sehr kurz bemessene **Ausschlussfrist von einem Monat** für die Geltendmachung von Gewährleistungsrechten vor. Diese dient der schnellen Klärung, ob die tatsächlichen Anspruchsvoraussetzungen, insbesondere ein Reisemangel, tatsächlich vorlagen. Bei späterer Geltendmachung würde eine Feststellung – insbesondere bei Auslandsreisen – schwer fallen oder nicht mehr möglich sein.

Auch der rechtzeitig geltend gemachte Anspruch verjährt gemäß § 651g II BGB innerhalb von **zwei Jahren** nach dem vertraglich vorgesehenen Reiseende. **Konkurrierende deliktische Ansprüche** werden von Ausschlussfrist und kurzer Verjährung – wie generell – auch hier **nicht erfasst**; ebenfalls ist eine Erstreckung auf deliktische Ansprüche durch ARB nicht möglich (BGH NJW 2004, 1324; a. A. Bamberger/Roth/*Geib* § 651 g Rn. 3; *Führich* RRa 2004, 222). Dies ist der besonderen Bedeutung der deliktisch geschützten Rechtsgüter geschuldet; die Ermittlungs- und Regressprobleme des Veranstalters sind insofern hinzunehmen.

IV. Auftrag, §§ 662 ff. BGB

Ebenfalls auf das Tätigwerden für einen anderen gerichtet ist der Auftrag. Er unterscheidet sich von Dienst- und Werkvertrag grundlegend dadurch, dass es sich um ein **unentgeltliches Tätigwerden** handelt. Insofern ist der Auftrag in einer Reihe zu sehen mit anderen unentgeltlichen Vertragsverhältnissen: Schenkung und Leihe.

Methodik: Ihre besondere Bedeutung beziehen die Vorschriften über den Auftrag aber dadurch, dass auf sie vielfach **verwiesen** wird, um die Rechtsfolgen anderer Rechtsverhältnisse zu regeln. So findet sich ein umfassender Verweis auf Auftragsrecht z. B. in den Regelungen zur berechtigten Geschäftsführung ohne Auftrag (§ 683 S. 1 BGB). Zudem werden, wie bereits angeklungen, die Vorschriften zum Auftrag als ein **analogiefähiges Grundmodell** einer rechtlichen Ausgestaltung des Tätigwerdens für einen Dritten betrachtet. Fehlt es an der Regelung einer bestimmten Rechtsfrage im Dienst- oder Werkvertragsrecht, werden vielfach Vorschriften des Auftragsrechts entsprechend herangezogen. Ein besonders deutliches Beispiel ist die analoge Anwendung der Regelung zum **Aufwendungsersatz** (§ 670 BGB) auf Aufwendungen und Eigenschäden des Dienstverpflichteten.

1. Vertragsschluss und Pflichtenprogramm

a) Hauptpflichten

Dementsprechend definiert § 662 BGB als vertragstypische Pflicht des Auftragnehmers, ein ihm von dem Auftraggeber **übertragenes Geschäft** für diesen **unentgeltlich zu besorgen**. Indem die Vorschrift auf die „Verpflichtung" abstellt, erfolgt eine klare **Abgrenzung zu reinen Gefälligkeitsverhältnissen** ohne Rechtsbindungswillen (vgl. Staudinger/*Bork* Vorbem. zu §§ 145–156 Rn. 79 ff.).

Hintergrund: Die Abgrenzung zwischen Auftrag und Gefälligkeit stellt sich in ähnlicher Weise bei der ebenfalls unentgeltlichen Leihe (s. o. Kap. 3 III), weniger hingegen bei der Schenkung, weil die hier typische Eigentumsübertragung stets eine besondere wirtschaftliche Bedeutung und damit auch rechtliche „Verfestigung" des Geschäfts impliziert. Bei Auftrag und Leihe richtet sich die Abgrenzung danach, ob den Willenserklärungen ein **Rechtsbindungswille** entnommen werden kann, also der Wille, eine bindende rechtliche Verpflichtung einzugehen. Maßgeblich sind somit insbesondere die Perspektive des Auftragnehmers und die Auslegung seiner Willenserklärung.

Das Vorliegen des Rechtsbindungswillens muss regelmäßig durch **Ausle-gung** ermittelt werden. Wesentlich für die Auslegung ist nach h. M. die **wirt-schaftliche Bedeutung des übernommenen Geschäfts** für den Begünstigten (vgl. BGHZ 21, 102, 106; BGHZ 56, 204, 208; vgl. auch *Medicus/Lorenz* BT, Rn. 854): Je größer die wirtschaftliche Bedeutung ist, desto eher soll ein Rechtsbindungswille zu bejahen sein. Lenkt man den Blick primär auf die Perspektive des Auftragnehmers, ist mindestens gleichwertig dessen eigenes **Interesse an der Übernahme des Auftrags** sowie der Umfang seiner **Fähig-keiten** in die Betrachtung einzubeziehen (vgl. Bamberger/Roth/*Czub* § 662 Rn. 3; AnwKommBGB/*Schwab* § 662 Rn. 11 ff.).

Der **Begriff des „Geschäfts"** ist bei § 662 BGB **denkbar weit** zu verstehen. Er ist nicht auf ein kommerzielles Tätigwerden beschränkt, sondern umfasst **jede rechtsgeschäftliche oder tatsächliche Handlung** für einen anderen (BGHZ 56, 204, 205). Ob das Geschäft objektiv dem Rechtskreis eines anderen zuzuordnen ist (**objektiv fremdes Geschäft**, z. B. Sorge für in dessen Eigentum stehende Sachen) oder nur subjektiv diesem zugute kommen soll (objektiv neutrales, **subjektiv frem-des Geschäft**), ist irrelevant. Ebenso ist ohne Bedeutung, ob der Beauftragte mit der Geschäftsbesorgung zugleich eigene Interessen verfolgt (vgl. nur BGHZ 19, 282, 292; 56, 204, 207).

Beispiele: Gießen (wertvoller) Pflanzen für den Nachbarn während dessen Urlaubs (objektiv fremd); Ankauf eines Pkws „im Auftrag" eines anderen (subjektiv fremd).

Die charakteristische **Unentgeltlichkeit** macht auch den Auftrag zu einem **unvoll-kommen zweiseitigen Vertrag.** Ist eine Vergütung zugesagt, liegt kein Auftrag, sondern regelmäßig ein Dienstvertrag oder Werkvertrag vor.

Die Pflicht zum Tätigwerden ist gemäß § 664 I 1 BGB im Zweifel – wenn es an einer abweichenden vertraglichen Regelung fehlt – **höchstpersönlicher Natur**; der Beauftragte darf die Ausführung also regelmäßig nicht einem Dritten übertragen. Spiegelbildlich ist auch der Anspruch auf das Tätigwerden grundsätzlich **unüber-tragbar**, § 664 II BGB. Insoweit ähnelt der Auftrag in seiner grundsätzlich höchst-persönlichen Struktur dem Dienstvertrag (vgl. § 613 BGB, s. o. Kap. 4 I 1 a bb).

Der Auftraggeber hat – vergleichbar dem Arbeitgeber beim abhängigen Dienst-vertrag (s. o. Kap. 4 I 1 a aa) – ein **umfassendes Weisungsrecht.** § 665 BGB ge-stattet dem Beauftragten nur in **unaufschiebbaren Fällen** (vgl. § 665 S. 2 BGB) die Abweichung von den Weisungen des Auftraggebers, wenn er den Umständen nach annehmen darf, dass der Auftraggeber bei Kenntnis der Sachlage die Abweichung billigen würde. Eine **Pflicht zum Abweichen von Weisungen** begründet § 665 BGB dagegen **nicht** (vgl. BGH VersR 1977, 421, 423).

b) Nebenpflichten

aa) Nebenpflichten des Beauftragten

Den Beauftragten treffen zahlreiche, aus §§ 242, 241 II BGB abzuleitende Nebenpflichten zu **Information, Sorgfalt, Rücksichtnahme und Interessenwahrung**, die im Einzelnen nach dem Inhalt der geschuldeten Tätigkeit differieren.

Besonders wichtige Nebenpflichten haben im Auftragsrecht eine spezialgesetzliche Ausformung erfahren: So beinhaltet **§ 666 BGB** die Verpflichtung des Beauftragten zur **Auskunftserteilung** gegenüber dem Auftraggeber über den Stand des Geschäfts und nach Ausführung des Auftrags zur **Rechenschaft**.

Diese Rechenschaftspflicht ist Grundlage für die Durchsetzung der in § 667 BGB geregelten **Herausgabepflicht**: Der Beauftragte ist danach verpflichtet, dem Auftraggeber alles, was er **zur Ausführung des Auftrags erhält** und was er **aus der Geschäftsbesorgung erlangt**, herauszugeben. Ergänzend ordnet § 668 BGB an, dass der Beauftragte Geld, das er dem Auftraggeber herauszugeben oder für ihn zu verwenden hat, für die Dauer einer (vertragswidrigen) **Verwendung für sich selbst** dem Auftraggeber mit dem gesetzlichen Zins (§§ 246 BGB, 352 HGB) zu **verzinsen** hat; darin liegt insofern eine Haftungsverschärfung, als es auf das Vorliegen der Verzugsvoraussetzungen (§ 286 BGB), insbesondere also das Vorliegen einer Mahnung, nicht ankommt.

> **Fallbeispiel 4.4:** A hat B beauftragt, für ihn im eigenen Namen einen Pkw bei C zu erwerben. Zu diesem Zweck hat er ihm 20.000 € in bar übergeben. B erwirbt den Pkw für 18.000 €. Nach Abschluss der Geschäftsbesorgung hat A gegen B gemäß § 667 BGB Anspruch auf Übertragung von Eigentum und Besitz an dem Pkw („aus der Geschäftsbesorgung erlangt") sowie Anspruch auf Herausgabe der restlichen 2.000 € („zur Ausführung des Auftrags erhalten"). Damit A von B die 2.000 € überhaupt herausverlangen und ggf. einklagen kann, bedarf es der (gleichfalls einklagbaren) Verpflichtung zur Rechenschaftslegung nach § 666 BGB. Prozessuales Mittel, das beide aufeinander aufbauenden Ansprüche (Rechenschaft und Herausgabe) verknüpft, ist die sog. **Stufenklage** (§ 254 ZPO). Gibt B dem A die 2.000 € nicht sofort heraus, sondern verwendet er sie für sich, indem er z. B. eine Kreuzfahrt in der Karibik bucht oder ein eigenes Bankdarlehen tilgt, muss er dem A die 2.000 € gemäß § 668 BGB ab dem Zeitpunkt der eigennützigen Verwendung verzinsen.

§§ 667, 668 BGB sind deutlicher Ausdruck der **Fremdnützigkeit** des im Rahmen eines Auftrags geschuldeten Tätigwerdens: Vorteile, die durch die Geschäftsbesorgung entstehen, gebühren generell dem Auftraggeber, nicht dem Auftragnehmer.

Methodik: Aus dem verallgemeinerungsfähigen Rechtsgedanken des § 667 BGB wird auch beim entgeltlichen Tätigwerden für einen anderen in Form eines Dienstvertrags abgeleitet, dass Vorteile, die der Dienstverpflichtete aus seiner Tätigkeit von Dritten erlangt, dem Dienstberechtigten herauszugeben sind. So hat das BAG z. B. den Anspruch des Arbeitgebers gegen den Arbeitnehmer auf Herausgabe von „Bonusmeilen", die dieser durch Dienstreisen erlangt hat, auf eine analoge Anwendung von § 667 BGB gestützt (BAG SAE 2007, 169). Gleiches gilt für die Herausgabe von „Schmiergeldern", die der Arbeitnehmer von Dritten erlangt hat.

bb) Nebenpflichten des Auftraggebers

Aus §§ 242, 241 II BGB lässt sich wie in jedem Vertrag eine Schutzpflicht auch des Auftraggebers für Güter des Auftragnehmers ableiten: Insbesondere wenn der Auftragnehmer an Geräten oder in Räumlichkeiten des Auftraggebers tätig wird, kann als Konkretisierung der Nebenpflichten aus § 242 BGB § 618 I BGB analog angewandt werden (so auch BGHZ 16, 265, 267; vgl. zu § 618 BGB o. Kap. 4 I 1 c). Ebenso folgt aus § 242 BGB auch eine **Informations- und Einwirkungspflicht**, wenn der Auftraggeber Fehler bei der Geschäftsbesorgung feststellt. Der Auftraggeber hat dann auf eine **frühzeitige Fehlerbehebung** hinzuwirken.

Gemäß § 669 BGB muss der Auftraggeber dem Beauftragten auf Verlangen **Vorschuss** für die zur Ausführung des Auftrags erforderlichen Aufwendungen leisten.

In obigem **Fallbeispiel 4.4** hat B somit einen Vorschussanspruch gegen A in Höhe des für den Erwerb des Pkw voraussichtlich zu zahlenden Kaufpreises.

Von zentraler Bedeutung – weit über das Auftragsrecht hinaus – ist die Vorschrift des § 670 BGB: Hiernach hat der Auftragnehmer umfassenden **Anspruch auf Ersatz aller Aufwendungen**, die er zum Zwecke der Ausführung des Auftrags gemacht hat und die er den Umständen nach für erforderlich halten durfte. Die Regelung ist damit gewissermaßen Spiegelbild der umfassenden Herausgabepflicht nach § 667 BGB: Ebenso wie der Beauftragte durch das Tätigwerden für einen anderen nicht bereichert werden soll, soll er auch **keine Vermögenseinbuße erleiden**, die über das vertraglich versprochene unentgeltliche Tätigwerden hinausgeht (vgl. BGH NJW 1960, 1568, 1569).

Aufwendungen i. S. v. § 670 BGB sind daher alle **freiwilligen Vermögensopfer im Interesse eines anderen** (BGHZ 59, 328, 329), die der Beauftragte zum Zweck oder infolge der Geschäftsbesorgung erbringt (BGH NJW 1989, 1284, 1285).

Beispiele: Um Aufwendungen handelt es sich, wenn der Beauftragte Geld vorschießt (§ 256 S. 1 Alt. 1 BGB), eigene Gegenstände bei der Geschäftsbesorgung verbraucht (§ 256 S. 1 Alt. 2 BGB) oder eigene Verbindlichkeiten eingeht (§ 257 BGB). **Nicht erfasst** wird der wirtschaftliche Wert von **Arbeitskraft** und aufgewendeter Zeit des Auftragnehmers; diese schuldet er ja gemäß § 662 BGB unentgeltlich. Ebenfalls nicht erfasst werden Vermögensopfer, die dem Beauftragten auch ohne Vornahme der Geschäftsbesorgung entstanden wären (sog. **„Sowieso-Aufwand"**; BGH NJW 2000, 3712, 3714), z. B. Vorhaltung von Räumen und Maschinen. Verwendet der Auftragnehmer etwa eigene Maschinen zur Geschäftsbesorgung, kann er nur Ersatz der Abnutzung und des Verbrauchs (etwa Treibstoffkosten) verlangen.

Erfasst sind nicht nur die unbedingt notwendigen Aufwendungen, sondern **alle Vermögensopfer**, die ein verständiger Auftragnehmer **nach einer sorgfältigen Prüfung für erforderlich halten** durfte (BGH NJW 1989, 1284, 1285). Generell nicht erstattungsfähig sind **verbots- oder sittenwidrige Aufwendungen** (etwa Bestechungsgelder), und dies auch dann, wenn sie für die Geschäftsbesorgung faktisch förderlich waren (BGHZ 94, 268, 272). Möglich ist es, den Aufwendungsersatzanspruch vertraglich zu modifizieren, insbesondere eine **Aufwandspauschale** festzulegen, die eine detaillierte Abrechnung vermeidet. Auch kann der Aufwendungsersatzanspruch erweitert, eingeschränkt (z. B. durch Beschränkung auf erfolgreiche Aufwendungen) oder sogar vollständig abbedungen werden.

2. Haftungsfragen

Anders als die anderen unvollkommen zweiseitigen Vertragstypen (Leihe und Schenkung) enthält das Auftragsrecht **keine Haftungsmilderung** zugunsten des Beauftragten. Ein Haftungsprivileg für uneigennütziges, altruistisches Handeln kommt ihm also nach der Gesetzesfassung nicht zugute: Im Rahmen der Haftung für Integritätsverletzungen (§ 280 I BGB) und ebenso für Verletzungen des Erfüllungsinteresses (§§ 280 I, II, III, 282, 283 BGB) haftet er nach dem Maßstab des § 276 I BGB im Grundsatz für **Vorsatz und jede Fahrlässigkeit**.

Da auch er uneigennützig tätig wird, wird diese scharfe Haftung **verbreitet als unbillig empfunden**. Teilweise wird eine **Gesetzesanalogie** zu den Haftungsmilderungen in §§ 521, 599 und 690 BGB gezogen und die Haftung demnach auch hier auf Vorsatz und grobe Fahrlässigkeit beschränkt (dezidiert *Medicus*, Bürgerliches Recht, 22. Aufl. 2009, Rn. 369; vgl. auch *Esser/Weyers*, Schuldrecht Bd. 2 Besonderer Teil, 7. Aufl. 1991, S. 317). Andere gelangen zu einer **abgestuften Haftungsverteilung**, indem die Grundsätze der **Arbeitnehmerhaftung** entsprechend angewandt werden (Erman/*Ehmann* § 662 Rn. 21).

Diese Ansätze können **nicht überzeugen** (zu Recht ablehnend bereits RGZ 145, 390, 394 f.; auch BGHZ 21, 102, 110). Sowohl in den Gesetzesmaterialien zum

BGB als auch zur Schuldrechtsreform ist ersichtlich, dass der Gesetzgeber sich bewusst für eine grundsätzliche Haftung nach dem umfassenden Maßstab des § 276 I BGB entschieden hat. Grund dürfte sein, dass sich – in deutlichem Unterschied zu Schenkung und Leihe – der **Inhalt des Leistungsversprechens** bei einem Auftrag weitaus **vielgestaltiger** und umfassender darstellt. Die mit einem Auftrag verbundenen **Gefahren für Vermögen und Rechtsgüter** des Auftraggebers können im Einzelfall **deutlich gravierender** sein als bei Schenkung und Leihe. Angesichts der Vielgestaltigkeit der Gegenstände von Aufträgen ist daher eine generelle Haftungsmilderung nicht geboten. Möglich bleibt allerdings die **vertragliche Vereinbarung einer Haftungsmilderung**. Eine solche kann auch durch **Auslegung** aus der Art der vereinbarten Geschäftsbesorgung zu ermitteln sein (vgl. etwa BGH NJW 1980, 1681 ff.). Für eine Haftungsmilderung dürfte sprechen, wenn **versicherbare Risiken** betroffen sind und der Auftragnehmer vom Abschluss einer Versicherung durch den Auftraggeber ausgehen durfte, daneben aber auch generell eine mit dem Gegenstand der Geschäftsbesorgung typischerweise verbundene **geringe Höhe möglicher Schäden**. Die Maßstäbe, nach denen eine (konkludente) vertragliche Haftungsmilderung beurteilt wird, sollten insgesamt **großzügig** sein.

Eine (stets zu vertretende) **Pflichtverletzung** liegt insbesondere auch dann vor, wenn der Auftragnehmer die Geschäftsbesorgung **entgegen § 664 I 1 BGB** und trotz Fehlens einer vertraglichen Ersetzungsbefugnis **auf einen Dritten übertragen** hat. Dann hat er für jeden **kausal daraus resultierenden Schaden** einzustehen. Ist – in Abweichung zur Zweifelsregel des § 664 I 1 BGB – die Übertragung der Geschäftsbesorgung auf einen Dritten gestattet, hat der Beauftragte sowohl ein ihm bei der Übertragung zur Last fallendes eigenes (Auswahl-)Verschulden zu vertreten (§ 664 I 2 BGB) als auch für ein **fremdes Vertretenmüssen des Dritten** gemäß § 278 BGB einzustehen (§ 664 I 3 BGB), da er diesen als Erfüllungsgehilfen herangezogen hat.

3. Beendigung des Auftrags

Trotz grundsätzlicher **Höchstpersönlichkeit** (§ 664 II BGB) des Anspruchs auf die Geschäftsbesorgung erlischt der Auftrag gemäß § 672 BGB im Zweifel **nicht durch den Tod oder den Eintritt der Geschäftsunfähigkeit des Auftraggebers**. Der Anspruch ist also **vererblich** und kann – im Falle der Geschäftsunfähigkeit des Auftraggebers – z. B. auch von einem Betreuer weiterhin geltend gemacht werden. Diese Zweifelsregelung steht in einem gewissen Spannungsverhältnis zu dem charakteristischen Persönlichkeits- und Näheverhältnis, das der unentgeltlichen Übernahme einer Geschäftsbesorgung regelmäßig zugrunde liegt. Freilich trägt das Gesetz den Interessen des Beauftragten auch in den von § 672 BGB erfassten Situationen durch das **jederzeitige Kündigungsrecht** (§ 671 BGB, dazu sogleich) angemessen Rechnung.

Auch für den abweichenden Fall, dass nach der vertraglichen Absprache der Auftrag entgegen § 672 S. 1 BGB erlischt, muss der Beauftragte gemäß § 672 S. 2

BGB die Geschäftsbesorgung **bei ansonsten drohenden Schäden fortsetzen**, bis der Erbe bzw. der Betreuer des Auftraggebers die Möglichkeit hatte, anderweitig zu disponieren. Es handelt sich um eine **gesetzliche Fortbestandsfiktion.**

> **Beispiel:** Der Nachbar, der das Gießen wertvoller Pflanzen übernommen hatte, muss dies auch dann nach dem Tode des Auftraggebers fortsetzen, bis der Erbe tatsächlich Gelegenheit hatte, für eine anderweitige Versorgung der Pflanzen zu sorgen.

Konsequenter durchgehalten wird der Grundsatz der Höchstpersönlichkeit hingegen beim **Tod des Beauftragten**: § 673 BGB bestimmt, dass der Auftrag im Zweifel durch den Tod des Beauftragten erlischt. Satz 2 legt für Notfälle eine **Fortbestehensfiktion zulasten des Erben** des Beauftragten fest; ferner muss der Erbe dem Auftraggeber den Tod des Beauftragten **anzeigen.**

Ausdruck der Unentgeltlichkeit der Geschäftsbesorgung und der Nähe zum unverbindlichen Gefälligkeitsverhältnis ist § 671 I BGB: Demnach kann der Beauftragte den Auftrag **jederzeit kündigen**, der Auftraggeber ihn **jederzeit widerrufen.** Die Kündigung ist stets eine **fristlose Kündigung**, ohne dass es dafür eines wichtigen Grundes bedürfte. Auch die **Kündigung zur Unzeit** ist gemäß § 671 II BGB **wirksam**; der Beauftragte schuldet in diesem Fall lediglich **Schadensersatz**, wenn kein wichtiger Grund vorlag. Die Regelung des § 671 BGB ist gleichermaßen Konsequenz des erforderlichen, fortbestehenden Vertrauens des Auftraggebers in den Beauftragten sowie der reduzierten Schutzwürdigkeit des Auftraggebers bei unentgeltlicher Geschäftsbesorgung durch einen Dritten (vgl. nur AnwKommBGB/*Schwab* § 471 Rn. 1; *Grundmann* AcP 198, 457, 481). Das **Widerrufsrecht** kann der Auftraggeber allerdings ausüben, solange der Beauftragte noch nicht in schutzbedürftiger Weise tätig geworden ist, grundsätzlich also nur **vor Ausführung der Geschäftsbesorgung** (BGHZ 17, 317, 326).

Rechtsfolge beider Gestaltungsrechte ist die für die **Beendigung des Auftrags ex nunc.** Das „Widerrufsrecht" des Auftraggebers entspricht in seinen Wirkungen damit eher einer Kündigung. Das Kündigungsrecht ist – außer für Fälle der Kündigung aus wichtigem Grund (§ 671 III BGB) **vertraglich abdingbar**, das Widerrufsrecht nur, wenn auch der Beauftragte ein schutzwürdiges Eigeninteresse am Fortbestand des Auftrags vorweisen kann (vgl. BGH WM 1971, 956, 957).

§ 674 BGB enthält schließlich eine **Fortbestandsfiktion** zugunsten des Beauftragten: Erlischt der Auftrag in anderer Weise als durch Widerruf, so gilt er zugunsten des Beauftragten als fortbestehend, bis der Beauftragte von dem Erlöschen Kenntnis erlangt oder nur infolge Fahrlässigkeit keine Kenntnis erlangt hat. Dem Beauftragten soll also insbesondere der Aufwendungsersatzanspruch (§ 670 BGB) weiterhin zustehen, wenn er im schutzwürdigen Vertrauen auf den Fortbestand des Auftrags die Geschäftsbesorgung fortsetzt. Beispiele, in denen § 674 BGB eingreift, sind u. U. (bei Widerlegung des § 672 S. 1 BGB) Tod oder Geschäftsunfähigkeit des

Auftraggebers sowie die Eröffnung des Insolvenzverfahrens über das Vermögen des Auftraggebers (§ 115 I InsO).

V. Entgeltliche Geschäftsbesorgung, § 675 BGB

Die meisten der Vorschriften zum Auftragsrecht erklärt § 675 I BGB auch im Rahmen von **Dienst- und Werkverträgen** für anwendbar, sofern diese eine **Geschäftsbesorgung** zum Gegenstand haben. Ausgenommen von der Verweisung sind lediglich die Bestimmung zur Höchstpersönlichkeit des Auftrags (§ 664 BGB) sowie die großzügige Regelung zum jederzeitigen Widerruf bzw. zur jederzeitigen Kündigung (§ 671 BGB). Letzteres würde zum entgeltlichen Charakter der Geschäftsbesorgung nicht passen. Die Höchstpersönlichkeit hingegen ist für Dienstverträge bereits nach § 613 BGB im Zweifel anzunehmen; für den Werkvertrag wäre sie angesichts der Methodenfreiheit des Werkunternehmers wesensfremd.

Der Begriff „Geschäftsbesorgung" ist **erheblich enger** als bei §§ 662, 677 BGB (so die „Trennungstheorie", str., a. A. etwa Erman/*Ehmann* § 675 Rn. 1, 3; MünchKommBGB/*Seiler* § 662 Rn. 13) – andernfalls würde nahezu jeder Dienst- oder Werkvertrag zugleich eine Geschäftsbesorgung darstellen. Der BGH definiert Geschäftsbesorgung als „**selbständige Tätigkeit wirtschaftlicher Art**, für die ursprünglich der Geschäftsherr selbst zu sorgen hatte, die ihm aber durch einen anderen (den Geschäftsführer) abgenommen" wird (vgl. BGHZ 45, 223, 228 f.). Charakteristisch ist somit, dass eine **Tätigkeit mit wirtschaftlichem Inhalt** vorliegt. Es geht um die „**entgeltliche Verwaltung fremden Vermögens**" (BGH NJW-RR 1993, 849, 850; BGHZ 137, 69, 73). Bei derartigen Tätigkeiten besteht ein besonderes Interesse des Geschäftsherrn an Rechenschaft und Herausgabe des aus der Geschäftsbesorgung Erlangten durch den Geschäftsführer. §§ 662 ff. BGB enthalten hierzu paradigmatische Regelungen. Insofern dient die **Verweisung auf das Auftragsrecht** in erster Linie der **Wahrung berechtigter Interessen des Geschäftsherrn** (vgl. *Hopt* ZGR 2004, 1, 20). Allein die Tatsache, dass die als regelungsbedürftig empfundenen Rechtsfolgen im Auftragsrecht eine Regelung erfahren haben, rechtfertigt es, die eigentlich auf den unentgeltlichen Auftrag abzielenden Regelungen auf entgeltliche Verträge zu erstrecken.

> **Hintergrund:** Die Verweisung in § 675 I BGB ist somit nicht mehr als eine pragmatische **regelungstechnische „Abkürzung" des Gesetzestexts**; eine innere Verbindung von unentgeltlichem Auftrag und entgeltlicher Geschäftsbesorgung besteht bei Lichte betrachtet nicht.

Ferner erforderlich ist eine gewisse **Selbständigkeit** des Geschäftsführers. Erfolgen detaillierte Weisungen des Geschäftsherrn, handelt es sich regelmäßig um einen schlichten Dienstvertrag.

Beispiele: Typische Fälle einer Geschäftsbesorgung sind Dienst- oder Werkverträge mit Rechtsanwälten, Steuerberatern, Wirtschaftsprüfern, Patentanwälten, Anlageberatern, Treuhändern, Verwaltern (etwa Haus-, Vermögens- oder Wohnungseigentumsverwaltern); Handelsvertretern, Kommissionären, Spediteuren sowie Organverträge einer juristischen Person mit ihren Vorständen oder Geschäftsführern.

Indizien für das Vorliegen einer Geschäftsbesorgung sind: Entstehen eines treuhandähnlichen Verhältnisses, besonders enges Vertrauensverhältnis zwischen den Vertragsparteien, Verpflichtung zur Wahrung von Geheimhaltungsinteressen (vgl. BGHZ 45, 223, 229).

An sich auch dem Begriff der Geschäftsbesorgung unterfallen **Verträge über Zahlungsdienste** (Kontoführungs-/Giroverträge) mit Geldinstituten. Wegen ihrer enormen praktischen Bedeutung haben diese allerdings eine ausführliche gesetzliche Regelung in §§ 675c–676c BGB erfahren, die hier nicht im Einzelnen dargestellt werden kann.

Methodik: Bei Anwendung der Verweisungsnorm § 675 BGB ist hinsichtlich jeder Regelungsfrage stets vorrangig zu fragen, ob bereits eine vertragliche Übereinkunft besteht, dann, ob spezialgesetzliche Regelungen zum jeweiligen Vertragstyp bestehen (z. B. im HGB für Handelsvertreterverträge, in der BRAO für Rechtsanwälte). Nur nachrangig ist auf das gesetzlich zugrunde gelegte Kompositum aus Dienst-/Werkvertragsrecht und Auftragsrecht zurückzugreifen. Dabei ist bei der von § 675 BGB geforderten „entsprechenden" Anwendung immer kritisch zu hinterfragen, ob es mit den Besonderheiten des konkreten Rechtsverhältnisses vereinbar ist, die jeweilige Vorschrift des Auftragsrechts anzuwenden (vgl. Jauernig/*Mansel* § 675 Rn. 9).

VI. Maklervertrag, §§ 652 ff. BGB

1. Überblick

Auch der Maklervertrag ist ein Vertrag über das „Tätigwerden für einen anderen" im weiteren Sinne. Er dient der **Herbeiführung eines anderen Vertragsschlusses** (Hauptvertrag). Der Makler sucht für seinen Auftraggeber einen Vertragspartner und führt ggf. darüber hinaus dessen Abschlussbereitschaft herbei.

Beispiel: Hinwirken auf den Abschluss eines Immobilienkaufvertrags durch einen Immobilienmakler.

Die Fülle denkbarer Hauptverträge und damit der Leistungsgegenstände eines Maklervertrags ist groß. Demnach orientiert sich die gesetzliche Regelung an den typischen Leistungsgegenständen: §§ 652–654 BGB enthalten allgemeine Vorschriften, § 655 BGB eine spezielle Vorschrift zur sog. Dienstvermittlung, §§ 655a–655e BGB Vorschriften zum sog. Darlehensvermittlungsvertrag, § 656 BGB eine Vorschrift zur Ehevermittlung.

Die allgemeinen Vorschriften sind rudimentär: In **§ 652 BGB** finden sich lediglich Regelungen zum **Vergütungsanspruch** des Maklers und zur Abhängigkeit des Aufwendungsersatzanspruchs von einer besonderen Vereinbarung. **§ 653** enthält eine **Vermutung für die Entgeltlichkeit** (Abs. 1) und eine Auslegungsregel für die **Höhe der Vergütung** (Abs. 2). Ist der angestrebte Hauptvertrag ein Dienstvertrag, kann die Vergütung durch das Gericht herabgesetzt werden (§ 655 BGB). Ein Verstoß des Maklers gegen seine **Treuepflichten** wird u. U. mit der Verwirkung des Vergütungsanspruchs sanktioniert (§ 654 BGB).

Hintergrund: Im Umkehrschluss lässt sich aus § 654 BGB ableiten, dass auch sog. **Doppelaufträge** zulässig sind, bei denen der Makler für beide Vertragsparteien des angestrebten Hauptvertrags tätig wird. Prüfen muss man in einem derartigen Fall nur, ob der Maklervertrag, der zuerst abgeschlossen wurde, ein darauf bezogenes Verbot enthält. Handelt der Makler diesem Verbot zuwider, tritt nach § 654 BGB eine Verwirkung des Vergütungsanspruchs ein.

Eher implizit lässt sich § 652 BGB darüber hinaus eine Differenzierung zwischen zwei Typen von Maklern, dem **Nachweis- und dem Vermittlungsmakler**, entnehmen: Der Nachweismakler benennt seinem Auftraggeber lediglich einen bisher unbekannten Interessenten für das angestrebte Rechtsgeschäft. Der Vermittlungsmakler führt dagegen selbst die Abschlussbereitschaft dieser Person herbei; regelmäßig nimmt er dazu an den Vertragsverhandlungen fördernd teil.

Querverweis: Die Regelungen werden ergänzt durch ausführliche Bestimmungen zum Handelsmakler in §§ 93 ff. HGB. Der praktisch wichtige Fall des Immobilienmaklervertrags ist dort aber explizit ausgeschlossen (§ 93 II HGB), so dass es in dieser Konstellation bei der Anwendung der BGB-Vorschriften sein Bewenden hat.

Hintergrund der gesonderten Regelung von Maklerverträgen, die der Anbahnung **eines Verbraucherdarlehens** i. S. v. § 491 I 1 BGB (s. o. Kap. 3 IV 2 c) dienen (Darlehensvermittlungsverträge, §§ 655a–655e BGB), ist das Bedürfnis, den Verbraucher bereits beim Abschluss des Vermittlungsvertrags in besonderer Weise schützen zu wollen: Dementsprechend unterliegt er der Schriftform und Nachweispflichten (§ 655b BGB); ferner werden durch § 655c S. 1 BGB die Voraussetzungen des Provisionsanspruchs gegenüber der allgemeinen Regelung (§ 652 I BGB) verschärft.

In **§ 656 BGB** zeigt sich eine überkommene **kritische Sichtweise auf Ehevermittlungsverträge**, die zu früheren Zeiten als moralisch fragwürdig gebranntmarkt wurden (vgl. BGHZ 87, 309, 315; MünchKommBGB/*Roth* § 656 BGB Rn. 1 ff.): Gemäß § 656 I BGB begründen derartige Verträge **keine rechtliche Verbindlichkeit**, sondern nur eine sog. **Naturalobligation**.

> **Querverweis:** Ebenfalls um eine Naturalobligation handelt es sich bei Spiel und Wette, vgl. § 762 I BGB (dazu unten Kap. 6 II).

Der Ehemakler erhält also **keinen durchsetzbaren Provisionsanspruch**. Hat sein Auftraggeber die Provision allerdings bereits gezahlt, stellt der Ehemaklervertrag einen **Behaltensgrund** dar; eine Rückforderung nach Bereicherungsrecht (§§ 812 ff. BGB) ist ausgeschlossen. § 656 I 2 BGB stellt ausdrücklich klar, dass der Ehevermittler die Provision in einem solchen Fall nicht wieder herausgeben muss, sondern behalten darf.

> **Hintergrund:** Nach heute vorherrschender Moral wird eine gewisse „Kommerzialisierung" der Partnervermittlung durchaus akzeptiert. Eine rechtliche Verbindlichkeit der Vergütungspflicht könnte bei Ehe- und Partnerschaftsvermittlungsverträgen erreicht werden, indem diese nicht als Makler-, sondern als erfolgsunabhängiger Dienstvertrag ausgestaltet werden (diese Gestaltungsmöglichkeit anerkennend BGH NJW 1984, 2407). Freilich will der BGH insoweit § 656 BGB analog anwenden (vgl. noch BGH NJW-RR 2004, 778). Es scheint fraglich, ob diese Analogie heute noch geboten ist (vgl. *Peters* NJW 1990, 2553; *Vollkommer/Grün* JZ 1991, 97). Der BGH (NJW-RR 2004, 778, 779) sieht insoweit die Verantwortung für eine Änderung der Rechtslage allerdings allein beim Gesetzgeber.

2. Rechtsnatur und Pflichtenstruktur

Der Maklervertrag ist **kein gegenseitiger Vertrag**. Er ist nur **einseitig verpflichtend**; §§ 320 ff. BGB sind daher nicht anwendbar (BGHZ 94, 100). Rechtlich verpflichtet wird – vom Sonderfall des § 656 BGB abgesehen – nur der Auftraggeber: Dieser hat die **Vergütung** zu entrichten. Will der Makler Anspruch auf die Vergütung erlangen, muss er die Gelegenheit zum Abschluss eines Vertrags nachweisen oder den Abschluss eines Vertrags vermitteln. Der Vergütungsanspruch ist ferner davon abhängig, dass der auf den Nachweis oder die Vermittlung des Maklers zurückzuführende **Hauptvertrag** zwischen dem Auftraggeber und einem Dritten **tatsächlich abgeschlossen** wird. Der Anreiz für den Makler zum Tätigwerden liegt allein in seinem Interesse, in den Genuss der Vergütung zu gelangen.

Aus § 652 I BGB lässt sich schlussfolgern, dass dagegen weder eine Verpflichtung des Maklers besteht, im Hinblick auf den angestrebten Vertrag tätig zu werden (MünchKommBGB/*Roth* § 652 Rn. 3, 4), noch eine Verpflichtung des Auftraggebers besteht, eine nachgewiesene Gelegenheit zum Abschluss eines Vertrags wahrzunehmen oder einen vermittelten Vertrag abzuschließen (BGH NJW-RR 2003, 699; Bamberger/Roth/*Kotzian-Marggraf* § 652 Rn. 2). Zum Abschluss ist er nicht einmal dann verpflichtet, wenn der Makler die Möglichkeit eines Vertragsschlusses schafft, der allen berechtigten Interessen des Auftraggebers genügt. Nur wenn der Auftraggeber die Entstehung des Vergütungsanspruchs **treuwidrig vereitelt**, entsteht gleichwohl – durch (entsprechende) Anwendung des § 162 I BGB – der Vergütungsanspruch.

> **Hintergrund:** Vertragliche **„Nichtabschlussklauseln"**, nach denen eine Provision auch bei Unterbleiben des Vertragsschlusses geschuldet sein soll, beurteilt die Rechtsprechung als unwirksam (BGHZ 103, 235, 239 f.; diff. MünchKommBGB/*Roth* § 652 Rn. 249 f.).

Die Beziehung zwischen Makler und Auftraggeber begründet zunächst **lediglich Pflichten nach § 241 II BGB**. Im Hinblick auf die **weite Anwendung des § 654 BGB** über dessen Wortlaut hinaus kann eine solche Pflichtverletzung aber Auswirkungen auf den Primäranspruch haben. **Aufwendungsersatz** kann der Makler ohne besondere Vereinbarung nicht verlangen (§ 652 II BGB).

Vom Maklervertrag **abzugrenzen** ist der **angestrebte Hauptvertrag**, der zwischen dem Auftraggeber und einem Dritten geschlossen wird. Mit Ausnahme der Doppeltätigkeit des Maklers (§ 654 BGB) besteht **zwischen Makler und Drittem keine Vertragsbeziehung**. Der Makler wird im Hinblick auf den Hauptvertrag in der Regel auch nicht als Vertreter tätig. Seine Aufgabe besteht im Nachweis oder in der Vermittlung. Eine Haftung des Maklers gegenüber dem Dritten kann sich aus Deliktsrecht (§§ 823 ff. BGB) ergeben. Eine **vertragliche Haftung** kommt nur dann auf Grundlage von §§ 280, 311 II, III BGB in Betracht, wenn der Makler als Repräsentant auftritt oder die Verhandlungen als Vertrauensperson führt (BGH NJW 2004, 2156; NJW 2001, 358). Ferner kann ihn die Haftung als Vertreter ohne Vertretungsmacht treffen (BGHZ 140, 111, 116).

3. Insbesondere: Voraussetzungen des Vergütungsanspruchs

Nach § 652 I BGB hat der Auftraggeber die vereinbarte Vergütung zu zahlen, wenn der angestrebte **Hauptvertrag zustande kommt** und die Maklerleistung für diesen Vertragsschluss **kausal** war. An den Abschluss des Hauptvertrags sind dabei zusätzliche Voraussetzungen zu stellen, die sich dem Gesetzeswortlaut nicht ohne weiteres entnehmen lassen:

- Vertragspartner des Hauptvertrags und Makler dürfen **nicht identisch** sein.
- Der Hauptvertrag muss **wirksam** sein. Ist der Hauptvertrag von Anfang an unwirksam, entsteht der Provisionsanspruch nicht. Zu denken ist insbesondere an Formnichtigkeit (§ 125 BGB) sowie Gesetzes- und Sittenwidrigkeit (§§ 134, 138 BGB). Auch darf der Hauptvertrag nicht rückwirkend (vgl. § 142 I BGB) durch Anfechtung (§§ 119 ff. BGB) unwirksam werden. Hingegen steht es dem Vergütungsanspruch **nicht entgegen**, wenn der Vertrag **nachträglich aufgehoben** wird oder eine der beiden Seiten ein **vertragliches Rücktrittsrecht** ausübt, da die Rückabwicklung des Vertrags dann nicht auf Fehlern beruht, die der Vertrag von Beginn an aufwies, sondern auf anderweitigen, später eingetretenen Umständen.

> **Methodik:** Diese Risikoverteilung lässt sich anschaulich dahingehend zusammenfassen, dass **das Risiko des wirksamen Zustandekommens des Hauptvertrags der Makler, das Risiko der Durchführung des Hauptvertrags dagegen der Auftraggeber trägt** (vgl. näher *Fischer* NJW 2007, 3107).

Der Vertragsschluss muss schließlich auf die Tätigkeit des Maklers zurückgeführt werden können. Nach der anzuwendenden **Äquivalenztheorie** ist Kausalität gegeben, wenn die Maklerleistung nicht hinweggedacht werden kann, ohne dass der Vertragsschluss entfiele. In der Praxis können hier Probleme auf Beweisebene entstehen, wenn der Auftraggeber behauptet, die vom Makler nachgewiesene Möglichkeit zum Vertragsschluss sei ihm schon zuvor ohne Zutun des Maklers bekannt geworden. Die Rechtsprechung hilft dem Makler in dieser Situation: Dem Auftraggeber wird die Beweislast dafür auferlegt, dass das Tätigwerden des Maklers nicht ursächlich ist.

Es genügt, wenn die Tätigkeit des Maklers für den Abschluss des Hauptvertrags **mitursächlich** war. Der Beitrag muss aber **wesentlich** sein (BGH WM 1988, 725). Entscheidend ist insoweit, ob der Abschluss des Hauptvertrags **noch als** Ergebnis der finalen Tätigkeit **des Maklers angesehen** werden kann (BGHZ 141, 40, 46). Das hat zur Folge, dass beim Tätigwerden von mehreren Vermittlungsmaklern auch **mehrere Vergütungsansprüche** entstehen können, falls ein mitursächlicher wesentlicher Beitrag mehrerer Makler festzustellen ist (MünchKommBGB/*Roth* § 652 Rn. 178). Der bloße Eintritt des angestrebten Erfolgs an sich genügt für den Vergütungsanspruch hingegen nicht (BGHZ 141, 40, 45). **Hypothetische Kausalabläufe** (z. B. Kunde und Dritter wären auch auf anderem Wege zueinander gekommen) sind **nicht zu berücksichtigen**.

VII. Verwahrungsvertrag, §§ 688 ff. BGB

1. Definition und Abgrenzungsprobleme

Der Verwahrungsvertrag schließlich verpflichtet gemäß § 688 BGB den Verwahrer dazu, eine ihm vom Hinterleger übergebene bewegliche Sache **aufzubewahren**. Auch der Verwahrungsvertrag kann damit im weiteren Sinne als Rechtsgeschäft über das Tätigwerden für einen anderen eingeordnet werden. Der Verwahrer wird dazu regelmäßig unmittelbarer Fremdbesitzer, während der Hinterleger regelmäßig mittelbaren Eigenbesitz (vgl. § 868 BGB) behält.

> **Querverweis:** Dies ähnelt der Besitzstruktur bei **Miete (s. o. Kap. 3 I)** und **Leihe (s. o. Kap. 3 III)**. Von beiden Vertragstypen unterscheidet sich der Verwahrungsvertrag allerdings grundlegend durch die Interessenlage: Hier dient der Besitz an der Sache nicht einem (Nutzungs-)Interesse der Person, die sie erhält, sondern einem (Verwahrungs-)Interesse der Person, die sie abgibt. Der Verwahrer hat kein Recht, die Sache zu benutzen. Der Hinterleger gibt den unmittelbaren Besitz nur deshalb aus den Händen, um eine sichere Aufbewahrung zu gewährleisten.

Gleichwohl können sich **Abgrenzungsprobleme zu Miete und Leihe** ergeben, insbesondere, wenn ein Raum oder eine Fläche zur Unterbringung einer Sache überlassen wird. Beispielsweise liegt bei der Überlassung von **Schließfächern** in aller Regel **ausschließlich ein Mietvertrag**, nicht hingegen auch ein Verwahrungsvertrag vor. Miete oder Leihe ist ebenfalls bei der Benutzung **unbewachter Parkplätze** anzunehmen, da demjenigen, der den Parkplatz zur Verfügung stellt, durch den Vertrag keine Obhutspflicht auferlegt werden soll. Er haftet somit nur für die Eignung des überlassenen Platzes oder Raumes, dagegen nicht für die Verletzung einer Obhutspflicht.

Abzugrenzen ist ferner die Situation, dass die Verwahrung einer fremden Sache nur eine **Nebenpflicht** in einem Schuldverhältnis darstellt, mit dem primär anderen Ziele gedient wird.

> **Beispiel:** Ein Werkunternehmer bewahrt die ihm zur Reparatur überlassene Sache auf.

Grundlage der auch in dieser Konstelllation anzuerkennenden Obhutspflicht ist **nicht ein Verwahrungsvertrag**, sondern ein anderes Rechtsverhältnis, in obigem Beispiel ein Werkvertrag (s. o. Kap. 4 II). Freilich können einzelne Vorschriften des Verwahrungsrechts – z. B. § 694 BGB – **analoge Anwendung** finden.

2. Pflichten des Verwahrers

Die Hauptleistungspflicht des Verwahrers beinhaltet die Aufbewahrung der ihm
übergebenen Sache (§ 688 BGB). Im Zweifel ist diese Pflicht gemäß § 691 BGB
höchstpersönlicher Natur: Häufig wird der Vertragspartner den Verwahrer nach
dessen persönlicher Zuverlässigkeit auswählen. Die Verwahrungspflicht kann – abhängig von der Natur der Sache und den erkennbaren Fähigkeiten des Verwahrers
– auch eine **Pflicht zur Überwachung oder Pflege** umfassen. Haben die Parteien
eine bestimmte Art der Aufbewahrung vereinbart (z. B. in einem Tresor, in einem
Raum mit besonderen Eigenschaften) ist gemäß § 692 BGB eine **einseitige Änderung dieser Aufbewahrungsmodalitäten** nur unter engen Voraussetzungen zulässig.

Nach Beendigung der Verwahrung muss der Verwahrer die Sache am Aufbe-
wahrungsort (§ 697 BGB) **zurückgeben.** Gemäß § 695 BGB kann der Hinterleger
die **Rückgabe jederzeit** verlangen, ohne dass es auf das Vorliegen eines wichtigen
Grundes ankäme: Die Verwahrung erfolgt allein in seinem Interesse, schutzwürdige
Interessen des Verwahrers sind also nicht betroffen. In diesem Fall erhält § 699 II
BGB den **Vergütungsanspruch** des Verwahrers partiell aufrecht.

Die **Haftung** des Verwahrers hängt von der **Entgeltlichkeit** der Verwahrung **ab:**
Bei entgeltlicher Verwahrung, kommen die allgemeinen Regeln (§§ 276, 278 BGB)
zur Anwendung. Im Falle **unentgeltlicher Verwahrung** haftet der Verwahrer dagegen gemäß **§ 690 BGB** nur für die Sorgfalt in eigenen Angelegenheiten (§ 277
BGB): Handelt er altruistisch, erhält er also kein Entgelt, soll er im Grundsatz für
die hinterlegten Sachen nicht mehr Sorgfalt anwenden müssen als für eigene Sachen.

> **Querverweis:** Derselbe Gedanke liegt auch der Haftungsprivilegierung in
> §§ 521, 599 BGB zugrunde. Beim gleichfalls unentgeltlichen Auftrag stellt
> das Fehlen einer Haftungsprivilegierung ein Problem dar (s. o. Kap. 4 IV 2).

3. Pflichten des Hinterlegers

Der Hinterleger ist zur Zahlung des **vereinbarten Entgelts** verpflichtet. Diese
Hauptpflicht steht im Gegenseitigkeitsverhältnis (Synallagma) zur Verwahrungspflicht. Für das Vorliegen eines Verwahrungsvertrags ist die Entgeltlichkeit freilich nicht charakteristisch. **§ 689 BGB** stellt lediglich – ähnlich wie §§ 612 I, 632
I BGB für Dienst- bzw. Werkvertrag (s. o. Kap. 4 I 1 b, II 1 c) – eine Vermutung
dahingehend auf, dass eine Vergütung **stillschweigend als vereinbart gilt**, wenn
die Aufbewahrung den Umständen nach nur gegen eine Vergütung zu erwarten war.

Den Hinterleger treffen verschiedene ausdrücklich statuierte Nebenpflichten:
Er ist dem Verwahrer zum **Aufwendungsersatz verpflichtet** (§ 693 BGB), sofern

getätigte Aufwendungen nicht schon pauschal durch das geschuldete Entgelt abgegolten sind. Er muss dem Hinterleger **anzeigen**, wenn von der Sache Gefahren ausgehen (§ 694 BGB). Eine Pflicht, den Verwahrer auf einen besonders hohen Wert der hinterlegten Sache aufmerksam zu machen, besteht dagegen nicht. Freilich kann sich die unterbliebene Information im Schadensfall in einem anspruchskürzenden Mitverschulden (§ 254 BGB) niederschlagen.

Beispiel: A gibt bei B ein verpacktes, wertvolles Gemälde in Verwahrung, ohne ihn auf den Wert des Gegenstandes aufmerksam zu machen. Hätte B den Inhalt gekannt, hätte er es in einem besonders gesicherten Raum gelagert. So stellt er es (gleichwohl fahrlässig) in einer offen zugänglichen Lagerhalle unter. Wird das Bild gestohlen und ist B die nach § 697 BGB geschuldete Rückgabe unmöglich (§ 275 I BGB), haftet er gemäß §§ 280 I, III, 283 BGB auf Schadensersatz in Höhe des Wertes des Gemäldes. Allerdings muss sich A ein deutlich anspruchskürzendes Mitverschulden gemäß § 254 BGB anrechnen lassen, da er B über den Sachwert nicht informiert hat.

4. Sonderformen der Verwahrung

§§ 688 ff. BGB sind uneingeschränkt nur anwendbar, sofern keine speziellen Vorschriften eingreifen. Für das **kaufmännische Lagergeschäft** gelten in erster Linie §§ 467 ff. HGB; für die **Pfandverwahrung** gilt § 1215 BGB. Bei freiwilliger Sequestration (Gemeinschaftsverwahrung) gelten die §§ 688 ff. BGB, falls bewegliche Sachen für mehrere verwahrt werden, die Rückgabe an alle oder einen von ihnen erfolgen soll (§§ 429, 430 BGB) und keine besonderen Abreden bestehen.

Bei Verträgen über die **Verwahrung von Wertpapieren** ist das **DepotG** zu beachten. In Fällen der Sonderverwahrung (§ 2 DepotG), der Drittverwahrung (§ 3 DepotG) und der Sammelverwahrung (§§ 5 ff. DepotG) sind die §§ 688 ff. BGB allenfalls ergänzend heranzuziehen.

Um eine weitere Sonderform handelt es sich bei der so genannten **unregelmäßigen Verwahrung** (§ 700 BGB). Beim Grundfall der Verwahrung kann der Hinterleger die konkrete Sache zurückverlangen, die Gegenstand der Verwahrung war; er bleibt auch während der Verwahrung jederzeit Eigentümer. Anders bei der unregelmäßigen Verwahrung: Hier muss der Verwahrer lediglich **gleichartige Sachen zurückgeben**. In Betracht kommt die unregelmäßige Verwahrung somit ausschließlich bei **vertretbaren Sachen** i. S. v. § 91 BGB. Die hinterlegten Sachen gehen dagegen in das Eigentum des Verwahrers über (§ 700 I BGB). Die unregelmäßige Verwahrung ähnelt einem **Darlehen**; daher verweist § 700 I BGB auf die Vorschriften über den Darlehensvertrag (s. o. Kap. 2 IV). Grundlegend anders ist jedoch die **wirtschaftliche Zwecksetzung**: Das Darlehen dient dazu, dem Darlehensnehmer die Möglichkeit der Sachnutzung zu eröffnen, wird also primär in seinem Interesse vereinbart. Dagegen dient die unregelmäßige Verwahrung dem Interesse desjenigen, der die verwahrte Sache zur Verfügung stellt: Ihm werden Gefahr und Last der Aufbewahrung abgenommen. Konsequenz dieser Interessenlage ist, dass auch hier der Hinterleger gemäß § 695 BGB jederzeit verlangen kann, dass ihm gleichartige Sachen herausgegeben werden. Anders als beim Darlehen bedarf es dazu keiner Kündigung.

Kapitel 5: Rechtsgeschäfte zur Behebung einer rechtlichen Unsicherheit

I. Schuldversprechen und Schuldanerkenntnis, §§ 780, 781 BGB

1. Begriffe und Hintergründe

In aller Regel werden rechtsgeschäftliche Erklärungen, in denen sich jemand erklärt, zur Erbringung einer bestimmten Leistung verpflichtet zu sein (z. B.: *„Ich zahle Ihnen 500 €."*), mit zumindest **stillschweigendem Bezug auf ein zugrunde liegendes Rechtsverhältnis**, das sog. **Kausalverhältnis,** abgegeben (s. o. Kap. 2 I 1). Dieses Rechtsverhältnis ist dann nicht nur in wirtschaftlicher, sondern auch in rechtlicher Hinsicht **mit der jeweils übernommenen Verpflichtung verbunden.**

Beispiel: So setzt der Anspruch des Verkäufers auf Zahlung des Kaufpreises den rechtswirksamen Bestand eines Kaufvertrags voraus.

Nun können die Parteien eines solchen Rechtsverhältnisses ein Interesse daran haben, eine gegenüber dieser rechtlichen Verbindung **selbständige Verpflichtung** des Schuldners zu begründen.

Hintergrund: Daran wird natürlich insbesondere der Gläubiger eines Anspruchs interessiert sein, der dann nicht mehr gezwungen wäre, zur Durchsetzung des Anspruchs in möglicherweise langwierigen Auseinandersetzungen den Bestand des zugrunde liegenden Rechtsverhältnisses zu beweisen. Aber auch dem Schuldner kann zuweilen an einer solchen Vereinbarung liegen, lassen sich doch über ihren Abschluss angesichts der daraus für den Gläubiger resultierenden Erleichterungen möglicherweise auch **Vorteile für die eigene Position „erkaufen"** (z. B. Reduktion oder auch nur Stundung der Forderung, etwa bei vorübergehenden Liquiditätsengpässen).

S. Greiner, *Schuldrecht Besonderer Teil,* Springer-Lehrbuch,
DOI 10.1007/978-3-642-17379-0_5, © Springer-Verlag Berlin Heidelberg 2011

Entsprechende Möglichkeiten selbständiger, „abstrakter" Verpflichtungen sieht das Gesetz in den **§§ 780, 781 BGB** vor:

Das sog. Schuldversprechen wird dabei in § 780 S. 1 BGB definiert als „Vertrag, durch den eine Leistung in der Weise versprochen wird, dass das **Versprechen die Verpflichtung selbständig begründen** soll". Bereits dieser Definition können die kennzeichnenden Elemente dieses Schuldverhältnisses entnommen werden: Es handelt sich um einen **einseitig verpflichtenden Vertrag** (*„Vertrag, durch den eine* Leistung...*"*), in dem der Schuldner dem Gläubiger gegenüber **unabhängig von einem Schuldgrund** (*„selbständig"*) eine Leistung verspricht. Besonders entscheidend ist hier das Merkmal der Unabhängigkeit des Versprechens gegenüber einem Schuldgrund. Das Versprechen soll hier also in seinem Bestand unabhängig, d. h. „losgelöst" **(abstrakt)** von einem zugrunde liegenden Rechtsverhältnis sein und **aus sich heraus schuldbegründende**, konstitutive **Wirkung** haben. Der Gläubiger kann dann seinen **Anspruch alleine auf § 780 BGB** (anstelle von z. B. § 433 II BGB) stützen und muss im Streitfall nur den Nachweis der Abgabe eines solchen Versprechens durch den Schuldner führen.

Das OLG Koblenz hat die Merkmale eines solchen Vertrags in seinem Urteil vom 13.8.2009 (NJW-RR 2010, 861) sehr anschaulich dargestellt:

> Ein abstraktes Schuldversprechen liegt vor, wenn die mit ihm übernommene Verpflichtung von ihrem Rechtsgrund, d. h. von ihren wirtschaftlichen und rechtlichen Zusammenhängen gelöst und allein auf den im Versprechen zum Ausdruck gekommenen Leistungswillen des Schuldners gestellt werden soll. Über diese selbständige Natur des Versprechens müssen sich die Vertragspartner einig geworden sein. Ob dies der Fall ist, muss durch Auslegung der getroffenen Vereinbarung anhand der schriftlichen Erklärung ermittelt werden. Eine Vermutung für ein abstraktes Leistungsversprechen besteht dabei nicht.

Das in § 781 S. 1 BGB definierte **Schuldanerkenntnis** unterscheidet sich entgegen dem ersten Anschein bei der Formulierung der Regelung von dem Schuldversprechen lediglich in der äußeren Form, d. h. in dem von den Parteien verwendeten Ausdruck (z. B.: *„Ich erkenne an zu schulden"* als Fall des § 781 S. 1 BGB, *„Ich verpflichte mich zu zahlen"* als solcher des § 780 S. 1 BGB). Die beiden Vertragstypen erfassen ansonsten **wirtschaftlich gleiche Sachverhalte** und weisen insbesondere rechtlich bei der Entstehung wie auch in den Rechtsfolgen keine Unterschiede auf. Entsprechend werden sie auch vielfach begrifflich als **„selbständige" bzw. „abstrakte Schuldverträge"** zusammengefasst.

> **Methodik:** Eine Entscheidung für eine der Anspruchsgrundlagen sollte auch im Zweifelsfall zwar letztlich getroffen und kurz begründet werden; lange Ausführungen zur Abgrenzung sind angesichts der gleichen Rechtsfolgen demgegenüber in aller Regel überflüssig und zeugen von einer falschen Schwerpunktsetzung!

2. Voraussetzungen

a) Vertrag und „Abstraktionswille"

Schuldversprechen und -anerkenntnis i. S. d. §§ 780 f. BGB setzen den Abschluss eines **Vertrags** zwischen Gläubiger und Schuldner voraus, in dem der Schuldner losgelöst und **unabhängig vom jeweiligen Rechtsgrund eine Leistung verspricht bzw. eine Schuld anerkennt.** *Beide* Parteien müssen also eine *selbständige* Anspruchsgrundlage schaffen wollen (sog. **Abstraktionswille**). Ob das der Fall ist, ob also zum einen in den Erklärungen der Parteien überhaupt ein Vertragsschluss (in Abgrenzung insbesondere zu einer bloß einseitigen Erklärung) liegt und ob dabei inhaltlich der Parteiwille auch und gerade auf Abstraktion gerichtet ist, muss im Wege der **Vertragsauslegung** ermittelt werden.

Nach allgemeinen Grundsätzen ist also zunächst vom **Wortlaut** der Erklärungen auszugehen; aber auch **Anlass und Zweck** der Erklärungen und ihre sonstigen Begleitumstände sind zu berücksichtigen. Die Abgrenzung ist hier oft nicht einfach.

Dies gilt umso mehr, als nach dem Grundsatz der Vertragsinhaltsfreiheit (vgl. § 311 I BGB) auch die Vereinbarung eines lediglich **schuldbestätigend wirkenden Vertrags ohne die Wirkungen der §§ 780 f. BGB** möglich sein soll. Mit einem solchen Schuldanerkenntnis soll gerade **keine neue Verbindlichkeit** geschaffen, sondern ausschließlich bezweckt werden, eine Ungewissheit oder einen Streit über das Bestehen des Schuldverhältnisses zu beseitigen.

> **Methodik:** Gerade wegen der besonderen Schwierigkeit dieser Abgrenzungen ist hier in der Fallbearbeitung oft ein Schwerpunkt zu legen, wobei es dann – wie immer – nicht so sehr auf das Ergebnis, sondern vielmehr auf die Schlüssigkeit und Überzeugungskraft der Argumentation ankommt. Mit Rücksicht auf die mit der Annahme eines abstrakten Schuldvertrags für den Schuldner verbundenen Rechtsfolgen (näher dazu unten) sollte man hier allerdings tendenziell Zurückhaltung üben!

b) Schriftform

Die nach den §§ 780 f. BGB erforderlichen **Erklärungen des Schuldners** (nicht also der Vertrag insgesamt, vgl. insoweit den Gesetzeswortlaut) bedürfen, soweit nicht eine „andere" (strengere oder mildere; vgl. etwa § 518 I 2 BGB einerseits und § 782 BGB andererseits) Form vorgeschrieben ist, der **Schriftform** (vgl. § 126 BGB). Dies soll insbesondere Beweiszwecken dienen, aber wohl auch den Schuldner vor übereilten Entscheidungen schützen („Warnfunktion").

Querverweis: Das Formerfordernis gilt gemäß § 350 HGB nicht, wenn das Schuldversprechen oder -anerkenntnis auf der Seite des Schuldners ein Handelsgeschäft ist (§ 350 HGB).

3. Weitere Rechtsfolgen und Probleme

a) Schicksal der Schuld aus dem Kausalverhältnis

Ob die Schuld aus dem zugrunde liegenden Schuldverhältnis neben der nach den §§ 780 f. BGB neu begründeten einseitigen Leistungsverpflichtung **bestehen bleiben soll**, richtet sich nach **§ 364 BGB**. Hiernach können die Parteien sowohl vereinbaren, dass auf das ursprüngliche Schuldverhältnis nicht mehr zurückgegriffen werden soll (§ 364 I BGB, sog. Schuldersetzung oder Novation), als auch, dass die Schuld aus dem zugrunde liegenden Schuldverhältnis neben der neuen Verpflichtung bestehen bleiben soll (§ 364 II BGB, sog. Leistung erfüllungshalber). Regelmäßig soll aber die letztgenannte Rechtsfolge gewollt sein, so dass beide Rechtsverhältnisse abstrakt voneinander nebeneinander fortbestehen und der Gläubiger entscheiden kann, aus welchem Rechtsverhältnis er gegen den Schuldner vorgeht.

b) Mängel des Grundgeschäfts, Kondiktion der Verpflichtung

Nachdem es den Parteien bei den abstrakten Schuldverträgen entsprechend den vorstehenden Ausführungen ja gerade um die „Loslösung" der Verbindlichkeit vom Grundgeschäft geht, haben etwaige **Mängel des ursprünglichen Rechtsverhältnisses** auch grundsätzlich **keine Auswirkungen** auf die Wirksamkeit des (neuen) Leistungsversprechens.

   Ausnahmen von diesem Grundsatz sind zum Teil gesetzlich ausdrücklich normiert, z. B. in den §§ 656 II, 762 II BGB, werden aber auch im Übrigen diskutiert (und insbesondere im Fall eines sittenwidrigen oder verbotenen Grundgeschäfts auch bejaht). Die Möglichkeit des Abschlusses eines abstrakten Schuldvertrags soll allgemein nicht zur **Umgehung von zwingenden gesetzlichen Vorschriften** genutzt werden dürfen, auch wenn sich die Parteien insoweit einig sind. Eine ungeachtet dessen abstrakt eingegangene Verbindlichkeit im Sinne der §§ 780 f. BGB ist als von vornherein nichtig anzusehen.

   Aber auch dann, wenn aus anderen Gründen von vornherein kein rechtlicher Grund für den Abschluss eines abstrakten Schuldvertrags vorlag, oder wenn – z. B. nach wirksamer Anfechtung – ein solcher Grund nachträglich wegfällt, können Schuldversprechen oder -anerkenntnis **nach Bereicherungsrecht herausverlangt** werden (§§ 812 ff. BGB, vgl. insb. § 812 II BGB). Dafür müssen dann aber natürlich auch die Voraussetzungen eines solchen Bereicherungsanspruchs auf Herausgabe tatsächlich vorliegen (in einer Klausur also im Einzelnen geprüft werden, vgl. etwa §§ 813 I 2, II, 814, 815 BGB). Ist das der Fall, so kann dieser Bereicherungsanspruch nicht nur aktiv gegenüber dem Gläubiger geltend gemacht werden, sondern er kann von einem aus dem jeweiligen abstrakten Schuldvertrag in Anspruch genommenen Schuldner dem Gläubiger nach § 821 BGB auch einredeweise entgegengehalten werden.

Hintergrund: Dass dem Schuldner ein solcher Herausgabeanspruch nach Bereicherungsrecht unter den genannten Voraussetzungen überhaupt zustehen soll, mag auf den ersten Blick überraschen, scheint doch damit Sinn und Zweck der Loslösung der Verbindlichkeit vom Grundgeschäft im Nachhinein konterkariert zu werden. Andererseits soll erst diese Möglichkeit der „Korrektur" die Zulassung von abstrakten Schuldversprechen durch das BGB „überhaupt erträglich" machen (auch im Gesetzgebungsverfahren zum BGB war dies durchaus umstritten, vgl. dazu MünchKommBGB/*Habersack* § 780 Rn. 3 ff.).

Im Übrigen sind mit dem „Verweis" des Schuldners auf das Bereicherungsrecht vor allem in der Praxis nicht unerhebliche Probleme verbunden. Insbesondere führt dies zu einer **Umkehr der Beweislast.**

Zur Verdeutlichung mag das folgende **Beispiel** dienen: K schuldet V die Zahlung von 1.000 € aus einem Kaufvertrag und vereinbart mit V in dieser Höhe ein abstraktes Schuldanerkenntnis. Später erklärt K wirksam die Anfechtung und verweigert die Zahlung. Hier müsste – ohne das Schuldanerkenntnis – an sich V zur Durchsetzung seines Zahlungsanspruchs aus dem Kaufvertrag (§ 433 II BGB) klagen und dessen Voraussetzungen bei Bestreiten des Schuldners beweisen. Klagt V demgegenüber alleine aus dem Schuldanerkenntnis und beruft sich K wegen der Anfechtung auf § 821 BGB, so muss nunmehr bei Bestreiten durch V auch der K die Rechtsgrundlosigkeit des abstrakten Versprechens beweisen.

II. Vergleich, § 779 BGB

1. Inhalt

Beim Vergleich handelt es sich um einen Vertrag, der **Streit oder Ungewissheit der Parteien über ein Rechtsverhältnis** im Wege **gegenseitigen Nachgebens** beseitigen soll. Sind zwischen zwei Parteien zivilrechtliche Ansprüche umstritten, bietet es sich an, sich gewissermaßen „in der Mitte" zu treffen und durch gegenseitige Zugeständnisse einen Rechtsstreit zu vermeiden oder zu beenden. Unerheblich ist dabei, ob die Rechtslage objektiv betrachtet wirklich zweifelhaft ist; es genügt, dass die Parteien (subjektiv) über das Bestehen von Ansprüchen im Zweifel sind.

Fallbeispiel 5.1: A und B sind beim Ausparken mit ihren Pkws mit minimaler Geschwindigkeit zusammengestoßen. Es sind geringe Schäden an beiden Fahrzeugen entstanden. Der B macht einen Schaden von 1.000 € geltend. Zwischen ihnen ist zwar unstreitig, dass A den Unfall überwiegend verschuldet hat. Umstritten ist aber ein Mitverschulden des B. Zudem macht A geltend, am Fahrzeug des B sei bereits vor dem Unfall ein Vorschaden vorhanden gewesen. Um die kostenintensive Beauftragung von Unfallsachverständigen zu vermeiden, erklärt B sich mit dem Vorschlag des A einverstanden, dass seine Schäden durch Zahlung von 600 € abgegolten werden.

Die **Ausgestaltung des Vergleichs** wird von dem **Risiko** abhängen, das die Führung eines Rechtsstreits mit sich bringen würde, zudem von der **Prognose**, welche der beiden Parteien im Falle einer gerichtlichen Auseinandersetzung letztlich Erfolg hätte.

Der Voraussetzung, dass Streit oder Ungewissheit über ein Rechtsverhältnis besteht, wird in **§ 779 II BGB** die Situation gleichgestellt, dass lediglich die **Verwirklichung eines rechtlich unbestrittenen Anspruchs** zweifelhaft ist. Dies ist insbesondere der Fall, wenn die **Zahlungsfähigkeit des Schuldners** fraglich scheint. Dann kann es sich für den Gläubiger anbieten, einen Teil des Anspruchs erfüllt zu erhalten, während ein anderer Teil durch den Vergleich einvernehmlich zum Erlöschen gebracht wird.

2. Abschluss

Möglich ist der Abschluss eines Vergleichs in zwei Varianten: Einmal als **außergerichtlicher Vergleich** unabhängig von einem anhängigen Rechtsstreit, zum anderen als **Prozessvergleich**. Letzterer weist eine **Doppelnatur** auf: Er ist materiellrechtlich ein Vergleich i. S. v. § 779 BGB, zugleich ist er Prozesshandlung, der zur einvernehmlichen Beendigung der Rechtshängigkeit ex nunc führt. Anders als der außergerichtliche Vergleich ist der vor dem Richter abgeschlossene Vergleich Vollstreckungstitel (§ 794 I Nr. 1 ZPO).

Nur sofern Bestandteil des Vergleichs ein **formbedürftiges Rechtsgeschäft** ist, z. B. die Übertragung eines Grundstücks (§ 311b I BGB), unterliegt der Vergleich der dafür vorgeschriebenen Form. Gemäß **§ 127a BGB** wird durch die gerichtliche **Protokollierung** eines Prozessvergleichs selbst **die notarielle Form ersetzt**.

3. Verhältnis zum ursprünglichen, umstrittenen Rechtsverhältnis

Ähnlich wie bei Schuldanerkenntnis und Schuldversprechen (s. o. Kap. 5 I) stellt sich auch beim Vergleich die Frage, wie dieser **mit dem zugrunde liegenden Lebenssachverhalt verknüpft** ist. Stellt der Vergleich die Rechtsbeziehung auf eine vollständig **neue Grundlage**, so dass die Geltendmachung von Rechten aus dem zugrunde liegenden streitigen Rechtsverhältnis abgeschnitten ist? Dies muss durch **Auslegung des Vergleichs** im Einzelfall bestimmt werden, insbesondere unter Einbeziehung seiner wirtschaftlichen Bedeutung. Es ist den Parteien unbenommen, den Vergleich vollumfänglich an die Stelle der streitigen Rechtsbeziehung treten zu lassen (sog. Novation oder **Schuldersetzung**) und somit jeglichen Streit aus der ursprünglichen Rechtsbeziehung abzuschneiden. Wegen der einschneidenden Wirkungen bedarf dies aber einer klaren dahin gehenden Vereinbarung, an der es meistens fehlen wird.

Regelmäßig ist die Wirkung des Vergleichs **eng auf diejenigen Regelungsfragen zu beziehen, die beim Abschluss des Vergleichs im Fokus der Vergleichsparteien standen**. Das ursprüngliche Rechtsverhältnis wird somit durch den Vergleich regelmäßig nicht aus der Welt geschafft, sondern **besteht neben dem Vergleich fort** (vgl. schon RGZ 164, 212, 216). Dies wirkt sich vor allem dahin aus, dass dem Schuldner **Einwendungen und Einreden aus dem zugrunde liegenden Rechtsverhältnis** zugute kommen, sofern nicht gerade ihr Bestehen durch den Vergleich geklärt werden sollte.

So ist in **Fallbeispiel 5.1** dem B die Geltendmachung eines höheren Schadens aus dem Grundverhältnis verwehrt, da exakt die Anspruchshöhe Gegenstand des Vergleichs war. Hingegen könnte A sich darauf berufen, wenn im Grundverhältnis seine Haftpflichtversicherung an B bereits gezahlt hat und somit Erfüllung (§ 362 BGB) eingetreten ist; dies kann A dem auf den Vergleich gestützten Zahlungsverlangen des B entgegenhalten.

War die Höhe des Kaufpreises umstritten und Gegenstand des Vergleichs, kann der Käufer dem nach dem Vergleich verbliebenen – reduzierten – Kaufpreisanspruch immer noch entgegenhalten, dass die Kaufsache mangelhaft und der Kaufpreis damit gemindert sei. Anderes gilt nur, wenn die Parteien gerade den mangelbedingten Minderwert in ihren Vergleich einbezogen haben (vgl. *Brox/Walker* BT, § 33 Rn. 9).

Der grundsätzliche Fortbestand des Grundverhältnisses bewirkt ebenfalls, dass **akzessorische Sicherheiten** (Hypothek, Bürgschaft), die für eine Forderung im Grundverhältnis bestellt wurden, **trotz des Vergleichs fortbestehen**, so dass der Gläubiger im durch den Vergleich gesetzten Rahmen aus ihnen weiterhin gegen den Sicherungsgeber vorgehen kann.

Irrtümer beim Vergleich sind **differenziert** zu behandeln: **Unbeachtlich** sind Irrtümer, die sich auf diejenigen Tatsachen beziehen, die durch den Vergleich gerade geklärt werden sollten. Der Vergleich will insoweit Klarheit und Rechtssicherheit eintreten lassen, so dass etwa eine Anfechtung wegen Irrtums über die durch den Vergleich geklärten streitigen Fragen nicht in Betracht kommt.

In **Fallbeispiel 5.1** könnte A somit den geschlossenen Vergleich nicht anfechten, wenn er später erfährt, dass der Schaden am Fahrzeug des B für 400 € behoben werden konnte. Die Höhe des zu ersetzenden Schadens war gerade Gegenstand des Vergleichs.

Dies lässt sich nicht nur aus Sinn und Zweck des Vergleichs ableiten, sondern auch im **Umkehrschluss aus dem Wortlaut des § 779 I BGB**: Unwirksam ist danach der Vergleich, wenn der nach dem Inhalt des Vertrags **als feststehend zugrunde gelegte Sachverhalt der Wirklichkeit nicht entspricht** und der Streit oder die

Ungewissheit bei Kenntnis der Sachlage nicht entstanden sein würde. Ipso iure – also ohne Anfechtung – zur Unwirksamkeit führt somit ein **beidseitiger Irrtum über den als unstreitig zugrunde gelegten Sachverhalt**, gewissermaßen also ein Irrtum über die **Geschäftsgrundlage** des Vergleichs.

Beispiel: Dies wäre anzunehmen, wenn in **Fallbeispiel 5.1** es tatsächlich gar nicht zu einer Kollision beider Fahrzeuge gekommen wäre; A und B aber übereinstimmend davon ausgingen.

Kapitel 6: Rechtsgeschäfte über ein Risiko

I. Auslobung, §§ 657 ff. BGB

Auslobung ist gemäß § 657 BGB das **öffentlich bekannt gemachte Versprechen** einer Belohnung für die Vornahme einer Handlung oder das Erreichen eines bestimmten Erfolgs.

> **Beispiele:** A lobt durch öffentlichen Aushang 100 € für das Auffinden seines entlaufenen Hundes oder das Herbeischaffen einer abhanden gekommenen Sache aus. Verbrechensopfer B lobt 2.000 € für Zeugenhinweise zur Aufklärung einer Straftat aus.
>
> Die §§ 657 ff. BGB sind darüber hinaus auch Rechtsgrundlage für die Startgelder bei Sportveranstaltungen und können auch bei der Ausschreibung eines Architektenwettbewerbs relevant werden (BGHZ 88,373).

Bei der Auslobung handelt es sich um ein **einseitiges** und auch nur **einseitig verpflichtendes Rechtsgeschäft**. Das Leistungsversprechen erfolgt durch öffentliche Bekanntmachung. Es bedarf keiner **Annahme** durch denjenigen, der die Belohnung fordert. Es ist nicht einmal ein Zugang der Auslobung erforderlich: Die **Belohnungspflicht** besteht nach dem ausdrücklichen Wortlaut des § 657 BGB **unabhängig davon, ob der Berechtigte „mit Rücksicht auf die Auslobung"** gehandelt hat. Der Anspruch entsteht somit schon dadurch, dass jemand die geforderte Leistung erbringt. Der Versprechende lobt die Belohnung für ein künftiges Ereignis aus, dessen Eintritt ungewiss ist; insofern kann man die Auslobung – ebenso wie Spiel und Wette – als **Rechtsgeschäft über ein Risiko**, nämlich das Risiko des künftigen, unsicheren Eintritts eines Ereignisses, charakterisieren.

> Findet C in obigem **Beispiel** den Hund des A, hat er Anspruch auf die 100 € auch dann, wenn er von der Auslobung nichts wusste.

S. Greiner, *Schuldrecht Besonderer Teil,* Springer-Lehrbuch,
DOI 10.1007/978-3-642-17379-0_6, © Springer-Verlag Berlin Heidelberg 2011

Sinn und Zweck der Auslobung ist es, einen grundsätzlich unbeschränkten Kreis von Adressaten **zur Vornahme der gewünschten Handlung zu animieren**. Ob der mit der Auslobung verfolgte Zweck eigen-, fremd- oder gemeinnütziger Natur ist, ist ohne Bedeutung.

Öffentlich ist eine Bekanntmachung, wenn sie eine Vielzahl von Personen anspricht, wobei es auf die Möglichkeit der Kenntnisnahme ankommt. Dass der **Kreis potentieller Adressaten beschränkt** ist, z. B. weil die Bekanntmachung in einem nur von Berechtigten zu betretenden Gebäude erfolgt, ist **unschädlich**.

Querverweis: Erfolgt das Versprechen einer Belohnung gegenüber einem **individuell abgegrenzten Personenkreis**, liegt keine Auslobung vor. Vielmehr handelt es sich dann um ein (Dienst-)**Vertragsangebot,** nach dem für eine bestimmte Handlung eine bestimmte Vergütung entrichtet werden soll. Dieses Angebot ist, wie jedes andere Vertragsangebot auch, **annahmebedürftig**.

Abzugrenzen ist die Auslobung von ähnlichen Rechtsgeschäften wie **Spiel, Wette** (vgl. § 762 BGB) **oder Schenkung** (s.o. Kap. 2 III). In diesen Fällen handelt es sich um zweiseitige Rechtsgeschäfte, für deren Zustandekommen es der Annahme durch den Erklärungsempfänger bedarf.

II. Spiel, Wette, § 762 f. BGB

Bei Spiel und Wette handelt es sich lediglich um **Naturalobligationen**. Dies bedeutet, dass aus einem Spiel- oder Wettvertrag **keine Erfüllungsansprüche** entstehen. Der Grund liegt darin, dass der Staat keine staatliche Hilfe zur Durchsetzung derartiger Ansprüche zur Verfügung stellen möchte, da es Spiel und Wette an wirtschaftlichem und gesellschaftlichem Nutzen fehlt.

Fallbeispiel 6.1: A und B spielen Karten. Sie haben vereinbart, dass der Sieger den Einsatz (10 €) erhält. A gewinnt.

a) B weigert sich zu zahlen. Hat A Anspruch auf Zahlung von 10 €?
b) B zahlt, verlangt später aber die 10 € zurück, da Spiel und Wette keine rechtliche Verbindlichkeit begründeten. Hat er Anspruch auf Rückzahlung der 10 €?

In **Fallbeispiel 6.1 a** hat A somit gemäß § 762 I 1 BGB keinen Zahlungsanspruch.

Von dieser Regelung werden Glücks-, Geschicklichkeits- und vergleichbare Spiele erfasst, **nicht hingegen sportliche Wettkämpfe**, bei denen (etwa im Wege der Auslobung, s.o. Kap. 6 I) ein vollwertiger, einklagbarer Anspruch auf eine Teilnahmeprämie oder ein Preisgeld entsteht.

Spiel und Wette werden allerdings auch nicht mit einem sittlichen Unwerturteil belegt. Sie sind **nicht sitten- oder verbotswidrig** (§§ 134, 138 I BGB). Deshalb stellt in **Variante b** des **Fallbeispiels 6.1** der abgeschlossene Spielvertrag einen **Behaltensgrund** für die von B erbrachte Leistung dar. Dies stellt § 762 I 2 BGB ausdrücklich klar. B hat somit **keinen bereicherungsrechtlichen Rückzahlungsanspruch** (§ 812 I 1 Alt. 1 BGB). Genau diese Situation – zwar kein Anspruch auf die vertraglich zugesagte Leistung, aber gleichwohl Behaltensgrund bei bereits bewirkter Leistung – umschreibt der Begriff „**Naturalobligation**".

Eine **Sonderregelung** enthält § 763 BGB für **staatlich genehmigte öffentliche Lotterien**. Hier wird die Position des Lotterieteilnehmers rechtlich gestärkt. Man erwirbt daher z. B. im Fall eines Lottogewinns oder beim Gewinn in einem staatlich konzessionierten Spielcasino einen vollwertigen, einklagbaren Auszahlungsanspruch. Fehlt einem öffentlich angebotenen Glücksspiel die staatliche Genehmigung, ist der Glücksspielvertrag gemäß § 134 BGB i. V. m. § 287 StGB nichtig.

Kapitel 7: Rechtsgeschäfte ohne gesetzliche Ausgestaltung

I. Gemischte Verträge

1. Einführung

Das BGB regelt eine Reihe von Vertragstypen wie beispielsweise den Kaufvertrag (§ 433 ff. BGB), den Werkvertrag (§§ 631 ff.) oder den Mietvertrag (§§ 535 ff. BGB). Im Zivilrecht herrscht grundsätzlich **Vertragsfreiheit**, deren wesentliche Elemente die **Abschluss- und Gestaltungsfreiheit** sind: Zum einen die Entscheidungsfreiheit, *ob* man einen Vertrag und mit welchem Vertragspartner man ihn abschließt, zum anderen die Freiheit, ihn in der gewünschten Form und mit dem gewünschten Inhalt zu schließen. Anders als im Sachenrecht besteht mithin im Schuldrecht **kein Typenzwang**, so dass auch gesetzlich nicht geregelte schuldrechtliche Verträge geschlossen werden können. Allerdings wird die Vertragsfreiheit nicht schrankenlos gewährt. Sie findet ihre Grenzen etwa in § 134, § 138 oder § 242 BGB.

2. Typenkombinationsverträge

a) Begriff

Eine Möglichkeit der Vertragsgestaltung sind die in der Praxis recht häufigen **Typenkombinationsverträge**, bei welchen der eine Vertragspartner Leistungen aus verschiedenen Vertragstypen erbringen muss. Beispiele für Typenkombinationsverträge sind der **Altenheimvertrag** (Miet-, Dienst- und Kaufvertrag, vgl. BGHZ 73, 351) oder der **Eigenheimerwerbsvertrag** (Kauf- und Werkvertrag, vgl. BGH NJW 1982, 2243). Hier steht der bloßen Zahlungsverpflichtung des einen Vertragsteils die Mehrfachverpflichtung zur Mietüberlassung, Verschaffung der Kaufsache usw. gegenüber.

S. Greiner, *Schuldrecht Besonderer Teil,* Springer-Lehrbuch,
DOI 10.1007/978-3-642-17379-0_7, © Springer-Verlag Berlin Heidelberg 2011

b) Anwendbares Recht

Typenkombinationsverträge lassen sich nicht unter einen bestimmten Vertrags-
typus subsumieren. Schematische Lösungen sind wegen der Eigenarten der verschiedenen Typenkombinationsverträge nicht möglich, so dass grundsätzlich vom
mutmaßlichen Parteiwillen (§§ 133, 157 BGB) auszugehen ist, welcher durch die
Interessenlage der Parteien zu ergänzen ist (BGH NJW 2002, 1337). Häufig wird
es dem Parteiwillen und der Interessenlage am nächsten kommen, wenn auf das
Recht des jeweils gestörten Vertragsbestandteils zurückgegriffen wird, so genannte
Kombinationstheorie.

> **Beispiel:** A bucht bei M ein Hotelzimmer mit Halbpension. Das Zimmer und
> der Service sind nicht zu beanstanden, die Verpflegung hingegen ist unge-
> nießbar. Hier richten sich vertragliche Ansprüche des A gegen M nach §§ 651,
> 433 ff. BGB und nicht etwa nach Mietrecht (§§ 535 ff. BGB) oder den Vor-
> schriften über den Dienstvertrag (§§ 611 ff. BGB).

3. Typenverschmelzungsverträge

a) Begriff

Ein **Typenverschmelzungsvertrag** liegt vor, wenn in der von zumindest einer Partei vertraglich geschuldeten Leistung Elemente verschiedener Vertragstypen mitein-
ander verbunden sind. Typisches Beispiel für einen solchen Vertrag ist die **gemischte Schenkung**, welche sich im Gegensatz zur gänzlich unentgeltlichen Schenkung
im Sinne des § 516 BGB aus einem **entgeltlichen und einem unentgeltlichen Teil**
zusammensetzt. Es werden also Elemente der Schenkung mit solchen des Kaufvertrags kombiniert. Entscheidend für eine Qualifizierung als gemischte Schenkung
ist, dass die Leistung wesentlich geringer als die Gegenleistung ist *und* der Wille
der Parteien auf die unentgeltliche Zuwendung der Wertdifferenz gerichtet ist (BGH
NJW 1992, 2566; 2567; BGH NJW-RR 1996, 754, 755). Die Parteien müssen sich
mithin darüber einigen, dass die Zuwendung teilweise unentgeltlich erfolgen soll.

> **Beispiel:** B verkauft und übereignet T einen einmal gefahrenen Pkw für
> 200 €. Hier übersteigt der Wert der einen Leistung (Eigentumsverschaffung
> am fast neuen Pkw) aus § 433 I BGB den Wert der Gegenleistung (Zahlung
> des Kaufpreises nach § 433 II BGB) um ein Vielfaches. Nach dem Partei-
> willen von B und T soll der über 200 € hinausgehende Wert des Pkw dem T
> unentgeltlich zukommen (insoweit Schenkung).

b) Anwendbares Recht

Die rechtliche Behandlung ist **umstritten**. Anders als bei Typenkombinationsverträgen sind bei den Typenverschmelzungsverträgen die verschiedenen Leistungen nicht nach dem jeweiligen Vertragsrecht zu behandeln, denn bei ihnen geht es nicht um mehrere Teilleistungen, sondern um eine einzige Leistung (zur Abgrenzung vgl. das Beispiel zum gemischten Vertrag). Zu denken wäre an eine **Mischung aus dem Recht der unterschiedlichen Vertragstypen**, im Beispielsfall also Kauf- und Mietrecht. Allerdings kommt es hier häufig zu **Kollisionen** der verschiedenen Normen, etwa der Formfreiheit im Mobiliarkaufrecht und dem Formzwang des § 518 I BGB oder unterschiedlicher Haftungsmaßstäbe. Sachgerechter erscheint es daher, das Recht desjenigen Vertragsteils anzuwenden, welcher den rechtlichen oder **wirtschaftlichen Schwerpunkt** des Vertrags bildet.

4. Verträge mit atypischer Gegenleistung

a) Begriff

Die Problematik der Typenkombinations- und Typenverschmelzungsverträge liegt darin, dass sich die Leistung des einen Vertragsteils nicht eindeutig unter einen Vertragstyp subsumieren lässt. Bei Verträgen mit atypischer Gegenleistung hingegen ist die Besonderheit, dass die **Gegenleistung einem anderen Vertragstyp als die Leistung angehört**.

> **Beispiel:** Hauseigentümer K vermietet an H eine Wohnung. Anstelle des aus § 535 II BGB geschuldeten Mietzinses vereinbaren die Parteien, dass H im Haus des K Hausmeistertätigkeiten wahrnimmt. Hier entstammt die Hauptleistung des K (Gebrauchsüberlassung der Wohnung) dem Mietrecht (§§ 535 ff. BGB), die des H (Hausmeistertätigkeiten) dem Dienstvertragsrecht (§§ 611 ff. BGB).

b) Anwendbares Recht

Grundsätzlich ist für jede Leistung das **Recht des jeweils einschlägigen Vertragstyps** anzuwenden, im Beispiel also für K §§ 535 ff. BGB, für H §§ 611 ff. BGB. Probleme entstehen allerdings bei Rücktritt oder Kündigung, falls die verschiedenen Vertragstypen unterschiedliche Regelungen hierzu treffen. Dies ist beispielsweise bei Kündigung von Mietvertrag und Dienstvertrag der Fall. Zu lösen ist dieser Konflikt, indem auf den überwiegenden Charakter des Vertrags abgestellt wird und dementsprechend die dazugehörigen Normen angewandt werden.

II. Garantievertrag

Der Garantievertrag begründet für den Schuldner die Verpflichtung, dem Gläubiger gegenüber für den **Eintritt eines bestimmten Erfolges einzustehen** oder ihn bei Eintreten eines bestimmten Risikos schadlos zu halten. Die **Gegenstände** einer Garantie, mithin die abgesicherten Risiken, können **vielfältig** sein. Am bekanntesten sind **Herstellergarantien** im Zusammenhang mit dem Kauf neuer Sachen (§ 443 I BGB).

> **Querverweis:** Diese ist von der kaufrechtlichen Gewährleistung im Verhältnis des Käufers zum Verkäufer strikt zu trennen (s. o. Kap. 2 I 8 g dd (6) (b) (cc)).

Der Käufer schließt mit dem Hersteller einen **vom Kaufvertrag unabhängigen** Garantievertrag ab. Der Hersteller bietet den Abschluss des Garantievertrags z. B. an, indem er der Ware eine **Garantiekarte** beilegt. Der Käufer nimmt dieses Angebot regelmäßig **konkludent durch Entgegennahme der Ware** an (vgl. BGHZ 104, 82, 85 f.). Regelmäßig wird der Zugang der Annahmeerklärung beim Garantiegeber gemäß **§ 151 BGB** entbehrlich sein. Bei Auftreten eines Mangels kann der Käufer sowohl seine kaufvertraglichen Mängelrechte (vgl. § 437 BGB, oben Kap. 2 I 8) gegen den Verkäufer geltend machen als auch auf Grundlage des Garantievertrags den Hersteller in die Haftung nehmen.

> **Beispiel:** Hersteller O übernimmt durch Abschluss eines Garantievertrags mit Y die Garantie dafür, dass der von Y bei Z gekaufte Pkw während eines Zeitraums von drei Jahren frei von Mängeln bleibt

Häufig dient ein Garantievertrag auch als **Kreditsicherungsmittel**. Dann garantiert der Garantiegeber, für die des Darlehens eines Dritten einzustehen. Dies führt zu **Abgrenzungsschwierigkeiten** gegenüber der **Bürgschaft** (§ 765 BGB) und dem gesetzlich nicht geregelten rechtsgeschäftlichen **Schuldbeitritt**.

> **Beispiele:** A garantiert gegenüber B, dass C diesem im Rahmen eines zwischen B und C geschlossenen Darlehensvertrags die Darlehenssumme zu einem bestimmten Datum zurückzahlen kann.

III. Leasingvertrag

Der Leasingvertrag hat **hohe praktische Relevanz und Verbreitung**. Dennoch fehlt es an einer eigenständigen gesetzlichen Regelung. Dies führt zu beträchtlichen Schwierigkeiten bei der dogmatischen Einordnung. Ausgehend vom Mietrecht

(§§ 535 ff. BGB) ergeben sich vielfältige Berührungspunkte zum Kaufvertrag. Vor diesem Hintergrund ist insbesondere die **rechtliche Behandlung gestörter Leasingverträge problematisch**. Hinzu kommt, dass Leasingverträgen ein **Drei-Personen-Verhältnis** zugrunde liegt. Insgesamt entsteht auf diese Weise eine komplexe rechtliche Struktur.

1. Arten des Leasings

Grundlegend zu unterscheiden sind zwei Arten des Leasingvertrags, **Finanzierungs- und Operatingleasing** (für weitere Einteilungen vgl. MünchKommBGB/ *Koch* Finanzierungsleasing II). Voraussetzung für das Vorliegen eines Leasingvertrags ist stets, dass der Leasinggeber gegen ein in Raten gezahltes Entgelt seinem Vertragspartner, dem Leasingnehmer, eine **Sache zum Gebrauch überlässt, Haftung und Gefahrtragung** aber abweichend vom Normalfall des Mietvertrags **auf den Leasingnehmer übertragen** sind (BGH NJW 1998, 1637; Palandt/*Weidenkaff* Einf. v. § 535 Rn. 37).

a) Operatingleasing

Regelmäßig nur geringe rechtliche Probleme sind mit dem sog. Operatingleasing verbunden. Darunter ist die **entgeltliche Überlassung** von **Investitionsgütern** zu verstehen. Charakteristisch ist die entgeltliche Gebrauchsüberlassung; somit handelt es sich um einen reinen Unterfall des **Mietvertrags**, auf den die **§§ 535 ff. BGB direkt Anwendung** finden (vgl. BGH NJW 1998, 1637, 1639; MünchKommBGB/ *Koch* § 535 Rn. 5; *Emmerich* JuS 1990, 1, 3).

> **Beispiel:** Überlassung von Maschinen, die keine Spezialanfertigung darstellen und daher auch für andere potentielle Vertragspartner von Interesse sein können.

Diese Variante des Leasings **führt nicht zur Vollamortisation** (s. u. b aa). Damit der Leasinggeber, der das **Investitionsrisiko** trägt, dennoch seine Kosten und Aufwendungen ersetzt bekommt, überlässt er das Leasingobjekt – wie beim klassischen Mietvertrag – nach Beendigung des ersten Vertrags weiteren Leasingnehmern oder veräußert es auf eigene Rechnung (vgl. BGH NJW 2003, 505, 507).

Ist der Vertrag auf unbestimmte Zeit geschlossen, kann er ordentlich – regelmäßig mit der Frist des § 580a III BGB – **gekündigt** werden. Der Leasingnehmer kann sich auch hier vertraglich verpflichten, die Leasingsache zum Vertragsende zu erwerben (sog. **Andienungsrecht**, s. u. b aa). Auch bei einer festgelegten Vertragslaufzeit kann aus wichtigem Grund gekündigt werden, § 543 BGB.

b) Finanzierungsleasing

Das Finanzierungsleasing stellt die in der Praxis **häufigste Form** des Leasings dar. Bei ihm entstehen die bereits angesprochenen rechtlichen Schwierigkeiten, die im Folgenden näher beleuchtet werden sollen. Aufgrund seiner hohen wirtschaftlichen Bedeutung hat das Finanzierungsleasing Ende 2008 zwar keine umfassende gesetzliche Regelung, aber immerhin eine **gesetzliche (Schein-)Definition** erfahren: Nach § 1 Ia Nr. 10 KWG wird das Finanzierungsleasing als „Abschluss von Finanzierungsleasingverträgen als Leasinggeber und Verwaltung von Objektgesellschaften im Sinne des § 2 VI Nr. 17 KWG" definiert. Dies ist **weitgehend tautologisch** und daher von geringem definitorischem Wert. Wichtiger ist, dass gleichzeitig eine **Erlaubnispflicht** für das Finanzierungsleasing in Deutschland eingeführt wurde (§ 32 I KWG), mit der der Gesetzgeber im Interesse des Verbraucherschutzes die Zuverlässigkeit von Leasinggebern sicherstellen möchte.

aa) Rechtliche Struktur

Dem Finanzierungsleasing liegt wirtschaftlich ein **Dreiecksverhältnis** zugrunde, an dem Leasingnehmer und Leasinggeber sowie der von letzterem personenverschiedene Verkäufer beteiligt sind: Der Leasingnehmer sucht die gewünschte Sache, beispielsweise ein Auto, nach seinen Vorstellungen aus. Der **Leasinggeber erwirbt** den Gegenstand durch Abschluss und Erfüllung eines **klassischen Kaufvertrags** (§ 433 BGB) vom Verkäufer. Auf Basis des **Leasingvertrags** zwischen Leasinggeber und Leasingnehmer **überlässt** der Leasinggeber den Gegenstand dann dem Leasingnehmer **zur Nutzung**. Im Gegenzug zahlt der Leasingnehmer an den Leasinggeber über die Laufzeit des Leasingvertrags eine **regelmäßige Vergütung**, die sog. Leasingraten.

   Zwischen **Verkäufer und Leasingnehmer** entsteht dabei **keine vertragliche Beziehung**. Allerdings kann der Leasinggeber den Verkäufer anweisen, direkt an den Käufer zu liefern. Hat sich der Leasingnehmer vom Verkäufer über die Leasingsache beraten lassen – sie etwa beim Hersteller besichtigt und dort ausgesucht –, kann ein **eigenständiger Beratungsvertrag** zwischen Leasingnehmer und Verkäufer zustande kommen, aus dem Informations- und Aufklärungspflichten resultieren (vgl. *Brox/Walker* BT, § 15 Rn. 24).

Querverweis: Vom klassischen Mietvertrag unterscheidet sich der Leasingvertrag dadurch, dass der Leasinggeber die Leasingsache **gezielt nach den Wünschen des Leasingnehmers erwirbt** und dazu **regelmäßig erhebliche Aufwendungen** macht. Im Falle eines Mietvertrags ist hingegen das Mietobjekt beim Vermieter vorhanden ohne dass er Aufwendungen zum Erwerb machen muss. Konsequenz ist, dass der Leasinggeber ein besonderes, legitimes Interesse daran hat, dass seine Aufwendungen durch die Einnahmen aus dem Leasingvertrag ausgeglichen werden; die Pflicht zur Amortisation ist daher im Rahmen des Leasingvertrags als selbständige Pflicht anzuerkennen (vgl. BGH NJW 1985, 2253, 2256).

Abb. 1 Grundstruktur des
Leasingvertrages

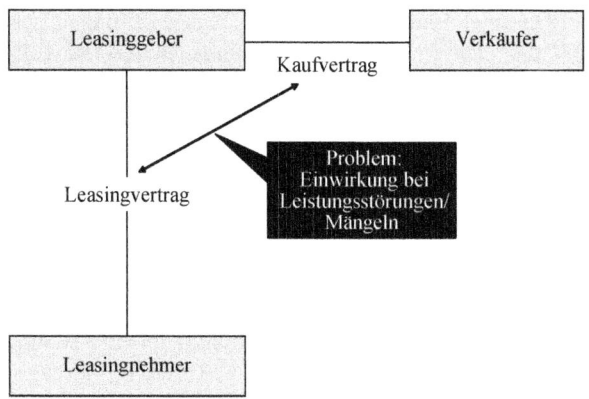

Die rechtliche Struktur des Finanzierungsleasings verdeutlicht folgendes Schaubild
(Abb. 1):

Methodik: Mithin sind **zwei Verträge** deutlich zu unterscheiden, nämlich
auf der einen Seite der Leasingvertrag zwischen Leasingnehmer und Leasinggeber, auf der anderen der Kaufvertrag (§ 433 ff. BGB; möglich ist auch ein
Werklieferungsvertrag, § 651 BGB) zwischen dem Leasinggeber und dem
Verkäufer. Angesichts dieser Konstruktion ist das rechtliche Kernproblem
des Leasingrechts die **Verknüpfung des rechtlichen Schicksals beider Verträge**: Wie wirkt sich etwa die Geltendmachung von Mängelrechten im Kaufvertrag, insbesondere die Erklärung eines Rücktritts, auf den Leasingvertrag
aus (dazu unten dd)?

Die dem Leasinggeber durch den Kauf entstandenen Kosten (Kaufpreis) werden
entweder während der Laufzeit des Leasingvertrags durch die vom Leasingnehmer zu zahlenden Leasingraten und die Rückgabe der Leasingsache beglichen (vgl.
BGH NJW 1985, 2253, 2256), sogenannter Vollamortisationsvertrag oder **Full-
pay-out-Leasing** (*Schimansky/Bunte/Lwowski*, Bankrechts-Handbuch, 2. Aufl.
2001, § 101 Rn. 12). Üblicherweise werden Finanzierungsleasingverträge jedoch
als Teilamortisationsverträge, sogenanntes **Non-full-pay-out-Leasing** (*Schimans-
ky/Bunte/Lwowski* Bankrechts-Handbuch a. a. O.), ausgestaltet. Hier decken die
Leasingraten am Ende nicht den gesamten Kaufpreis ab, sondern müssen durch
zusätzliche Ausgleichsmaßnahmen des Leasingnehmers abgegolten werden, wenn
dieser von der ihm typischerweise eingeräumten Option Gebrauch machen möchte, die Leasingsache dauerhaft zu erwerben. In Betracht kommt somit vor allem
die Vereinbarung eines **Andienungsrechts**, also die schon bei Vertragsschluss eingeräumte Möglichkeit, die Leasingsache nach Vertragsende durch Zahlung einer
Schlussrate zu erwerben (MünchKommBGB/*Koch* Finanzierungsleasing Rn. 117).
Selbstverständlich möglich ist auch der Abschluss eines **Verlängerungsvertrags**,
der das Leasingverhältnis fortschreibt.

Da unter Einbeziehung dieser Ausgestaltungen der Leasingnehmer in der Regel die dem Leasinggeber entstandenen Kosten vollständig erstattet, kommt es beim Finanzierungsleasing im Ergebnis regelmäßig zur **Vollamortisation** (Münch-KommBGB/*Koch* Finanzierungsleasing Rn. 6; *Canaris* ZIP 1993, 401), unabhängig davon, ob zunächst ein Teil- oder ein Vollamortisationsvertrag geschlossen wurde. Der am Ende zwischen Leasingnehmer und Leasinggeber erreichte **Rechtszustand entspricht häufig dem eines Kaufvertrags**: Typischerweise wird nach Eintritt der Vollamortisation auch das Eigentum an der Leasingsache dem Leasingnehmer übertragen; dies ist freilich **kein Automatismus**, sondern hängt von der Ausgestaltung des Leasingvertrags ab. Besitz und Nutzungsmöglichkeit hat der Leasingnehmer freilich schon zu einem früheren Zeitpunkt, mit Überlassung der Leasingsache, erhalten.

Hintergrund: Wirtschaftlich betrachtet steht das Finanzierungsleasing mit Erwerbsoption damit dem (Abzahlungs-)Kauf näher als der Miete, da es wirtschaftlich **häufig auf die dauerhafte Übertragung der Sache abzielt**. Zunächst ist die Erreichung dieses angestrebten Ziels freilich offen; der Leasingnehmer kann – wenn ihm z. B. das geleaste Fahrzeug doch nicht gefällt – den Leasingvertrag zum vereinbarten Zeitpunkt ohne Nutzung der Erwerbsoption, ohne Zahlung einer Schlussrate auslaufen lassen; zur Eigentumsübertragung kommt es dann nicht. Die Vollamortisation tritt in diesem Fall erst durch Rückgabe der Leasingsache und Weiterverwendung bzw. -veräußerung durch den Leasinggeber ein. Der entscheidende Vorteil des Leasingvertrags gegenüber einem Abzahlungskauf ist daher seine **Flexibilität**: Der Leasingnehmer erhält eine zeitliche Nutzungsmöglichkeit, regelmäßig mit der Möglichkeit eines dauerhaften Erwerbs, ohne sich jedoch bereits frühzeitig zum Eigentumserwerb zu verpflichten. Rechtlich führt die potentiell kaufvertragsähnliche Zwecksetzung – dauerhafter Eigentumsübergang – immer wieder dazu, dass die im Ausgangspunkt **mietrechtliche Pflichtenstruktur durch kaufrechtliche Elemente durchbrochen** wird.

bb) Rechtsnatur

Das Finanzierungsleasing weist trotz seiner Bezeichnung (*to lease*=mieten, pachten) Unterschiede zum typischen Mietvertrag im Sinne des § 535 BGB auf, denn dem Finanzierungsleasing wohnt die dargestellte, dem Mietrecht fremde **Finanzierungsfunktion** inne (Staudinger/*Stoffels* Leasingrecht Rn. 10). Trotz der genannten Unterschiede und zahlreicher abweichender Meinungen im Schrifttum (etwa werden die analoge Anwendung des Kaufrechts sowie die Qualifizierung als Geschäftsbesorgungsvertrag oder typengemischter Vertrag angeführt) wird überwiegend vertreten, dass der Finanzierungsleasingvertrag **als atypischer Mietvertrag zu qualifizieren** sei, da eine Sache entgeltlich auf Zeit überlassen werde (vgl. nur BGH NJW

1990, 1113; Palandt/*Putzo* Einf. v. § 535 Rn. 38; a. A. insbes. *Canaris* AcP 190, 410, 446). Im Grundsatz sind die §§ 535 ff. BGB somit unmittelbar anwendbar; vereinzelt muss jedoch mit Blick auf eine gegenüber dem typischen Mietvertrag veränderte Interessenlage davon abgewichen werden. Insbesondere scheint es sachgerecht, die **kaufrechtliche Regelung der Preisgefahr (§ 446 BGB) analog anzuwenden**.

Der Leasingvertrag lässt sich in die vom BGB vorgesehenen Vertragstypen somit **nicht passgenau einsortieren**. Dies ist aber in einem von Privatautonomie geprägten Zivilrecht nicht erforderlich; die Rechte und Pflichten der Parteien ergeben sich in erster Linie aus dem Vertrag (vgl. *Leenen* AcP 190, 263), dessen Ausgestaltung erhebliche Bedeutung zukommt. Daher hat auch die **AGB-Kontrolle** (§§ 305 ff. BGB) hier eine gar nicht zu überschätzende Bedeutung.

Auch das Gesetz trägt der angesprochenen Mischnatur des Finanzierungsleasings zwischen Mietvertrag und fremdfinanziertem Kaufvertrag Rechnung, indem die auf entgeltliche Finanzierungshilfen zugeschnittenen und in der VGKRL wurzelnden Regelungen der **§§ 491 ff. BGB grundsätzlich Anwendung** finden, wenn der Leasingnehmer ein **Verbraucher** ist. Der Finanzierungsleasingvertrag ist nämlich regelmäßig als „sonstige Finanzierungshilfe" i. S. v. § 506 II Nr. 2, 3 BGB zu betrachten. Die insofern anwendbaren Vorschriften wurden im Kontext der entgeltlichen Finanzierungshilfen bereits dargestellt (s.o. Kap. 2 IV 2 d).

cc) Typische Pflichtenstruktur

Fallbeispiel 7.1: A möchte im Rahmen seiner freiberuflichen Tätigkeit einen neuen Pkw erwerben. Da er sich noch nicht restlos für ein Modell entschieden hat, steuerrechtliche Vorteile nutzen möchte und im Übrigen auch nicht über die erforderlichen Finanzmittel (25.000 €) für einen Barkauf verfügt, schließt er, nachdem er beim Vertragshändler H ein Fahrzeug des Herstellers X besichtigt hat, einen Leasingvertrag mit der Y-Leasing AG. Diese erwirbt den Neuwagen nach den Wünschen des A bei X und überlässt es A zur sofortigen Nutzung. A leistet an die Y-Leasing AG eine „Leasing-Sonderzahlung" von 5.000 € und zahlt über eine Vertragslaufzeit von 36 Monaten monatlich 400 €. Nach Ablauf der 36 Monate hat A nach dem mit der Y-Leasing AG geschlossenen Vertrag die Wahl, das Fahrzeug zurückzugeben oder gegen Zahlung einer Schlussrate von 7.000 € dauerhaft zu erwerben. Der Leasingvertrag sieht vor, dass die Instandhaltungs- und Gewährleistungspflicht gemäß §§ 535 I 2, 536, 536a BGB im Verhältnis zwischen A und der Y-Leasing AG abbedungen ist; im Gegenzug tritt die Y-Leasing AG dem A ihre Gewährleistungsrechte aus dem mit X geschlossenen Kaufvertrag ab.

Wie ist die Rechtslage, wenn

a) das Fahrzeug vor Auslieferung an A bei X durch Brandstiftung zerstört wird?

b) das Fahrzeug nach Übergabe an A durch Brandstiftung zerstört wird?

c) am Fahrzeug während der Laufzeit des Leasingvertrags ein Defekt auftritt?

Der Leasinggeber ist wie ein klassischer Vermieter gemäß § 535 S. 1 BGB zur **Gebrauchsüberlassung** verpflichtet (s.o. Kap. 2 I 2 a). Die **Pflicht zur Instandhaltung** während der Leasingdauer soll dagegen – anders als im Mietrecht – den Leasinggeber **nicht** treffen; insoweit setzt sich die Finanzierungsfunktion durch: Da der Leasingnehmer regelmäßig wie ein Käufer Eigentümer der Sache werden soll, scheint es angemessen, ab Gefahrübergang im kaufrechtlichen Sinne, also **ab Übergabe** (§ 446 BGB, s. o. Kap. 1 I 7 b), ihn die Gefahr eintretender Verschlechterungen der Kaufsache und auch des nicht von ihm zu vertretenden Unterganges tragen zu lassen (**Fallbeispiel 7.1 b**). Daher ist die **mietrechtliche Instandhaltungspflicht in aller Regel vertraglich** (durch AGB) abbedungen; im Lichte der §§ 305 ff. BGB ist dies als leasingtypische Modifikation **grundsätzlich unbedenklich** (vgl. nur BGHZ 68, 118; BGHZ 106, 304, 309).

Beim Leasing von Kraftfahrzeugen muss wegen der hohen wirtschaftlichen Belastung durch Leasingraten ohne entsprechende Nutzungsmöglichkeit dem Käufer allerdings kompensatorisch ein **kurzfristiges Kündigungsrecht** für den Fall eingeräumt werden, dass das Fahrzeug abhanden kommt oder infolge gravierender Beschädigung unbenutzbar wird (**Fallbeispiel 7.1 b**; vgl. dazu BGH NJW 1998, 2284). Hat der Leasingnehmer die Verschlechterung **zu vertreten**, haftet er wegen **Unmöglichkeit der Rückgabe** (§ 546 I BGB) und vorzeitiger Vertragsbeendigung (**Unmöglichwerden der Amortisation**, vgl. BGH NJW 1985, 2253, 2255 ff.) auf Schadensersatz (§§ 280 I BGB). Das erstgenannte Risiko wird regelmäßig durch den Abschluss einer Versicherung gedeckt.

Der Leasingnehmer ist gemäß § 535 II BGB zur **Zahlung der Leasingraten** verpflichtet. Ihn treffen **mietvertragstypische Nebenpflichten** zu Sorgfalt und Obhut. Im Falle der Vertragsbeendigung ohne Nutzung der Erwerbsoption muss er die Kaufsache **gemäß § 546 I BGB dem Leasinggeber zurückgeben** (s. o. Kap. 2 I 2 b). Typischerweise wird dem Leasingnehmer überdies durch den Leasingvertrag die Pflicht auferlegt, die **Leasingsache auf eigene Rechnung zu versichern**; gegen diese Pflicht bestehen auch bei Vereinbarung durch AGB keine Bedenken (s. *Brox/Walker* BT, § 15 Rn. 16), da sie insbesondere auch dem Interesse des Leasingnehmers dient, eine Haftung bei zu vertretener Unmöglichkeit der Rückgabe der Leasingsache abzudecken.

dd) Leistungsstörungen und Mängel

Vor Gefahrübergang i. S. v. § 446 BGB haftet der Leasinggeber dem Leasingnehmer nach **allgemeinem Leistungsstörungsrecht**, wenn er die Pflicht zur Überlassung nicht erfüllt oder nicht erfüllen kann, weil die Leasingsache z. B. untergegangen ist (**Fallbeispiel 7.1 a**). Wie in jedem **Dauerschuldverhältnis** kann der Leasingnehmer dann allerdings **nicht zurücktreten** (§ 323 I BGB), sondern lediglich ex nunc kündigen; die **kündigungsrechtlichen Vorschriften des allgemeinen Mietrechts** finden Anwendung (insbes. § 543 BGB).

Nach **Gefahrübergang** findet grundsätzlich das **mietrechtliche Gewährleistungsrecht** Anwendung. So wird bei Vorliegen eines Rechtsmangels, der zum Verlust der Gebrauchsmöglichkeit führt, der Leasingnehmer gemäß § 536 III BGB von der Pflicht zur Zahlung der Leasingraten frei.

(1) Mietrechtlicher Gewährleistungsausschluss und Abtretung der Käuferrechte

Die an sich ebenfalls Platz greifende mietrechtliche **Gewährleistung bei Sachmängeln** wird dagegen – ebenso wie die Instandhaltungspflicht (s. o. cc) – regelmäßig **vertraglich abbedungen**, da sich insofern der kaufvertragsähnliche Zweck des Finanzierungsleasings gegenüber den mietrechtlichen Komponenten durchsetzt. Durch **individuelle Vereinbarung** ist die Abbedingung qua Vertragsfreiheit unproblematisch möglich. Handelt es sich um **AGB**, ist hingegen Voraussetzung zur Vermeidung einer „**unangemessenen Benachteiligung**" (§ 307 I BGB), dass im Gegenzug der Leasinggeber dem Leasingnehmer seine **Gewährleistungsrechte gegen den Verkäufer aus dem Kaufvertrag abtritt**. Im Ergebnis kann der Leasingnehmer dann interessengerecht selbst die Käuferrechte geltend machen (vgl. BGHZ 68, 118; BGHZ 81, 298); hier ist ihm also partiell die Rechtsposition eines Käufers durch Vertragsgestaltung einzuräumen (**Fallbeispiel 7.1 c**).

(2) Situation bei Nacherfüllung

Vorrangig kann der Leasingnehmer dann **kraft abgetretenen Rechts** (§§ 433 I, 434 Nr. 1, 439 i. V. m. § 398 BGB) vom Verkäufer **Nacherfüllung** verlangen; die Abwicklung vollzieht sich in den beiden Vertragsverhältnissen. Freilich wird der Leasinggeber den Verkäufer regelmäßig anweisen, z. B. im Falle der Ersatzlieferung die **Ersatzsache direkt an den Leasingnehmer zu liefern**. Umgekehrt ist dann der Leasingnehmer auch im Verhältnis zum Leasinggeber aus vertraglicher Interessenwahrungspflicht (§ 241 II BGB) gehalten, die **fehlerhafte Sache an den Verkäufer zurück zu geben**, damit der Leasinggeber im Verhältnis zum Verkäufer von seiner Rückgabepflicht aus §§ 439 IV, 346 I BGB befreit wird (näher Staudinger/*Stoffels* Leasing Rn. 231).

(3) Situation bei Rücktritt

Nach erfolgloser Nachfristsetzung kann der Leasingnehmer kraft abgetretenen Rechts vom Kaufvertrag zurücktreten, mindern oder Schadensersatz statt der Leistung verlangen. All diese Rechtsbehelfe entfalten aber **zunächst lediglich im Kaufvertrag Wirkung**. Zum Beispiel wird der Kaufvertrag (nicht hingegen der Leasingvertrag) im Falle des Rücktritts gemäß §§ 437 Nr. 2, 440, 323 I, 346 BGB in ein Rückgewährschuldverhältnis umgewandelt: Durch den kraft abgetretenen Rechts erklärten Rücktritt verpflichtet der Leasingnehmer den Verkäufer somit, an den Leasinggeber den Kaufpreis zurückzuzahlen; zugleich verpflichtet er den Leasinggeber, dem Verkäufer die fehlerhafte Leasingsache zurück zu übereignen. Der

Leasingnehmer hat also zunächst nichts davon; **durch den Rücktritt begünstigt und verpflichtet wird vielmehr der Leasinggeber als Vertragspartner des Verkäufers im Kaufvertrag.** Fraglich ist nun, wie der Leasingnehmer in den Genuss der Rechtswirkungen der von ihm ausgeübten kaufvertraglichen Mängelrechte gelangen kann. Ebenso ist zu fragen, auf welchem Weg der Leasinggeber die mangelhafte Leasingsache zurück erhält, damit er seiner Rückgabeverpflichtung (§ 346 I BGB) im Verhältnis zum Verkäufer gerecht werden kann.

> **Methodik:** Eine partielle gesetzliche Lösung ist allenfalls für Fälle ersichtlich, in denen der Leasingnehmer Verbraucher (§ 13 BGB) ist. Handelt es sich bei Leasing- und Kaufvertrag um **verbundene Geschäfte** i. S. v. § 358 III BGB, so mag der Leasingnehmer dem Leasinggeber Einwendungen aus dem Kaufvertrag gemäß **§ 359 BGB** unmittelbar entgegenhalten (so *Medicus/ Lorenz* BT, Rn. 1093). Danach bedarf es der im Folgenden dargestellten Konstruktion heute insbesondere noch beim Leasing ohne Verbraucherbeteiligung.

Die rechtskonstruktive Lösung dieser Fragen liegt darin, dass das **Unterbleiben einer mangelbedingten Rückabwicklung** im Verhältnis Verkäufer – Leasinggeber als **Geschäftsgrundlage (§ 313 BGB) des Leasingvertrags** betrachtet wird. Wird der Kaufvertrag zwischen Verkäufer und Leasinggeber in ein Rückgewährschuldverhältnis umgewandelt, entfällt zugleich rückwirkend die Geschäftsgrundlage für den Leasingvertrag: Dessen Ziel, die Gebrauchsüberlassung einer mangelfreien, zu diesem Zweck durch den Leasinggeber erworbenen Sache, kann nicht erreicht werden (BGHZ 68, 118, 126; 81, 298, 306 f.; BGH NJW 1985, 796).

Mit dem rückwirkenden Entfall der Geschäftsgrundlage im Leasingvertrag entfiel aus Sicht des BGH (zum alten Schuldrecht) zugleich rückwirkend die vertragliche Verpflichtung des Leasingnehmers zur **Zahlung der Leasingraten**; bereits geleistete Leasingraten konnte er gemäß § 812 I 1 Alt. 1 BGB **kondizieren** (BGH NJW 1985, 796). Nach Kodifikation des Rechts der Geschäftsgrundlage in § 313 BGB muss man dies anders sehen: Das Fehlen der Geschäftsgrundlage berechtigt – sofern eine Vertragsanpassung ausscheidet – zum **Rücktritt ex tunc** (§ 313 III 1 BGB) bzw. im Dauerschuldverhältnis zur **Kündigung ex nunc** (§ 313 III 2 BGB). Unklar ist bislang, welcher Weg zur Beendigung des Leasingvertrags einzuschlagen ist.

> **Hintergrund:** Hier kommt es entscheidend auf die **Rechtsnatur des Leasings** an: Wird der mietrechtliche Charakter in den Vordergrund gestellt, dann handelt es sich um ein Dauerschuldverhältnis, so dass nur eine ex nunc wirkende Kündigung in Betracht käme, der Leasinggeber also die bereits gezahlten Leasingraten behalten dürfte. Wird hingegen die Nähe zum Kaufvertrag in den Vordergrund gerückt, handelt es sich letztlich um einen punktuellen Leistungsaustausch, so dass ein ex tunc wirkender Rücktritt gemäß § 313 III 1 BGB möglich wäre.

Da Zweck der Leasingraten beim Finanzierungsleasing die (potentielle) Vollamortisation ist, die Leasingraten also nicht lediglich (wie der Mietzins) die Nutzungsmöglichkeit honorieren, sondern in kaufvertragstypischer Weise auf die dauerhafte Übertragung der Leasingsache abzielen, scheint es angebracht, **§ 313 III 1 BGB anzuwenden** und dem Leasingnehmer den Rücktritt ex tunc zu ermöglichen. Damit **wandelt sich auch der Leasingvertrag in ein Rückgewährschuldverhältnis** (§§ 346 ff. BGB; wie hier im Ergebnis *Reinicke/Tiedke*, Kaufrecht, 8. Aufl. 2009, Rn. 1724; weiterhin *Reinking* ZGR 2002, 229, 233; *Arnold* DStR 2001, 107, 113 f.): Der Leasingnehmer erhält die geleisteten Leasingraten zurück und räumt dem Leasinggeber den unmittelbaren Besitz an der Leasingsache ein. In Höhe des **objektiven Werts der zwischenzeitlich gezogenen Nutzungen** muss der Leasingnehmer dem Leasinggeber **gemäß § 346 I, II BGB Nutzungsersatz leisten** (so im Ergebnis auch *Brox/Walker* BT, § 15 Rn. 14). Infolge dieser Rückabwicklung wird der Leasinggeber erst in den Stand versetzt, seine Rückgabepflicht aus dem gleichfalls rückabzuwickelnden Kaufvertrag mit dem Verkäufer zu erfüllen. Beide Verträge – Leasing- und Kaufvertrag – werden somit im Fall der Mangelhaftigkeit **synchron und parallel rückabgewickelt**; jeder Vertrag wird dabei aber – abgesehen von der Ermächtigung des Leasingnehmer zur Geltendmachung der Gewährleistungsrechte des Leasinggebers – strikt im Zwei-Personen-Verhältnis rückabgewickelt.

(4) Situation bei Minderung

Anders ist die Situation in dem Fall, dass sich der Leasingnehmer kraft abgetretenen Rechts für eine **Minderung** (§§ 437 Nr. 2 Alt. 2, 441 BGB i. V. m. § 398 BGB) entscheidet. Hier kommt es zu **keiner Rückabwicklung des Kaufvertrags**, so dass auch die **Geschäftsgrundlage des Leasingvertrags nicht entfällt**. Nur partiell wird ggf. rückabgewickelt, indem der Verkäufer den Minderungsbetrag bei bereits vollständig gezahltem Kaufpreis an den Leasinggeber zurückzahlen muss (§ 441 IV 2 i. V. m. § 346 I BGB). Die Minderung stellt aber weder den unveränderten Fortbestand des Kauf- noch des Leasingvertrags grundsätzlich in Frage (zutr. Staudinger/*Stoffels* Leasingvertrag Rn. 258).

> **Hintergrund:** Schon die Tatsache, dass sich der Leasingnehmer für die Minderung entschieden hat, zeigt, dass er die Leasingsache weiterhin verwenden will, eine erhebliche Beeinträchtigung der Gebrauchsmöglichkeit aus seiner Sicht also nicht besteht.

Der **Minderungsbetrag**, der zunächst dem Leasinggeber zugute kommt, muss jedoch **wirtschaftlich an den Leasingnehmer „weitergereicht"** werden. Dies wird erreicht, indem der Minderungsbetrag, der ja auf Veranlassung des Leasingnehmers, nämlich infolge des von diesem ausgeübten Minderungsrechts, an den Leasinggeber geflossen ist, als eine **vorzeitige Zahlung von Leasingraten durch den Leasingnehmer** behandelt wird (ähnlich *Stoffels* a. a. O. m. w. N.; anders, aber im

Ergebnis ähnlich z. B. *Emmerich* JuS 1990, 7, wonach ein – schwer vorstellbarer – teilweiser Wegfall der Geschäftsgrundlage des Leasingvertrags bejaht wird).

Entsprechendes muss grundsätzlich für den Fall des **Schadensersatzes statt der Leistung** (§§ 437 Nr. 3, 280 I, III, 281 BGB) gelten; beim Schadensersatz statt der *ganzen* Leistung (§ 281 V BGB) kommt es hingegen zur Rückabwicklung mit den für den Rücktritt dargestellten Konsequenzen.

ee) Vertragsbeendigung

Ist der Leasingvertrag auf eine bestimmte Zeit geschlossen, so endet er mit **Zeitablauf**, andernfalls bedarf es einer **Kündigung**. Insofern sind – vorbehaltlich einer abweichenden vertraglichen Absprache – die **mietrechtlichen Regelungen** anwendbar. Insbesondere ist der Leasinggeber berechtigt, den Vertrag gemäß § 543 I, II 1 Nr. 3 BGB zu kündigen, wenn der Leasingnehmer mit der Zahlung der geschuldeten Leasingraten in Verzug kommt und die dort statuierte Erheblichkeitsschwelle überschritten wird.

> **Hintergrund:** Unwirksam sind als AGB vereinbarte Vertragsklauseln, nach denen in diesem Fall sämtliche noch ausstehenden Leasingraten sofort fällig werden (BGH NJW 1991, 221). Allerdings erwirbt der Leasinggeber aus Sicht des BGH in diesem Fall einen Schadensersatzanspruch gemäß § 280 I BGB gegen den Leasingnehmer, der den Ersatz des infolge der vorzeitigen Vertragsbeendigung entgangenen Gewinns – abzüglich ersparter Aufwendungen u. ä. – umfasst (BGH a. a. O.).

Der Eintritt der **Vollamortisation** führt **nicht automatisch zur Beendigung** (MünchKommBGB/*Koch* Finanzierungsleasing X. 1. Rn. 115). Nach Vertragsbeendigung trifft den Leasingnehmer grundsätzlich die **mietvertragliche Rückgabepflicht (§ 546 BGB)**. Diese Pflicht entfällt im Regelfall des Finanzierungsleasings, wenn der Leasingnehmer von der ihm eingeräumten **Erwerbsoption** Gebrauch macht. Daneben besteht das Recht zur außerordentlichen Kündigung (§ 543 BGB).

IV. Factoring

1. Begriff

Zu den gesetzesunabhängig, d. h. zunächst „nur" auf Grundlage des § 311 I BGB nach neuen wirtschaftlichen Bedürfnissen entwickelten „modernen" Vertragstypen ist insbesondere auch das sog. Factoring zu rechnen (engl. Wortstamm: *factor*=Agent, Kommissionär). Neuerdings findet sich – wenn auch in anderem regulatorischen Zusammenhang und daher etwas „versteckt" – eine **Legaldefinition** dieses Geschäfts in **§ 1 Ia 2 Nr. 9 KWG** (Gesetz über das Kreditwesen). Das Factoring wird hier bestimmt als „der **laufende Ankauf von Forderungen auf der Grundlage von Rahmenverträgen mit oder ohne Rückgriff**".

Hintergrund dieser im Jahressteuergesetz 2009 neu geschaffenen Regelung war das gesetzgeberische Anliegen, Anbieter von Finanzdienstleistungen (erfasst wird im Übrigen auch das Finanzierungsleasing, s. o. Kap. 3 II 1 a) einer zumindest eingeschränkten staatlichen Aufsicht zu unterstellen (vgl. dazu *Schwerdtfeger* BKR 2010, 53). Instruktiv auch zur heutigen wirtschaftlichen Bedeutung u. a. des Factoring ist dabei die amtliche Gesetzesbegründung (BT-Drucks. 16/11108), in der es wörtlich u. a. heißt: „Aufgrund der *zentralen wirtschaftlichen Bedeutung*, die Finanzierungsleasing und Factoring bei der Finanzierung der deutschen Industrie und insbesondere bei der Finanzierung des Mittelstandes spielt, können Funktionsstörungen als Folge einer unsoliden Geschäftsführung schwere Schäden nicht nur im Kundenkreis der betreffenden Unternehmen, sondern auch in weiteren Teilen der Wirtschaft verursachen."

Aus dieser Definition folgt bereits, dass das Rechtsgeschäft im Verhältnis zwischen dem **Inhaber „von Forderungen"** (sog. Anschluss- oder Factoringkunde) und dem **„Ankäufer" dieser Forderungen** (sog. Factor) abgeschlossen wird, dies zudem „auf der Grundlage von Rahmenverträgen". Dabei wird das Interesse des Kunden am Abschluss eines solchen Geschäfts deutlich, wenn man sich vor Augen führt, dass die **Durchsetzung offener Forderungen** gegenüber den jeweiligen Schuldnern oft mit erheblichem Aufwand verbunden ist, d. h. Zeit und Geld kostet.

Hier bietet nun der Factor – meist ein Finanzunternehmen – dem Kunden über den Ankauf dieser Forderungen zunächst deren unmittelbare Bezahlung und damit sofortige Liquidität an (**Finanzierungsfunktion**). Ein weiterer Vorteil für den Kunden liegt natürlich auch bereits darin, dass sich nach Vollzug des Geschäfts der Factor als neuer Forderungsinhaber auch um die mit der Einziehung verbundenen weiteren Maßnahmen (Buchhaltung, Mahnungen, ggf. Gerichtsverfahren etc.) kümmern muss (**Servicefunktion**, gerade für mittelständische Betriebe u. U. auch Rationalisierungsmöglichkeit).

Als Gegenleistung vereinnahmt der Factor eine Provision (das sog. **Factoring-Entgelt**) sowie **Zwischenzinsen** für die Bevorschussung der Kundenforderung in der Weise, dass er nicht den gesamten Nennbetrag der angekauften Forderungen an den Kunden auskehrt, sondern einen vertraglich vereinbarten Prozentsatz des Gesamtbetrages einbehält.

Die Höhe dieser Gegenleistung hängt nicht nur davon ab, welche Leistungen im Einzelnen vom Factor erbracht werden (zum Teil werden weitere jeweils kostenpflichtige Service- und Beratungsleistungen angeboten), sondern auch und vor allem davon, welches **wirtschaftliche Risiko** für den Factor mit dem Forderungsankauf verbunden ist. Grundsätzlich birgt ja jede Forderung insbesondere das Risiko, dass sie – aus welchen Gründen auch immer – letztlich uneinbringlich ist (sog. **Delkredererisiko**). Genau dieses Risiko ist gemeint, wenn in der einleitend zitierten Legaldefinition von einem Forderungsankauf „mit oder ohne Rückgriff" die Rede ist. Es kann nämlich beim Factoring sowohl vereinbart werden, dass mit der Forderung auch die Gefahr ihrer Uneinbringlichkeit vollständig auf den Factor übergeht, als auch der Verbleib dieser Gefahr beim Kunden; in letzterem Fall kann der Factor bei seinem Kunden im Fall der Uneinbringlichkeit Rückgriff nehmen.

Im ersten Fall spricht man herkömmlich vom „**echten**", im zweiten vom „**unechten**" **Factoring**. Diese Terminologie erklärt sich daraus, dass beim Ankauf und der Übertragung einer Forderung anerkanntermaßen der Verkäufer, also der „Alt"-Gläubiger der Forderung, im Verhältnis zum Käufer grundsätzlich nicht für die Zahlungsunfähigkeit des Schuldners im Wege der Rechtsmängelhaftung verantwortlich ist.

Hintergrund: Dies war bis zum 31.1.2001 auch noch ausdrücklich der Regelung des § 438 BGB a. F. zum Rechtskauf zu entnehmen, die entsprechend zur Begründung herangezogen wurde. Ungeachtet der Tatsache, dass diese Rechtsfolge in der Nachfolgeregelung (§ 453 BGB) nicht mehr enthalten ist, soll dasselbe nach h. M. nach wie vor im Grundsatz gelten, d. h. es soll einer besonderen Vereinbarung bedürfen, wenn eine Haftung des Verkäufers für dieses Risiko von den Parteien gewollt ist (vgl. Bamberger/Roth/*Faust* § 453 Rn. 20; *Eidenmüller* ZGS 2002, 290, 293; *Schröcker* ZGR 2005, 63, 87 f.).

Der Kunde erhält somit beim **echten Factoring** die **Leistung des Factor endgültig**, muss also einen „Rückgriff" des Factors auch für den Fall nicht mehr befürchten, dass sich die abgetretenen Forderungen später als uneinbringlich erweisen. Er **haftet** lediglich gem. § 311a II BGB für den **rechtlichen Bestand der Forderung** (sog. Verität), nicht hingegen für die Solvenz des Schuldners (sog. Bonität). Beim **unechten Factoring** ist demgegenüber die Bezahlung der Forderungen durch den Factor eher als „Vorschussleistung" einzuordnen, die der Kunde an den Factor zurückzahlen muss, wenn und soweit die Forderung sich als uneinbringlich herausstellt. Hier trägt der Kunde des Factors also auch das **Bonitätsrisiko**. Angesichts des deutlich reduzierten Risikos, das der Factor im Falle unechten Factorings übernimmt, ist dabei die dem Factor zustehende Provision regelmäßig niedriger als bei echtem Factoring, die abgetretenen Forderungen werden also durch den Factor höher vergütet.

2. Rechtliche Umsetzung

Bereits anhand der eingangs zitierten Legaldefinition wird deutlich, dass rechtlich zwischen mindestens zwei Ebenen vertraglicher Beziehungen zwischen dem Kunden und dem Factor zu unterscheiden ist, nämlich dem **Rahmenvertrag** einerseits und dem **laufenden Ankauf** andererseits (Verpflichtungsebene). Als dritte Ebene kommt dann als **Erfüllungshandlung** hinzu die **Abtretung** der jeweiligen Forderung nach Maßgabe der §§ 398 ff. BGB (Verfügungs- oder Erfüllungsgeschäft, s. o. Kap. 2 I 1).

Im **Rahmenvertrag** wird festgelegt, unter welchen Voraussetzungen und zu welchen Bedingungen der Kunde dem Factor künftig Forderungen (z. B. Zahlungsforderungen aus Warenverkäufen) übertragen wird. Typischerweise antizipiert er die Erfüllung dieser Verpflichtungen zugleich durch eine aufschiebend bedingte Abtretung. Aufschiebende Bedingung des antizipierten Erfüllungsgeschäfts ist dabei regelmäßig der Ankauf der konkreten Kundenforderung durch den Factor im Rahmen eines ausfüllenden Einzelvertrags (dazu sogleich). Bei diesem Rahmenvertrag handelt es sich also um ein **Dauerschuldverhältnis mit verpflichtenden und verfügenden Elementen**. Die Parteien können dabei kraft ihrer Vertragsfreiheit festlegen, welche Forderungen sie von diesem Vertrag erfasst wissen wollen, können also insbesondere auch Einschränkungen vorsehen (z. B. in Bezug auf den Kundenkreis oder den Nennwert der Forderungen).

> **Hintergrund:** In diesem Rahmen kann nur eine Darstellung der Grundkonstellationen der vertraglichen Beziehungen erfolgen. In der Praxis finden sich regelmäßig Abweichungen von diesem grundsätzlichen Muster. Durchaus gebräuchlich ist beispielsweise die Vereinbarung, dass die Entscheidung zwischen echtem und unechtem Factoring erst nach Entstehung der jeweiligen Forderung getroffen werden soll. Zur Beurteilung der Rechtslage ist also immer eine genaue Analyse der vertraglichen Abreden im konkreten Fall erforderlich.

Auf der Basis eines solchen Rahmenvertrags vollzieht sich dann der **laufende Ankauf** der Forderungen über den Abschluss von **Einzelverträgen** (die dann auch den Rechtsgrund, das Kausalgeschäft, für die Abtretung der Kundenforderungen schaffen). Bei der dargestellten Vertragskonstruktion tritt mit dem Abschluss dieser Einzelverträge die Bedingung für die Vollwirksamkeit der bereits im Rahmenvertrag antizipierten, durch das Zustandekommen des jeweiligen Kausalvertrags aufschiebend bedingten (Voraus-)Zession ein.

> **Hintergrund:** Die rechtliche Einordnung sowohl des Rahmenvertrags als auch der Einzelverträge ist umstritten. Die wohl h. M. sieht im Rahmenvertrag einen Krediteröffnungsvertrag und qualifiziert die Einzelverträge entweder als Kaufverträge (insbesondere beim echten Factoring) oder als Darlehensverträge (insbesondere beim unechten Factoring). Dies kann aber im Ergebnis oft dahinstehen, da die rechtlichen Probleme sich in der Regel auf anderer Ebene stellen (s. u. IV.).

3. Stellung des Schuldners der Forderung (sog. Debitor)

Die rechtliche **Stellung des Schuldners** der Forderung wird in erster Linie bestimmt durch die **§§ 404 ff. BGB** (vgl. allgemein *Brox/Walker* AT, § 34 Rn. 20)
und hängt hier insbesondere davon ab, ob ihm die **Abtretung der Forderung bekannt gemacht** wird oder nicht. Dabei ist die Durchführung des Factorings im
sog. **offenen Verfahren** die Regel: Dem Debitor wird dabei die Abtretung durch
den Kunden ggf. bereits in AGB oder durch Rechnungsaufdruck mitgeteilt. Ein
sog. **verdecktes** oder **„stilles" Factoring** kommt zwar auch vor, allerdings nur in
seltenen Fällen; denn der Debitor kann ja hier wegen § 407 BGB mit befreiender
Wirkung an den Kunden zahlen (und wird dies natürlich auch tun, weil er von der
Abtretung nichts weiß), so dass letztlich der Factor das Risiko der Weiterleitung
dieser Zahlung durch den Kunden an ihn trägt.

4. Kollision mit anderen Sicherungsmitteln

Probleme bereitet das Factoring dem Rechtsanwender vor allem auf der dinglichen
Ebene. Die im Factoring-Rahmenvertrag vereinbarte Globalzession **kollidiert** in
der Praxis des Wirtschaftslebens häufig mit anderen **Sicherungsmitteln Dritter**.
Dazu zählen etwa mit Warenlieferanten vereinbarte **verlängerte Eigentumsvor-
behalte** (s. o. Kap. 2 I 9 c cc (2)), aber auch mit (anderen) Banken vereinbarte
Sicherungsglobalzessionen.

> **Fallbeispiel 7.2:** Möbelhersteller V einigt sich im Januar 2011 mit der Fac-
> tor-Bank F rahmenvertraglich u. a. dahingehend, dass V alle Forderungen, die
> aus dem Verkauf der von ihm hergestellten Möbel entstehen, an F unter der
> aufschiebenden Bedingung des späteren Ankaufs durch F abtritt. Vereinbart
> ist zwischen V und F weiterhin, dass V im Falle des Ankaufs der Forderung
> durch F lediglich für das einredefreie Bestehen der Forderung haften soll;
> das Risiko der Zahlungsunfähigkeit der Kunden des V soll demgegenüber
> von F übernommen werden (echtes Factoring). Einen Monat später liefert L
> an V Eichenholz unter Vereinbarung eines verlängerten Eigentumsvorbehalts.
> Einen weiteren Monat später kauft K eine Büroeinrichtung aus Eichenholz
> von V und zahlt – entsprechend einem Hinweis auf der Rechnung des V – den
> Kaufpreis weisungsgemäß an F, die die Forderung von V angekauft hatte.
> Nachdem V insolvent gegangen ist, verlangt L von F den von K gezahlten
> Kaufpreis in Höhe des Wertes der Holzlieferung von 10.000 €. Zu Recht?

Die Kollisionslage resultiert in diesen Fällen daraus, dass dieselben Forderungen,
die von der Factoring-Globalzession erfasst werden, entweder bereits früher im
Rahmen eines verlängerten Eigentumsvorbehalts bzw. einer Sicherungsglobalzes-

sion abgetreten wurden oder aber die Forderungen – wie im Beispielsfall – danach über die genannten Sicherungsmittel noch ein weiteres Mal abgetreten werden. Diese **mehrfache Abtretung derselben Forderung an verschiedene Kreditgeber** führt praktisch zum Streit um die Forderungszuständigkeit insbesondere aufgrund von Bereicherungsklagen (die Anspruchsgrundlage bildet dabei regelmäßig **§ 816 II BGB**). Namentlich stellt sich hier immer die Frage, zu wessen Gunsten derartige Kollisionsfälle zu lösen sind.

Bei der Beantwortung orientiert man sich im Allgemeinen an der bereits frühzeitig ergangenen Rechtsprechung zur **Kollision zwischen einer Sicherungsglobalzession mit einem verlängerten Eigentumsvorbehalt** (BGHZ 30, 149), überträgt also die dort eruierten Grundsätze auf sämtliche Kollisionslagen:

Der BGH stellt hier in Anwendung des sog. **Prioritätsprinzips** zunächst auf die zeitliche Reihenfolge der Abtretungen ab, sieht nämlich „kein anderes dem Gesetz und den Erfordernissen der Rechtssicherheit entsprechendes Merkmal, um über die Konkurrenz der Abtretungen zu entscheiden" (BGHZ 30, 149, 151 m. w. N.). Im Grundsatz soll hiernach alleine die Erstzession (im Beispielsfall also die Factoring-Globalzession) wirksam sein, die zeitlich nachfolgende Abtretung also gleichsam „ins Leere gehen" (ein gutgläubiger Erwerb einer tatsächlich nicht (mehr) bestehenden Forderung ist ja grundsätzlich ausgeschlossen).

Bereits bei der Kollisionslage zwischen Sicherungsglobalzession und verlängertem Eigentumsvorbehalt hat der BGH (a. a. O.) allerdings die uneingeschränkte Geltung des Prioritätsprinzips für problematisch befunden, da die Globalzession hier regelmäßig im Rahmen einer länger andauernden Geschäftsbeziehung mit einer Bank, der verlängerte Eigentumsvorbehalt dagegen in der Regel für jeden Liefervertrag neu vereinbart werde. Der Eigentumsvorbehalt käme also bereits aus diesem Grund in vielen Fällen schlicht „zu spät". Ferner werde jedenfalls der auf vielfach branchenübliche Lieferungen unter verlängertem Eigentumsvorbehalt angewiesene Schuldner über die Vereinbarung der Globalzession bei uneingeschränkter Geltung des Prioritätsprinzips letztlich zur **Täuschung seiner Lieferanten** insofern verleitet, weil er diesen gegenüber die Erstzession verschweigen müsse, um überhaupt Waren geliefert zu bekommen.

Vor diesen Hintergründen hat der BGH (a. a. O.) die sog. **Vertragsbruchstheorie** entwickelt. Diese bewirkt eine Korrektur der nach dem Prioritätsgrundsatz eintretenden Resultate: Nach der Vertragsbruchtheorie ist eine Globalzession **sittenwidrig (§ 138 I BGB) und somit nichtig**, wenn der Kreditnehmer auf die Lieferung von Waren unter Eigentumsvorbehalt angewiesen und deshalb geradezu gezwungen ist, den Warenlieferanten über die vorangegangene Zession im Unklaren zu lassen. Unter diesen Voraussetzungen trifft die Bank der Vorwurf, ihren Kunden durch Vereinbarung der Globalzession zum Vertragsbruch zu verleiten.

Die Bank kann aus Sicht des BGH diesem Vorwurf nur entgehen, indem sie mit dem Kunden eine **Verzichtsklausel** vereinbart. Diese muss vorsehen, dass die Zession, soweit sie mit einem verlängerten Eigentumsvorbehalt kollidiert, hinter diesen zurücktritt. Nur ein **dinglicher Verzicht** soll das Sittenwidrigkeitsverdikt ausräumen, nicht hingegen eine bloß schuldrechtlich wirkende Verzichtsklausel: Die Zession muss infolge der Klausel gewissermaßen „automatisch" verdrängt werden, ohne dass dies von der Durchsetzung eines schuldrechtlichen Verzichtsanspruchs durch den Zessionar abhängt.

a) Aufeinandertreffen von echtem Factoring und verlängertem Eigentumsvorbehalt

Es stellt sich allerdings die Frage, ob die soeben genannten Grundsätze auch auf die Kollisionslage von **echtem Factoring** mit einem **nachfolgend vereinbarten verlängertem Eigentumsvorbehalt** ohne weiteres übertragbar sind, ob also auch hier – unter Anwendung der Vertragsbruchtheorie – die Factoring-Globalzession als sittenwidrig anzusehen ist oder ob es bei der Anwendung des Prioritätsprinzips bleibt.

Eine Sittenwidrigkeit wäre nach den obigen Ausführungen nur dann zu bejahen, wenn die Factoring-Globalzession in vergleichbarem Umfang wie eine Sicherungs-globalzession den Vorbehaltskäufer dazu zwingt, den Lieferanten über den „Er-folg" des vereinbarten verlängerten Eigentumsvorbehalts zu täuschen. Das soll aber jedenfalls nach der Rechtsprechung des BGH nicht der Fall sein, es soll also bei der Anwendung des **Prioritätsgrundsatzes** bleiben (BGHZ 100, 353).

Weshalb **unterscheidet** sich die Rechtslage insofern vom soeben dargestellten Fall der Globalzession? Bei Lichte betrachtet wird der Warenlieferant hier durch das Factoring gar **nicht benachteiligt**: Aufgrund des echten Factoring schreibt der Factor seinem Kunden, dem Vorbehaltskäufer, den Forderungswert sofort gut. Es verbleibt zwar ein Risiko, dass der Kunde den ihm vom Factor gutgeschriebenen Betrag nicht an den Vorbehaltsverkäufer weiterleitet. Dieses **Weiterleitungsrisiko** träfe den Verkäufer aber in gleicher Weise bei Barzahlung durch den Abnehmer, so dass es nicht zu einer Schlechterstellung des Lieferanten gerade infolge des Facto-ring kommt.

Daran ändert auch die Tatsache nichts, dass der Kunde beim echten Factoring regelmäßig **nicht den vollen Nennbetrag** der Forderung ausgezahlt bekommt, da der Factor ja das Risiko der Nichtrealisierbarkeit der Forderung – das Delkredereri-siko – übernimmt. Wegen der Differenz zwischen Einkaufs- und Verkaufspreis sind die Kaufpreisansprüche des Lieferanten in aller Regel bereits durch den im Wege des Factoring vereinnahmten Betrag abgedeckt.

In **Fallbeispiel 7.2** scheitert also ein Anspruch des L gegen F aus § 816 II BGB daran, dass F mit Eintritt der Bedingung – dem Ankauf der entstandenen Forderung – Inhaberin der Forderung geworden ist. F ist somit nicht Nicht-berechtigte im Sinne des § 816 II BGB.

Bislang betrachtet wurde der Fall, dass die Factoring-Zession dem verlängerten Eigentumsvorbehalt **zeitlich vorangeht**. Andere Rechtsfolgen ergeben sich bei umgekehrter zeitlicher Reihenfolge, wenn also die **Factoring-Zession nach der**

Vereinbarung des verlängerten Eigentumsvorbehalts stattgefunden hat. Kann in dieser Situation der Factor die bereits an den Vorbehaltsverkäufer abgetretene Forderung überhaupt noch erwerben? Der Vertragspartner des Factors ist dann im Zeitpunkt der Factoring-Zession **nicht mehr Inhaber der Forderung** und somit zur Verfügung über die Forderung grundsätzlich nicht berechtigt. Ein gutgläubiger Forderungserwerb vom Nichtberechtigten kommt generell nicht in Betracht (ausf. Staudinger/*Busche* Einf. v. §§ 398 ff. Rn. 26 f.). Die Factoring-Zession ist somit nur dann wirksam, wenn der Berechtigte – also der Vorbehaltsverkäufer, an den die Forderung abgetreten wurde – dem Vertragspartner des Factors eine **Verfügungs-ermächtigung** gemäß § 185 I BGB **erteilt hat**. Rechtsprechung und überwiegende Lehre bejahen dies im Regelfall: Die **Einziehungsermächtigung**, die der Vorbehaltsverkäufer dem Vorbehaltskäufer bei einem verlängerten Eigentumsvorbehalt stets erteilt, wird so ausgelegt, dass sie **regelmäßig, vorbehaltlich einer abweichenden Vereinbarung, die Ermächtigung zur Abtretung der Forderung an einen Factor mit umfasst** (BGHZ 72, 15).

> **Hintergrund:** Die Rechtsprechung geht zugunsten der Factoring-Zession sogar noch einen Schritt weiter: Ist in den AGB des Lieferanten eine Regelung enthalten, dass die Einziehungsermächtigung nicht zur Abtretung an einen Factor berechtigt, soll in dieser Vertragsbestimmung eine **unangemessene Benachteiligung** des Vorbehaltskäufers liegen (vgl. BGHZ 72, 15, 22). Die Klausel wird somit als unwirksam gemäß § 307 I BGB betrachtet: Sie schränkt den Vorbehaltskäufer in seiner wirtschaftlichen Bewegungsfreiheit in unverhältnismäßiger Weise ein, ohne dass dafür ein berechtigtes, überwiegendes Interesse des Vorbehaltsverkäufers ersichtlich wäre.

b) Aufeinandertreffen von unechtem Factoring und verlängertem Eigentumsvorbehalt

Anders zu beurteilen sind Konstellationen des **unechten Factoring**. Hat dabei die Factoring-Zession zeitlich vor dem verlängerten Eigentumsvorbehalt stattgefunden, stellt sich die Frage, ob gleichfalls der **Prioritätsgrundsatz** gilt, unechtes und echtes Factoring insoweit also gleich behandelt werden. Der **BGH verneint** dies und bringt stattdessen die **Vertragsbruchtheorie** zur Anwendung (BGHZ 82, 50). Zur Begründung stützt sich der BGH darauf, dass die Zession der Forderung beim unechten Factoring lediglich den Zweck der Sicherung eines Rückzahlungsanspruchs habe. Mit Blick auf diese Zwecksetzung sei das unechte Factoring **eher mit der Sicherungsglobalzession als dem echten Factoring vergleichbar**. Wie bei der Sicherungsglobalzession müsse daher die Vertragsbruchstheorie maßgeblich sein. Hiernach wäre also die zeitlich frühere unechte Factoring-Globalzession **gemäß § 138 I BGB nichtig** und der Streit um die Forderungsinhaberschaft zugunsten des Vorbehaltsverkäufers zu lösen. Diese **Judikatur erfährt verbreitete Kritik** der Literatur. Insbesondere wird das zutreffende Argument angeführt, dem Vorbehaltskäufer werde auch im Falle unechten Factorings der – um die Provision des Factors reduzierte – Nennbetrag der Forderung zunächst gutgeschrieben. Echtes und unechtes Factoring seien mithin gleich zu behandeln (vgl. *Eidenmüller* AcP 204, 457, 482; Staudinger/*Busche* Einf. v. §§ 398 ff. Rn. 174 m. w. N.).

Liegt die **umgekehrte Reihenfolge** vor, geht die Zession zum Zwecke des unechten Factoring also dem verlängerten Eigentumsvorbehalt **zeitlich nach**, kommen Rechtsprechung und überwiegende Lehre folgerichtig gleichfalls zu konträren Resultaten: Die Rechtsprechung vertritt, dass die vom Vorbehaltsverkäufer an den Vorbehaltskäufer erteilte **Einziehungsermächtigung die Zession zum Zwecke des unechten Factoring nicht umfasst** – auch hier wird das unechte Factoring vom echten deutlich abgesetzt. Anders die Literatur, die überwiegend das unechte Factoring auch in dieser Situation dem echten Factoring gleichstellen will (s. o. a).

c) Zusammentreffen von Factoring und Sicherungsglobalzession

Beleuchtet wurde bislang ausschließlich das Aufeinandertreffen von echtem und unechtem Factoring mit Sicherungsabtretungen zugunsten von Warenkreditgebern. Davon deutlich abzugrenzen sind Kollisionen mit den **Sicherungsinteressen von Geldkreditgebern**: Begeht ein Geldkreditgeber eine Abtretung zur Sicherung seines Darlehensrückzahlungsanspruchs (§ 488 I 2 Halbs. 2 BGB, s. o. Kap. 2 IV 2 a), stellt sich die Frage, inwieweit die oben dargestellten Prinzipien Anwendung finden. Der gravierende Unterschied zu den erörterten Konstellationen liegt darin, dass Geldkreditgeber keine vorrangigen, sondern nur **gleichrangige Sicherungsbedürfnisse** vorweisen können: Geldkredit- und Factoring-Finanzierung stellen lediglich **alternative Finanzierungsarten** dar, so dass insbesondere das für eine Anwendung der Vertragsbruchtheorie erforderliche Bedürfnis des Zedenten, sich zur Aufrechterhaltung seines Geschäftsbetriebs auch noch der jeweils anderen Finanzierung zu bedienen, nicht erkennbar ist. Entscheidet sich also der Zedent für die eine Art der Finanzierung, gilt insoweit das **Prioritätsprinzip ohne Einschränkung,** d. h. dem Zedenten muss die andere Art der Finanzierung versagt bleiben.

Im Übrigen scheidet für den Fall, dass die Sicherungsglobalzession der Factoring-Globalzession **vorausgeht,** hier auch die Annahme einer entsprechenden **Ermächtigung** (§ 185 I BGB) zur weiteren Zession durch den Geldkreditgeber regelmäßig aus: Das Sicherungsinteresse des Geldkreditgebers orientiert sich regelmäßig am vollen Nennwert der Forderung; die Forderung ist also in voller Höhe zu seiner Sicherung erforderlich (vgl. BGHZ 75, 391, 398). Durch die spätere Abtretung an den Factor wird sie bereits deshalb in – aus Sicht des Sicherungsinteresses des Geldkreditgebers – interessenwidriger Weise reduziert, weil der Factor den Nennwert nur abzüglich der ihm anfallenden Provision an den Zedenten auskehrt.

V. Franchising

Ein Franchisevertrag liegt vor, wenn ein Unternehmer (Franchisegeber) einem anderen Unternehmer (Franchisenehmer) für dessen Betriebsführung entgeltlich und gegen Übernahme bestimmter Pflichten (beispielsweise Werbung) ein **Gut überlässt**.

> **Definition:** Güter in diesem Sinne können **Handels- oder Warenmarken**, Warenzeichen, eine Geschäftsform, Vertriebsmethode und Erfahrungswissen sein, aber auch das Recht, bestimmte Waren oder Dienstleistungen zu vertreiben, kann Inhalt eines Franchisevertrags sein (Palandt/*Weidenkaff* Einf. v. § 581 Rn. 21).

Das Franchising ist somit dadurch gekennzeichnet, dass der Franchisenehmer **im eigenen Namen und auf eigenes Risiko** ein Geschäft betreibt, dabei jedoch auf die **Geschäftsidee** des Franchisegebers und die von diesem bereitgestellten Produkte, Werbematerialien, Marken und sonstige Rechte zurückgreift (BGHZ 140, 342, 352). Aus Perspektive des Franchisegebers ist Zweck des Franchisevertrags, aus einer Geschäftsidee Gewinn zu erzielen, zugleich aber das **unternehmerische Risiko** auf den Franchisenehmer **abzuwälzen**. Der Vorteil für den Franchisenehmer liegt darin, selbständig unternehmerisch tätig werden zu können ohne eine eigene Geschäftskonzeption entwickeln zu müssen.

> **Beispiel:** Beispiele für Franchiseunternehmen sind etwa McDonald's oder OBI-Baumärkte: Jede Filiale wird von einem rechtlich selbständigen Franchisenehmer betrieben, der dafür aber die zentral vom Franchisegeber zur Verfügung gestellten Produkte, Marken und Verfahren verwendet.

1. Rechtsnatur des Franchisevertrags

Der Franchisevertrag ist gesetzlich nicht geregelt, seine rechtliche Einordnung bereitet Schwierigkeiten. Unstreitig ist er ein als **Dauerschuldverhältnis** auf **unbestimmte Zeit** geschlossener Vertrag. Die größte Nähe dürfte das Franchising zur Rechtspacht aufweisen, doch finden sich auch Elemente des Kaufs (§§ 433 ff. BGB), der Miete (§§ 535 ff. BGB) und der Geschäftsbesorgung (§ 675 BGB). Liegt eine weisungsgebundene Absatzförderungspflicht des Franchisenehmers vor, sind die Vorschriften **über Handelsvertreter (§§ 84 ff. HGB) entsprechend anwendbar**.

Hintergrund: Ausnahmsweise kann bei einem Ein-Mann-Betrieb auf Franchisenehmerseite ein **Arbeitsverhältnis** mit dem Franchisegeber vorliegen, auf welches die arbeitsrechtlichen Vorschriften Anwendung finden. Voraussetzung ist, dass die Begriffsmerkmale des Arbeitnehmerbegriffs erfüllt sind (s. o. Kap. 4 I 1 a aa). Es geht um die Unterbindung sog. „**Scheinselbständigkeit**". Dafür ist ein Franchiseverhältnis besonders anfällig, da es typischerweise von einer massiven wirtschaftlichen Überlegenheit des Franchisegebers geprägt ist, die ein besonderes Schutzbedürfnis zugunsten des Franchisenehmers auslösen kann.

2. Einzelne Rechtsfragen

a) Vertragsanbahnung und -abschluss

Vor Abschluss des Vertrags trifft den Franchisegeber eine **Aufklärungspflicht** hinsichtlich der allgemeinen Eignung und Rentabilität seines Systems (OLG München NJW 1994, 667; OLG München BB 2001, 1759).

b) Pflichtenprogramm

Da es an einer gesetzlichen Detailregelung fehlt, herrscht, begrenzt insbesondere durch §§ 134, 138 und §§ 305 ff. BGB, eine große **Vertragsgestaltungsfreiheit**. In der Praxis binden die Franchisegeber den Vertragspartner in der Regel stark in ihr Vertriebssystem und die Dienstleistungsorganisation ein und begründen so häufig **Warenabnahmepflichten**, bestimmte Verhaltenspflichten oder Wettbewerbsverbote (Palandt/*Weidenkaff* Einf. v. § 581 Rn. 23). Problematisch kann insbesondere die Vereinbarkeit mit kartellrechtlichen Vorgaben sein (vgl. §§ 1, 20 GWB); der BGH lässt insofern aber einen recht weiten Spielraum auch für einseitige Vertragsgestaltungen zulasten des Franchisenehmers:

1. Eine Verpflichtung von Franchisenehmern, die sortimentstypische Ware allein vom Franchisegeber zu beziehen, ist im Regelfall keine unbillige Behinderung i. S. d. § 20 GWB.
2. Franchisenehmer werden auch nicht dadurch unbillig behindert, dass der Franchisegeber, der ihnen gegenüber als Großhändler auftritt, nach dem Inhalt der Franchiseverträge nicht verpflichtet ist, Rabatte, Boni, Rückvergütungen und ähnliche Einkaufsvorteile, die ihm von seinen Lieferanten gewährt werden, in vollem Umfang an die Franchisenehmer weiterzugeben.
3. Auch die Kombination einer hundertprozentigen Bezugsbindung mit einer nicht vollständigen Weitergabe von Einkaufsvorteilen ist grundsätzlich keine unbillige Behinderung. BGH 11.11.2008 NJW 2009, 1753

c) Haftung gegenüber Dritten

Eine vertragliche **Haftung gegenüber Endkunden** besteht nur für den Franchisenehmer, da nur dieser Vertragspartner des Endkunden wird. Er ist im Verhältnis zum Endkunden nicht etwa Erfüllungsgehilfe des Franchisegebers. Dementsprechend wird durch die Verwendung der im Rahmen des Franchisevertrags überlassenen Marke der Franchisegeber ohne weitere Anhaltspunkt auch nicht vertraglich (§ 164 BGB) gegenüber Dritten gebunden. Der Franchisenehmer handelt **nicht als Vertreter** des Franchisegebers; auch ein Fall der Anscheinsvollmacht liegt regelmäßig nicht vor:

> Sofern bei Vertragsschluss nicht weitere Umstände vorliegen, führt allein der Umstand, dass innerhalb eines Franchisesystems Marken oder sonstige Kennzeichen einheitlich als Bestandteil zur Bildung von weitere Bestandteile enthaltenden Firmen oder sonstigen geschäftlichen Bezeichnungen verwendet werden, nicht zur Verpflichtung des Franchisegebers oder anderer Franchisenehmer nach Rechtsscheingrundsätzen.
> BGH 18.12.2007 NJW 2008, 1214

Eine **deliktische Haftung** (insbes. ProdHaftG, §§ 823 ff. BGB) kann hingegen auch den Franchisegeber treffen, namentlich wenn dieser Verkehrspflichten verletzt.

Sachverzeichnis

A

Abbedingung der Mängelrechte, 30
Abhilfe, Reisevertrag, 211
Ablösungsrecht des Verleihers, 156
Abmahnung
   Dienstvertrag, 183
   Leihvertrag, 157
   Mietvertrag, 127
Abnahme, 194 ff.
   Begriff, 194
   Rechtsfolgen, 194
   Verweigerung, 196
Absichtserklärung, Unternehmenskauf, 94
Abstraktionswille, 233
aliud, 24
Allgemeine Geschäftsbedingungen, 89
Allgemeines Leistungsstörungsrecht,
   Konkurrenzen, 85
Andienung, Recht des Käufers zur zweiten
   Andienung, 33, 84, 201
Andienungsrecht, Leasingvertrag, 247, 249
anfängliche Unmöglichkeit der Nacherfüllung,
   45
Anfechtung, Konkurrenzen, 118
Annahmeverzug
   Besteller, 192
   Dienstberechtigter, 180
   Rücktritt, 57
Anzeigepflicht des Reisenden, 211
Arbeitsvertrag, 176
Arbeitszeugnis, 179
Auflassung, 14
Aufrechnung, Mietvertrag, 128
Auftrag, 214 ff.
   Sowieso-Aufwand, 218
   Abgrenzung, 190, 214
   Beendigung, 219
   Haftung, 218 ff.
   Haftungsmilderung, 218
   Nebenpflichten, 216 ff.
   Pflichtenprogramm, 214 ff.
Auftraggeber
   Nebenpflichten, 217
   Tod des Auftraggebers, 219
   Widerrufsrecht, 220
Aufwendungsersatz
   Auftrag, 217
   Billigkeitsformel, 82
   Kaufvertrag, 67, 81
   Mietvertrag, 121
   Reisevertrag, 211
   Rückgriff des Unternehmers, 92
   Voraussetzungen, 81
   Werkvertrag, 200, 203
Auslobung, 239 ff.
   Abgrenzung, 240

B

Barschenkung, 106
Beauftragter
   Herausgabepflicht, 216
   Nebenpflichten, 216
   Tod des Beauftragten, 220
Befristung
   Dienstvertrag, 182
   Mietvertrag, 126
   Pachtvertrag, 152 f.
   Wohnraummietverhältnisse, 146 ff.
Besteller
   Annahmeverzug, 193
   Kündigung, 205
   Mitwirkungspflichten, 186, 193
   Pflichten, 190
Betriebskosten
   Abrechnung, 135
   Abrechnungsmaßstab, 135
   Pauschale, 134

S. Greiner, *Schuldrecht Besonderer Teil,* Springer-Lehrbuch,
DOI 10.1007/978-3-642-17379-0, © Springer-Verlag Berlin Heidelberg 2011

Beweislastumkehr bei Schuldversprechen und
    Schuldanerkenntnis, 235
Bringschuld, Leihvertrag, 154

C

culpa in contrahendo, 68, 117, 118
    beim Unternehmenskauf, 93, 94

D

Darlehensgeber
    Informationspflichten, 164
    Unterrichtungspflichten, 165
Darlehensvertrag, 157 ff.
    Abgrenzung, 158
    Ausschluss der ordentlichen Kündigung,
        160
    außerordentliche Kündigung, 161
    Beendigung, 160 f.
    Festzinsabrede, 161
    Gelddarlehen, 157, 159 f.
    Pfandrechte, 162
    Sachdarlehen, 157, 158 f.
Debitor, 260
Deliktsrecht, 1, 68
    Schenkung, 112
Delkredererisiko, 258
Dienstberechtigter
    Annahmeverzug, 180
    Entgeltfortzahlung, 180
    Nebenpflichten, 179
    Tod des Dienstberechtigten, 178
    Vergütungspflicht, 178
Dienstleistungspflicht, 175 ff.
Dienstverpflichteter
    Nachleistung, 180
    Tod des Dienstverpflichteten, 178
Dienstvertrag, 18, 175 ff.
    Abgrenzung, 175
    abhängiger Dienstvertrag, 182
    Abmahnung, 181, 183
    außerordentliche Kündigung, 183
    Befristung, 182
    freier Dienstvertrag, 177
    Gewährleistung, 181
    Hilfspersonen, 177
    Kündigung, 181, 182 ff.
    Nichtleistung, 181
    Schlechtleistung, 181
    Unmöglichkeit, 179 ff.
    verzögerte Leistung, 181
    Vollstreckungssperre, 178
    Kündigungsfrist, 182
Doppelkauf mit Verrechnungsabrede, 105

E

Ehevermittlungsverträge, 224
Eigenbedarf, 144
Eigentumsbeschränkungen, abstrakt-generelle,
    29
Eigentumsübertragung, Vorbehaltskauf, 94 f.
Eigentumsvorbehalt
    erweiterter Eigentumsvorbehalt, 98
    Erweiterungen, 97
    Teilzahlungsgeschäfte, 172
    verlängerter Eigentumsvorbehalt, 97 f.,
        260, 262
    Vorbehaltskauf, 94
    weitergeleiteter Eigentumsvorbehalt, 97
Eilmaßnahmen, 122
Einreden, 38
Eintrittsrecht
    bei Tod des Mieters, 139
    Reisevertrag, 210
Entgeltfortzahlung, 180
Entleiher
    Haftung, 155 f.
    Rückgabepflicht, 155, 156
    Wegnahmerecht, 156
Erfüllungsgehilfe, 74 f.
Erfüllungsinteresse, 38, 44, 63, 70, 76, 120
Ersatzlieferung, 34

F

Factoring, 256 ff.
    echtes Factoring, 262
    unechtes Factoring, 263
    Entgelt, 257
Fälligkeit, 49, 76
    Werkvertrag, 191
Falschlieferung, 24
Farbwahlklausel, Mietvertrag, 126
Festzinsabrede, Darlehensvertrag, 161
Finanzierungshilfen
    Anwendungsbereich, 169 f.
    Begriff, 169 f.
    entgeltliche Finanzierungshilfen, 157 ff.
    Form, 171
    Rechtsfolgen, 170 f.
    Widerrufsrecht, 171
    zwischen Unternehmer und Verbraucher,
        168 ff.
Finanzierungsleasing, 170, 248 ff.
    Abgrenzung, 250
    Beendigung, 256
    Kondiktion, 254
    Kündigung, 252
    Leistungsstörungen, 252 f.

Mängel, 252 f.
Pflichtenprogramm, 250
Rückabwicklung, 254, 255
Unmöglichkeit, 252
Forderungssicherungsgesetz, 205
Form
    Finanzierungshilfen, 171
    Ratenlieferungsverträge, 173
    Schenkung, 107
    Teilzahlungsgeschäfte, 172
    Verbraucherdarlehen, 164
    Vergleich, 236
Formverstoß, Rechtsfolgen, 165
Franchising, 265 ff.
    Haftung, 267
    Pflichtenprogramm, 266
Frist
    Ausübungsfrist, 99
    Entbehrlichkeit, 76
    Frist zur Nacherfüllung, 202
    Schadensersatz statt der Leistung, 76
Früchte, 148

G
Garantie, 31 f., 75, 76
    selbstständige Garantie, 91
Garantiehaftung, Vermieter, 120
Garantievereinbarung, 91
Garantievertrag, 246
    Abgrenzung, 246
    Kreditsicherungsmittel, 246
Gefahrübergang, 85, 22
    Rückgriff des Unternehmers, 92
    Versendungskauf, 89
Gefälligkeitsverhältnis, 214
Gelddarlehen, 157
    Pflichtenprogramm, 159 f.
    Vertragsschluss, 159 f.
Gemischte Verträge, 243
Geschäftsbesorgung
    Begriff, 221
    entgeltliche Geschäftsbesorgung, 221
Geschäftsführung ohne Auftrag, 1
Gewährleistung
    Abbedingung, 31
    Kauf, 18 ff.
    Rangfolge, 33
    Werkvertrag, 198 ff.
Gewährleistungsausschluss
    Finanzierungsleasing, 253
Gewährleistungsrecht
    Abgrenzung, 39
    Dienstvertrag, 181
    Einschränkung, 24

Konkurrenzen, 85
Minderung, 59
Nutzungsersatz, 42

H
Haftung
    Auftrag, 218 ff.
    verschuldensunabhängige Haftung, 75
Haftungsmilderung, Auftrag, 218
Handelskauf, 92, 199
Handschenkung, 106
Hinterleger, Pflichten, 228
Immobiliendarlehen, 168
Indexmiete, 133
Informationspflichten
    Auftraggeber, 217
    Darlehensgeber, 164
    vorvertragliche Informationspflichten,
        171

I
Insolvenz, Vorkauf, 102
Integritätsinteresse, 39, 40, 63, 64 f., 120
Inzahlungnahme, Tausch, 105

K
Kauf auf Probe, 104 ff.
    Abgrenzung, 99, 104
Kauf zur Probe, 104 ff.
    Abgrenzung, 104
Käufer
    Pflichten, 14 f.
    Widerrufsrecht, 169
Kaufsache
    Übereignung, 11
    Übergabe, 10
Kaufvertrag, 1, 5 ff.
    Schuldnerverzug, 14
    Abgrenzung, 5
    Abnahme, 14
    Aliud-Lieferung, 24
    Allgemeines Leistungsstörungsrecht, 5,
        7, 28
    Anfechtung, 19
    Annahmeverzug, 14, 16, 18, 22, 34
    Anweisungsfall, 11
    Aufwendungsersatz, 81
    Beschaffenheitsvereinbarung, 18 f.
    Beschaffungsrisiko, 35
    Bringschuld, 11, 14, 40
    Eigentumsübertragung, 11
    Eigentumsvorbehalt, 14, 27
    Erfüllungsort, 11

Fabrikationsfehler, 20
Falschlieferung, 24
Gattungskauf, 24, 34
Gattungsschuld, 17, 23
Gefahrübergang, 18, 22
Gewährleistungsrechte, 18 ff., 22, 24
Gewährleistungstheorie, 12
Grundstücke, 7
gutgläubiger Erwerb, 11
handelsrechtlicher Bestimmungskauf, 14
Haustürgeschäft, 5
Hinweispflicht, 13
Holschuld, 11, 14
Kauf auf Abruf, 14
Kauf auf Probe, 7
Konkretisierung, 23
Leistungsgefahr, 15
Mängelrechte, 16, 30 ff.
Minderung, 48 f.
Montage, 23
Nacherfüllung, 33
Nebenpflichten, 13
Nichterfüllungstheorie, 12
Nutzungsersatz, 43
Pflichten, 5, 10 ff., 14 ff.
Pflichtverletzung, 12, 66
Platzgeschäft, 16
Preisgefahr, 15 f., 22
Recht zur zweiten Andienung, 33
Rechtskauf, 9, 12 f.
Rechtsmangel, 18, 26, 28 ff., 31
Rückgabepflicht des Käufers, 42
Rücktritt, 48 ff.
Sachkauf, 8
Sachmangel, 18 ff., 31
Schickschuld, 11, 14, 17
Sonderformen, 87 ff.
Stück- und Gattungsschuld, 8
Stückkauf, 24, 35
subjektiv-objektiver Fehlerbegriff, 18
Teillieferung, 26
Tilgungsbestimmung, 25
Übergabe, 10 ff.
Übergabesurrogate, 10
Unmöglichkeit, 36
Untergang, 15
Untersuchungspflicht, 31, 74
Verantwortlichkeit des Käufers, 57
Verbrauchsgüterkauf, 7, 9 ff., 17, 30, 32
Verjährung, 28
Verschlechterung, 42
Versendungskauf, 16
Vertragsgegenstand, 8
Vertretenmüssen, 13

Vertretung, 31
Vorkauf, 7
Vormerkung, 7
Wiederkauf, 7
Kaution, Wohnraummietverhältnisse, 132
Kombinationstheorie, 244
Kondiktionsrecht, 58
Kontokorrentvorbehalt, 98
Konzernvorbehalt, 97
Kostenvoranschlag, 206
    Werkvertrag, 186, 191
Kündigung
    außerordentliche, 127 f., 140, 161, 183
    Darlehen, 160 f.
    durch Darlehensgeber, 167
    durch Darlehensnehmer, 167
    Finanzierungshilfe, 171
    Finanzierungsleasing, 252, 256
    Leihvertrag, 157
    Mietvertrag, 127
    ordentliche Kündigung, 127
    Pachtvertrag, 152 f.
    Rechtsfolge, 182
    Reisevertrag, 211
    Teilkündigung, 145
    Voraussetzungen, 183
    Werkvertrag, 186, 205 ff.
    Wohnraummietverhältnisse, 143 ff.
Kündigungsfrist
    Dienstvertrag, 182
    Wohnraummietverhältnisse, 143
Kündigungsgrund
    Mietvertrag, 127
    Werkvertrag, 205, 206
    Wohnraummietverhältnisse, 144
Kündigungsrecht
    bei Tod des Mieters, 141
    des Mieters, 137
    des Vermieters, 140

L
Landpachtrecht, 153
Leasingvertrag, 3, 246 ff.
    Andienungsrecht, 247, 249
    Vollamortisation, 247, 249
Leihvertrag, 1, 154 ff.
    Beendigung, 156 f.
    Befristung, 156
    Pflichtenprogramm, 154
    Verwendungsersatz, 156
    Wegnahmerecht, 156
Leistungsgefahr, 15 ff.
Leistungsstörungen, Finanzierungsleasing,
    252 f.

M
Makler, Treuepflichten, 223
Maklervertrag, 222 ff.
  Doppelaufträge, 223
  Pflichtenprogramm, 224
  Rücktritt, 226
  Vergütung, 223
  Vergütungsanspruch, 225
Mängel
  Finanzierungsleasing, 252 f.
  Kenntnis vom Mangel, 74
  Miete, 113
  Mietsache, 115, 118
  Nichtanzeige, 123
  Unerheblichkeit, 60
  weiterfressender Mangel, 44, 62, 68, 70
Mängelansprüche, Verjährung, 86
Mangelbegriff, Werkvertrag, 200
Mangelfolgerecht, Kauf, 64
Mängelhaftung des Werkunternehmers, 200 ff.
Mängelrecht
  Abbedingung, 31
  Annahmeverzug, 34
  Ausschluss, 30, 122
  des Käufers, 32 ff.
  Fehlerbegriff, 30
  Kauf, 18 ff.
  Konkurrenzen, 117
  Mietvertrag, 117
  Minderung, 48 f., 59 ff.
  Nachbesserung, 34
  Reisevertrag, 210
  Rücktritt, 48 ff.
  Selbstvornahmerecht, 46, 83
  Verjährung, 34
  Verjährung, 204
  Verwirkung, 31
  Wahlrecht des Käufers, 34, 36
  weiterfressender Mangel, 44, 62, 68, 70
  Werkvertrag, 34
  Wiederkauf, 103
Mangelschaden, 65
Methodenfreiheit, Werkvertrag, 190
Mieter
  Aufwendungsersatzanspruch, 121
  Duldungspflicht, 136
  Mitverschulden, 121
  Nachforschungspflicht, 116
  Nebenpflichten, 115
  Nutzungsrecht, 114
  Pflichten, 114 ff.
  Schadensersatzanspruch, 116, 120 ff.
  Tod des Mieters, 129
  Unterlassungsanspruch, 114

Vertretenmüssen, 116
  Wegnahmerecht, 114, 137
  Widerspruchsrecht, 145
Mieterhöhung, 133
  Kündigungsrecht, 144
Mietminderung, 118
  Rechtsnatur, 119
  Verjährung, 119
  Vertretenmüssen, 119
Mietsache
  Abnutzung, 116
  Mangel, 118
  Rückgabe, 116
  Sorgfaltsmaßstab, 117
  Veräußerung an Dritte, 141
Mietvertrag, 1, 113 ff.
  Abmahnung, 127
  Ausschluss der Mängelrechte, 122
  Befristung, 126 ff.
  Eilmaßnahmen, 122
  Farbwahlklausel, 126
  Gebrauchsüberlassung, 129
  Kündigung, 114, 126 ff.
  Kündigungsgrund, 127
  Mängel, 113
  Mängelrechte, 117
  Miete, 114 f.
  Nichtanzeige von Mängeln, 123
  Notmaßnahmen, 121
  Pflichten, 113 ff.
  Quotenabgeltungsklauseln, 125
  Renovierungsklauseln, 125
  Schadensersatz, 114
  Schönheitsreparaturklauseln, 3, 125
  Untervermietung, 114
  Vertragsdisponibilität, 124
  Zurückbehaltungsrecht, 114
Minderung
  Finanzierungsleasing, 255
  Herausgabe von Nutzungen, 60
  Höhe, 60
  Mitverantwortung des Käufers, 62
  Nacherfüllungsanspruch, 60, 62
  Rechtsfolgen, 60
  Reisevertrag, 211
  Rückgewährschuldverhältnis, 60
  vertragsimmanentes
    Äquivalenzverhältnis (Höhe) 61
  Voraussetzungen, 59 f.
  Werkvertrag, 200, 203
Mitverschulden, 47
  Mieter, 121
Mitwirkungspflicht, Besteller, 193

N
Nacherfüllung, 33 ff.
  absolute Unverhältnismäßigkeit, 37
  anfängliche Unmöglichkeit, 45
  Fehlschlag, 45, 53 f.
  Finanzierungsleasing, 253
  Frist, 64, 65
  Fristsetzung, 46, 49
  Leistungsverweigerungsrecht, 36
  mangelhafte Nachlieferung, 45
  Minderung, 60, 62
  Nutzungsersatz, 46
  Ort, 40
  relative Unverhältnismäßigkeit, 36
  Umfang, 38
  Unmöglichkeit, 36, 52, 74
  Unzumutbarkeit, 52, 54
  Verjährung, 45
  Verweigerung, 53
  Vorbereitung, 46
  Werkvertrag, 200, 201
Nachfrist, Werkvertrag, 193
Nachfristsetzung, 46
  Anforderungen, 50, 83
  Entbehrlichkeit, 51
  Umdeutung, 50
Naturalrestitution, 69
Nebenpflichten
  des Auftraggebers, 217
  des Beauftragten, 216
  Dienstberechtigter, 179
Nichterfüllungstheorie, Werkvertrag, 189
Nichtleistung, Dienstvertrag, 181
Notmaßnahmen, 121
Novation, 237
Nutzungsersatz
  Finanzierungsleasing, 255
  Mitverschulden, 47
Nutzungsrecht, Mieter, 114

O
Operatingleasing, 247
Optionsrecht, 99

P
Pächter
  Haftung, 150 f.
  Pflichten, 150
Pachtvertrag, 1, 148 ff.
  Abgrenzung, 148 f.
  Beendigung, 152
  Befristung, 152 f.
  Gegenstand, 149

  Haftung, 150 f.
  Kündigung, 152 f.
  Pfandrecht, 152
  Pflichtenprogramm, 150
  Sonderregelungen, 149
  Vertragsschluss, 150
  Wettbewerbsverbot, 150
Pauschalhonorar, Werkvertrag, 191
Pauschalreise, 207 ff.
Pfandrecht
  Darlehensvertrag, 162
  Pachtvertrag, 152
  Werkvertrag, 192
Preiserhöhungen, Reisevertrag, 209
Preisgefahr, 15 ff.
Prioritätsprinzip, 108, 261, 262
Privatautonomie, 2
Prognoseprinzip, 183
Provisionsanspruch des Ehemaklers, 224
Prozessvergleich, 236
Prüfungskauf, Abgrenzung, 104

Q
Quotenabgeltungsklausel, Mietvertrag, 125

R
Ratenlieferungsverträge, 173
Realschenkung, 106
Realsicherheit, 138
Recht zur zweiten Andienung
  Kauf, 33, 84
  Werkvertrag, 201
Rechtskauf, 12
Rechtsmangel, 104, 26 ff.
  Abgrenzung, 30
  Benutzungsbeschränkungen, 29
  Eigentumsbeschränkung, 29
  Kauf, 86
  öffentlich-rechtliche Drittrechte, 29
  Schenkung, 110
  Verbrauchsgüterkauf, 30
Reisebestätigung, 208
Reisepreis-Sicherungsschein, 208
Reisevertrag, 207 ff.
  Abhilfe, 211
  Eintrittsrecht, 210
  Kündigung, 211
  Mängelrechte, 210
  Minderung, 211
  Preiserhöhungen, 209
  Rückbeförderung, 212
  Rücktritt, 209, 210
  Schadensersatz, 212

Relativität der Schuldverhältnisse, 28
Renovierungsklausel, 125
Rentenversprechen, 108
Rückgabepflicht
  des Entleihers, 155, 156
  des Pächters, 153
  Verwahrer, 228
Rückgriff
  Aufwendungen, 92
  Beweislastumkehr, 92
  des Unternehmers, 91 f.
  Fristsetzung, 92
  Gefahrübergang, 92
  Verhältnis zum Handelskauf, 92
  Verjährung, 92
Rücktritt
  Ausschluss, 55 ff., 60
  Beschränkung, 57
  Demontage, 59
  Finanzierungshilfe, 171
  Finanzierungsleasing, 253
  Maklervertrag, 226
  Nutzungsersatz, 59
  Rechtsfolgen, 58
  Reisevertrag, 209, 210
  Rückgewährschuldverhältnis, 58
  Rücknahmepflicht, 59
  Teilrücktritt, 58
  Teilzahlungsgeschäfte, 172
  Unerheblichkeitsschwelle, 55
  Verantwortlichkeit des Käufers, 57
  Voraussetzungen, 48 ff.
  Vorbehaltskauf, 95
  Werkvertrag, 200, 203

S
Sachdarlehen, 157
  Rückerstattung, 158
Sachgefahr, Werkvertrag, 194
Sachmangel, Schenkung, 110
Schaden, Vorfälligkeitsschaden, 162
Schadensersatz neben der Leistung, 76 ff.
  Abgrenzung, 71
  Ersatzfähiger Schaden, 76 f
  Kauf, 64
  Pflichtverletzung, 77
  Vertretenmüssen, 77
  Voraussetzungen, 77
Schadensersatz statt der Leistung
  Abgrenzung, 71
  Anspruchsgrundlagen, 71
  Dienstvertrag, 181
  Fälligkeit, 76

Finanzierungsleasing, 256
Fristsetzung, 76
Kauf, 63 f.
Kaufvertrag, 55
  Mangelschaden, 65
  Pflichtverletzung, 73
  Umfang, 70
  Unmöglichkeit, 74
  Vertretenmüssen, 73, 74 f.
  Vertretenmüssen des Verkäufers, 64
  Voraussetzungen, 73
  Zurechnung, 75
Schadensersatz wegen Verzögerung der Leistung, 77 ff.
  Ersatzfähiger Schaden, 77
  Mahnung, 78
  Voraussetzungen, 78
Schadensersatz
  großer Schadensersatz, 69
  kleiner Schadensersatz, 69
  Konkurrenzen, 67
  Mieter, 116, 120 ff.
  Mietvertrag, 114
  Pflichtverletzung, 66
  Reisevertrag, 212
  statt der ganzen Leistung, 69
  Verjährung, 68
  Werkvertrag, 200, 203
  Wohnraummietverhältnisse, 147
Scheinselbstständigkeit, 266
Schenker, Schutz, 107, 108
Schenkung, 1, 6
Schenkung unter Auflage, 108
Schenkungsvertrag, 106 ff.
  Begriff, 106
  ersatzfähiger Schaden, 110
  Form, 107
  grober Undank, 109
  Haftung des Schenkers, 110 ff.
  Haftungsmilderung, 111
  Notlage, 107
  Pflichten, 106 ff.
  Rechtsmängel, 110
  Rückforderung, 108, 109
  Sachmängel, 110
  Verzugszinsen, 112
  Widerruf, 109
  Zusicherung von Eigenschaften, 110
Schickschuld, 89
Schlechtleistung, Dienstvertrag, 181
Schönheitsreparaturen, Mietvertrag, 125
Schuldanerkenntnis, 2, 231 ff.
  Form, 233
  Grundgeschäft, 234

Rechtsfolgen, 234
Voraussetzungen, 233 ff.
Wirkung, 232
Schuldbeitritt, Verbraucherdarlehen, 164
Schuldersetzung, 237
Schuldnerverzug, Schenkung, 112
Schuldrechtsreform, 3, 9
Schuldversprechen, 2, 231 ff.
Form, 233
Grundgeschäft, 234
Rechtsfolgen, 234
Voraussetzungen, 233 ff.
Wirkung, 232
Schweigen im Rechtsverkehr, 107
Selbsthilferecht des Vermieters, 139
Selbstvornahme, Mietvertrag, 121
Selbstvornahmerecht
des Käufers, 83
Mieter, 114
Reisevertrag, 211
Vertretenmüssen, 83
Werkvertrag, 202
Sicherungsglobalzession, 264
Sicherungshypothek, Werkvertrag, 192
Sicherungsrecht, 138
Spiel, 241
Staffelmiete, 133
Störung der Geschäftsgrundlage, 134
Darlehensvertrag, 162
Pachtvertrag, 151
Stundung, 94
Stundungsabrede, 101

T
Tauschvertrag, 6, 105 ff.
Abgrenzung, 105
Erfüllung, 105
Ersetzungsbefugnis, 105
Gewährleistung, 105
Inzahlungnahme, 105
Teilkündigung, 145
Teilzahlungsgeschäfte, 168, 172 f.
Teilzahlungsgeschäfte
Eigentumsvorbehalt, 172
Rücktritt, 172
Teilzeit-Wohnrechtevertrag, 87
Trennungsprinzip, 6 f., 95, 106
Typenkombinationsverträge, 243
Typenverschmelzungsverträge, 244

U
Übereignung der Kaufsache, 11
Übergabe der Kaufsache, 10

Überziehungskredite, 168
Ultima-ratio-Prinzip, 183
Undank, grober, 109
Unmöglichkeit, 36
anfängliche Unmöglichkeit, 72
Dienstvertrag, 179
Finanzierungsleasing, 252
Mietvertrag, 121
Nacherfüllung, 52
Werkvertrag, 188
Unterlassungsanspruch
des Verleihers, 155
Mieter, 114
Unternehmenskauf, 92 ff.
Absichtserklärung, 94
asset-deal, 93 f.
share-deal, 93 f.
Vorvertrag, 94
Unternehmer, Rückgriff, 91
Unterrichtungspflichten
Darlehensgeber, 165
Verkäufer, 169
Unzumutbarkeit, Werkvertrag, 188

V
Verbraucherdarlehen, 162 ff.
Anwendungsbereich, 163
Beendigung, 166 ff.
Begriff, 163
Form, 164, 165
geduldete Überziehungen, 168
Kündigungsfrist, 167
Pflichten, 165 f.
Überziehungskredite, 168
Vertragsinhalt, 165
Verzugszinsen, 165
Vorvertragliche Pflichten, 164
Widerrufsrecht, 166
Verbraucherkreditrichtlinie, 162
Verbraucherschutz, besonderer, 88 ff.
Verbrauchsgüterkauf, 43, 44, 47, 49, 87, 88 ff.
Allgemeine Geschäftsbedingungen, 89
Anwendungsbereich, 88
Begriff, 88
Beweislastumkehr, 90
Gefahrübergang beim Versendungskauf,
89
große Lösung, 88
Haftungsbegrenzung, 89
Minderung, 62
Nacherfüllung, 37
Nutzungsersatz, 89
Sachmangel, 91

Schadensersatz, 66
Verjährung, 90
Vertragsdispositivität, 89
Vergleich, 2, 235 ff.
　Einwendungen und Einreden, 237
　Form, 236
　Sicherheiten, 237
Verjährung
　Beginn, 68
　der Mängelrechte, 204
　Erfüllungsansprüche, 58
　Leihvertragsrecht, 157
　Mängelansprüche, 86
　Mietminderung, 119
　Mietvertragsrecht, 130
　Nacherfüllung, 45
　Reisevertragsrecht, 213 f.
　Rückgriff des Unternehmers, 92
　Schadensersatz, 68
　Verbrauchsgüterkauf, 90
　Werkvertragsrecht, 196
Verkäufer, Pflichten, 10 ff., 169
Verleiher
　Ablösungsrecht, 156
　Haftung, 154 f.
　Instandsetzungsanspruch, 154
　Unterlassungsanspruch, 155
Vermieter
　Ankündigungspflicht, 137
　Kündigungsrecht, 140
　Pflichten, 113 ff.
　Selbsthilferecht, 139
　Verzug, 120
Vermieterpfandrecht, 137
Verpächter
　Haftung, 150 f.
　Pflichten, 150
Versendungskauf, Gefahrübergang, 89
Versteigerung, öffentliche, 32, 88
Vertrag, typengemischter, 105
Vertragsbruchstheorie, 261
Vertragsdispositivität, 3
　Mietvertrag, 124
　Verbrauchsgüterkauf, 89
Vertragsstrafe, Wohnraummietverhältnisse,
　132
Vertretung, 31
Verwahrer
　Haftung, 228
　Pflichten, 228
Verwahrung, Sonderformen, 229
Verwahrungsvertrag, 227 ff.
　Abgrenzung, 227

Hinterleger, 228
Verwahrer, 228
Verwirkung, 31, 100
Verzögerungsschaden, Werkvertrag, 203
Verzug, 14
　Vermieter, 120
　Zinsen, 112
Verzugszinsen, Verbraucherdarlehen, 165
Vollamortisation, Leasingvertrag, 247, 249
Vollstreckungssperre, Dienstvertrag, 178
Vorbehaltskauf, 94 ff.
　Stundung, 94
Vorfälligkeitsschaden, 162
Vorkauf, 98 ff.
　Abgrenzung, 98
　Ausübungsfrist, 99
　Einordnung, 99
　Erklärung, 99
　Inhalt, 99
　Rechtsfolgen, 100
　Schadensersatz, 100
　Unteilbarkeit, 102
　Unterrichtungspflicht, 99
　Zustandekommen, 102
Vorkaufsrecht, dingliches, 98
　Grenzen, 101
　Schutz, 101
Vorleistungspflicht des Mieters, 133
Vorvertrag, Unternehmenskauf, 94
Vorvertragliche Pflichten,
　Verbraucherdarlehen, 164

W
Wegnahmerecht
　des Entleihers, 156
　des Mieters, 114, 137
　Wiederkauf, 104
Weisungsrecht
　Auftrag, 215
　Dienstvertrag, 176
　Werkvertrag, 190
Weiterfresserschaden, 70
　Werkvertrag, 205
Werkdienstwohnungen, 131
Werklieferungsvertrag, 23
Werkmietwohnungen, 131
Werkunternehmer
　Kündigung, 207
　Mängelhaftung, 200 ff.
Werkvertrag, 1, 6, 14, 23, 184 ff.
　Abgrenzung, 175, 185, 187, 190
　Abnahme, 191, 194
　Fälligkeit, 191

Gewährleistung, 198 ff.
gutgläubiger Ersterwerb, 192
Kostenvoranschlag, 186, 191
Kündigung, 186, 205 ff.
Kündigungsgrund, 205
Leistungsgegenstand, 185
Nachfrist, 193
Pauschalhonorar, 191
Pfandrecht, 192
Pflichtenprogramm, 185 ff.
Sicherungshypothek, 192
Unmöglichkeit, 188
Unzumutbarkeit, 188
Vergütung, 189, 190
Wettbewerbsverbot, Pachtvertrag, 150
Wette, 241
Widerrufsrecht
    Auftraggeber, 220
    Finanzierungshilfe, 171
    Käufer, 169
    Ratenlieferungsverträge, 173
    Verbraucherdarlehen, 166
Widerspruchsrecht des Mieters, 145
Wiederkauf, 103 ff.
    Erklärung, 103
    Form, 103
    Mängelhaftung, 103
    Rechtsmangel, 104
    Risikoverteilung, 103
    Wegnahmerecht, 104

Wiederkaufsrecht, Abgrenzung, 99
Wohnraummietverhältnisse, 120, 131 ff.
    außerordentliche Kündigung, 145
    Befristung, 146 ff.
    Betriebskosten, 134
    Eigenbedarf, 144
    Gebrauchsüberlassung an Dritte,
        135
    Härteklausel, 137
    Kaution, 132
    Kündigung, 143
    Kündigungsfristen, 143
    Kündigungsgrund, 144
    Mieterhöhung, 133, 137, 144
    Miethöhe, 132
    Schadensersatz, 147
    Vertragsbeendigung, 143 ff.
    Vertragsschluss, 132
    Vertragsstrafe, 132
    Vorleistungspflicht, 133

Z
Zahlungsdiensterichtlinie, 162
Zeugnis, Dienstberechtigter, 179
Zurückbehaltungsrecht des Mieters,
    114, 133
Zusicherung von Eigenschaften, Schenkung,
    110
Zuweniglieferung, 24
Zwangsvollstreckung, Vorkauf, 102

Printed by Printforce, the Netherlands